旅游规划经典案例(下)

——北京第二外国语学院旅游管理学院旅游规划成果选集

主编 邹统钎

执行主编 王 欣

北京·旅游教育出版社

编委会

陈　刚　崔　莉　戴　斌　杜　学　谷慧敏　韩玉灵
厉新建　刘大可　秦　宇　邵德阳　王成慧　王富德
王　欣　魏　翔　许忠伟　殷　敏　张　辉　邹统钎

前　言

　　北京第二外国语学院是中国办学历史最长、专业最齐全、规模最大的旅游院校之一，为中国旅游规划事业的开创和发展作出了巨大贡献。近年来北京第二外国语学院旅游学科发展迅速，承担了大量国家和省部级旅游研究课题。在此基础上，学校秉持"立足北京、服务全国、面向世界"的宗旨，与产业界紧密结合，完成了多项旅游规划、设计和咨询服务工作，为我国旅游产业的发展发挥了促进作用。

　　本次汇编出版的两册成果案例，是最近几年北京第二外国语学院所完成的部分旅游规划成果的展示。本书（上册）主要为旅游区规划（策划），下册主要为旅游发展规划，以旅游管理学院的成果为主。

　　该书是北京第二外国语学院旅游学科的集体成果，除编委会所列成员名单外，旅游管理学院、旅游发展研究院和北京旅游发展研究基地的许多教师都为此作出了贡献，数十名研究生参与了相关课题的调查和研究工作，在此表示诚挚感谢。旅游规划是一项实践性很强且发展很快的事业，国内众多院校和企业的学者、专家、职业咨询人、设计师等均在不同领域和层面上进行着探索，共同推动了我国旅游规划理念与技术的进步，恳请大家对本书内容给予宝贵的批评和建议，并期望该书对国内旅游教学研究和经营管理实践工作起到一定的参考作用。

目 录
CONTENTS

第一篇　银川市运动休闲城市发展专项规划 ·············· 1
　　一、项目背景 ····························· 1
　　二、项目分析 ····························· 1
　　三、项目核心思路 ························· 70

第二篇　珠海市旅游发展总体规划 ················· 115
　　一、项目背景 ····························· 115
　　二、项目分析 ····························· 116
　　三、项目核心思路 ························· 118

第三篇　朝阳市旅游发展总体规划 ················· 169
　　一、项目背景 ····························· 169
　　二、项目分析 ····························· 169
　　三、项目核心思路 ························· 192

第四篇　大兴安岭地区旅游业发展总体规划 ········· 260
　　一、项目背景 ····························· 260
　　二、项目分析 ····························· 260
　　三、项目核心思路 ························· 289

第五篇　铁岭市旅游发展总体规划 ········· 342
　一、项目背景 ························· 342
　二、项目分析 ························· 342
　三、项目核心思路 ····················· 350

第一篇
银川市运动休闲城市发展专项规划

一、项目背景

《银川市运动休闲城市发展专项规划》是受银川市政府委托,由北京第二外国语学院旅游管理学院和中国闲暇经济研究中心承担编制工作。项目主持人为魏翔,技术负责人为王欣,主要参加者包括黎运来、顾兴全、崔丹、涂皎等。

中国的运动休闲活动和相关产业发展迅速,兴起了一批运动休闲产品和目的地。在追求健康快乐、品质生活的时代背景下,发展运动休闲具有良好的前景。银川市具有建设运动休闲城市的优越自然条件、城市基础、文化资源和体育事业基础。该规划为银川市建设运动休闲城市指明了基本方向、战略,并提出了一些相应措施。

二、项目分析

(一)银川运动休闲城市发展背景

对比国际著名的运动休闲强市,都具备以下发展优势:一是区位交通便捷;二是独特优良的自然环境;三是厚重的文化禀赋;四是鲜明的城市个性。

对照以上国际著名的运动休闲强市的发展优势,银川运动休闲发展的背景如下:

1. 银川区位交通条件

银川市是中国十大新天府之一，位于西北宁夏平原北部，处于"呼—包—银—兰—青经济带"的中心地段，东居鄂尔多斯西缘，西依贺兰山，自古就是丝绸之路上的商埠重镇。该市也是新亚欧大陆桥沿线的重要商贸城市，是辐射宁蒙陕甘毗邻地区的区域性中心城市，在国家"十五"西部总体规划中，确定银川为西陇海兰新线经济带的重点发展城市。

银川已形成公路、铁路、航空为主的立体交通网络。4条国道和4条省道从境内穿越，银川至青岛、丹东至拉萨高速公路在银川汇聚贯通。包兰铁路贯穿银川南北，宝中铁路连通京包、陇海两大铁路干线，货物可通达东南沿海口岸或经陇海、兰新大陆桥抵达中亚和欧洲，2011年1月刚通车的银(川)太(原)铁路，使银川与东部沿海的联系更加便捷。银川河东机场是国家4D级现代化机场，已开通北京、广州、上海、乌鲁木齐等40多条航线。便捷的立体交通网络使银川作为西部大开发"桥头堡"的重要地位更加凸显，区域性交通运输中心、物流配送中心已初现端倪。

2. 银川自然环境现状

银川市属典型的中温带大陆性气候。其主要特点是：四季分明，春迟夏短，秋早冬长，昼夜温差大，雨雪稀少，蒸发强烈，气候干燥，风大沙多等。年平均气温8.5℃左右，年平均日照时数2 800~3 000小时，是中国太阳辐射和日照时数最多的地区之一。年平均降水量200毫米左右，无霜期185天左右。

银川高山大川交汇，沙漠绿洲相依，自然景观独具特色。银川地貌类型多样，受气候、土壤等自然条件影响，形成了多种类动植物资源。银川平原地势平坦开阔，土地肥沃，沟渠纵横，水利资源丰富，加之日照充足，热量丰富，自然条件优越，自古以来就有"塞上江南"的美誉，银川被《中国国家地理》评选为我国"十大新天府"之一。银川境内天然湖泊众多，自然水面数万公顷，水质良好，水域内水草茂盛。贺兰山区是银川市唯一的天然林资源。总面积2.67万公顷，有天然次生林1.23万公顷，森林覆盖率22.8%。

近年来，银川市以努力创建"天蓝、地绿、水清、城净、居安宁"的人居环境为重点，加强城市的基础设施建设，开展"城市园林绿化、环境综合整治、道路交通治理"工作，增加城市绿色、美化城市环境、方便市民出行，城市建成区面积达110.77平方公里，城市建成区绿化覆盖率达36.6%，人均公共绿地面积增加到8.39平方米。

银川市重视湖泊湿地保护,建成了阅海、鸣翠湖等湿地公园,阅海公园成为我国第三个、西北地区唯一的国家级湿地公园。银川还建成了全长20.11公里的城市景观水道,每年的城市环境空气质量优良天数超过323天,在中国西北省会城市中居首位。

银川日照时间超过拉萨,夏季平均气温一般不超过30度,相对湿度达45%～70%,符合人体的舒适度；城市噪声值低,已成为全国最安静的城市之一,具备西部避暑胜地的气候条件。大面积水域动植物种类繁多,山地、沙地资源禀赋优越,为开发度假养生、时尚休闲体育运动等系列休闲度假娱乐旅游产品奠定基础。银川市生态环境优越,自然和人文环境和谐统一,城市景观优美,气候环境适宜。银川先后荣获全国园林绿化先进城市、全国卫生城市、中国优秀旅游城市、中国十大特色休闲城市、中国最佳生态旅游城市、中国宜居城市的称号。

3. 银川历史文化概况

银川市是一座历史悠久的塞上古城和发展中的区域性中心城市,在民间传说中亦称"凤凰城"。距今3万年以前旧石器时代的灵武市横城水洞沟遗址和银川西郊的镇北堡、贺兰县暖泉等处的新石器文化遗址是银川地区发现最早的居民点。殷商、春秋战国时期这里是北羌、熏育（荤粥）、匈奴等民族活动、游牧的地区。公元前221年,秦始皇统一中国后银川地区为北地郡所属。汉成帝阳朔年间（公元前24年前后）建北典农城（又称吕城、饮汗城）,此为银川建城之始。南北朝时期,大夏国改建"丽子园",为驻军、屯粮重镇。北周置怀远郡、怀远县。唐高宗仪凤二年（677年）怀远县遭黄河水淹,城废。仪凤三年（678年）"在故城西更筑新城"（今银川兴庆区）。宋为怀远镇,北宋真宗天禧四年（1020年）,党项族首领李德明将其都城由灵州（今灵武）迁至怀远镇（今银川市）,大起宫室,修建都城,更名为兴州。后李德明之子李元昊升兴州为兴庆府。宋宝元元年（1038年）,李元昊在兴庆府筑坛受册,即皇帝位,建大夏国（史称西夏）,兴庆府（银川）为其首府。元置中兴路,后改为宁夏府路。明设宁夏府,系"九边重镇"之一。清沿明制仍为宁夏府治。民国时期（1929年）成立宁夏省,银川系省会,时称宁夏省城。1944年4月宁夏省城定名为银川。中华人民共和国成立之初,仍为宁夏省会。1954年,宁夏省建制撤销,银川市为甘肃省银川专署所在地。1958年10月25日,宁夏回族自治区成立,银川市为自治区首府,是自治区政治、经济、文化中心。

银川历史悠久,文化底蕴深厚。以贺兰山岩画、水洞沟为代表的古人类文化,以西夏王陵、承天寺塔、宏佛塔等建筑以及发掘的西夏文物为代表的西夏文化,以银川平原发达的农耕文明为代表的农耕文化,构就了银川市浓郁的历史文化特点;银川回族生活习俗特点鲜明,众多的清真寺、清真餐饮、穆斯林用品、地方土特产品、房屋建筑等,共同形成了银川市浓郁的地方民族风情;地方民风淳朴,地方民俗特色浓郁。全市整理非物质文化遗产70多项,回族服饰曾于2006年服装品牌连锁入选第一批国家级非遗名录。其中,市级非遗26项,省级非遗5项,共同形成了银川市独具魅力的地方文化特征。

4. 银川城市特色

多元的历史文化和移民文化在银川交融,共同孕育了银川人诚信、包容、开放的文化个性,创造了银川市和谐、安定的社会环境,形成了西夏王陵、贺兰山岩画、拜寺口双塔、三关口明长城、水洞沟遗址、鼓楼、玉皇阁、海宝塔、承天寺塔、南关清真大寺、纳家户清真寺、马鞍山甘露寺等丰富的人文历史景观。同时,银川市作为全国唯一的回族自治区首府,回族生活习俗特色浓郁、特点鲜明,具有鲜明的地方特征。银川市社会和谐开放,浓郁的地方民族文化特征,开放包容的城市文化个性,为打造运动休闲城市提供了厚实的文化土壤。

(二)运动休闲城市发展资源

1. 银川现有运动休闲设施

银川市先后共争取国家、自治区体育局等专项资金8 000余万元,吸引民间社会投资约5亿元,银川市体育运动休闲场地建设不断加强,体育健身环境大幅优化:

(1)沿黄河、沿贺兰山、沿艾依河景区和苏峪口、西夏王陵、贺兰山岩画等基础设施建设。西夏城景区顺利通过国家3A级旅游景区评定,并获得宁夏首家自驾车营地资格;镇北堡影城被评为国家5A级旅游景区。当前银川正加快建设灵武市黄河书院、世界水车博览园、奥兰特户外野战基地、贺兰县长河湾体育运动休闲旅游度假项目、永宁县塞上江南生态园、兴庆区黄河小镇等一系列黄河金岸体育运动休闲旅游重点项目,以及沿黄河体育旅游休闲带、贺兰山体育旅游休闲带建设。先后实施了西夏王陵文物保护工程、贺兰山岩画防洪护坡、水关瀑布、回乡文化园"绿廊"景观、黄沙古渡迎宾大道等重点基础建设项目,使体育运动休闲旅游设施基础建设水准得到进一步提升。

(2)体育运动休闲公园建设。结合园林绿化项目建设,全市先后共选取45

处公园绿地,采取增设体育休闲健身设施、健身步道、设置运动场地等方式实施了改造。建成了艾依河亲水步道平台及西侧主题体育公园、海宝公园建设项目、览山体育主题公园运动场、黄河湿地公园、美术馆文化广场游园绿植、布景和体育运动休闲健身场、健身长廊建设及配套体育运动休闲健身设施的安装。

(3)体育运动休闲重点项目工程建设。贺兰山体育场建设工程已进入最后的装修阶段。贺兰县体育馆、吉泰健身中心等一批体育场馆相继建成。"全民健身工程"、"农民健身工程"有效推进。购置了200多万元的健身器材,并在相关体育运动休闲旅游景区和健身场所进行安装,一批乡村、社区体育设施投入使用,大大拓展了群众旅游健身空间,改善了城市休闲健身环境。

2. 银川当前可利用的城市空间

首府银川,地理位置十分优越,山地、湿地、河流及城市广场、道路、体育场馆等资源丰富,具有发展运动休闲的绝对优势。

(1)户外运动基地开发空间。能开发建成山地运动基地的空间,包括万艺生态园、滚钟口、苏峪口、黄渠口等地区,以登山、攀岩、穿越项目为主。能开发建成水上运动基地的空间,包括环阅海健身圈、艾依河、宝湖、鸣翠湖、鹤泉湖等区域,主要开展垂钓、龙舟、滑水、游泳等水上项目。能开发成风筝放飞基地的空间,有水洞沟景区、人民广场、光明广场、南门广场、大团结广场、银川体育馆广场。能开发建成摩托运动基地的空间,主要包括金水园、黄沙古渡及宁东鄂尔多斯台地等。能开发成冰雪运动基地的空间,主要有海宝湖、阅海、览山等区域,主要开展冰上龙舟、滑冰、滑雪、冬泳、冬钓等活动。能开发成轮滑运动基地的空间,主要有人民广场、光明广场、宁夏体育馆广场、银川体育馆广场等区域,主要开展轮滑项目。

(2)运动休闲主题公园建设空间。览山公园、中山公园、唐徕公园、西夏公园、海宝公园、拉普斯森林公园等区域,拥有开发建设成运动休闲主题公园的潜在优势,能开展秧歌、太极拳、慢跑、散步、毽球、棋牌等大众晨晚健身项目。

(3)运动休闲健身中心建设空间。2010年,银川市公共体育设施用地面积370 886.8平方米,2010—2015年,银川将新增公共体育设施用地面积1 604 000平方米。银川拥有很多公共健身中心,但是不少健身中心面临着设备种类缺失,维修保养不到位,健身专业教练稀缺等问题,如银川市水上运动休闲健身中心、银川市全民健身中心、兴庆区全民健身中心、金凤区全民健身中心、西夏区全民健身中心、贺兰体育中心、永宁体育中心、灵武体育中心等。建议充分利用这些健身中心，政府扶持配备专业设施，开展综合运动休闲健身项目，配备和培养专业健身教练等，将这些公共健身中心建成专业运动休闲健身中心。

(4) 体育旅游基地建设空间。银川当前正大力改造休闲健身环境，按照"亲民、便民、利民"的原则，精心打造1公里健身圈，积极整合城市周边的自然资源，开发建设体育旅游基地，进一步完善城市社区公共健身设施。根据水洞沟旅游景区、鸣翠湖公园、广勤养殖基地、览山公园、阅海公园、贺兰山滚钟口等公共景区的地理位置和休闲环境，建议打造市民一公里体育旅游基地，主要开展体育旅游项目。

3. 银川与体育运动休闲相结合的相关资源

银川是宁夏回族自治区的首府，全区政治、经济、文化中心，辖三区两县一市，即兴庆区、金凤区、西夏区、永宁县、贺兰县、灵武市，总面积9 527平方公里，城市建成区面积110.77平方公里。截止到2010年，银川市总人口165.43万，其中市区人口102.49万，回族人口43.33万，约占总人口26.2%，非农业人口106.62万，约占总人口64.45%。

(1) 近年来银川经济持续快速增长。"十一五"期间，工业"一强五优"、农业"两强多优"等优势特色产业不断发展壮大，传统服务业不断优化，现代服务业应运而生。2010年，地区生产总值达763.26亿元，比2005年的293.6亿元翻了一番多；全市人均地区生产总值达4万元；地方财政一般预算收入突破64亿元，比2005年的18.16亿元翻了约两番多；"十一五"期间，累计完成全社会固定资产投资2 023亿元，比"十五"期间的累计646亿元翻了约两番多。万元地区生产总值综合能耗完成了自治区下达的控制指标，经济运行质量不断提高。

(2) 城乡居民收入不断增加。2010年，城镇居民人均可支配收入17 073元，比2005年的8 852元增加了8 221元；农村居民人均纯收入达6 161元，比2005年的3 493元增加了2 668元；移民地区农民纯收入达3 458元，与2005年的1 517元相比翻了一番多。

(3) 社会保障体系不断完善。2010年，全市新增城镇就业6.37万人，城镇登记失业率3.71%，农村劳动力转移就业12.78万人。全市参加城镇职工养老保险43.9万人，参加新农保31.5万人，参加失业保险28.85万人，参加医疗保险132.39万人。覆盖城乡居民的基本社会保障体系初步建立，住房保障制度体系加快构建并不断完善，基本解决了对农民征地拆迁补偿的遗留问题。

(4) 各项社会事业全面推进。教育改革发展加快推进,高标准通过"两基"国检验收,基本普及高中阶段教育,银川职教中心和一批新建、迁建中小学校全面建成,"教育在银川"的品牌效应日益显现;医疗卫生体制改革深入推进,公共卫生和基层医疗卫生服务体系不断完善,建设全国食品安全先进城市进程扎实推进。创建全国文明城市步伐全面加快,文化体育事业繁荣活跃,湖城之夏·广场文化季活动、《月上贺兰》回族舞剧、贺兰山岩画艺术节成为银川靓丽的文化名片。自治区成立50周年大庆、中国500强企业发布暨大企业高峰会、首届中国(宁夏)回商大会、中国市长论坛、首届中阿经贸论坛等重大活动成功举办,银川的知名度、美誉度空前提高。

(5) 旅游资源丰富。作为中国优秀旅游城市,银川浓郁的回族风情,雄浑的大漠风光,秀丽的塞上水色,古老的黄河文明,神秘的西夏文化,构成了多姿多彩的银川。银川域内高山、大漠、黄河、草原等多种自然景观并存,田园如织、沟渠纵横的水乡景色与大漠孤烟、长河落日的塞北苍凉交相辉映。悠久的历史,留下了丰富的文化遗存,古城池、清真寺、佛塔、楼阁、古长城遍布市内各处。距今约1.6亿年前的恐龙化石群落、原始文化艺术长廊——贺兰山岩画、被誉为东方金字塔的西夏王陵、宁夏伊斯兰标志性建筑——南关清真寺、西夏佛教圣地——承天寺塔,以及有中国电影从这里走向世界之称的镇北堡影视城等名胜景区驰名中外。

(6) 政府对运动休闲发展的支持举措。银川市政府明确了建设西北地区"最适宜居住、最适宜创业"现代化区域中心城市的目标。银川市以努力创建"天蓝、地绿、水清、城净、居安宁"人居环境为重点,加强城市基础设施建设,开展"城市园林绿化、环境综合整治、道路交通治理"工作,增加城市绿色、美化城市环境、方便市民出行;银川市很重视湖泊湿地保护,建成了阅海、鸣翠湖等湿地公园;在致力改善投资硬环境的同时,银川市大力加强软环境建设,并确立了"近联、远引、外拓"的招商工作思路,坚持"走出去"与"请进来"相结合,着力打造西北地区最适宜创业的现代化区域中心城市。在营造运动休闲环境方面,银川市政府精心打造一公里健身圈,大力改善市民休闲健身环境,积极推广"人人运动计划",组织开展冰上龙舟赛、水上龙舟赛、登山活动、千人围棋、象棋赛、市民健步走活动、群众健康跑活动等全市性大型群众体育健身示范活动,加强全民健身群众体育组织建设,构建城乡均衡、条块结合的全市群众体育组织网络体系,真正让运动休闲惠及社会的各个阶层和各类人群。

在"十二五"规划纲要中,银川市政府提出大力发展特色文化旅游业。围绕"雄浑贺兰、多彩银川"主题形象,整合宁夏独具特色的回族文化、西夏文化等旅游资源,全面提升贺兰山东麓、黄河金岸、穆斯林文化旅游区功能,提升西夏王陵、贺兰山岩画、镇北堡影城、水洞沟、中华回乡文化园等历史人文景区文化品位,加快发展黄沙古渡、苏峪口、滚钟口等运动休闲旅游景区,推动生态度假区、乡村农家乐等新兴旅游发展,把银川建设成全国知名的旅游休闲目的地城市。

(三) 银川运动休闲事业建设现状

银川市是坐落在西北地区东部、面向华北地区的重要区域中心城市,经济辐射宁蒙陕甘青毗邻地区,基础服务功能进一步强化,是周边500公里范围内的金融、商贸物流、人才服务和休闲、消费、置业、居住的中心。

1. 银川市已开展的运动休闲项目

银川市开展的体育运动休闲项目是非奥运项目,主要是放风筝、登山、赛龙舟、马上竞速、武术、围棋、象棋、国际象棋、台球、攀岩、赛艇、桥牌、保龄球、高尔夫球、航模、门球、轮滑、蹼泳、摩托艇、中国式摔跤、体育舞蹈、健美与健美操、信鸽、赛龙狮、健身气功、无线电、毽球、滑水、掷球、软式排球、极限运动、连珠网、定向运动等33个项目。现在这些运动休闲项目在国际及国内比较受群众的欢迎。

2. 银川市已开展的运动休闲健身活动

(1) 整合城市资源,不断创新开展运动休闲活动。银川市先后组织或承办了"全国休闲体育大会"、"国际赛马大会"、"国际运动风筝邀请赛"、"全国公路轮滑赛"、"WBO国际职业拳击比赛"、"全国群众登山健身大会"、"冰上龙舟赛"、"端午龙舟赛"、"千人围棋、象棋比赛"、"市民健步走活动"、"业余足球联赛"等大型体育运动休闲主题活动。各县(市)区、各单位也结合实际开展了机关干部登山活动、鸣翠湖端午休闲体育运动会、黄沙古渡七夕花棒节、岩画踏春行、金凤区文化旅游节、水洞沟长枣旅游节等一系列丰富多彩的主题活动。

(2) 成功举办各种大型体育旅游活动。银川市成功举办了九届"汽车、摩托车旅游节"和银川市冰上龙舟赛、冰雪旅游节和春节民俗旅游活动,活跃了市民节假日的体育旅游文化生活。冰上龙舟赛受到了国家体育总局、中央电视台的高度关注。

(3) 积极参加大型体育赛事。银川代表队代表中国参加了在法国巴黎举行的"城市之间"国际版总决赛,经过与来自法国、俄罗斯、白俄罗斯等国家的40个城市代表队激烈角逐,一举夺得总冠军,改写了中国自参加"城市之间"国际比赛10年未能夺冠的历史。

这些活动都是结合银川市运动休闲城市建设总体部署而开展的,达到了精心抓好大项目,全力营造大声势,提升品质树品牌的目的。各项目活动共有20 041名运动员、市民健身爱好者直接参与活动、比赛,参加活动观众达20多万人次。自治区、银川市四套班子领导多次亲临现场参与活动,观看比赛。中央电视台对银川市的冰上龙舟、端午龙舟、赛马、"城市之间"给予了大力度的报道。多数活动的内容登上了《宁夏日报》《新消息报》《银川晚报》的头版。宁夏电视台、银川电视台在大力度进行新闻报道之外,还制作了多个专题片进行深入报道。

3. 银川当前的运动休闲氛围

银川市运动休闲城市建设氛围日益浓厚,体育运动休闲生活理念深入人心,人民群众主动参与体育运动休闲活动的积极性进一步增强。

(1)举办品牌赛事和节庆活动,进一步树立银川市"运动休闲城市"的形象。银川市已形成"山地、水上、沙滩、冰雪、道路、广场"六大类地域特色突出的体育运动休闲板块;还形成了"龙舟运动、风筝运动、轮滑运动、登山运动、垂钓运动、机车运动、冰雪运动、沙地运动"八大类主题鲜明的野外运动休闲特色品牌。银川市还被国家体育总局授予"中国运动风筝基地"称号,被中国风筝协会授予"发展风筝运动成绩突出城市"。同时,通过组织开展各项体育运动休闲活动,使银川市运动休闲城市建设从最初的概念模糊、形式单一的状态,发展到目前全社会积极参与、各部门通力协作、各县(市)区积极互动、各项体育运动休闲活动有声有色开展、城乡居民幸福感明显提升的良好局面。

(2)加强城市运动休闲宣传,使银川市的体育运动休闲城市形象日益突出,知名度、美誉度不断提升。中央电视台、宁夏电视台、《银川晚报》等对银川市体育运动休闲城市建设广泛进行了报道,为体育建设营造了浓厚的社会氛围。尤其是中央电视台等国家级新闻媒体多次对银川市运动休闲城市建设和在"城市之间"等重大活动中取得的成绩进行了宣传,从而极大地提高了银川市的知名度。银川体育休闲城市品牌得以广泛传播和推广。先后获得"中国优秀生态旅游城市、全国国民休闲特别贡献城市奖、中国十大休闲城市"等荣誉称号。

(3)大力推广"人人运动计划",积极组织举办主题鲜明、地域特色突出的大型体育运动休闲主题活动,使体育运动休闲活动品质和市民生活品质有效提升。一公里健身圈以及25个健身场所的建设,激发了银川广大市民参与运动休闲活动的激情,毽球、冰雪、晨练等随处可见,"我参与、我快乐、我运动、我健康"理念深入人心。据不完全统计,目前,银川市参加体育健身活动的人口已达60%以上,市民参加体育活动正在成为新时尚。全民健身活动,成为城市精神文明和道德建设体系中的重要组成部分。

4. 银川人运动休闲发展战略

银川当前正紧紧围绕建设"两个最适宜"城市,以科学发展观为指导,以形成城市特色、提升城市品位、提高群众生活质量、推进旅游目的地城市建设为重点,以文化为魂,以旅游为线,以体育运动为主体,以服务为支撑,以安全为保障,以生态保护和环境建设为基础,合理布局体育、旅游、文化、商贸等运动休闲要素,开发运动休闲项目,优化运动休闲环境,培育运动休闲文化,发展运动休闲产业,不断提升银川作为运动休闲城市的知名度和影响力,促进经济社会又好又快发展。

(1)在战略目标方面,提出把银川市建成为我国运动休闲度假旅游重要枢纽城市和黄金休闲旅游度假目的地。在2012—2015年,加快汽摩运动、垂钓比赛、风筝大赛、登山大赛、广场健身大赛等城市休闲运动品牌的扶植培育,完善交通、通信、场馆会所、市政、服务等休闲软硬件条件,确立在宁蒙陕甘城市群职能分工体系中的区域休闲功能比较优势;建设渔具、风筝、山地运动器械等若干有影响的休闲配套产品专业市场,持续提升在休闲市场中的影响与占有份额,建设山地定向穿越和攀岩、龙舟、沙滩排球、城市直跑道赛车等若干国内著名的休闲项目品牌基地,把银川市建设成为西部运动休闲中心城市。

2015—2020年,通过制定详尽的以国际市场为重要目标的中长期产业发展战略,基本形成结构合理、功能完善、内生性强、环境优美、高度开放的可持续发展的休闲产业体系,形成独特的产业核心优势,使银川市达到生态意识、城市复合功能和运动情节的完美结合,使以运动休闲为主要特色的休闲产业成为城市可持续发展的重要支柱,把银川市建成为我国运动休闲度假旅游重要枢纽城市和黄金休闲旅游度假目的地。

(2)在空间布局上,构建五大主题功能板块。充分利用银川市融山、川、河、湖为一体的典型自然地貌资源和多元文化优势,面对不同市场需求以运动休闲为重点,以主要交通干道为纽带,串联整合运动休闲资源,合理布局运动休闲相关产业,构筑大银川运动休闲发展格局,形成五大主题功能板块。

——文化体验休闲度假区。依托贺兰山丰富的地形地貌、森林植被、人文景观资源和葡萄酒基地产业优势,以文化休闲、生态旅游为主题,以镇北堡为交通枢纽,以西夏王陵、贺兰山岩画、镇北堡影视城为核心景区,规划建设西夏活字印刷博物馆、分时度假营地、房车基地、自驾车营地和葡萄酒庄园;建设艾克斯星谷机车运动基地。

——水上运动休闲度假区。依托阅海等湖泊湿地资源,以艾依河为纽带,建成集游览、观光、健身、娱乐为一身,高层次、综合性、现代化的大型水上游乐景区,重点建设国际游艇俱乐部、滨水度假村、风情酒吧、活水公园、花卉基地和高尔夫基地。

——回乡风情休闲度假区。依托纳家户清真古寺的影响力和中华回乡文化园的示范带动效应,加快建设永宁县回乡民俗街、中华回乡文化园清真礼仪大殿、民俗村、回乡特色餐饮中心和演艺厅,完善以中华回乡文化园为中心的大型生态园设施配套服务,启动中华回乡风情园二期建设;改造通贵乡传统民居,加快配套建设黄河沿岸旅游度假设施,建设中国西部集传统与现代文明于一体的回族风情休闲度假区。

——黄河沿岸文化休闲度假区。按照自治区党委、政府建设"黄河金岸"的战略部署,依托黄河丰厚的文化底蕴和厚重的历史积淀,以文化体验、生态旅游为主题,以金水园为交通枢纽,以黄沙古渡和水洞沟为核心景区,建设阿拉伯文化城和黄河小镇,改造黄河沿岸景区连接道路和景区基础设施,完善并提升区域服务的能力和水平,建成旅游休闲胜地。

——都市文化体验区。依托地域历史文化、民族文化与现代文明融合发展和城市建筑群落、园林景观等都市特有的表现手法,以历史文化街区、特色街区、商业街区、城市新区等为重点内容,以历史建筑、城市雕塑、仪门牌坊、公园绿地、广场游园、文化体育场馆设施、健身步道、高尔夫训练场、古玩街、酒吧街、美食街、夜市等为核心载体,以广泛参与的大众文化体育运动休闲方式为重要形式,形成以文化为主线、以特色为依托,多层次客户群并处、多类型服务业集聚、多端价值链互联的都市休闲区。

(3)在运动休闲产品开发方面,提出打造六大产品体系。

——文化度假产品体系。面向国际国内市场,以重点文物景区为依托,开发以水洞沟、贺兰山岩画景区为重点,开发古人类文化、游牧文化探秘度假产品;以西夏王陵、拜寺口以及贺兰山东麓有关西夏历史文化产品的开发,开展西夏文化探秘旅游活动;以小龙头明长城、水洞沟红山堡立体军事防御、兵沟汉墓等景区的产品开发,开展边塞文化体验和探秘旅游活动;恢复滚钟口古建筑群,开发宗教文化探秘等旅游产品;以灵武恐龙馆以及贺兰山沿线古代生物和地质的产品开发,开展古生物地质探秘旅游活动。

——生态度假旅游产品体系。面向国内远程和周边市场,依托黄沙古渡、兵沟等独特的沙漠资源,贺兰山山地资源,开展汽车摩托车越野拉力、技巧挑战以及登山等赛事旅游活动;依托金水园、艾克斯星谷等场地设施,开展汽车摩托车场地技巧等赛事旅游活动;依托黄河、艾依河、鸣翠湖、阅海等的水、鸟、植物和动物资源,开展生态观光旅游活动,开发亲水广场、趣味风险水上运动、水上休闲娱乐、水上体育运动、旅游房地产等度假旅游产品;面向本地市场,以兴庆区银横路、孔司路两侧的休闲农家度假设施,金凤区四水产业基地,西夏区特色生态种养,灵武市长红枣基地,永宁县设施园艺、特色葡萄种植,贺兰县金河湾、月亮湾、银河湾等为依托,发展乡村度假旅游产品。引进有实力的投资集团,建设中国西部国际游艇俱乐部,开发水上实景旅游剧目,建设滨水度假旅游设施。

——民俗体验度假旅游产品体系。面向国际、国内市场,开发以中华回乡文化园、纳家户民俗街、新月广场、南关回族风情街区等为重点,开发回乡风情观光游、回族风情体验游、清真食品消费游、穆斯林用品购物游等产品;以镇北堡影城为重点,开发民俗及影视文化旅游产品;通过乡村旅游和乡村民俗文化产品的挖掘,开发民俗体验度假旅游产品。

——康体养生度假旅游产品体系。面向周边市场和国内远程市场,利用沙漠资源和日照充足的自然条件,开发沙浴、沙疗等旅游产品;利用挖掘本地枸杞、羊肉等食物的养生保健功效,开发食疗养生等度假旅游产品体系;面向本地市场,大力发展体育健身活动,增添体育运动设施,开发健身旅游产品。

——时尚运动度假旅游产品体系。依托丰富的自然资源,面向中青年市场,开发建设针对不同市场的休闲度假旅游产品,如高尔夫、攀岩、帆板、登山、徒步、野外生存、滑雪、探险、漂流、冲浪、滑水、蹦极、疗养旅游、森林旅游等;面向不同的消费群体,开发风格各异的"吧"文化旅游产品,如水吧、酒吧等。

——商务会展旅游产品体系。面向国际国内市场,依托新建的城市功能设施,通过举办大型的赛事、展览等,开展商务会展旅游;通过强化购物场所的服务功能,强化商务旅游活动。

(4)在旅游休闲服务体系建设方面,提出积极培育旅游客运市场,改善交通环境。以新月广场为旅游集散中转中心,以金水园、阅海、镇北堡为二级集散节点,加快旅游信息和服务、中转集散功能建设步伐,形成合理有序的旅游交通和服务架构;以艾依河沿线的拉普斯森林公园、鲁能陶然水岸酒吧街、银川文化城、东方红广场、光明广场、永康巷夜市、湖滨酒吧街等为节点,开发建设夜间文化娱乐、旅游购物、体育健身、休闲娱乐旅游产品;依托览山景观剧场,排演大型旅游实景剧目,完善大型旅游文化节目展示演出功能;依托清真餐饮品牌和兴庆区商贸服务设施、文化娱乐设施,以及住宿、交通、信息等综合优势,完善娱乐、文化展示表演等功能;鼓励各旅游企业积极开发文化娱乐项目,开展文化展演活动,强化休闲度假旅游服务功能。

(5)在节庆活动开发方面,继续办好大型节庆活动,发挥节庆活动的综合效益。继续办好中国银川国际汽车摩托车旅游节、西北风情自驾车旅游节和七夕爱之旅中国情人节、赏石节、旅游商品设计大赛等已开发的节庆产品,重点推广汽摩节、钓鱼大赛等在全国已具有一定影响力的节庆产品;建设宁东风筝基地,开发风筝节庆产品;充分挖掘银川市书画、动漫等文化资源,通过比赛、征集、展览、举办化装聚会活动等形式,举办化装面具节庆活动。通过节庆产品的开发,培育相关产业,发挥节庆活动的综合效益。

(四)银川运动休闲产业发展现状

运动休闲产业,是指与人的运动休闲生活、运动休闲行为、运动休闲需求(物质的与精神的)密切相关的产业领域,特别是以体育运动业、旅游业、娱乐业、文化产业为龙头形成的经济形态和产业系统,已成为国家经济发展的重要支柱产业。运动休闲产业即以运动休闲产品为龙头,以人们的运动休闲消费为市场的综合性产业。运动休闲产业一般涉及国家公园、博物馆、体育(运动项目、设施、设备、维修等)、影视、交通、旅行社、导游、纪念品、餐饮业、社区服务以及由此连带的产业群。运动休闲业是丰富社会生活、增进人民群众身心健康、扩大社会就业、带动国民经济与相关行业发展的重要产业。随着经济社会的发展,运动休闲业作为一个朝阳产业,在国民经济中的作用与影响日益明显。一方面为整个体育事业带来了勃勃生机,另一方面其蕴含的巨大商机已日益显现,有望成为我国国民经济新的增长点。

随着银川市经济的持续快速增长和经济总量的不断扩大,银川市运动休闲业也顺应了银川市经济发展和经济结构战略性调整的要求,出现了快速发展态势。近十年来,银川市在大力推进体育事业发展的同时,不断加快运动休闲产业化进程。银川体育休闲娱乐业、体育竞赛表演业和体育用品销售业快速发展,带动了银川旅游、商业、水产业、会展、建筑、广播电视、新闻出版、网络等产业的发展,初步形成了以体育为特色的运动休闲综合产业链。

1. 银川以体育为特色的运动休闲产业发展规模

(1) 休闲旅游业具有一定基础。银川市有国家A级景区15家,其中4A级景区5家;有旅行社66家,星级饭店30家,旅游车船公司2家,旅游商品生产经营企业19家,形成了新月广场、进宁街—解放街、南关清真寺、永安巷、湖滨街等具有浓郁地方民族特点和旅游功能的街区;已注册成立的文化公司108家,全市共有各类文化经营场所2 792家;古玩、奇石、字画、书刊、邮币卡和旅游纪念品等文化产品经营市场初具规模;步行街、清真美食街等特色商业街区成为银川商贸的品牌,茶楼、酒吧、咖啡厅、西餐厅、特色餐饮店、照相、美容美发、沐浴、健身娱乐等蓬勃发展;"老毛手抓"、"国强手抓"、"德隆楼"、"仙鹤楼"等为代表的本土清真餐饮业,实现规模扩张和集约化经营;"老成都"、"全聚德"、"忠华手抓"、"小肥羊"、"名典咖啡"和国外的"肯德基"、"德克士"等知名餐饮品牌相继进入银川市场,与本土品牌相得益彰;别墅、度假公寓、度假型酒店等休闲物业快速发展。

(2) 公共体育事业稳步发展。国家体育管理机关、体育事业单位(科研、教育)及各种体育协会等承担着发展公共体育事业的任务。目前,银川市能接待国家级比赛训练的体育馆6个,固定资产4.3亿元。体育场2个,固定资产1.013亿元。县、区(市)级体育场3个,固定资产1 240万元。学校体育馆7个,固定资产3.6亿元。体育场(包括:小运动场、足球场)153个,固定资产1.68亿元。篮球场699个,排球场126个,固定资产826万元。全市门球场31个,固定资产120.8万元。社区文化体育活动室(站)206处,其中:兴庆区90处、西夏区48处、金凤区38处、灵武市15处、贺兰县12处、永宁县13处。全市各社区健身路径260处。各企事业单位的体育场所28个。以上统计体育场所1 425处。总固定资产约9.911 6亿元。年经营收入约2 680万元,上缴利税约268万元。每年参加健身活动1 858万人次。

(3) 一批经营规模较大、具有一定社会影响的运动休闲健身娱乐经营单位业已形成。在银川市宾馆饭店等经营单位中,也具有一定数量的附属运动休闲健身场馆和设施,如健身房、保龄球馆、台球室、游泳馆、棋牌室等运动休闲健身设施。银川市有独立核算的体育休闲娱乐健身企业近200家。有室内、外游泳场(馆)18家,健身房36家,有一定规模的乒乓球室7家,羽毛球馆11处,保龄球馆1家,网球场9处,棋社6家,武术学校(馆)、跆拳道馆8处,散打俱乐部2处,轮滑俱乐部3处。多数是非公有制企业,投资总额约1.41亿元,年营业收入约1.6亿元,上缴利税约1 600万元,发展势头良好。

(4)体育用品销售业初具规模。银川市体育用品的销售,主要集中在体育用品专营区域中,以及各大、中、小型百货商场(店)中。调查统计约有350多家经销商,年营业额约上亿元。

2. 银川运动休闲产业发展存在的主要问题

从总体看,银川运动休闲产业仍处于初级发展阶段,总量规模偏小,结构不尽合理,发展速度和效益需要进一步提高,运动休闲服务供给与城乡居民的运动休闲消费需求之间存在较大差距,特别是影响运动休闲产业发展的深层次问题尚未得到有效解决。

(1)市场定位和需求评估不够深入。银川之前运动休闲的市场研究主要集中在外部因素的判断和分析层面,对运动休闲的市场驱动力、运动休闲服务产品、服务的需求未能从规模和效益上给予数量上的评估与预测。对这些因素的分析预测,将直接决定运动休闲产品和服务的方向与趋势,决定运动休闲资源开发的规模和走向。由于居民运动休闲行为与一般休闲旅游产品的特性有很大差异性,因此,开发运动休闲产品必须深入分析和探索运动休闲市场和需求者的特性与规律,以此为基础,才能为运动休闲者提供所需产品,满足不同需求,开发的产品才能成功。

(2)资源未能有效整合,尚未形成发展休闲度假产业的合力。一是旅游资源的整合。管理体制上条块分割,项目建设上人力、物力、财力没能集中使用,形象策划与宣传方面各自为战。贺兰山作为银川市的地标,其文化底蕴深厚,在国内市场上也具有一定的知名度。但是,贺兰山作为一个旅游品牌,从未在国内著名媒体上出现过,贺兰山东麓各景区建设说头多,看头少,项目建设步伐缓慢,未能树立有效的品牌形象而发挥其应有的作用。

二是社会资源的整合。运动休闲产业,是以旅游、文化、体育、交通、餐饮等连带产业群为主体,将体育运动业、旅游业、娱乐业、服务业、文化产业整合成一个休闲产业系统。因此,运动休闲产业的发展,必须充分整合各种相关资源,在地方特色挖掘、产业体系建设、基础设施建设,以及市场营销推广方面发挥合力,才能扎实推进。目前,银川市在休闲产业发展上缺乏总体规划,各部门、各级政府未能形成分工合作的局面,从而使得运动休闲产业建设步伐与市委的要求不相适应。

(3) 运动休闲产品不丰富,休闲产业链的建设尚需加强。一是旅游产品内容单一,观光内容比重大;二是旅游要素发展不完善,夜间文化生活单调;三是旅游者单人次消费不高,综合收益较低;四是旅游季节性制约因素未能有效突破,旅游半年闲问题长期得不到解决;五是与休闲产业相关的休闲装备、休闲文化、休闲设施、休闲人才等要素市场未能有效培育,成为银川休闲产业发展的制约因素。

(4) 运动休闲市场引导氛围不浓。运动休闲设施不健全,体育设施大多针对老年群体,设施保养和维护也跟不上。社区运动休闲场地有限,难以满足市民运动休闲的需求。同时对市民的运动休闲教育和引导不够,缺乏有影响力的体育赛事、节事,没有形成具有地方特色、健康文明的运动休闲氛围。

(5) 休闲产业投入不足。一是制约休闲产业发展的交通、休闲信息服务与咨询设施不足,旅游标示牌、旅游公路、旅游卫生间等问题未能得到有效解决。二是文化、体育等休闲基础设施投入不足。目前较具代表性的娱乐内容较为单一,面向青少年或老年人的娱乐场所相对较少,尤其缺乏健身类、益智类的娱乐场所。三是休闲旅游的形象宣传投入不足,致使客源市场集中分布于邻近各省,客源市场增长速度慢且不稳定。

(6) 运动休闲管理体制改革滞后,投资主体单一问题仍然存在。市场机制不完善,国有体育资源配置效率不高,非公有制资本进入动力不强,市场中介组织发展缓慢,尚未形成完善的市场体系。体育产业政策不完善,对市场主体的培育力度不够,缺乏具有影响力的体育赛事、体育企业和体育产品品牌。体育经营专业人才不足等。

(五) 银川运动休闲活动、节会和赛事现状

1. 银川民族体育运动休闲节会与赛事

(1) 第七届全国少数民族传统体育运动会。由国家民委、国家体委联合主办,宁夏回族自治区人民政府承办的第七届全国少数民族传统体育运动会于2003年9月6日至13日在银川市、石嘴山市隆重举行。

该届运动会的宗旨是:弘扬民族传统体育文化,促进民族团结进步繁荣;指导思想是:全面贯彻"三个代表"重要思想,举全区之力,凝全区人心,不求最大,但求最好,充分发扬宁夏精神,把第七届全国民族运动会办出特色和水平,办成全国民族大团结的盛会。

该届运动会历时 8 天,来自全国 31 个省、自治区、直辖市及中国人民解放军、新疆生产建设兵团、台湾省等 34 个代表团 55 个少数民族的运动员和各民族的教练员、裁判员、工作人员,以及 30 个观摩团的观摩人员、少数民族体育先进代表及新闻记者共 9 000 余人参加。

该届运动会共设抢花炮、珍珠球、木球、毽球、蹴球、马术、秋千、武术、龙舟、民族式摔跤、射弩、高脚竞速、陀螺、押加等 14 个比赛项目和 120 多个表演项目。为配合运动会举行,还举办了"民族传统体育摄影艺术展"、"民族书画家书画展"、"体育集邮展"、"民族体育成就及气象站"、"西部民族风采之星展示大赛"等一系列文化活动。

(2) 第七届宁夏少数民族传统体育运动会。该届运动会于 2010 年 5 月 24 日至 28 日在银川举办。本届运动会总规模、运动员人数均创历史最高水平。银川、石嘴山、吴忠、固原、中卫五市,及自治区总工会、区直机关、宁夏大学、北方民族大学 9 个代表团参加了这届运动会,参会人员达 1 338 人,其中运动员、领队、教练员达 970 余人。运动会设竞赛项目和表演项目两大类,除花炮、珍珠球、木球、武术等 11 项竞赛项目格外令人关注外,踏脚、鱼尾剑、回族杨氏拳等 12 个表演项目同样是精彩纷呈。

表演项目是少数民族运动会区别于常规运动会最重要的部分,以文艺表演的形式展示各民族传统文化的精彩场面。本届运动会 12 个表演项目分别是:踏脚、掌心月、牧童鞭、打木尖、鱼尾剑、赶牛、打瓦、彩镯掌、回族花儿艳、回族杨氏拳、响板舞他花儿牛、橡笔颂古兰等,共有 7 个代表团、272 名运动员参赛。这些项目是从宁夏回族自治区各地回族人民生活场景中挖掘整理和经过艺术加工的,主要反映回族群众的体育活动、武术、宗教习俗等生活侧面。

近年来,宁夏回族自治区的踏脚、牧童鞭、西夏王刀、何家棍等民族体育项目,在全国少数民族传统体育运动会表演项目比赛中都取得了优异的成绩。2010 年宁夏回族自治区的表演项目无论从服装服饰、道具,还是比赛项目等方面都集中展示"回族之乡"的特色文化。

(3)"民族团结月"活动。1998 年以来,银川市将每年 9 月份确定为本市的"民族团结月"。自治区首府银川市市委、市政府和社会各界力量近十多年来坚持每年 9 月开展多种形式的活动庆祝"民族团结月"。2011 年"民族团结月"的活动主题为"全面推进民族团结进步事业,努力争创民族团结进步模范市"。银川市举办了"民族团结月"启动仪式、民族文艺演出和回族文化展示、全市散居少数民族联谊、第四次民族团结进步表彰大会、回乡风情运动休闲游活动等。期间，市民还欣赏到了回族服饰、花儿说唱、回族武术、回族皮艺等民族特色浓郁的展演。

2. 银川市群众体育休闲节会、赛事

(1) 银川社区网络棋牌大赛比赛。社区网络棋牌大赛由银川市体育局主办，每年有近3 000名网友报名参赛，经过预赛、复赛的逐轮淘汰，最终确定92名选手进入当日的总决赛，决赛采用单回合淘汰制。银川社区棋牌大赛包括中国象棋、中国围棋、无禁手五子棋、双扣、滑水麻将、斗地主六项赛事。

(2) 农民工体育休闲运动会。2010年银川市总工会和市体育局为喜迎本年度"国庆节"，丰富"心系农民工，文化健康送到家"的主题活动季内容，全民参与型塑体育休闲运动城市，增强广大农民工的体能及整体素质，构建"和谐大银川"，在湖滨体育场举办了银川市首届农民工体育休闲运动会。运动会设置了足球定点射门、集体跳绳等7个集体项目及定点投篮、吹气球等6个个人项目。兴庆区、永宁县等13支代表队383名运动员参加了此次运动会。银川市总工会和市体育局还对获得比赛前6名的集体和个人以及团体总分第一名、优秀组织单位给予了奖励，切实使广大农民工朋友们在运动中分享健康快乐的美好心情。

2011年宁夏回族自治区银川市总工会再次联合体育局举办了银川市第二届农民工体育休闲运动会。运动会在前一届的基础上增加了趣味性极强的抢收抢种、乘船接力、漂移过河等6个集体项目及滚轮胎、"背媳妇"障碍跑、"迷你"铁人3项等5个个人项目。吸引了来自兴庆区、金凤区、西夏区等12支代表队331名运动员参赛，其中灵武市、贺兰县、开发区、兴庆区、银川中铁水务集团、宁夏友厦建设集团有限公司等6支代表队获得集体项目前6名。

银川市总工会通过举办农民工体育休闲运动会等项活动，激发全社会充分认识新形势下做好农民工工作的重要性，自觉重视和加强提升农民工素质的各种培训、公共服务及文化体育活动，改善农民工的生产生活条件，努力营造全社会尊重、关爱农民工的良好氛围。

(3) 街头三人篮球赛。起源于欧美的街头3人篮球赛，近年来风靡全球，由于它组队灵活、娱乐性强、参与面广，并强调张扬个性、独特的创造力和非凡的灵感而深受年轻人喜爱。2002年银川举办了首届街头3人篮球赛，来自全自治区的21支代表队参赛。2011年，银川"哈纳斯"杯街头三人篮球对抗赛共有83

支队伍,300多名选手参加了比赛,其中初中组34支、高中组31支、大学组12支、社会组6支。

(4)银川千人围棋、象棋比赛。为期两天的银川市千人围棋、象棋比赛在银川市湖滨体育场拉开帷幕。来自宁夏及周边省市的数千名棋类爱好者汇聚一堂,共度"五一"节。本次比赛由银川市体育局、银川市教育局联合举办,自治区围棋协会、银川市象棋协会协办。围棋比赛设中学组、小学甲组、小学乙组、幼儿组四个组别;象棋比赛设中学组、小学甲组、小学乙组三个组。大赛共有2 103名小棋手参赛,其中围棋473名,象棋1 630名,是历年来参赛人数最多的一次。除了千人同场对弈外,银川市体育局还安排了120余名小画家和130余名小古筝选手同台献技,将琴棋书画融为一体,具有浓郁的文化氛围。

(5)银川市民健步走活动。2010年、2011年银川连续两年举办市民健步走活动。2010年9月9日上午,由银川市文化局、体育局主办的"安利纽崔莱杯"全民健步走活动,在森林公园东门举行。参加这次活动的有银川市各机关、事业单位、街道社区的居民和安利集团的职工,共有1 000多人参加。2011年8月8日是第三个全国"全民健身日",银川市开展全市"安利纽崔莱杯"万人健康走活动,有1万余名各界群众参加了活动。此次活动的主题为"健康城市从步行开始",参加活动人群以本市机关、部队、企事业单位、社区居民为主。现场还同时举办健身成果展览及项目展示、市民体质监测等活动。

(6)银川业余足球联赛。2011年业余足球联赛在湖滨体育场开赛,36支球队进行了为期8个月的激烈角逐。

银川市业余足球联赛已走过四年的历程。该联赛于2007年由银川市体育局牵头、民间自由发起组织的,是一项覆盖银川及周边地区的业余足球赛事。经过为期四年的磨砺,球队参赛规模已从最初的14支发展到如今的36支,参赛队员从300人上升到1 000人。赛制也由最初的单级别转变为本届的甲、乙级,A、B、C三组共同竞技的体系。

随着这一品牌赛事影响力的不断扩大,银川周边地区的球队相继踊跃加入。2011届的36支参赛队伍中,包括来自石嘴山、吴忠、青铜峡、盐池等兄弟市(县)的球队,并且首次有外省区球队——内蒙古阿拉善联队参赛。如今,这项联赛带动银川市群众性业余足球运动蓬勃发展,成为银川全民健身运动的一道亮丽风景。

(7)鸣翠湖端午休闲体育运动会。2011年,由银川市兴庆区委、兴庆区政府、银川市旅游局主办,兴庆区工会、兴庆区文体旅游局、银川鸣翠湖国家湿地公园共同承办的第三届千人迎端午休闲体育运动会在鸣翠湖国家湿地公园隆重举行。此次活动旨在依托丰富的湿地湖泊资源,充分挖掘特色生态旅游潜力,以特色休闲活动为载体,凸显"端午节"民俗文化,为建设运动休闲城市营造浓厚氛围。

兴庆区各乡镇、街道办事处、河东各景区、农家乐等2 000余人参加了此次活动。活动中融合了鸣翠湖水陆拓展中的勇攀珠峰、划船接力赛、运水接力赛、环湖健步行休闲运动、水上S桥、勇闯连环岛、水上云梯等比赛,活动期间文艺演出与包粽子比赛等同步进行。

(8)黄沙古渡七夕花棒节。花棒七夕情人节由银川市旅游局、兴庆区政府、黄沙古渡旅游景区主办,2011年已是第六届。黄沙古渡旅游景区精心设计了种植爱情树、在月牙湖构筑爱情锁、在爱情墙上签名留念、热吻大赛、爱侣绑腿赛跑和"背老婆"赛跑、篝火晚会等主题活动,在趣味游戏中考验情侣们的默契度。50对自愿报名的情侣参加了这些活动。前来参加活动的有年轻人,还有中年人,一对已经结婚30年今年都50岁的夫妇格外引人关注,两个人每年都要过七夕节。情侣接吻大赛要求面对面相距1.5米站在两块叠加在一起的砖上,双手不能互相搀扶地接吻,还是有相当难度的,坚持时间最长的爱侣也没有超过20分钟。情侣们还在沙地上栽下一棵棵象征永恒爱情的花棒树,以象征自己的爱情常青不老。爱侣绑腿赛跑和"背老婆"赛跑更是让情侣们玩得开心不已。

(9)金凤区文化旅游节。为丰富人民群众的精神文化生活,促进和谐文化建设,金凤区2011年举办了第一届生态文化旅游节。此次生态文化旅游节历时5个月近160天,以"人与湖和谐相伴"为主题,以"五一"、端午、"六一"、"七一"、中秋、国庆等节日为契机,举办万名市民游阅海、走近艾依河、环湖长跑健康赛、环湖自行车赛、垂钓大赛、龙舟大赛、荷花节,以及书画、摄影、征文等一系列活动。

(10)水洞沟文化旅游节。2011年纪念水洞沟遗址发现88周年暨首届水洞沟文化旅游节,在水洞沟旅游景区隆重开幕。作为中国最早发掘的旧石器时代遗址之一,水洞沟1988年由国务院公布为"全国重点文物保护单位",被誉为"中国史前考古的发祥地"、"最具中华文明意义的百项考古发现之一"以及"中西方文化交流的历史见证"等。因其蕴藏有丰富而珍贵的史前资料,后被列为国家"十一五"文物保护规划重大遗址之一。

水洞沟文化旅游节以"保护、传承、发展"为主题,历时3天。通过水洞沟遗址发现88周年纪念活动、水洞沟遗址博物馆对外开放庆典、水洞沟遗址国际学术专题研讨会、"探秘水洞沟、触摸古文明"系列活动,使更多的人了解水洞沟文化,全面展示银川深厚的历史文化积淀,树立水洞沟旅游的新品牌,推动宁夏的文化旅游发展。

首届水洞沟文化旅游节开幕当天,水洞沟遗址博物馆也正式开馆,该馆特色为下沉式展区,是目前国内唯一、面积最大的室内观众介入式动感场景,借助超大型半景画结合可调试地震体验平台及声、光、电、三维舞台布景、大型动漫等高科技展览方式,使游客切身体验山崩地裂、洪水暴发等自然灾害场景将几万年前的历史变迁演绎出来,使每一个去过水洞沟的人梦回三万年。同日,中国科学院地质与地球物理研究所的袁宝印研究员、中科院古脊椎动物与古人类研究所副所长高星等80多位国内外专家、学者在水洞沟召开了国际学术研讨会,并作了专题报告。

自2011年1月至6月,水洞沟旅游景区共接待国内外游客428 000人次,与2010年同期相比接待人次增长了112%。其中外宾以法、英、美、日等国的游客居多,内宾以宁夏周边五省的游客居多,2011年长三角、珠三角等地的游客增长比例达到10%。

3. 银川大型运动休闲节会和赛事

(1)全国休闲体育大会。2011年5月28日,首届全国休闲体育大会在宁夏首府银川以东灵武古长城脚下水洞沟开幕。国家体育总局社体中心、宁夏回族自治区体育局与银川市人民政府共同主办了该届休闲体育大会。

首届全国休闲体育大会共设置了国际风筝邀请赛、全国休闲垂钓大赛、全国群众登山健身大会、银川国际赛马大会、端午龙舟赛、沿长城10公里耐力跑、健步行、沙滩排球、公路轮滑马拉松以及千人围棋、象棋赛等十大户外休闲体育活动。在国际风筝邀请赛上,来自全国各地的300余名风筝爱好者,以及来自德国、荷兰、丹麦、匈牙利、奥地利、瑞士、美国、印度尼西亚、韩国、法国、越南等十几个国家的休闲健身爱好者,在古人类遗址水洞沟进行了运动风筝双线芭蕾、打斗风筝、规定风筝3个项目的比赛和9个类别传统风筝的表演赛,共同献上了一场精彩的风筝竞技表演。

(2)垂钓比赛。

全国垂钓大赛。2004年银川开始举办全国垂钓大赛,2011全国休闲垂钓大赛系全国休闲体育大会的一项比赛。2011年,来自全国各地的150余名垂钓高手抵达银川,展示垂钓技艺。比赛采取各地方自由组队的方式,每4人组成一队,参赛队伍超过了30支。由于每个地方组队时还要进行选拔,所以参赛的队伍都代表了一个地方最高的垂钓水平。

全国首届钓鱼俱乐部联赛。2005年,银川市体育局与国家体育总局中华名人垂钓俱乐部和宁夏回族自治区体育局、旅游局等部门合作共同举办了全国首届钓鱼俱乐部联赛。此次比赛共有100支队伍300名选手参加了手竿钓鲫鱼、钓混合鱼以及抛竿钓混合鱼比赛。

全国钓鱼锦标赛。2005年,全国钓鱼锦标赛银川分站赛作为首站比赛,共有120支队伍360名选手参赛。锦标赛以联赛形式分3到4站进行,并在分站赛结束后,集中本年度分站赛积分排名前16位的选手进行总决赛。全国钓鱼锦标赛是为进一步推动钓鱼运动普及和提高技术水平而举办的全国性正式比赛。参赛团队及选手都要在国家体育总局正式备案,参赛成绩也作为评选钓鱼运动员等级评定的依据。

2006银川全国钓鱼邀请赛。暨2005全国钓鱼锦标赛之后,银川市体育局举办了"2006银川全国钓鱼邀请赛"。比赛吸引了220名钓鱼爱好者前来参赛。其中外省区报名参赛队伍达20多个。赛事共两天八场,四场钓对象鱼(鲫鱼)比赛,四场钓混养鱼比赛。

中国银川垂钓旅游文化节。银川市利用承办全国首届钓鱼俱乐部联赛暨2005年全国钓鱼锦标赛分站比赛的机会,举办了2005年中国银川垂钓旅游文化节。期间有30余幅鱼拓和以鱼为主体的书画作品展,艺术家们还现场制作鱼拓,向大家展示鱼拓的独特魅力。垂钓旅游文化节期间还推出了西夏文化旅游展、西夏论坛、"魅力银川、美丽湖城"摄影及"DV"大赛、湖城之夜颁奖晚会等活动。

(3)银川龙舟比赛。

端午龙舟赛。2009年银川首届"众一杯"龙舟赛在风光旖旎的艾依河举行。龙舟比赛为期3天,有20余支代表队报名参赛。比赛设置了男子组和男女混合组两大项目,每个项目中又细分为250米、500米、800米直道竞速赛等3个小项目。2010年第二届龙舟比赛激情上演。比赛在首届比赛的基础上增设为男子组和女子组250米、500米、800米直道竞速6个项目。来自银川市各机关、企事业单位、社会团体、学校、部队等26支队伍参赛,数万名观众观看了比赛。

银川冰上龙舟赛。自2009年开始,银川市体育局通过对传统龙舟运动和冰上体育项目的开发与创新,经过不断探索,成功将水上龙舟赛移植到冰面,于2010年元旦期间成功举办了首届银川市冰上龙舟赛并取得巨大成功。2011年银川"安利杯"第二届冰上龙舟比赛在北塔湖公园举行,本次比赛设男子组和女子组直道竞速赛两个项目,共有来自全市企事业单位、学校、协会、部队的31支代表队参赛。整个活动内容主要分为冰上龙舟竞赛和冰上娱乐两部分。比赛当日26条精美、新颖的冰上龙舟华彩夺目;31支参赛队龙争虎跃,高歌猛进;5辆巨型花车向人们展示着银川的过去与未来。市民自由活动区里还有速滑、冰球、冰车、冰陀螺等多种形式的冰上活动,市民可以自由组合参与各种活动。

国家体育总局将银川命名为全国冰上龙舟比赛发源地,并在修订的《全国龙舟比赛标准》中,将银川冰上龙舟的制作办法和比赛标准列为国家标准。国家体育总局肯定了银川冰上龙舟赛的创新意义,以及对全国北方城市冬季体育的推广价值,2012年1月首届全国冰上龙舟比赛在银川举行,比赛规则及器材,完全采用"银川标准"。

(4)福田欧曼·欧康杯第六届全国卡车大赛银川分站赛。2008年,由中国汽车运动联合会、银川市商务局联合主办的福田欧曼·欧康杯第六届全国卡车大赛银川分站赛在银川国际会展中心北广场举行。比赛分为A组(累计参加历届卡车大赛三站以上的车手)、B组(累计参加历届卡车大赛不足三站的车手)和团队组比赛。其中A组13人,B组49人,团队组4个参加了比赛。赛事规则为每人两轮,每轮两圈,每圈要经过发车及直角、蛇形、三角绕桩、定点回旋4个赛段,每人在两个场地分别参加一轮比赛,取最好成绩。B组晋级分为n进16、16进8、8进4、4进2共4场比赛。

(5)全国公路轮滑赛。2009年,以"交流、友谊、快乐、和谐"为主题的第八届全国公路轮滑锦标赛在银川市举行。这次比赛由国家体育总局社会体育指导中心、中国轮滑协会、宁夏回族自治区体育局、银川市人民政府联合主办。这次比赛分为成年组、青年组500米计时赛、10 000米积分赛和20 000米淘汰赛,少年组300米计时赛、3 000米积分赛和5 000米淘汰赛。来自中国香港特别行政区、北京、江苏、广东等地的26支轮滑代表队的100多名运动员参加比赛。

(6)"WBO"国际职业拳击比赛。"WBO"已在世界20个国家举办过赛事,是举办赛事和产生拳王最多的拳击组织。"WBO"中国区机构是"WBO"设立的洲际职业拳击组织,组织认证了多场职业拳击赛事,致力于中国和周边国家职业拳击事业的发展。"WBO"中国区机构落户中国以来,将职业拳击比赛带到宁夏、江苏、山东、哈尔滨等地,多次邀请国际知名拳击裁判到中国,举办专业的裁判培训。作为"WBO"的分支机构,"WBO"中国区机构始终致力于中国拳击走向世界。

2011"WBO"洲际拳王争霸赛于2011年1月15日在银川举行。这是"WBO"级别的职业拳击赛首次在银川举办,来自俄罗斯、澳大利亚、韩国、菲律宾、中国的8名优秀拳手进行了4场世界拳击排名赛。同时,来自泰国和美国的两名拳手进行了1场亚太拳击组织的拳王争霸赛。

(7) 全国群众登山健身大会。2006年经国家体育总局批准,宁夏银川市正式作为全国群众登山健身大会的15个举办地之一,并在贺兰山苏峪口风景区举办2006年全国群众登山健身大会银川市"隆湖杯"登山活动。这是银川市举办的又一全国性高规格、大规模的群众登山健身活动。

2006年全国群众登山健身大会的主题为"走进山野、拥抱自然、快乐登山、健康生活",规模控制在3 000人以内。比赛设组织奖10个,男、女团体奖6个,男、女个人奖10名,男女纪念奖各100名。同时,还推荐5名积极参加活动、精神风貌好的登山运动员为全国登山健身明星,由国家体育总局登山运动管理中心发给获奖证书和奖品。登山活动的起点为贺兰山苏峪口森林公园门口,终点为兔儿坑,全程10公里。

2011年全国群众登山健身大会银川站在贺兰山麓举行。本次大会作为2011年全国休闲体育大会的项目之一。来自银川市40余支队伍的3 000余名群众参加了本次大会。

(8) 中国银川运动休闲文化节。银川市人民政府、宁夏回族自治区体育局和该自治区体育总会于2008年、2009年连续举办了"中国银川运动休闲文化节"。2008年中国首届银川运动休闲文化节期间举办的书画展、动漫节、运动服饰用品、奇石展和伊斯兰风情服饰文化展演、回族现代婚礼展示等丰富的文化活动,以及群众喜闻乐见的室内足球、篮球、青少年轮滑大赛和电子竞技大赛等体育竞技比赛,得到了民众的广泛参与和新闻媒体的一致好评,为参展商搭建了良好的交易平台,收到了良好的社会和经济双重效益。

2009年中国银川第二届运动休闲文化节暨西部国际体育用品博览会在首

届运动休闲文化节的基础上,增加了宁夏首届婚博会、第六届宁夏美容美发节、啤酒节、中国咖啡师大赛宁夏分赛等大型展览及节庆活动,以及西部国际体育用品展览。银川国际会展中心五个场馆同时启用,展出面积超过3万平方米。展出商品主要有室内健身器材(商用健身器材、家用健身器材)、室外健身器材(健身路径、游乐设施、康体娱乐设备、健身房、俱乐部)、健身器材配件、按摩保健类产品、户外运动及旅游休闲用品(电动车、自行车、体育用品、动漫产品及玩具、书籍、电子娱乐产品、保健品、垂钓用品;登山、野营、轮滑、冰雪运动器材装备及运动护具;眼镜器材赛车、赛艇、皮划艇、游艇、游泳装备及其相关产品、户外摄影器材等)、休闲食品类(运动饮料、奶制品、便捷食品等)、运动休闲服饰(各类运动服装、运动鞋、休闲时尚服饰、泳装、休闲时尚鞋等)、旅游景区(休闲旅游线路推广、运动休闲目的地、农家乐、度假村等)。

  第二届运动休闲文化节活动现场设置室内、室外两个活动区域,举行精彩纷呈的各项体育竞技比赛和趣味休闲运动。室内运动休闲项目主要有第二届宁夏花式轮滑邀请赛、第二届室内三对三足球赛、第二届二对二篮球斗牛挑战赛、中国咖啡师大赛宁夏分赛、"中国电信天翼3G杯"西北电子竞技大赛、银川首届摩托车极限挑战赛、银川首届2v2毽球对抗赛、花式台球邀请赛、全区羽毛球单双打邀请赛。室外运动休闲项目有宁夏首届活力板拉力赛、银川首届2v2沙滩排球赛、银川首届3v3沙滩足球赛等。同期还举办了啤酒文化节、民族文化展演、第二届银川宠物交流展示会、清真美食文化长廊,以及歌舞表演和摩托车越野车展示活动。

  (9)汽车、摩托车旅游节。中国银川国际汽车摩托车旅游节是宁夏回族自治区内大型旅游节庆活动。自2000年6月以来,银川市依托独特的地形地貌和丰富的旅游资源,连续成功举办了9届中国银川国际汽车摩托车旅游节,连续九年的培育和打造,中国银川国际汽车摩托车旅游节已逐步走向成熟。中国银川国际汽车摩托车旅游节,已经成为广大车迷游客为之向往的大型国际盛会,银川也因此被誉为车手的圣地、全国自驾车旅游的大本营、弘扬机车文化和机车运动的主导城市。

  此赛事有千辆机车城市大巡游、汽车摩托车场地越野赛、汽车摩托车沙漠冲坡趣味赛、草原篝火晚会、汽车摩托车毛乌素沙漠越野耐力赛等八大主题活动,各项汽车、摩托车比赛体现了机车竞技运动的惊险与刺激,彰显了车手们挑战自然、挑战自我的勇气和精神,充分体现"激情与快乐"的节庆宗旨,吸引了来自国内外的众多车手和车迷,盛况空前,有效地提高了银川旅游在全国的知名度和影响力,取得了良好的社会和经济双重效益。

(10)宁夏冰雪旅游节。银川连续举办了第七届、第八届宁夏冰雪旅游节。2009年宁夏第七届冰雪旅游节在银川阅海冰雪场拉开帷幕。以高山滑雪著称的苏峪口滑雪场、以家庭滑雪著称的阅海滑雪场,以及"冰雪沙"完美合一的沙湖滑雪场作为冰雪旅游节的三大主场。

第八届宁夏冰雪旅游节在宁夏回族自治区著名景区沙湖和阅海公园开幕。本届冰雪节以"绿色、健康、文化之旅"为主题,推出了一系列新颖刺激的冰雪旅游产品和娱乐项目。宁夏旅游部门还举办了"2011宁夏旅游休闲贺岁嘉年华"活动,为游客打造了一个冰雪天堂。

(六)市场分析

1. 银川运动休闲远程市场现状分析

(1)国内外运动休闲需求现状分析

① 国外运动休闲需求状况。国外居民比较热衷于户外运动休闲。最早的户外运动源于欧美早期的探险、科学考察,它最主要的表现方式是在规范和安全的前提下,走出城市,走向自然,从事具有一定风险且有挑战性和针对性的活动。早期户外运动其实是一种生存手段,采药、狩猎、战争等活动无一不是人类为了生存或发展而被迫进行的活动。欧洲户外运动是从18世纪末到19世纪初工人贵族为了逃避城市的压力躲到乡下去放松而发展起来的。第二次世界大战期间,英国特种部队开始利用自然屏障和绳网进行障碍训练,其目的是为了提高野外作战能力和团队合作能力,这是人类第一次系统地把户外活动有目的地运用到实际中。第二次世界大战中发生多起海难,后来经过统计发现,在海难中能逃生的人群年龄群分布在28～38岁之间最多。这一年龄群中人员大多心理成熟,有各式各样的生活经历,有良好的团队精神,而恰恰是这些因素能帮助他们逃生。

第二次世界大战结束后,随着战争的远离和经济的发展,户外活动开始走出军事和求生范畴,成为人类娱乐、休闲和提升生活质量的一种新的生活方式。1989年新西兰举办的首次越野探险挑战赛后,各种形式的户外活动和比赛在全世界如火如荼地开展起来。目前在欧洲每年都有众多的大型挑战赛举行。在美国,户外运动的参与人数和产值都位居所有体育运动的第三位。

② 国内运动休闲需要状况。2008年国家统计局采用国际通行的标准和方

法对北京、河北、黑龙江、浙江、安徽、河南、广东、四川、云南和甘肃10省市进行了时间使用调查。实际调查16 661户,调查15~74岁的家庭成员37 142人,其中城镇19 621人,乡村17 521人;男性18 215人,女性18 927人。调查结果显示,居民平均用于个人活动(生理必需活动)的时间为11小时40分钟,占一天时间的49%;用于有酬劳动的时间为5小时11分钟,占一天时间的22%;用于无酬家务劳动的时间为2小时44分钟,占一天时间的11%;用于学习培训的时间为33分钟,占一天时间的2%;用于休闲娱乐的时间为3小时52分钟,占一天时间的16%。其中:看电视2小时6分钟,健身锻炼与社会交往各23分钟,业余爱好和游戏消遣22分钟,上网14分钟,阅读书报刊11分钟。

除去占据一天时间半壁江山的生理必需时间,最多的就是用于有酬劳动和休闲娱乐的时间。这与2011年中国闲暇经济研究中心对中国居民时间使用调查结果不谋而合(中国居民时间使用调查发现,国民在一天的24小时中,平均个人活动共12.691 7小时,占53.06%,平均就业活动共3.003 3小时,占12.55%,娱乐休闲和社会社交时间共6.193 3小时,占25.89%)。

2008年和2011年居民时间使用调查中都显示,在休闲娱乐的时间分配中,占比最大的是看电视,达57%,居第二位的是体育健身和社会交往,占11%,反映出休闲娱乐的方式还是过于单一;在体育健身的平均时间28分钟里,占据绝大部分比重的是走路和跑步,达79%,其次是跳舞健身和球类运动,分别占13%和8%,其他类型的运动还包括武术气功、水上运动等,由于比重太少可以忽略不计。

受国外户外运动风气的影响,以及我国户外运动地理条件的优越,近年来国民也越来越青睐具有探险性的户外运动。1989年第一个户外运动民间社团在中国成立,从1998年初开始,户外运动休闲在北京、广州、昆明、上海等地悄然兴起,电视、杂志、报纸和互联网等媒体给予了强力报道,使得户外运动休闲迅速成为一种社会时尚,这种时尚会很快发展到国内其他大城市。此后通过互联网的联结,全国各地的户外运动休闲社团如雨后春笋,遍地发展。2003年年底,我国已注册的正式户外运动俱乐部有300多家,经常参加户外运动的爱好者有5万人左右,部分俱乐部会员达2 000人之多。

(2)国内运动休闲市场供给现状分析

① 国内运动休闲供给企业发展状况。20世纪80年代初,我国运动休闲场所开始兴起。1994—1997年全国许多大中城市出现了投资兴办运动休闲场所

的高潮。运动休闲的经营不仅涉及高尔夫球和保龄球,还包括了健身健美院,以及台球、网球、游泳、乒乓球、滑冰、轮滑等项目。运动休闲市场兴起最早的深圳特区,到1996年底已有各种健身俱乐部、高尔夫球、台球、网球、乒乓球、游泳等经营场所160多家,总投资达60多亿元,从业人员1万多人,年产值达5亿多元,占该市第三产业总产值的2%。四川省体委体育市场管理处1998年对全省运动休闲行业的不完全统计,全省已登记注册的运动休闲场所有2 100多家,总投入在15亿元以上,从业人员达4万余人,虽然自然经营状况并不理想,但从注册登记数量来看,运动休闲场所1997年比1995年成倍增长。尽管1998年增长势头减缓,但仍保持较高的增长幅。大多数运动休闲场所集中在大中城市及周边地区,因经营项目不同,投资额从几万元至几千万元不等。运动休闲场所近年来发展势头较为强劲,在现有运动休闲场所中只有不足10%是1988年以前开业的,50%左右是1996—1997年开业的。

2000年后,随着户外运动的蓬勃开展,很多城市纷纷开设户外用品商店、户外运动俱乐部,逐渐带动两个新的市场:户外运动用品销售市场和户外运动、自助游、自驾游服务市场,这里合称为户外运动市场。我国户外运动用品市场在2003年呈现蓬勃之势,国内户外运动市场包括活动以及装备的市场份额达7亿~10亿元之多,随着哥伦比亚(Columbia)、"TNF"(The North Face)、戈尔(Gore)、派格(Bigpack)等几十家世界著名户外运动用品厂商及俱乐部纷纷进军中国市场,在上海、北京等地设办事处或开设工厂。美国戈尔公司总裁断言,虽然户外运动市场在中国正处于起步阶段,但有广大的发展空间,最大的户外运动市场肯定会在中国。

② 国内运动休闲市场供给企业的运营现状。所有制结构多样化。目前我国运动休闲业的所有制形式包括国有、集体所有、民营(私营、中外合资、外商独资)等3种形式。其中,大部分运动休闲企业属于民营,只有少数运动休闲企业属于国家或集体所有。而民营企业一般采取股份制、合伙投资入股、联合经营等方式。自筹资金、自负盈亏、自主经营、自担风险、自我发展。运动休闲企业除了单独投资形式以外,还有星级宾馆和度假村参与经营。在拉动内需、扩大就业等方面,正在发挥着越来越重要的作用。

经营规模大小不等。从资金投入量来看,有投资几万元的健身娱乐中心,也有投资上千万元的高尔夫球场。从运动休闲场所的经营面积来看,运动休闲场所的室内面积平均为500平方米,室外面积平均在2 000平方米以上。从企业从业人员数量与其经营规模来看,从数人、数十人到数百人不等,平均每个企业有从业人员30人左右。

经营项目多样、功能齐全。运动休闲市场的经营初期都是以单一形式开展经营的,随着企业投资的加大,企业经营形式也逐渐向复合和综合方向发展。现有运动休闲场所的经营项目涉及台球、保龄球、网球、乒乓球、游泳、水上运动、滑水、轮滑、射击、射箭、健身健美、羽毛球、气功、体育舞蹈等众多项目。经营单个项目的企业其经营规模差异颇大,有台球、乒乓球房等小型活动场所;有游泳池、保龄球馆、健身健美中心等中型活动场所;还有高尔夫球场、水上运动中心等大型活动场所。综合型经营场所多为乒乓球、网球、台球、羽毛球、轮滑、健身健美及舞厅等不同项目的组合。

许多大中型运动休闲场所经营上的一个特点就是集健身、娱乐、消遣为一体,既有健身健美活动场所,又有舞厅、桑拿浴、咖啡厅、茶厅、餐饮等经营项目,还有配套的影视书刊室,可以满足消费者健身、健美、娱乐休闲、消遣、交友聚会及商务活动的需要。

设施档次分明。按照其建筑装饰的豪华程度、设备的先进程度以及服务的水平,健身娱乐设施的条件可分为高、中、低3个档次。高档场所的设施和健身器材大多为进口,投资费用大,装饰豪华舒适,提供的健身娱乐休闲项目多,可将健身、健美与其他运动锻炼、娱乐、消遣活动融合在一起,可满足高消费群体的需求;中档场所的设备及辅助设施比较齐全,占地面积较大,环境优雅,服务项目较多,活动内容丰富,收费较为合理,能较好地满足消费者健身健美方面的需要;低档场所的功能比较单一,场地设施简易,服务项目较少,但由于费用便宜,比较实惠,活动地点就近方便,受到普通消费者的欢迎。

集健身、娱乐、教育为一体。我国众多的运动休闲场所,不同于那些专门"娱乐"的娱乐城,也有别于昔日那些"练块儿"的健身房。人们在这儿得到的是一种欢悦与轻松的享受,健康、享受的陶冶。当前不少运动休闲中心还请了专家举办各类健康咨询、健康辅导活动,引导人们戒除不良习惯,过一种健康、进步、文明的生活。运动休闲中心成为人们增长知识、强健体魄、寻求乐趣的地方。同时,运动休闲场所也成了一些企事业单位组织职工度假娱乐的场所。

③ 运动休闲市场供给企业经营和管理存在的问题。管理人员素质不高,缺乏科学严格的管理。我国早期对经营性运动休闲项目的发展不够重视,在行业管理和市场发展的指导方面远远不能令人满意,同时,该行业的发展定位也没

有理论性指导。加之各类高等院校对运动休闲业经营管理人才的培养力度不够,真正具有运动技能和科学健身知识的指导者十分稀缺,具有运动技能、科学知识、管理能力的专业人才更少,尤其是投资规模在20万元以下非体育专业人士经营者,因为人才缺口较大而无法维持场所的生存。技术指导人才的稀缺,抬高了指导者的薪酬,致使经营性运动休闲场所的成本增加而无法继续生存。

部分项目盲目上马增长过快,造成市场恶性竞争。部分运动休闲项目随着近几年需求的增长,经济效益较好,回报率较高。由于政府的宏观控制乏力,许多投资者在对市场缺乏调查的情况下一哄而上,盲目上马,大量投资,造成供给过剩,行业内竞争激化,经济效益下降,经营困难。如一向被视为"贵族运动"的高尔夫球,即使在欧美等经济发达国家,消费者数量也有限。严重的供给过剩,导致不少球场面临倒闭。同时高尔夫球场的大量占地也造成了广大群众体育活动场地缺乏。我国保龄球运动由狂热增长到纷纷下马的过程也充分反映出市场无序的状态。

定位偏高,项目结构失衡。我国运动休闲设施最初出现在大城市的大饭店、宾馆以及深圳特区等地,是适应对外开放需要而配套建立的,基本上是"贵族化"。虽然近几年已出现"平民化"的倾向,但是对于广大消费者而言,部分场所价位仍然偏高。同时各地运动休闲市场的经营项目大都以健身健美、保龄球、游泳、网球、台球为主,项目结构失衡。

经营手段单一。运动休闲业的经营手段,大部分是通过"酌情、打折、优惠"等营销手段来吸引消费者,像俱乐部的会员制、月票制,各业主都不同程度地加以运用,且收到了一定的实效。有的业主还刻意求新,别出心裁,采用了一些独具特色的营销手段,也受到了良好效果。但是我国运动休闲业目前开展的营销中,较原始的营销手段仍占主导地位,然而树立品牌意识,提高服务质量,争取回头客,提供精品服务的意识较差。而具有运动休闲专业特点的符合中国城乡居民消费习惯的营销手段,尚未得到建立和推广,在营销中还不能发挥其应有的特殊效能。

(3)国内运动休闲市场政府政策引导状况

国务院办公厅《关于加快发展体育产业的指导意见》中明确指出,一要大力发展体育健身市场。在不断加大投入,加强城乡居民基本体育服务的基础上,积极培育体育健身市场,培养群众体育健身意识,引导大众参与体育消费。广泛开展群众喜闻乐见的运动项目,加强群众体育俱乐部建设;积极稳妥开展新兴的户外运动、极限运动等项目的经营活动,因地制宜地开发和培育具有地方特色的体育健身项目,加强对民族民间传统体育项目的市场开发与推广。

二要努力开发体育竞赛和体育表演市场。积极引导规范各类体育竞赛和体育表演的市场化运作。借鉴吸收国内外体育赛事组织运作的有益经验,探索完善全国综合性运动会和单项赛事的市场开发与运作模式;支持地方根据当地自然人文资源特色举办体育赛事,鼓励企业举办商业性体育比赛,积极引进国际知名的体育赛事,努力打造有影响、有特色的赛事品牌。

三要做大做强体育用品业。进一步提升我国在世界体育用品业中的地位。积极推进标准化工作,制定完善国家标准和行业标准,加强涉及强制性标准体育用品质量监管,加强体育用品产品的认证工作,有效推动体育用品的品牌建设,增强我国体育用品的国际市场竞争力。打造国际一流的体育用品博览会。

四要大力促进体育服务贸易。以体育劳务、赛事组织、场馆建设、信息咨询、技术培训等为重点,逐步扩大体育服务规模。积极开拓海外市场,提升我国体育服务行业在国际上的竞争力。鼓励各类运动项目,特别是我国的优势项目和民族特色项目走出去,积极参与国际竞争,培育和形成一批实力雄厚、专业性强的体育服务贸易企业,树立我国体育服务贸易品牌。

五要协调推进体育产业与相关产业互动发展。发挥体育产业的综合效应和拉动作用,推动体育产业与文化、旅游、电子信息等相关产业的复合经营,促进体育旅游、体育出版、体育媒介、体育广告、体育会展、体育影视等相关业态的发展。

在拓宽体育产业发展资金来源渠道方面,国务院提出政府通过安排补助资金等方式促进产业发展。支持有条件的体育企业进入资本市场融资,通过发行债券、股票,以及项目融资、资产重组、股权置换等方式筹措发展资金。积极鼓励民间和境外资本投资体育产业,兴建体育设施。

在加强公共体育设施的建设和管理上,提出要认真做好政府投资建设的公共体育场馆及其配套设施的监管工作,防止闲置浪费或挪作他用。公共体育设施应当根据其功能、特点向公众开放,并在一定时间和范围内,对学生、老年人和残疾人优惠或者免费开放。对露天体育场,要创造条件免费开放;已经免费开放的,不得收费经营。有条件的学校体育场馆应当向社会开放,鼓励机关、企事业单位的体育设施创造条件向社会开放,实现体育资源社会共享。完善政策,健全机制,探索运营管理的新模式。同时多渠道投资兴建体育设施,加强中小型体育场馆和体育服务设施建设,特别要大力加强农村基础体育设施建设。大幅度增加群众性体育场所的数量,改善体育设施和服务的供给结构、质量和效率,满足群众性体育运动和健身的需求。政府要对用于群众健身的体育设施日常运行和维护给予经费补助,并根据体育设施向群众开放的程度,在用水、用气、用电、用热等方面给予政策优惠。

在加快体育产业管理人才培养层面,提出要鼓励多方投入,开展各类体育教育培训,多渠道培养既懂经济又懂体育的复合型体育产业管理人才。有关高等院校要积极推进教育教学改革,优化专业和课程设置,培养适应体育产业发展需要的专门人才。

同时,国务院要求各级政府对职业体育发展和群众性体育组织发展给予鼓励与支持。提出借鉴国际经验,鼓励引导、规范发展足球等职业体育赛事。完善职业体育的政策、制度和管理体系,严格职业体育俱乐部的准入和运行监管,扶持职业体育俱乐部建设,健全职业联赛赛制,促进规范健康发展,不断提高职业体育水平。对于群众性体育组织,要完善体育社团法人治理机制,充实体育社会团体的业务职能,发挥体育社会团体的服务功能。提高体育社团自我发展、自我管理、自我服务和自律规范的能力,并鼓励支持社会力量兴办体育类民办非企业单位。

2. 银川运动休闲本地市场发展现状

(1) 银川运动休闲本地市场需求现状

① 银川居民可支配收入不断提高,消费结构进一步优化。2010年,银川城镇居民人均可支配收入17 073元,比2005年的8 852元增加了8 221元;农村居民人均纯收入达6 161元,比2005年的3 493元增加了2 668元;移民地区农民纯收入达3 458元,与2005年的1 517元相比翻了一番。

随着可支配收入的增加,银川城镇和农村居民的消费需求继续扩张,消费结构进一步优化。仅贺兰县2010年城镇居民人均消费支出就已达13 680元,农村居民人均消费支出5 870元,比2005年分别增加7 536元和3 103元。而灵武市居民家庭总支出中,人均消费性支出10 390元,增长20.6%。教育文化娱乐服务支出增长16.4%。西夏区社会消费品零售总额由2005年的5.89亿元增加到2010年的17亿元,年均增长23.6%。

② 银川居民对运动休闲的需求呈增长态势。随着可支配收入的增加,近几年来,银川参加运动休闲健身的队伍逐年壮大。目前,全市参加体育健身的人

口已达60%以上,市民参加体育活动正在成为新时尚。全民健身活动,成为城市精神文明和道德建设体系中的重要组成部分。每年参加健身活动达1 858万人次,经常参加活动者每年约300万人次,每年参加体育健身各类短期培训者约1.5万人。

③ 银川体育消费群体发展空间广阔。体育消费是一种大众型、生活型消费。银川市作为自治区首府城市,人口众多,文化事业相对发达,有许多发展文化体育产业的优越条件。银川市城市人口199.3万。根据常住人口人均年文化体育旅游活动消费180元计算,银川市居民体育消费每年应该有3.47亿元,这是一个十分巨大的市场。虽然银川市居民消费能力目前还不算太高,但从今后发展来看,随着收入和生活水平的提高,居民消费能力会不断上升、消费愿望会日趋强烈,体育消费市场潜力巨大,体育消费群体有很大的发展空间。

(2) 银川运动休闲市场供给现状

① 银川居民运动休闲场馆建设稳步发展。银川市能接待国家级比赛训练的体育馆有6个,固定资产4.3亿元。体育场2个,固定资产1.013亿元。县、区(市)级体育场3个,固定资产1 240万元。学校体育馆7个,固定资产3.6亿元。体育场(包括:小运动场、足球场)153个,固定资产1.68亿元。篮球场699个,排球场126个,固定资产826万元。全市门球场31个,固定资产120.8万元。社区文化体育活动室(站)206处,其中:兴庆区90处、西夏区48处、金凤区38处、灵武市15处、贺兰县12处、永宁县13处。全市各社区健身路径260处。各企事业单位的体育场所28个。以上统计体育场所1 425处。总固定资产约9.911 6亿元。年经营收入约2 680万元,上缴利税约268万元。每年参加健身活动人数1 858万人次。

② 一批经营规模较大的运动休闲健身娱乐企业已经形成。银川已形成了一批经营规模较大、具有一定社会影响的运动休闲健身娱乐经营单位。其中有独立核算的运动休闲健身企业近101家。有室内、外游泳场(馆)18家,健身房36家,有一定规模的乒乓球室7家,羽毛球馆11处,保龄球馆1家,网球场9处,棋社6家,武术学校(馆)、跆拳道馆8处,散打俱乐部2处,轮滑俱乐部3处。多数是非公有制企业,投资总额约1.41亿元,年营业收入约1.6亿元,上缴利税约1 600万元。

③ 银川体育健身项目培训市场以及专业艺术表演市场有序发展。截至2010年,银川共有各单项体育俱乐部、体育运动协会和私营单位、个人每年举办

各类体育培训班约100个。银川地区共拥有国有专业艺术表演院团企业6个，演艺业充分利用回族等少数民族聚居地的优势，力推名剧、名人、名团，不断加强各院团的横向联合，努力实现产业升级。

银川专业艺术表演院团积极面向全国各地开展巡回演出，结合文化旅游业发展，利用多种渠道、多种方式扩大银川演艺业的影响，并创出许多文化精品，其中一部分还走出国门、走向世界。银川市与神华宁煤集团联合投资创排演出的国内首部大型原创回族舞剧《月上贺兰》，自2007年首演以来已演出300多场、创收千万元、累计观众达50余万人（次），并先后三度晋京演出、奔赴国内16城市巡演，远赴埃及、卡塔尔、阿尔及利亚三国访问演出，摘获"荷花奖""文华大奖特别奖"等多项国家级奖项，荣膺国家舞台艺术精品工程重点资助剧目（国家十大舞台精品剧目）。

④ 银川运动休闲供给企业发展存在的问题。一是企业资源未能有效整合，尚未形成发展运动休闲产业的合力。资源在体制下条块分割现象较为严重。二是运动休闲产业链建设尚需加强，季节性制约因素未能实现有效突破。三是银川运动场所仍存在供不应求的态势，同时场馆区域分布不尽合理，价格偏高。四是运动休闲产品品种单一。难以提供令大多消费者满意，激发人们消费欲望的运动休闲产品，造成居民消费乏力，从而制约银川运动休闲企业的发展。长期以来，银川市一直处于高投资低消费的经济增长模式之中，投资粗放式增长趋势显而易见，而消费有效需求不足，消费率明显偏低，且逐年降低，最终消费率由2003年的35.7%降到2009年的30.1%。

(3) 银川运动休闲市场政府培育现状

2009年以来，银川市委、市政府提出《关于建设运动休闲城市的意见》，银川市形成了"以文化为魂，以旅游为线，以体育运动为主体，建设运动休闲城市"的战略决策，初步确定了建设三大旅游区、四大休憩带、五大功能板块，五大文化聚集圈、八个户外休闲运动基地的分类目标。其中，将加快汽车摩托、垂钓、风筝大赛、广场健身等城市休闲品牌的扶植培育力度。同时不断加大银川运动休闲健身市场的培育力度。

① 积极培育、开发体育竞赛市场，激发市民运动休闲热情。银川市政府积极借鉴国际品牌赛事的运营模式，通过市场化运作，培育具有国际影响力的大型体育品牌赛事。"全国休闲体育大会""国际赛马大会""国际运动风筝邀请赛""全国公路轮滑赛""WBO国际职业拳击比赛""全国群众登山健身大会"

"冰上龙舟赛""端午龙舟赛""千人围棋、象棋比赛""市民健步走活动""业余足球联赛"等大型体育运动休闲主题活动，以及结合实际开展的机关干部登山活动、鸣翠湖端午休闲体育运动会等运动休闲竞赛活动均可通过适当的运营模式和市场化运作，达到培育、开发市场，激发市民运动休闲热情的目的。

② 大力推广"人人运动计划"，积极培育市民运动休闲需求。如今，银川市运动休闲氛围逐渐增强，并已形成城乡居民幸福感明显提升的良好局面。一公里健身圈以及25个健身场所的建设，激发了广大市民参与运动休闲活动的激情，毽球、冰雪、晨练等随处可见，"我参与、我快乐，我运动、我健康"理念深入人心。

③ 积极发展体育健身产业，引导市民运动健身消费。一是发展体育健身市场，引导大众体育消费。开展新兴户外运动等项目的经营活动，因地制宜地开发和培育具有地方特色的体育健身项目；二是大力开发体育竞赛和体育表演市场，引导和规范各类体育竞赛的市场化运作。支持各县(市)区根据当地自然人文资源特色开展竞赛活动，鼓励企业举办商业性体育比赛，引进本自治区内外体育赛事；三是积极培育体育中介市场。鼓励发展体育中介组织，大力开展技术指导等中介服务；四是逐步推动体育场馆服务业，探索公共体育设施运营管理的新模式。鼓励社会力量参与体育场馆经营管理活动；五是大力促进体育服务贸易。以体育劳务、赛事组织、场馆建设等为重点，积极开拓市场。

④ 积极培育青少年运动休闲市场，普及青少年体育运动。针对当前运动休闲设施"老龄化"的现状，"十二五"规划期间，银川市政府提出普及青少年体育活动。积极引导和大力推广青少年所喜爱的体育运动项目，注重普及和开发以青少年为对象的特色体育产品，积极营造培养青少年良好锻炼习惯和健康生活方式的体育氛围，创新适宜在青少年中开展的网络体育文化产品和服务，丰富青少年的体育娱乐生活。

银川各个区县也在有条不紊地进行运动休闲市场引导和培育：

金凤区：新建农村文化大院、农家书屋10个，建设农村室外体育活动场地16个，发展特色文艺团队10支，开展各类文艺演出150场次、电影进村入社区965场次。成功举办第二届职工运动会、进城务工人员运动会，广泛开展自行车赛、风筝赛、龙舟赛等大型体育活动，群众文化体育生活更加丰富。

"十二五"规划期间，金凤区提出继续完善城乡运动休闲设施，大力推进全民健身体育运动。加强体育人才的培养，提高竞技体育运动水平，全力备战宁夏回族自治区第十三届运动会。同时切实加强社区建设，新建城乡社区活动场所4个，不断完善社区配套设施，增强社区服务功能。

兴庆区：完成了大新、掌政文化站和兴庆区综合体育健身馆项目，投资400万元为基层配备文体设施。举办文艺演出60场，放映数字电影1 300余场，群众精神文化生活日益丰富。认真开展非遗普查工作，贺兰砚制作技艺列入国家非遗名录。

2011年明确"十二五"规划任务，加大社区投入力度，建设10个社区老年活动中心、10个社区居家养老服务站、10个社区卫生服务站，积极发展社区服务。同时增强乡镇文化站、农家书屋服务功能，为村级活动场所配置体育器材，完善兴庆区综合体育健身馆设施，并对外开放。组织开展"踏歌起舞"、"湖城之夏·广场文化季"等群众文化活动；继续做好"三下乡"活动和农村数字电影放映工作，进一步丰富群众精神文化生活。

贺兰县：文化体育事业快速发展，乡镇综合文化站、图书馆等基础设施建设完成，群众性文体活动积极开展。宣传文化中心、职工活动中心投入使用，新建乡镇文化站6个，实现61个行政村"农家书屋"全覆盖。成功举办全县农民体育运动会、女职工运动会。全县共有广场5处，公园2个，文化馆、图书馆各1个。

"十二五"规划期间，贺兰县明确运动休闲发展目标，提出充分利用各种文体设施，提升现有场馆的服务功能，发展休闲运动产业，建设休闲运动之城。大力开展全民健身运动，加快建设城乡体育健身场所和设施，重点加强社区和乡村体育设施的建设，新建住宅小区配套建设室内外群众健身设施。增强全民健身意识，提高群众健康水平。

灵武市：群众运动休闲业蓬勃发展。①完成市体育馆、游泳馆、体育训练综合楼和各行政村健身广场建设，建成20个城区健身晨晚练点；②学校配有专职体育教师，社会体育指导员总数达到250人以上，组建10个业余体育社团；③中小学体育场地和设施100%达到国家标准，社会公共体育场地面积达到人均1.6平方米，社区、村镇体育设施和器材配有率达到85%以上；④各种经常性体育健身活动广泛开展，参加经常性锻炼的人数达到总人口的40%左右，其中青少年达到在校学生总数的90%以上；《国民体质测定标准》合格人数达到总人口的80%左右，其中青少年学生达到90%以上（达到《学生体质健康标准》及格的人数占在校生总数的95%以上），全市人口体质明显增强、健康值数明显提高；⑤竞技体育受到重视，竞技项目有序拓展，竞技水平有所提高，在银川市、本自治区和国家举办的赛事中力争摘金夺银或创破纪录；⑥专业业余体训队训练水平不断提高，培养一批在市域内拔尖的体育人才。

"十二五"规划期间，灵武市提出以建设宁夏文化优势区为目标，深入挖掘灵武文化资源，发展类型多元的文化休闲产业：

一是在城市主要街区、居民社区、农村中心庄点，集中布局建设一批健身运动广场、农村文化俱乐部、农家书屋等，不断繁荣城乡文化事业。

二是根据灵武风土人情、民间习俗、地方剧种、民族特点，加快灵武方言、西夏舞剧、回族歌舞系列剧目的开发，努力创造和推出文化精品，形成品牌。实施民间艺术、非遗、民间收藏保护工程，加大灵武马氏口弦、灵武羔羊酒、郝家桥社火、梧桐树高跷等非物质文化保护力度，防止艺术失传。

三是培育发展演艺业。支持灵武秦腔剧团、民族艺术团、夕阳红艺术团及民营演艺公司开展各类演艺开发和演出，不断搞活城乡演出市场。力争到2015年，全市形成5个左右品牌型演艺节目、建成2~5个综合演艺剧场，成为宁夏文化强市。

四是加快发展休闲娱乐业。加快歌厅文化建设，引导量贩式歌舞娱乐场所规范化发展，努力使歌舞娱乐场所成为高品位、低消费、群众参与性广、自娱自乐性强的文化娱乐消费场所。

西夏区：文化事业繁荣发展，通过举办"和谐西夏、好戏连台、精彩节目天天看"湖城之夏文化季活动，全面型塑"周末社区欢乐大舞台"文化品牌，成立了剪纸协会、登山协会，丰富了群众文体生活，被国家体育总局授予全国"全民健身先进单位"称号。

2011年明确提出"十二五"规划期间运动休闲建设任务：

一是以贺兰山东麓沿山旅游带建设为重点，发展徒步登山系列活动。依托贺兰山苏峪口、小口子风景区，开发大口子风景区，建设宁夏知名的滚钟口登山、苏峪口穿越、探险旅游体验区，把贺兰山沿山旅游带建设成为一个融观光、休闲、娱乐、健身为一体的快乐体验走廊。同时积极举办风筝节。联合红柳湾、万义等生态园区，利用其场地开展"西夏风筝节"，并确立不同的主题活动，进一步将旅游产业与市民休闲活动结合起来。

二是发展以休闲健身为重点的体育产业。主要依托贺兰山体育场和银川市体育馆，着力建设成为群众性的体育健身产业基地。积极引进区内外赛事，大力发展训练竞赛、健身娱乐、体育培训等体育本体产业及体育竞技表演、体育广告、体育用品产销等体育延伸产业。

永宁县：2010年全县举办了首届职工冰上运动会及长跑活动、全区"百乡千村农民体育活动月"活动、"庆七一"黄河金岸健身活动,承办的宁夏"黄河金岸"国际马拉松赛银川分赛场健康跑活动等大型体育健身活动12次,参与者达19 290人。竞技体育也有了新的突破,在全自治区第十三届运动会上,全县体育健儿共获得金牌25.5枚、银牌9枚、铜牌14枚,破5项自治区青少年纪录,1项成人纪录,以团体总分344分位列全自治区第四名的好成绩,实现了永宁县竞技体育的新突破。永宁县的体育设施也逐渐完善,农村体育设施条件不断得到改善,2011年争取到农民健身工程项目共34个,争取资金64.6万元。

2011年,永宁县明确提出不断加大对运动休闲项目的投入,继续开展湖城之夏·广场文化季活动,开展千场电影下农村、万册图书下基层、文艺节目进校园、进社区、进企业、到村队活动。在专业艺术表演市场培育方面,大力加强华夏回族穆斯林优秀文化的挖掘、研究和宣传,"十二五"规划期间,力争有一批优秀文艺作品获本自治区、全国大奖,并努力建成继宁夏"西海固"作家群之后的又一文艺创作基地,完成两部以上地方风情影视剧制作,创作两台以上回乡风情大戏和"永宁之旅"电视宣传片,大幅提升永宁文化软实力。

综上所述,银川运动休闲市场培育和引导已步入正轨,但是银川运动休闲市场仍存在着运动休闲产品品种单一、运动休闲设施不健全、维修不到位,运动休闲内需不足,运动休闲场馆高投入、居民低消费等问题。

（七）案例研究

城市的发展历程体现出城市独特的风格与魅力。国际运动休闲名城除了具备良好的自然和人文环境、发达的交通体系、繁荣的金融商业等共性因素外,几乎每座城市都具有各自独特的资源优势和与众不同的发展历程。运动休闲城市的发展兼具复合性特点,因此,运动休闲城市的发展模式也具有层次性和复合性的特点,在不同的分类标准下有不同的休闲城市发展模式,但同一城市也会表现出多样的发展特点。综合对比各个城市的发展特色,这里将休闲城市的发展模式分为五种：休闲主导型、赛事驱动型、专项运动型、品质生活型和产业支撑型。

1. 休闲主导型

休闲主导型的运动休闲城市,是指运动休闲加休闲度假上升为城市主要功能的城市。城市运动休闲功能区发展完善、运动休闲设施丰富、全民运动休闲氛围浓厚、以休闲度假产业为城市主导休闲产业,具备国际化运动休闲形象的城市。其中摩洛哥拉巴特、中国成都最具代表性。

(1)非洲运动的"绿洲",摩洛哥休闲的"圣地"——拉巴特

交通区位:摩洛哥首都,位于摩洛哥西北部的布雷格雷格河口,西部濒临大西洋,是摩洛哥全国政治、文化中心和交通枢纽。拉巴特塞勒机场是摩洛哥重要机场。拉巴特港口在地中海区的航运作用已减当年。但拉巴特全市陆路运输发达,铁路和公路南通达尔贝达(有高速公路)、马拉喀什、萨菲;北通丹吉尔;东通非斯、乌季达和邻国阿尔及利亚、突尼斯。

休闲资源:属非洲西北部亚热带地区,北部沿海受地中海影响,拉巴特基本为地中海式气候,气候终年温和,被誉为"北非花园",烈日下的清凉胜地。拉巴特由拉巴特新城和萨勒旧城组成。旧城区古香古色,众多的阿拉伯建筑和清真寺反映出浓厚的民族色彩,手工艺品作坊布满深街窄巷,连居民的生产、生活方式都保持着浓厚的中世纪风采。新城区现代化建筑与阿拉伯建筑错落有致,交相辉映,街道两侧绿树成荫,花团锦簇,街心公园随处可见。

人口:100.4万。

发展特色:全城运动休闲氛围浓厚,多次举办世界级体育赛事。同时城市海滨风光绮丽,文物古迹诱人,每年吸引大量外国游客,是北非重要的休闲度假胜地。

● 倾城出动看赛马。赛马可谓摩洛哥人的"男女声大合唱",几乎每一项活动都有赛马的项目,无论是王室举行的各种庆典,全国性的宗教活动,还是民间传统节日,都少不了赛马。摩洛哥人酷爱赛马,摩洛哥国王及王储都是骑马爱好者,从小就刻苦学习骑术,把这看作培养胆略的必修课。摩洛哥人习惯在农闲时节举办庙会,其中穿插赛马活动,每当庙会临近,总能看到骑手与家人一齐出动,浩浩荡荡赶庙会的盛景。

● 举办各种世界、国际级大奖赛。拉巴特国际田径赛,从2004年起被摩洛哥国家田联列为非洲巡回赛的正式竞赛。这一竞赛也是希腊奥运会之前在非洲举行的主要资历赛。

"WTA"国际巡回赛、摩洛哥大奖赛:"WTA"国际巡回赛是由国际女子自由网联举办的国际网球赛事。2009年"WTA"国际巡回赛在摩洛哥拉巴特举行。

魅力"F1"世界行(摩洛哥站点):身为世界上最顶尖的方程式赛车运动,它

的"方程式"会定期作出一定修改,最能参透其中奥义的车手和车队是真正的王者。摩洛哥汽车赛道是世界上最著名的"四大赛道"之一。2006年、2008年魅力"F1"世界行在摩洛哥举行。

国际汽车联盟(FIA)世界房车锦标赛(WTCC)—摩洛哥赛事:世界房车锦标赛是国际汽车联盟旗下与F1和WRC齐名的国际赛车顶级赛事。《2009世界房车锦标赛》共设有12场分站赛,分别在拉美的墨西哥,非洲的摩洛哥,欧洲的法国、西班牙相继举行。

● 休闲度假胜地。被誉为"北非花园"的拉巴特风景秀丽,气候温和宜人,沙漠、海滩等自然资源丰富。这座1195年在大西洋峭壁上建成的古城,文化古迹众多,建筑艺术精湛,现代艺术感浓厚,休闲度假配套设施完善。

休闲景点众多。拉巴特王宫、卡斯巴乌达亚城堡、摩洛哥艺术博物馆、考古博物馆、古物博物馆和众多清真寺;最古老的清真寺为城东南的哈桑清真寺,建于1195年。

酒店设施完善。拉巴特酒店资源丰富,中大型酒店都设有水疗中心,提供按摩、芳香疗法、桑拿、健身中心和按摩浴池。拉巴特精致SPA让多数游客流连忘返。躺在阿拉伯水疗长椅上,喝着热气腾腾的薄荷茶,享受着摩洛哥别具一格的水疗(SPA),会有与世隔绝的天然享受。

启示:结合自然资源、社会资源、文化资源,营造最具吸引力的旅游资源和运动休闲资源,同时借机承办国际性赛事,扩大影响力。

(2)民生成就典范之市,中国现代田园之都——成都

交通区位:地处四川盆地西部的成都平原腹地,中西部地区重要的中心城市,中国西南地区商贸、科技、通信、文化、教育、交通中心。成都已开通航线可直达全国近百个城市,同时也已开通直达东京、新加坡、曼谷、首尔、阿姆斯特丹、阿布扎比等国际大城市的航班。成都是中国西南最大的铁路枢纽,位于宝成铁路、成昆铁路、成渝铁路、达成铁路四条电气化干线铁路的交会处,城际铁路成灌快速铁路也自成都枢纽引出。成都是108、213、318、319、321国道的交汇点,同时也是京昆(G5)、沪蓉(G42)、厦蓉(G76)、成彭、成安渝(在建)、成灌、成渝环线(G93)、成自泸(在建)、机场、绕城(G4201)等高速公路的交汇点。

休闲资源:成都的气候属亚热带季风型气候,由于四周高山环绕,又呈典型的盆地气候。全年平均气温在16℃～18℃。7月、8月是雨季,春季和冬季少雨,冬天的气温极少低于5℃。一年四季日照少、多雾少风。最佳的旅游时间是

3月至6月、9月至11月。成都市是中国开发最早、持续繁荣时间最长的城市之一,为国家历史文化名城之一,休闲资源丰富。佛国仙境峨眉山,童话世界九寨沟,道教圣地青城山,竹乡蜀南竹海等景区众多。同时成都也是我国著名的文化之都,成都的川菜引领中国各大菜系之风骚,以其麻辣鲜香的百变之味,使人食之难忘,成都又被誉为"美食之都"。此外,成都的休闲文化、茶文化、道教文化、三国文化等影响着全世界的中国人,甚至韩国人、日本人。

人口:1 404.7万。

发展特色:休闲景点众多,休闲度假设施齐全,休闲产业发达,全市运动休闲氛围浓厚,市民运动休闲情绪高涨。成都市近几年不断开发和引进运动休闲赛事,提出以赛事为龙头,突出赛事经济,通过市场机制打造3~5个品牌赛事,使运动休闲娱乐市场、体育健身市场和运动休闲产品市场衔接,逐步建立以赛事聚集产业要素的运动休闲城市发展新格局。

- 休闲景点众多。成都是一个休闲旅游资源聚集的天府宝地,成都周边密布九寨沟—黄龙、峨眉山—乐山、都江堰—青城山等世界自然和文化遗产,除此之外,全市还拥有12个风景名胜区,其中国家级风景名胜区2个、省级风景名胜区7个;7个森林公园,其中国家级森林公园4个、省级森林公园2个;4个自然保护区,其中国家级2个、省级2个;国家4A级旅游区(点)3个。

- 休闲度假设施齐全。完善的休闲设施是发展休闲城市的重要载体。随着经济的发展,成都的交通、食宿和休闲娱乐等设施也在不断完善。成都是中国西南地区最大的航空港,全国四大客运站之一,也是首个实现从城市中心到城郊半小时经济圈的城市。2010年成都成为中国西部首座开通地铁的城市。从食宿设施看,截止到2010年成都有星级酒店宾馆113家,共有客房15 970间,床位29 934个。有各级各类旅行社240家,其中国际旅行社40家。从通信设施来看,成都是全国八大通信交换中心和全国九大邮政一级处理中心,可与180多个国家和地区、国内600多个城市直接通话。

- 休闲产业发达。遍布城乡的娱乐城、度假村、农家乐、茶坊、酒肆,能充分满足不同层次的消费者吃喝玩乐多种需求。截止到2010年全市共拥有大大小小的专业商品批发市场120多家,大小商业网点1 000多个,大型商场50多家。世界著名商业零售巨头家乐福、欧尚、沃尔玛、麦德龙、伊藤洋华堂、卜蜂莲花等都已经进驻成都市场。良好的商业基础为成都休闲产业提供了发展契机。除休闲基础设施、休闲活动场所等公共休闲产业外,成都市形成了以休闲旅游业、文化传播业、体育健身业和休闲娱乐业为主的城市商业休闲产业。2008年,成都体育健身休闲业收入达59.35亿元,占全市体育产业总收入的80%,成为该市体育产业发展的重要方面。

● 休闲氛围浓厚。2010年,成都拥有全民健身路径750条,参与全民健身活动的人数达480万,全市惠民行动"1+2"农民健身工程达305项,市民运动休闲情绪浓厚。

● 体育赛事、节事众多。随着国际影响力的提高,世界级的高级赛事也频频造访成都。

女足亚洲杯成都赛事:女足亚洲杯(AFC Women's Asian Cup),既是女足世界杯的亚洲区资格赛,也是被国际足球界承认的各大洲足联组织的最早的女子洲级锦标赛。2010年女足亚洲杯球星云集决战成都。

斯诺克中国巡回赛成都站:斯诺克台球亦被称为障碍台球,盛行于英国、爱尔兰、加拿大、澳大利亚和印度等英联邦国家以及中国香港。2011年7月,中国职业斯诺克巡回赛在成都拉开帷幕。

国际体育舞蹈联合会(IDSF)世界杯标准舞比赛:参赛国家不低于30个,参赛选手为各国及世界排名最高选手,约30~50对,60~100人。2010年国际体育舞蹈联合会世界杯标准舞比赛在成都举行。

现代五项世界锦标赛:现代五项比赛是融射击、游泳、击剑、马术和越野跑为一体的综合性赛事。2010年世界现代五项锦标赛在成都双流拉开战幕,这是亚洲地区首次举办世界现代五项锦标赛。来自30个国家和地区的156名男、女运动员参加了比赛。

国际职业网球协会(ATP)冠军巡回赛成都公开赛:它是由著名的网球冠军们参加的一项有影响力的赛事,每年有11站。2010年成都成功举办了国际职业网球协会冠军巡回赛公开赛。

中国·成都国际体育舞蹈节:2011中国成都国际体育舞蹈节,是中国举办的首个国际体育舞蹈节。中国成都国际体育舞蹈节设有四项赛事,包括"国际体育舞蹈联合会世界标准舞大赛"和"国际体育舞蹈联合会世界拉丁舞大赛"两项国际体育舞蹈联合会的顶级赛事、首次来到中国的"IDO中国成都国际街舞(HipHop)邀请赛"和"第二届中国成都国际体育舞蹈公开赛"。有来自超过50个国家和地区的国际顶级选手和国内超过2 000对职业舞蹈选手参加中国成都国际体育舞蹈节。中国成都国际体育舞蹈节永久落户成都,每年举办一届。

发展优势：2007年，被确定为中国最佳旅游城市、中国最佳商务城市；2009年，被授予"中国优秀旅游目的地城市"称号；2010年，中国教科组织授予成都"美食之都"称号；2010年，荣获"城市管理人民满意城市"和"中国十大最具幸福感城市"称号；2011年，荣获"中国民生成就典范城市"最高荣誉奖。

启示：借助优良的自然环境特色，厚重的历史文化背景，大力创建"中国现代田园城市"，提高城市休闲氛围，提升居民生活幸福感。大规模兴建体育健身、体育竞技、体育娱乐的场馆设施，型塑体育产业功能集聚区，引进和培育大型体育赛事，使运动休闲娱乐市场、体育健身市场和运动休闲产品市场衔接，逐步建立以赛事聚集产业要素的运动休闲城市发展新格局。

2. 赛事驱动型

赛事驱动型的运动休闲城市，是指拥有国际化的休闲环境和标准化的休闲设施，具备国际化休闲形象，并凭借众多国际性专业体育赛事吸引爱好者眼球的宜居城市。如文化重镇、体育之都——澳大利亚墨尔本，豪门体育之都——西班牙巴塞罗那，奥运之都——瑞士洛桑，死亡之线的终结点——塞内加尔达喀尔。

（1）文化重镇、体育之都——澳大利亚墨尔本

交通区位：墨尔本经纬度为南纬37°50′，东经144°58′。墨尔本（Melbourne）是澳大利亚第二大城市，是有"花园之州"美誉的维多利亚州的首府，知名的国际大都市。墨尔本机场是澳大利亚维多利亚州墨尔本的主要民航机场，也是澳大利亚第二繁忙的机场，距离墨尔本商业中心区有23公里（14英里）。墨尔本—悉尼航线是全球第三繁忙和亚太区第二繁忙的客运航线。墨尔本机场拥有多条直航航线前往澳大利亚所有首府、各大洋洲、亚洲、非洲、欧洲、北美航点。墨尔本机场是澳大利亚航空、维珍蓝航空、老虎航空的枢纽机场。

墨尔本市内公共交通相当发达，有市内火车、有轨电车和公共汽车。墨尔本市内火车贯穿主要的交通要道和主要人口居住地区。有轨电车（Tram）是墨尔本的特色之一，墨尔本是澳大利亚唯一拥有有轨电车的城市，墨尔本的电车网络四通八达，承担着重要的公共交通工具角色。墨尔本的巴士（公共汽车）是除火车以外的辅助交通工具，它能到达相对火车无法到达的区域，全墨尔本现在约有300条公共汽车线路。

休闲资源：墨尔本的气候属于亚热带与温带交叉型气候，最热的月份通常最高平均气温25℃，最低平均气温14℃，最冷的月份在3℃~15℃之间，终年多

雨,属于温带海洋性气候。墨尔本以浓厚的文化气息、绿化、时装、美食、娱乐及体育活动而著称。墨尔本的绿化覆盖率高达40%,维多利亚式的建筑物、有轨电车、歌剧院、画廊、博物馆,以及绿树成荫的花园和街道构成了墨尔本市典雅的风格。

墨尔本被称为"澳大利亚的文化首都",具备深厚的文化底蕴。墨尔本拥有全澳大利亚唯一的被列入联合国"世界文化遗产"的古建筑,有辉煌的人文历史,也是多个著名国际体育盛事的常年举办城市。从文化艺术层面的多元性,到大自然风光之美,墨尔本应有尽有,在满足感官娱乐方面,墨尔本更可以说是澳大利亚之冠,无论是艺术、文化、娱乐、美食、购物和商业样样都有自己的特色;墨尔本成功地融合人文与自然,从1990年至2006年,先后十次被总部设于华盛顿的国际人口行动组织(Population Action International)评选为"世界上最适合人类居住的城市"。

发展特色:墨尔本以浓厚的文化气息、绿化、时装、美食、娱乐及体育活动而著称。墨尔本是世界上唯一一个曾经主办过夏季奥运会、也主办过英联邦运动会、还主办过世界游泳锦标赛的城市,也是一年一度的澳大利亚网球公开赛、一级方程式赛车澳大利亚站比赛的常年主办城市。

● 休闲景点。墨尔本皇家植物园(Royal Botanic Gardens Melbourne):建于1845年,位于墨尔本市中心以南约五公里的地方。花园以19世纪园林艺术布置,内有大量罕有植物和澳大利亚本土特有的植物,植物园占地40公顷,至今保留着20世纪的一些建筑和风貌,汇聚了3万多种奇花异草,是全世界设计最好的植物园之一。

皇家展览馆(Royal Exhibition Building):建于1880年,建筑古色古香、美轮美奂,是1880—1881年举办万国博览会的会场,当初设计和建造的目的之一就是要把展览馆和墨尔本在世界地图上成名,建筑糅合了拜占庭建筑、古罗马建筑和意大利文艺复兴建筑的风格。2004年6月,墨尔本皇家展览馆被列入联合国世界文化遗产名录,是澳大利亚至今唯一被列入该名录的建筑物。更不容易的是,该建筑物现在仍被用作展览场地,但出于文物保护的原因,现在的使用频率已经大大降低。

库克船长的小屋:位于墨尔本市中心的费兹洛公园内,纪念第一位抵达澳大利亚的英国人詹姆斯·库克船长。这是一幢真正的小屋,简单、朴实,甚至粗糙,斜顶铺瓦、石砌墙面,暗黑的褐色透出古老沧桑。1934年墨尔本建市100周年大庆时，澳大利亚一名实业家拉塞尔爵士（Sir Russell Grimwade）出资800英镑，将库克船长在英国的故居买下，作为礼物送给墨尔本市民。人们把这座故居小心地分拆开，把每一块建材编号，装在253个箱子里，总重量150吨，从英国海运到墨尔本，再照原样组建而成。小屋分上下两层结构，楼上是库克船长父母的卧室，楼下有一间是厨房和会客厅，还有一间是库克居住的小卧室。室内的陈设都按以前的原样布置。大门石梁上刻着库克船长的父亲詹姆斯（James）和他的母亲格雷斯（Grace）的名字的首字母。小屋门口的小径旁，立着库克船长的紫铜雕像，头戴三角军帽，身穿紧身衣裤，下着及膝绑腿和扣绊鞋，左手持一纸航海图，右手握一柄单筒望远镜，深邃的目光泰然地凝望着远方。

唐人街（Chinatown）：墨尔本唐人街就是"Little Bourke Street"，特别是指这条街从东端到中部的繁华地带。唐人街并非住宅区，而是墨尔本市中心一个华人餐馆和商店聚集的地方。墨尔本唐人街长约900米，宽约6米，跨越5条与之垂直的大街。这里中式餐馆林立，有华人开的书店、精品店、免税店、工艺品店等，放眼都是中文招牌，充满东方风味。墨尔本唐人街的历史始于1854年，是澳大利亚最早的唐人街，也是世界上最早的唐人街之一。

墨尔本唐人街本身是一条古老的街道，街两旁的建筑物大多超过半个世纪，古雅却不沧桑。这里也不像其他地区唐人街牌楼上都刻有汉字，只是在四个有横街的街口竖立了无字的红墙绿瓦牌坊。每年春节，特别距离每年年初一之后最近的周末，墨尔本唐人街彩灯高挂，旗帜飘扬，很多华人（唐人）会来到唐人街参与庆祝中国农历新年的活动，墨尔本市政府把唐人街及与之垂直的罗素街（Russell Street）的一部分进行封闭，禁止车辆通行，特别让给华人举行庆祝聚会活动，本地居民和游客可以欣赏舞龙舞狮、文艺表演等，除了吸引华人之外，也吸引大量的澳大利亚本地居民前来观赏。唐人街对华人来说是凝聚力，对澳大利亚各民族而言是吸引力，近年来已经越来越负有盛名。

企鹅岛（菲利浦岛）：墨尔本最吸引人的地方之一就是在菲利浦岛上参观企鹅，它已成为国外游客访问墨尔本必去的景点之一，在这里可以看到世界上最小的企鹅（成年企鹅身高约30厘米）。菲利浦岛位于墨尔本东南124公里的海上，为一处天然动物保护区，珍禽异兽和怪石相映成趣，这里也是小企鹅的栖息地。在岛上的企鹅登陆观赏区，每到夕阳欲下时，晚霞把天际映成绚丽多彩，眼前一片汪洋，海天相连，雪浪滚滚，涛声阵阵。天际昏暗下来后，白天出外觅食的企鹅从惊涛骇浪中出现和登陆，它们蹒跚地走上几步就停下来，企鹅高约30

厘米，黑体白肚，一些企鹅被卷上海滩，它们重新站起来，把队伍整理一下，列成方队，整整齐齐，迈着稳健、端庄的步伐向岸边走来，一队方阵刚离沙滩，又有一队方阵排列起来，好像是阅兵式似的不断行进上岸，最多时前后多达3 000余只。

● 赛事和节事。墨尔本是一个体育盛事之都，多次举办世界级体育赛事。1956年墨尔本奥运会。早在1956年（11月22日至12月8日），墨尔本就主办了第16届夏季奥林匹克运动会，这是夏季奥运会第一次在南半球举行，来自72个国家和地区的3 314名运动员参加了该届奥运会。墨尔本奥运会有很多花絮，例如，由于澳大利亚的法律规定，动物入境后必须先经过6个月的隔离检疫才能放行，导致马术比赛难以进行，结果该届奥运会马术比赛改在了瑞典斯德哥尔摩，是历史上第一次夏季奥运会在两个大洲同时举行。该届奥运会还有不少历史创举，其中包括来自奥林匹亚的圣火火种首次利用飞机传递到主办国，另一个创举，是在闭幕式上，所有国家和地区的运动员不分国家地区，而是手拉手混合在一起进场，象征着世界各地的运动员不分你我的大团结。

澳大利亚网球公开赛。它是国际网球四大满贯赛事之一，也是大满贯赛事中每年最先登场的，于每年一月的最后两个星期在墨尔本举行。澳大利亚网球公开赛至今已经有一百多年的历史。赛事的主办机构是澳大利亚网球协会（Tennis Australia）。自1905年举办首届比赛以来，澳大利亚网球公开赛曾先后在墨尔本、悉尼、阿德雷德、布里斯班、珀斯和新西兰（新西兰是和澳大利亚特别友好的国家）六个地方举办过。后来由于各界对比赛地点不确定的非议日渐高涨，1972年，赛事组织者决定将比赛固定在一个能够吸引最多的赞助商和观众的城市举办，结果澳大利亚网球公开赛回到并永久落户于其诞生地墨尔本。

一级方程式赛车。举世闻名的一级方程式赛车（F1 Formula）每年在17个国家的城市轮流举行，每年第一个分站赛就在墨尔本，一般在每年3月份。举行赛车的车道环绕着墨尔本一个风景秀美的湖阿尔伯特湖（Albert Park Lake），而这个车道平时是公开开放使用的道路（限速为时速50公里），只是在每年一级方程式赛车举行的前后关闭三个星期。在这三个星期之外的其他日子，墨尔本市民平常都可以在一级方程式赛车的赛道上驾驶汽车，这在其他举办一级方程式赛车的城市是不多见的。

英联邦运动会。英联邦运动会（Commonwealth Games）原名大英帝国运动会（British Empire Games），始办于1930年，每四年举行一届，与夏季奥运会相间举行，限英联邦成员国、附属国、英属地区的运动员参加。2006年的第18届英联邦运动会在墨尔本举行,来自71个国家和地区的4 500名运动员参加了该次运动会。

世界游泳锦标赛。这是国际业余游泳联合会(International Swimming Federation,FINA)主办的世界性游泳锦标赛,墨尔本是2007年世界游泳锦标赛的主办城市。

另外,墨尔本还是澳式足球的发源地(1858年诞生),也是每年澳大利亚的澳式足球总决赛(AFL Grand Final)的举行地点,一年一度的"墨尔本杯"赛马也在墨尔本举行。

启示:依托丰富的资源,区位优势,完善的配套体系,以重大赛事活动为引爆点,发展运动休闲城市。

(2)运动休闲名城,豪门体育之都——西班牙巴塞罗那

交通区位:巴塞罗那(Barcelona)是西班牙加泰罗尼亚自治区首府,还是巴塞隆纳省(隶属于加泰罗尼亚自治区)省会,西班牙第二大城市。位于伊比利亚半岛的东北面,濒临地中海,地理坐标是(41°23′N,2°11′E)。

巴塞罗那普拉特机场为国际机场,到欧洲各地的航班都非常方便。国内目前没有直达巴塞罗那的航班,需要在欧洲其他国家转机。巴塞罗那的飞机场位于市中心西南方,离市中心13公里。在巴塞罗那和超过30个国际城市之间有每日的直达航班。巴塞罗那机场位于市区西南方12公里,距离西班牙首都马德里621公里,每天6:30至22:30分之间有无数航班往返于马德里和巴塞罗那之间。

巴塞罗那还是马德里—巴塞罗那铁路和沿地中海海岸线建造的铁路的交汇点,可以乘火车前往马德里、瓦伦西亚或巴黎等欧洲其他国家城市。巴塞罗那有两个长途巴士站,绝大多数的车都在北站发车,火车站旁的"Sants"站的车比较少。巴塞罗那港是西班牙、也是地中海沿岸最大的港口,客运码头可以容纳9艘邮轮同时停靠,是很多豪华邮轮欧洲线路的重要一站。巴塞罗那距巴利阿里群岛的首府帕尔玛132海里,有多家航运公司经营巴塞罗那与巴利阿里各主要城市之间的航线,每天都有航班。巴塞罗那和意大利之间还有国际航线。巴塞罗那市内公共交通也非常方便,地铁四通八达。

人口:约160万。

休闲资源:依山傍海,地势雄伟,是伊比利亚半岛的门户,属地中海式气候,夏季炎热干旱,冬季温和多雨。巴塞罗那是一座美丽的城市。宜人的气

候、著名的金色海岸和充满浪漫色彩的人文环境,每年吸引数千万国外游客到此旅游休假。市内罗马城墙遗址、中世纪的古老宫殿和房屋与现代化建筑交相辉映,不少街道仍保留着石块铺砌的古老路面。建于14世纪的哥特式天主教大教堂位于老城中央。圣家族教堂是西班牙最大的教堂。连接和平门广场和市中心加泰罗尼亚广场的兰布拉斯大街是著名的"花市大街"。西班牙广场上的光明泉巧夺天工、色彩斑斓。西乌达德拉公园的喷泉、动物园、植物园及蒙特惠奇公园的层层瀑布闻名遐迩。巴塞罗那市内有现代艺术博物馆、弗雷德里克·马塞斯陈列馆、毕加索博物馆、海洋博物馆等20多所博物馆。每年10月举行的国际音乐节是世界乐坛盛会,当地的萨尔达那圆舞、吉他歌曲是世界著名的民间歌舞。每年4月的玫瑰花展和斗牛、国际博览会十分吸引人。这里的加泰罗尼亚甜食誉满全球。

巴塞罗那运动休闲设施健全,运动休闲氛围非常浓厚。在市区或乘车几小时即到达的地方,人们可以打高尔夫球、打网球、游泳、滑水、驾帆船、打猎、钓鱼、骑马以及进行冬季活动。城里有丰富多彩的娱乐活动,包括歌剧、芭蕾舞和许多精彩的音乐会。本地的剧场上演戏剧、轻歌剧和音乐喜剧。电影很受欢迎,但多数影片是用西班牙语配音的。北美洲研究院每周放映一次英语电影,还有许多其他美术展览和音乐演出。

发展特色:休闲+体育赛事

• 休闲景点。宜人的气候、著名的金色海岸和充满浪漫色彩的人文环境,每年吸引数千万国外游客到此旅游休假。

巴特娄宫。著名建筑师高迪(Gaudi)的代表作之一,现代主义风格的建筑,色彩鲜艳,外墙面不规则,给人怪异的感觉。

米拉宫。高迪的又一作品,多用流线结构,承袭了高迪一贯的怪异风格。

毕加索博物馆。毕加索跟画家达里、建筑怪才高迪、建筑家米罗一样,都是巴塞罗那引以为自豪的艺术巨匠,他是从这里走向世界的。毕加索博物馆藏有毕加索蓝色时期的主要作品。

居埃尔公园。居埃尔公园中的建筑是高迪创作生涯成熟时期的代表作,最充分地表现了他的美学思想。公园入口处两座小楼的屋顶上也有许多小塔和突出物,造型非常古怪,它的外表镶嵌着白、棕、蓝、绿、橘红等色的碎瓷片,图案怪异。多柱大厅内的柱子造型规整,排列有序,这在高迪的作品中是罕见的。屋顶平台周围的矮墙曲折蜿蜒,墙身上贴着五颜六色的瓷片,组成怪异莫名的图案,仿佛一条弯曲蜷伏的巨蟒。

哥伦布塔(Monument a Colom)。兰布拉大街的尽头高高耸立着哥伦布纪念塔,以纪念这位发现美洲大陆的航海家。哥伦布的发现拉开了西班牙对南美殖民统治的开始,然而今天,大批的南美移民操着西班牙语又来到这里,历史总好似一个又一个的轮回。

黄金海岸及贝尔港。湛蓝的海水里停泊着一艘哥伦布出海时乘用的"拉尼亚"号帆船复制品,供游人观赏。在吹着浪漫海风的海上"Ramble del Mar"浮桥畔,波浪般的曲线如相框般勾勒出巴塞罗那最浪漫的景象。长长的海岸线铺着一条别具一格的彩色石板人行路,与惹人心醉的蓝色海洋仅隔一条十几米宽浪漫迷人的金色沙滩。每隔一段路都有仅供情侣两人面向大海的石头座椅,凸显了巴塞罗那人激情之外的柔情似水。道路两旁种植有高大挺拔的棕榈树,翠绿的阔叶随海风摇曳,仿佛向行人发出种种神秘的信息。我找到一处木椅,凭海临风。近处,停靠海港的船只密集,远方,昏暗的天际和大海融为一片。这边欣赏白浪拍岸的蓝色海洋,那边观瞻芳草延绵的绿色城市,美丽和谐、清秀淡雅,让人心境开朗,其乐无穷。

- 两届世博会奠定腾飞基础。1888年和1929年巴塞罗那市承办两届世博会,为城市的腾飞奠定了基础。

- 接近完美的体育设施提升城市知名度。1957年建成五星级球场。1950年6月匈牙利天王巨星库巴拉加盟巴萨,1954年巴塞罗那开始兴建大型球场,1957年巴塞罗那建成世界第二大体育场,欧洲最大的体育场诺坎普球场,被誉为"五星级"球场。诺坎普(NouCamp)体育场是整个欧洲大陆最大的体育场,原来能容纳观众98 000人,在1982年举行的西班牙世界杯赛时,体育场的座位增至120 000个。它也是世界第二大体育场,仅次于具有传奇色彩的巴西的马拉卡纳(Maracana)体育场。目前,现代化的通用设备使它成为全欧洲最好的足球场地。在1998至1999赛季,欧洲足协授予它"五星级"球场称号。

1991年建成世界公认的最完美的汽车赛道。在西班牙汽车联合会决定停止在4个赛道之间举行西班牙大奖赛时,巴塞罗那赛道于1991年诞生了。跑道全长4.725公里,是公认最接近完美的跑道,常被各车队用来进行测试,所以车队及车手对这个赛道都相当熟悉。巴塞罗那赛道对现场观众来说也是个很好的赛道,设计者考虑到观众的视野,且交通方便,即使在周日决赛都不会塞车。这个赛道也是很多车手都喜欢的场地,属于技术型,拥有很长的直线及长距离的高速与低速的弯道,它起跑点的直线几乎是 F-1 赛道中最长的,这对于引擎是一大考验。

• 奥运会拉动城市腾飞。1992 年,巴塞罗那市成功主办了第 25 届奥运会,更使巴塞罗那市名扬四海,使全世界更多的人了解了巴塞罗那。西班牙的巴塞罗那,筹办 1992 年奥运会时,西班牙正处于开始从 20 世纪 80 年代全国范围的经济危机中复苏的时期。巴塞罗那市政府不惜一切代价耗资约 362 亿比塞塔建成了 5 公里长的海滨沙滩,改造了港口,修建了两条环形公路、两条隧道,改建了机场、城市的排水系统,建成了提供水、电、气和电话服务的网络。

奥运会期间,巴塞罗那经济从衰退走向了繁荣,成为当时欧洲变化最快的城市,就业势头得到明显好转,1992 年失业人数达到历史最低点。同时巴塞罗那声名鹊起,成为世界体育豪门都市之一。

启示:大规模投资建设体育设施、交通设施、改善城市体育氛围,借助体育赛事刺激经济发展。

(3)奥运之都,享誉世界——瑞士洛桑

交通区位:位于瑞士西南,日内瓦湖北岸,侏罗山南部。距离日内瓦(Geneva)、伯恩(Bern)、茵特拉肯(Interlaken)约 2 小时车程。距离琉森(Lucerne)约 3 小时车程。洛桑没有机场,但铁路、公路发达,可迅速通达瑞士及周边的法、德、意等国家的城市,乘火车或汽车到日内瓦国际机场仅需半小时。

自然背景:一座山城,层层叠叠的美丽房屋沿着湖岸向上延展,在日内瓦湖与阿尔卑斯山烘托下,洛桑城充满法国式的浪漫。整个城市遍布着葡萄园,是个生产葡萄酒的地方,并有湖泊、公园点缀。

环境氛围:宁静、高雅、浪漫。

人口:16 万。

发展特色:休闲+文化+体育赛事,以体育赛事拉动城市发展

• 城市休闲氛围。奥林匹克之都。国际奥林匹克委员会总部和奥林匹克博物馆所在地。

国际休闲之都。超过 16 个餐厅被《顶级餐厅指南》提及;贝嘉芭蕾舞团(Bejart Ballet)所在地;阿赫米达什基金会(Fondation de l'Hermitage)再现了 17~19 世纪的艺术风采,在这里举办一些展示会;北有茂密的苏瓦伯拉森林,南有漂亮的日内瓦湖,是市民休闲的好去处。

医疗。欧洲癌病研究中心均设于此,著名疗养地。

国际文化城。著名文学家如伏尔泰、雨果、狄更斯曾经的居所,精美的建筑,众多美术馆、博物馆、历史古迹。

每年举办各类文化艺术活动。例如洛桑节,从1971年开始每年都有的文化艺术类节庆。在洛桑节8天期间,近200场免费的露天文化演出在洛桑老城区进行。——阿赫米达什基金会,再现了17～19世纪的艺术风采。

贝嘉芭蕾舞团,世界著名的芭蕾舞团。

● 城市休闲景点。圣母大教堂。建于11世纪的大教堂是瑞士屈指可数的哥特式建筑之一。至今仍沿袭着守夜人报时的传统。

圣弗朗索瓦教堂和广场。每月的第一个星期五,民间艺术品展示于此,建于13世纪,保存有哥特式的管风琴。

帕吕广场。每周星期三和星期六是水果、蔬菜的早市,广场一带也是洛桑的时尚购物天堂。

奥林匹克博物馆。世界上唯一一家拥有从众多角度对奥利匹克进行介绍的有关资料的博物馆。

罗马博物馆。在罗马时代住宅的遗址上建造的博物馆。馆内展示了在洛桑发现的众多罗马遗迹。

洛桑历史博物馆。11～15世纪时,主持教会仪式的地方。馆内展示了关于洛桑历史的版画和绘画作品。

爱丽舍照片博物馆。建于18世纪的八间房子里展示了19～20世纪有名的摄影师拍摄的10万多件作品。

打字机博物馆。夏鲁尔·佩里埃收集了世界上19世纪到现代的打字机、计算器、出纳机等600件机器。

阿尔布吕特美术馆。为纪念提倡"消极艺术"的杜布费而建立的。这里陈列展示着精神病患者和犯人所创作的作品。

吕密纳馆。其包括州立美术馆、历史考古博物馆、地学博物馆以及动物博物馆等。

● 举办各种世界、欧洲锦标赛,扩大城市影响力。举办世界或欧洲锦标赛让洛桑声名鹊起。

世界花样滑冰、体操和铁人三项锦标赛。国际奥委会积极支持洛桑举办各种赛事,1997和1998两年在这里举行了世界花样滑冰、体操和铁人三项锦标赛等。

国际田联大奖赛。瑞士洛桑一直向世人展示出它的神奇体育赛事力量。2006—2009年国际田联洛桑大奖赛都在洛桑奥林匹克体育场进行。

环法和环意大利自行车公开赛。洛桑是环法和环意大利自行车公开赛的起点和终点。

定期举办"奥林匹克周";国际"运动员"集会。洛桑每年都要组织"奥林匹克周"、国际"运动员"集会等各项重要赛事。

洛桑马拉松。要在俯瞰日内瓦湖的葡萄园中,穿行四十二公里零一百九十五米。

此外,洛桑还会举办穿越洛桑山地自行车大赛以及世界"场内旱冰大赛"。

启示:挖掘当地有价值的历史人文特色,建立博物馆、美术馆等提升城市品位的项目,每年定期举办各种大赛、主题文化节,扩大城市影响力。

(4)越野赛手的梦想地,死亡之线的终结点——西非达喀尔

交通区位:达喀尔(Dakar)是西非塞内加尔的首都,位于佛得角半岛,面朝大西洋海岸。达喀尔是主要的行政中心,是塞内加尔国民议会及总统官邸所在地。它是塞内加尔最大的城市,位于非洲大陆最西端,因此对于泛大西洋和欧洲贸易是一个十分有利的启运点。拥有国际航空站,达喀尔港口始建于1861年,水深港阔,设备较好,可泊10万吨级船只,码头总长近8 000米,可同时停靠40多艘海轮,历来是欧洲至南美与南非至北美间来往船舶的重要中途站。有大型渔业码头。新建集装箱码头在港口北部。铁路北通圣路易,东达马里。毛里塔尼亚、马里等国部分进出口货物由达喀尔港品转运。

人口:1 030 594。

环境氛围:典型的热带草原气候。1月气温最低,平均为18℃~26℃。9~10月气温最高,平均为24℃~32℃。运动休闲氛围火爆,达喀尔拉力赛是世界上最艰巨的充满冒险精神的汽车赛程,吸引世界冒险者的眼球。休闲景点众多且独具特色。

砂丽海滩。位于达喀尔南部,我们的全球定位系统显示距离达喀尔直线距离60公里,开车行驶约80公里。达喀尔市本身没有优质的海滩,基本为火山灰质的礁石,出了达喀尔市往南沿着海岸线有一些沙滩,其中砂丽海滩是最负盛名的一个。

玫瑰湖。距离达喀尔20余公里,是著名的巴黎—达喀尔汽车拉力赛的终点,湖水因含有高浓度的盐分而呈红色,因而得名,每天最好的时间在下午四五

点钟,此时阳光夕照,整个湖水在阳光下会泛着红色。湖边可见一堆堆从湖底挖出来的盐,有大堆的,也有小堆的,有些还插着价签,据说这些盐都是卖给加工厂进行生产的原料。玫瑰湖是一个泻湖,原来的海水被隔绝后形成,经过太阳的暴晒,湖水中矿物盐分越来越高,玫瑰湖原长15余公里,现在只有6公里长了。由于湖底有大量结晶盐形成壳体,湖边一米以下就可以打出淡水。

戈雷岛。距离达喀尔东南方3公里,有一个南北长900米、东西宽300米的小岛,这就是蜚声世界的旅游小岛——戈雷岛。由黑色玄武岩熔流凝固而成的戈雷岛,像一颗黑珍珠镶嵌在蓝色的海面上。它的南端有一块筑有堡垒的平台,北端则由一炮台(埃斯特雷要塞)扼首。岛上有一小码头供来往达喀尔的小艇停靠,在沙土路面的街道两旁,红赭石色破旧的住房比肩而立。岛上的主要建筑还有一座清真寺、一个教堂和一两座殖民时期的行政管理楼。同世界上其他旅游胜地相比,从新石器时代起,非洲人就经常光顾小岛,岛上发现的玄武岩工具与曼努埃尔角和马德拉群岛上发现的玄武岩工具相同。

发展特色:达喀尔拉力赛,世界上名气最大的拉力赛,引领达喀尔城市腾飞。

达喀尔作为塞内加尔的政治、经济、文化、交通中心,是全国最大工业基地。集中了全国80%的工业,有大型榨油、炼油、鱼肉罐头厂,还有食品、纺织、船舶修造、化学、汽车装配等工业。是西非商业、金融中心,西非货币联盟和西非国家银行总部所在地。西非第二大港。港口安全避风,码头总长近8 000米,每年入港船只达5 000余艘。现代化机场经营国际和国内航空业务。西非最大的工业和服务业中心,商业繁荣、出口贸易发达。出口花生、磷灰石、鱼产品等,进口粮食、机械产品等。但是真正让达喀尔声名鹊起的是达喀尔拉力赛,让世界更多的人了解了达喀尔。

达喀尔拉力赛。每年1月1日,在人们迎接新年的兴奋中从法国出发,用2~3个星期穿越非洲大陆,全程约10 000公里。至今赛程的全程跑完率只有38%,更有"跑完全赛程者均为胜利者"一说,可见赛事的艰辛程度。它是以严酷的大自然为对手,驱使人类自身的全部智力、体力和精力进行挑战的"世界上最艰巨的充满冒险精神的汽车赛程"。在正式开赛后大约10年间,都把赛程起点定为巴黎,终点为达喀尔。但赛程路途每年都略有更改。随着时间的推移,起点、终点也开始发生变化。如1992年起点为巴黎,终点为南非的开普敦;1994年则为巴黎—达喀尔—巴黎;1997年是从达喀尔出发,以尼日利亚为折返点再返回达喀尔。自1979年法国的一些敬仰泽利·萨宾及其精神的冒险者们发起的第一次赛程起,至今已过去了约三分之一个世纪。从由一群冒险者发起的业余赛事,由于参加者年年增加,现已成为世界上最有名的拉力赛。2008年遭到了非洲恐怖主义的威胁而被迫取消了全程比赛,2009年达喀尔拉力赛暂时离开非洲神秘的撒哈拉大沙漠,而转战对拉力赛场来说更具神秘色彩的广袤的南美大陆。

启示:达喀尔利用全国政治、经济、文化、交通中心优势,打造世界上名气最大的拉力赛——达喀尔拉力赛,引爆城市发展历程,提升城市知名度。

3. 专项运动型

专项运动型的运动休闲城市,是指以发展帆船、高尔夫等专项运动作为城市主要特色的运动休闲城市。专项运动型的运动休闲城市的运动休闲功能区发展完善、专项运动休闲设施丰富、全民参与运动休闲的氛围浓厚、以专项运动作为城市发展的特色,具备国际化运动休闲形象。其中世界帆船之都——德国基尔、高尔夫的故乡——英国圣安德鲁斯、滑雪圣地——瑞士圣莫里茨最具代表性。

(1) 传统运动休闲之城,世界帆船之都——德国基尔

交通区位:基尔是德国北部港口城市,石勒苏益格-荷尔斯泰因州首府。1927年基尔机场建成,成立初期机场通往27个国家和国际目的地。1987年航站楼建成并沿用至今。与此同时,德国汉莎航空公司开始提供定期航班到法兰克福,后来到科隆/波恩,慕尼黑,哥本哈根,加里宁格勒和里加。基尔海运交通业相当便捷,基尔运河地处欧洲繁忙的航运线上,是通过船只最多的国际运河,是北欧的芬兰、瑞典,中欧的波兰以及东欧的俄罗斯、爱沙尼亚、拉脱维亚、立陶宛等波罗的海沿岸国家通往大西洋的海上捷径。

自然背景:属温带海洋性气候,温和湿润,冬雨较多。冬凉(大致零下1℃)夏暖(大致20℃)。基尔邻靠于波罗的海基尔湾,是一个环境优美、绿树成荫的美丽城市。

人口:约20万。

休闲景点:基尔休闲景点多而不繁,在这里人们可以充分领略海洋气息。

北海—波罗的海运河(Nord - Ostsee - Kanal)。它是世界上船只往来最频繁的人工河,人们可以参观该运河的水闸装置。

"戈尔希·福克(Gorch Fock)"著名的海事航海教练船,其船尾上装饰有它故乡海港基尔的市徽,被称为"白色使者(Botschafterin in Weiβ)"。它周游于世

界各地,具有300吨重量的铁甲使该船的稳定性很高。在基尔活动周上(Kieler Woche),舰队在根据地蒂尔皮茨港口(Tirpitzhafen)聚集,声势浩大。

航海博物馆(Schifffahrts museum)。它位于基尔港口旁,展现了这座航海之城、工业之城和工人之城基尔的海事历史。

瓦勒贝格霍夫城市博物馆(Stadtmuseum Warleberger Hof)。它位于基尔老城中心,17世纪初最古老但仍保存良好的贵族别墅。不仅有令人难忘的墙体和至今保存完好的砂岩大门,还有历史悠久的房间和拱顶地窖。

地质和矿物博物馆。展出各种各样的晶体、矿物、岩石和化石,借助模型和图例,人们可以了解它们的产生过程、结构组成以及对科技和环境的重要意义。馆前花园里来自斯堪的纳维亚的冰河纪巨大冰川沉积物为展览作了有力的补充。

古代艺术品收藏馆(Antikensammlung)。收藏众多古代的真品(如希腊黏土容器和古代的工艺美术)以及希腊和罗马最重要雕塑的复制品铸件,如帕特农雕像(Parthenon-skulpturen)、贝尔维德拉的阿波罗(Apoll vom Belvedere)和拉奥孔(Laokoon)。

发展特色:基尔是世界闻名的帆船之都。在基尔,孩子们大概从四年级开始就接触帆船运动的学习。为避免这项运动成为少数人的特权,政府和基尔大学每年都要定期举办各种类型的培训班,并免费提供训练器材和船只等。

基尔还是目前世界上唯一举办过两届奥帆赛的城市,具有128年历史的基尔周是世界上规模最大的帆船节会。基尔把海洋的生活情调、城市化特征、文化氛围和历史积淀很好地结合在一起,成为波罗的海地区最受欢迎的休闲城市之一。

● 核心项目。帆船运动,是一项挑战自我、融入大海、驾驭自然、培养团队精神、体验无穷快乐的运动。

● 其他项目。沙滩排球、沙滩足球、裸体泳场、潜水、海岛自行车游、海钓、游艇休闲、豪华游轮度假。

● 赛事和节事。基尔周(Kieler Woche)。一年中社会文化活动的盛事,这期间人们在基尔航线、内城和席尔克湖(Schilksee)奥林匹亚港举办世界著名的帆船赛事和极富吸引力的夏季节,足足有2 000艘大小船只和5 000名船员参加这项赛事。

始于1882年的基尔周,已成为每个基尔人的骄傲。基尔周是世界上最大的帆船节庆活动之一,规模比奥运会帆船赛大得多。每年大概可以吸引全世界55个国家和地区的数百万游客。基尔周给基尔带来的不仅是影响力和游客,也推动了城市的经济发展。基尔周的举办使城市实现了现代化,也给城市带来了自信。基尔周的组织工作由市政府下属的一个公司来运作,随着知名度的日益提升,私人赞助商发挥的作用越来越大,应该说基尔周是政府、私人和企业共同组织的一个活动。

石勒苏益格-荷尔斯泰因州音乐节。国际古典音乐节,在石勒苏益格-荷尔斯泰因州和汉堡(Hamburg)举行,在不同氛围的40多个场地演出大约120场音乐会。

基尔的文化之夏。丰富多彩的音乐会、戏剧活动、朗诵会、展览以及讲座和庆祝等,给参加庆祝活动的各个年龄段的人们带来娱乐与享受。除此之外,还有一系列的活动,使人们能够进一步了解基尔城和它的城区、建筑和公园。

启示:德国基尔帆船运动,以及与之相配套的海滨运动项目,如沙滩排球、沙滩足球等,与城市的历史文化、宗教礼仪、餐饮美食、啤酒狂欢、民间艺人表演、跳蚤市场、酒吧、妓院和赌场等相得益彰,达到休闲的极致状态。

(2)英国户外运动的天堂,高尔夫之故乡——英国圣安德鲁斯

交通区位:圣安德鲁斯(St. Andrews)是位于"Scotland"东部的"Fife"郡,坐落在苏格兰东北部布满黑礁岩的北海岸边,离苏格兰首府爱丁堡相距仅一小时车程。

自然背景:有林地山丘的伊夫郊区,但从北部和东部地区来看,圣安德鲁斯横跨于北海水域的一段坎坷的岬角上,三面环海。走在圣安德鲁斯中世纪的石板路上,仿若徜徉在一幅典型的英伦风格的水彩画中,沙滩、鲜花、大海、城堡、教堂,远离尘嚣,休闲至极。

圣安德鲁斯发展高尔夫运动的地理条件得天独厚,它有自然形成的高尔夫球场所需的障碍物——海风吹成的沙坑,漫布着石楠属植物的沙丘,蜿蜒曲折的溪流,阵阵不断的海风。对于苏格兰人来说,真正的高尔夫球场就应在这沙丘之间,大自然就是球场的建筑师,而其他的人工球场相对来说则是"内陆球场"。

人口:人口稀少,只有约18 000人,其中学生占1/3。

环境氛围:极度休闲的生活,人们除了打高尔夫球、钓鱼、划船游览、沙滩休闲、逛植物园、乡村公园和看电影之外,大多数时间还会选择在咖啡馆喝咖啡。

发展特色:高尔夫球的发源地,名扬天下、历史悠久。圣安德鲁斯建有世界上最大的高尔夫球场、高尔夫博物馆。圣安德鲁斯共拥有7个高尔夫球场,5家高尔夫俱乐部,其中包括皇家高尔夫俱乐部。多次主办高尔夫世界锦标赛、每年4月份举办高尔夫周活动、每年7月份举办公开赛、登喜路杯联赛。

- 核心项目。高尔夫世界锦标赛。世界高尔夫球锦标赛(The World Golf Championships,WGC),是若干项世界男子高尔夫球赛事的统称,由国际"PGA"巡回赛联合会(International Federation of PGA Tours)主办,成立于1996年。该赛事也是美国"PGA"巡回赛、"PGA"欧洲巡回赛和日本高尔夫巡回赛的组成部分,并获得了亚洲巡回赛、南非巡回赛和澳大利亚"PGA"巡回赛的正式承认。圣安德鲁斯多次举办高尔夫世界锦标赛。

高尔夫周活动。每年在春暖花开的季节,苏格兰圣安德鲁斯都会主办高尔夫周活动。来自世界各地的球手在圣安德鲁斯切磋球技,共同畅游高尔夫的发源地,尽情领略高尔夫的故乡文化及热情豪放的苏格兰异域风情。2012年苏格兰圣安德鲁斯国际高尔夫学院曾主办"苏格兰圣安德鲁斯高尔夫文化周友谊赛",有50位来自全球各地的球手一起在圣安德鲁斯老球场等5个球场切磋球技。

苏格兰公开赛。圣安德鲁斯每年7月份都会举办苏格兰公开赛。2011年7月第139届英国公开赛在圣安德鲁斯老球场举行。

登喜路杯联赛。登喜路杯始于1985年,是欧洲乃至全世界比较重要的一项团队比赛,从1996年改为邀请赛,每年由组委会依据一定的标准邀请16个国家参赛。登喜路杯在苏格兰世界著名的圣安德鲁斯球场进行,比赛规则如下:16个参赛队分为4组,其中8个种子选手占每组的前两位,其他8队则按抽签决定参赛队。经过小组循环赛,每队第一名进入半决赛,半决赛采取交叉赛的方式进行。

- 特色休闲资源。闻名天下的老球场。已有600多年历史的苏格兰圣安德鲁斯老球场,不仅因浓郁的苏格兰风情和迷人的海边风景闻名于世,更以世界锦标赛举办地的身份而令全世界高尔夫球迷们神往。曾举办过26次高尔夫公开赛,是每个打高尔夫的人一生的梦想。

皇家高尔夫俱乐部。圣安德鲁斯皇家古典高尔夫俱乐部于1754年成立,俱乐部是于2004年250周年庆祝时分立出来的独立机构,专职于运行锦标赛、英国和海外高尔夫规则以及高尔夫运动的推广。圣安德鲁斯高尔夫俱乐部的球员们定期集合参加"高尔夫健康运动"。俱乐部每年春季和秋季都会举办会员比赛,每次比赛的持续天数和获胜者的奖赏会随着时间推移有所不同。

圣安德鲁斯教堂(St. Andrew's Cathedral)。曾经被誉为是苏格兰中世纪最伟大的建筑,现在由于战乱和时间的侵袭这里只剩下一片废墟,仅有的一些建筑整体让我们依稀能看到几百年前的华丽。教堂废墟两个塔尖的大门已经成为圣安德鲁斯的标志性建筑。

此外,圣安德鲁斯教堂是历史上著名的基督教朝圣地。圣安德鲁斯大学(St. Andrews University)是苏格兰最古老的大学,在英国,该大学悠久的历史仅次于牛津和剑桥两所大学。世界排名第七位,威廉王子曾就读于此校。

启示:结合当地的自然资源,推广和开展专项体育运动;伺机承办国际性赛事,扩大城市影响力;通过高尔夫俱乐部打造专业运动之乡。

4. 品质生活型

城市知名度和人居环境优良是呈正相关关系的。如芬兰赫尔辛基,加拿大温哥华,南非开普敦,均是凭借适宜的环境和气候条件与运动健康保健结合起来的高品质休闲而在国际上闻名。品质生活型城市的发展定位均是通过运动休闲来实现当地居民生活品质的全面提高。清新的空气、迷人的景色、旖旎的风光、星罗棋布的运动场所、绿树成荫的大街小巷、加之身心好动遗传细胞和富于冒险的体育意识,使得城市和城市中生活的居民成为世界上最为休闲的城市和最为休闲的居民。

品质生活型的运动休闲城市,因运动休闲而使城市闻名,因运动休闲而给城市带来巨大的活力,且因运动休闲而为世界的城市发展树立标杆,还因运动休闲而使城市获得了可持续发展的潜力。

(1)生活愉悦之城,浪漫休闲之都——芬兰赫尔辛基

交通区位:芬兰最大的港口城市,濒临波罗的海,海岸线曲折,外有群岛屏蔽。赫尔辛基是一座古典美与现代文明融为一体的都市,既体现出欧洲古城的浪漫情调,又充满国际化大都市的韵味。芬兰的公共交通系统十分发达。以铁路为主,通及国内所有州和几乎所有主要城市;高速公路发展迅速,赫京外环线、赫京—拉赫提线、赫京—坦佩雷线、坦佩雷—诺基亚线等,另有赫京—图尔库线、赫京—科特卡—哈米纳线部分建成;中东部湖区有水运;空运相当发达,共有21个民用机场有定期航班,为近似规格国家之最。赫尔辛基直航芬兰国内所有机场,图尔库直航几乎所有机场。

自然背景:夏日海碧天蓝,冬季流冰遍浮,美丽洁净,尽显浪漫情调。赫尔辛基水面和绿地面积占很大比重,环境幽美。人口居住密度甚低。市内建筑多用浅色花岗岩建成,有"北方洁白城市"之称。同时,它又是一座都市建筑与自然风光巧妙结合在一起的花园城。

赫尔辛基是芬兰最大的港城,以一些高等学府、博物馆和剧院驰名欧洲。这个北欧小国有"千湖之国"的美称,清新的空气、旖旎的风光吸引着全世界的青年和体育爱好者。

人口:55.933 0万。

运动休闲资源:赫尔辛基的运动休闲设施和休闲文化场馆驰名欧洲。

奥林匹克体育馆。位于赫尔辛基市中心地区,在马达汗路与赫尔辛基大街相会处。这里是1952年第15届夏季奥运会的主运动场,曾被誉为全球最美丽的代表性建筑。体育场原建于20世纪30年代末,后来曾为筹办第12届夏季奥运会进行了扩建,由原来容纳5万观众增加到7万人。赫尔辛基奥林匹克体育场最有代表性的特点,是在正门前建造了一座芬兰长跑名将P.努尔米的青铜塑像和一座纪念芬兰标枪运动员M.耶尔维宁的白色塔楼。塔楼高72.71米,那正是耶尔维宁1932年在第10届奥运会上获得标枪金牌的成绩。登上塔楼顶眺望,整个赫尔辛基市尽收眼底。2005年8月,第10届世界田径锦标赛在这里举行,刘翔等我国诸多知名运动员都曾在此创下骄人的成绩。

拉赫蒂滑雪场。拉赫蒂是芬兰城市动静皆宜的典范,距离赫尔辛基不过一个小时车程。芬兰滑雪大赛每年在此举行,世界滑雪锦标赛六次在这里举办。这座芬兰第七大城市,其音乐文化同样兴盛,它是世界知名管弦乐团与一流演出的场所,使游客不时有欣赏美乐的机会。

伴侣岛。位于市中心的西边,是一座美丽的小岛,岛上的露天博物馆(Seurasaari Open - Air Museum)是芬兰各地18、19世纪的传统房屋、庄园以及附属建筑物。每年夏天,这里都有许多活动,如民族歌舞和外国艺术表演等。博物馆还在夏季安排丰富多彩的工作坊及节目,使游客有机会重温古代民间风俗与传统。仲夏节(Mid Summer Festival)时,成千上万的人到这里狂欢,篝火熊熊。冬季闭馆,但依旧对滑雪者和徒步游客开放。

国家博物馆。芬兰史迹保存最完整的博物馆,主要介绍芬兰历史、史前史、建筑史和人种史。

雅典娜美术博物馆。馆内珍藏着芬兰著名画家的代表作品。

市立博物馆。馆内主要展出具有赫尔辛基地方特色的工艺美术品。

雷巴瓦拉美术馆。馆内收藏有以史诗卡雷瓦拉为主题的福雷斯商绘画。距市中心不远的塞乌拉岛上的露天人文博物馆，陈列着芬兰历史上不同年代农民的衣着、家具和劳动工具，建有专供展览的18～19世纪的农舍、庄园主住宅、蒸汽浴室、作坊、谷仓、农村小店、风车和小型农村教堂。

赫尔辛基还有一些专收件的博物馆，如铁路博物馆、风俗博物馆、战争博物馆、邮电博物馆、教会博物馆、动物学博物馆以及齐相亲画廊等。建于1640年的赫尔辛基大学，是斯堪的纳维亚地区最大的高等学府，也是芬兰历史最悠久、规模最宏大的大学。最初创建于故都土尔库，名为土尔库大学，1828年从土尔库迁到赫尔辛基，随之将原校名土尔库大学改为赫尔辛基大学。

运动休闲氛围：67%的成年人每周锻炼3次甚至更多，80%的儿童则表示每周会进行不同种类的体育活动，将近1/2的13～18岁间的青少年都是俱乐部的会员。

发展特色：运动休闲→城市活力→城市持续发展→城市闻名

- 完善的运动休闲设施管理系统。赫尔辛基通过数年的探索，已经触及许多体育中被认为是在本质上提高生活质量的方面。地方性体育部门负责体育设施的维护与兴建，且还需要在体育服务方面进行营销并提供信息。

赫尔辛基体育局掌管大约70所体育馆，包括3所滑道、5座室内游泳馆、2个室外游泳池、350块体育场地以及一块马术练习场。另外还负责管理9座由私人斥资建造的室内游泳馆以及许多室外运动场地，如慢跑跑道，等等。

奥林匹克主体育馆则是由体育局的一个下属独立部门进行专项管理。赫尔辛基每年的体育设施保管及建设费用与国家预算大致相当(1 680万欧元)。

- 强有力的运动休闲政策扶持。政府为业余体育爱好者俱乐部提供资金补贴。城市居民能够从包括100多种体育项目的600多个俱乐部中选择自己所喜爱的参加。

1999年，政府还为400多家残障人或无退休金人士所成立的俱乐部或类似组织提供了多项补贴。

政府一直希望通过为青少年提供更多的社会活动、交往机会从而减少城市的犯罪率，并且贯彻实施了许多为帮助失业者、移民和社会边缘人群所设计的大众体育计划。体育设施的分散布局，使得它们的可接近性达到了最大化。

赫尔辛基体育局还为米利普罗最为贫瘠的地区兴建一座现代化体育馆，而那个地区被认为是失业率、犯罪率最高及住房拥有率最低的地区。政府认为新体育场馆的建造能够将当地不同的社会群体联系起来。与此同时，政府希望通过在这一地区开发新商业区，从而推动当地城市化进程。

- 充分发挥体育在城市营销中的作用。旅游办公室及信息公署主要从事操作性的城市营销活动，赫尔辛基与周边市政当局、本地企业和居民一起，制定城市营销战略。

基于对赛事组织者、体育俱乐部和场地管理者的清醒认识，勾勒出体育在城市营销中所扮演的角色。

加强体育用品生产者与城市间相互依赖关系的挑战，来引导体育产品方面的投资（建设体育场地、资助俱乐部、申办赛事），促进体育在城市促销和社会振兴中的运用（面向外部目标群体），最终带来城市经济的增长（就业的增长）。

- 众多的赛事和节事。赫尔辛基奥运会。1952年7月19日—8月3日在赫尔辛基举办，应邀参加本届奥运会的有69个国家和地区的4 925名运动员，其中女子518人。此次奥运会圣火在奥林匹亚点燃，并第一次使用飞机将火种从雅典空运到丹麦。从丹麦经瑞典到达芬兰的路程采用了跑步、骑马、自行车和独木舟等传递方式。火炬接力历时25天，由3 372名火炬手完成传递活动。

世界田径锦标赛。第10届世界田径锦标赛在赫尔辛基举行。这是在芬兰举行的最大规模的体育赛事，有200多个国家和地区的近1 900名运动员参赛，现场采访的各国记者约3 500人。世锦赛期间，世锦赛组委会还举办了一系列赛事：在赫尔辛基附近的万塔市举行了国际青少年运动会；举行了赫尔辛基马拉松比赛；在距赫尔辛基35公里的耶尔文派市举行了国际少年训练营活动；在芬兰南部城市拉赫蒂举行了世界元老田径锦标赛；在赫尔辛基附近的埃斯波市还举办了欧洲残疾人田径锦标赛。

国际芭蕾大赛。联合国教科文组织国际剧院协会认证的A级芭蕾比赛只有纽约、瓦尔纳、莫斯科、美国芭蕾舞比赛（杰克逊）和赫尔辛基这五个顶级大赛。赫尔辛基国际芭蕾比赛每四年举办一届，比赛评审团历来坚持高标准和严要求，能够在这个比赛上获奖，其含金量十足。

国际冰雕比赛。2009年国际冰雕比赛在赫尔辛基举行。来自中国、蒙古、俄罗斯、保加利亚、拉脱维亚、肯尼亚以及东道国芬兰等国的12个冰雕代表队参加了比赛。

龙舟赛：第20届芬兰龙舟赛在赫尔辛基市中心凯萨湾的水面上拉开帷幕，

来自赫尔辛基和邻近地区的 57 个代表队的 1 000 多名选手参加了为期 3 天的角逐。1990 年以来,芬兰每年 8 月中旬在赫尔辛基举行一次龙舟比赛,吸引了大批龙舟爱好者参加,已成为芬兰人喜爱的团体运动项目,并逐步成为芬兰一些大中城市夏季重要活动之一。通过龙舟赛,不仅加深了芬兰人对中国古老文化的了解,而且芬兰龙舟协会还通过龙舟赛筹集资金资助儿童卫生保健事业。截至目前,芬兰全国举行的龙舟赛已为儿童卫生保健事业筹集并捐赠了 100 多万欧元。

启示:以运动休闲定位城市发展,政府牵头大规模投资兴建体育设施,营造运动休闲氛围,同时借助清新的空气,旖旎的风光,全面提升居民生活品质,使得城市和城市中生活的居民成为世界上最为休闲的城市和最为休闲的居民。

(2)全球最宜居城市,加拿大运动休闲之都——温哥华

交通区位:温哥华(Vancouver)位于加拿大不列颠哥伦比亚省(British Columbia)南端。温哥华是加拿大第三大城市群,位居多伦多、蒙特利尔之后,是加拿大西部最大的城市,同时也是北美第三大海港和国际贸易的重要中转站。温哥华国际机场位于市中心区(Downtown)的西南方 15 公里处(邻近列治文 Richmond),国内与国际航线连接加拿大及美国各大城市,如欲到卡尔加里、爱德蒙顿、多伦多等地,加拿大航空(Air Canada)都提供非常密集的班次。

运输联线(TransLink)负责为大温哥华地区管理道路网及提供公共交通服务,包括:普通巴士和"B-Line"快速巴士线;连接温哥华市中心及北岸的海上巴士(SeaBus);架空列车捷运系统,包含博览会线(Expo Line)以及千年线(Millennium Line);还有提供市郊通勤服务的西岸快车(West Coast Express)。而连接温哥华市中心,列治文市和温哥华国际机场的加拿大线(Canada Line)也已经于 2010 年完工。太平洋中央车站(Pacific Central Station)是城际铁路服务的枢纽,有列车前往国内其他地区(由 VIA 铁路营运)及美国西雅图(由美铁营运的"Cascades"列车)。

自然背景:三面环山,一面傍海,虽处于和中国黑龙江省相近的高纬度,但南面受太平洋季风和暖流的影响,东北部有纵贯北美大陆的落基山脉作屏障,夏季温度在 20℃左右,而冬季也很少低于 0℃,终年气候温和、湿润,环境宜人,多次被评选为全球最宜居城市,是加拿大著名的旅游胜地。

温哥华给人印象最深的是,覆盖冰川的山脚下是众岛点缀的海湾,绿树成荫,风景如画,是一个富裕的绿色住宅城市,世界著名的旅游城市。沿海岸线而

筑的街道极富特色,市内设计集中,身临其境,感觉清爽放松。

人口:约200万。48%的人口是白人,亚洲黄种人约占城市人口的30%;华裔人口约40万,占大温哥华地区人口的19%。

休闲景点:温哥华景点众多,包括斯坦利公园(Stanley Park),它是全球最大的城市公园;狮门大桥(Lions Gate Bridge),它是加拿大最长的悬索桥;加拿大广场(Canada Place),它为著名的"五帆"建筑;伊丽莎白女王公园(Queen Elizabeth Park);格罗斯山;卡皮兰诺吊桥;唐人街(千禧门,孙中山花园);惠斯勒滑雪场(2010年冬奥会赛场)等。

斯坦利公园。全球最大的城市公园,占地1 000英亩,是一个自然公园,其中最吸引人的是温哥华水族馆,馆内培植有一片亚马孙热带雨林和各种鱼类。白鲸和逆戟鲸的喂食时间是孩子们最高兴的时候。斯坦利公园还有一个动物园、一座玫瑰园、印第安人图腾柱展区以及网球场。

格罗斯山。一个非常理想的观景点,日落时分,景色尤其壮观。山上的嘻屋室美食娱乐中心,向游客提供加拿大当地印第安人的美食、音乐与舞蹈。格罗斯山缆车使大多数去格罗斯山的游客都喜欢在卡皮兰诺吊桥上停留一番。在70.1米高的河谷上,悬索战战兢兢地在你的脚下延伸出去。这座看起来让人担惊受怕的吊桥足可以承载50架庞大的喷气式飞机。桥的一头是一座花园和一座图腾柱公园,另一头是一片茂密的森林,供人攀缘上山的小道蜿蜒其中。

格兰维尔岛。以工艺品商店、斯库巴潜水及渔具商店和儿童用品商店著称于世。精力充沛的游客可以开上一艘船,带上渔具,自己出去钓鱼,懒散的游客可以坐在一家餐馆里坐享其成,或在人工小溪里过过捕鱼的瘾。

瓦尼尔公园。设有可以锻炼身体的自行车道,也有可以锻炼人脑的博物馆。此外,海事博物馆、温哥华博物馆、人类博物馆都值得观赏和游览,其中人类博物馆被多数人认为是温哥华最好的博物馆,收有全球最精致的西岸印第安人的文件珍藏,包括图腾、雕塑及仪式用面具等。

发展特色:温哥华是个空气新鲜的城市,绿树成荫,风景如画,富裕的绿色住宅城市,卓越的生活品质令人称赞,盛行帆船、垂钓、远足、滑雪。温哥华多次被评为世界最宜居城市,且多次举办国际性赛事和节事。

世界最宜居城市。《经济学家》杂志信息部(EIU)从社会稳定、医疗卫生、文化、环境、教育和基础设施等方面对全球140个城市进行了综合衡量,加拿大温哥华连续第五年名列世界最适合居住城市之首。

1986年世博会举办地。为庆祝建市百周年,温哥华于1986年举办世界博览会,随之而来的地标建筑和基础建设(如加拿大广场和架空列车)为该市带来一番新景象。世博会过后福溪会址和耶鲁镇一带更是脱胎换骨,从荒废工业用地转型成高密度住宅区。

第21届冬奥会举办地。2010年2月12日至2月28日,第21届冬季奥运会在温哥华举行。各国冰雪项目的明星级运动员齐聚温哥华,进行了激烈的角逐。此次温哥华冬奥会举办15个分项、86个小项比赛,也是历届冬奥会设项最多的一次。比赛共在3个地方举行,分别是温哥华以及小城里士满、距温哥华120公里以外的惠斯勒雪山、距温哥华30多公里以外的塞普里斯雪山(亦称松柏山)。本届冬奥会有85个国家和地区的奥委会,约5 500名运动员和官员参赛。另外,有志愿者2.5万人,新闻媒体1万人,现场观众达160万人之多,是冬奥会历史上参赛人数和参赛规模最大的一次。

温哥华国际电影节创办地。创办于1982年,是北美五大电影节之一。除了龙虎奖(Dragons & Tigers Awards),温哥华电影节还设立了最佳加拿大故事片奖、由观众投票决定的"人民选择奖"等奖项。其中龙虎奖专门展映东亚各国的影片,是东亚电影在亚洲以外的地区最大规模的年度展示平台。此外,温哥华国际电影节与圣丹斯国际电影节齐名,并称为北美最具活力和个性及独立精神的两大影展。

启示:借助清新的空气、旖旎的风光,营造舒适、宜居、运动、休闲的氛围,全面提升居民生活品质。通过举办大型节事和赛事,增强城市活力,扩大城市影响力,让城市和城市中生活的居民成为世界上最为休闲的城市和最为休闲的居民。

(3)世界休闲美丽之城,南非运动休闲之都——开普敦

交通区位:位于开普半岛的北端。桌山的地势形成了一个有如碗形的地区,被近乎直角的峭壁所包围,两旁为魔鬼峰(Devil's Peak)和狮头峰(Lion's Head)。开普半岛拥有一直向大西洋方向伸展的山脊,以好望角为终点。开普敦公共交通便捷,国际机场为居民及游客提供内陆以及国际航班,是南非最繁忙的机场之一。南非有三条高速公路以开普敦为起始点,分别是连接开普敦和布隆方丹、约翰内斯堡、比勒陀利亚和津巴布韦的N1公路、连接伊丽莎白港(Port Elizabeth)、东伦敦(East London)和杜班(Durban)的N2公路,以及连接北开普省和纳米比亚的N7公路。

开普敦还有两班长途列车通向其他城市,由索索罗沙美尔公司(Shosholoza Meyl)所经营。开普敦火车站每天有列车到比勒陀利亚、金伯利和约翰内斯堡。另外还设有每周一班的列车到德班、布隆方丹和彼得马里茨堡。此外,开普敦是往返于它和比勒陀利亚之间的蓝色列车(Blue Train)的站点之一。

自然背景:开普半岛拥有地中海气候,四季分明。冬季即每年5月至8月,冷风连同大量的雨水自大西洋到来,平均最低温度只有约7℃左右。整个城市降雨量最高为冬季,平均降水为321毫米。夏季为每年11月至次年2月,气候温暖而干燥,平均最高气温为26℃,平均降水量仅为63毫米。

开普敦以其美丽的自然景观及码头闻名,知名的地标有被誉为"上帝之餐桌"的桌山,以及印度洋和大西洋的交汇点好望角。因其美丽的自然及地理环境,开普敦被称为世界最美丽的城市之一。

人口:350万。

发展特色:城市幸福指数和居民生活品质相对较高。运动休闲氛围浓厚,多次举办大型体育赛事和节事。

● 城市幸福指数和居民生活品质相对较高。开普敦以其美丽的自然景观及码头而闻名于世,多次被评为世界最美丽城市。优美适宜的自然条件为市民提供舒适的生活环境。开普敦以出产黄金和钻石而闻名于世,鱼产品亦十分丰富,其沿岸地区的鱼产量在世界上位居前列。开普敦的经济相当发达,同时开普敦拥有相对高的高中入学率和优越的教育设施。

开普敦现共有759 767个正式家庭,87.4%的家庭拥有完善的洗手间,94.4%的家庭会每周至少一次让市政府为他们收集垃圾。另外,80.1%的家庭以电力为主要能源,而16.1%的家庭为一人独力支撑。开普敦城市幸福指数和居民生活品质在整个南非最高。

● 运动休闲氛围浓厚。开普敦的温暖气候、秀丽的风景、多姿多彩的户外活动和浓厚的文化气息使它成为南非最受欢迎的休闲去处之一。

开普半岛有很多远足和攀山路线,如位于市中心的桌山、狮头峰和魔鬼峰等。在开普敦,热门水上和户外活动包括冲浪、潜水、滑浪风帆、垂钓、驾车游览、攀山、滑翔飞行、观鸟和观鲸等。

观鲸是当地的一项热门项目,每年8月至11月是观看南露脊鲸(Southern Right Whale)的好季节,至于布氏鲸则全年都可以看到。在海玛留斯的沿岸一百米以及科斯湾(False Bay)都可以看到鲸鱼。至于在开普敦的北海岸则可以看到希维斯特海豚(Heaviside's Dolphin)以及暗色斑纹海豚。

• **体育活动频繁开展。**开普敦最主要的体育活动有橄榄球、曲棍球和足球。

位于开普敦郊区的纽兰特(Newlands)是南非橄榄球联盟橄榄球队西部省(Western Province)的根据地,现任队长为史扎克·贝加(Schalk Burger)。纽兰特同时亦为南半球超级十四橄榄球联盟(Super 14)球队风暴队(Stormers)的根据地,此项赛事集合南非、新西兰和澳大利亚的球队一起竞逐。在纽兰特亦有一队曲棍球队名为开普眼镜蛇队(Cape Cobras),球队是由西部省曲棍球队和保兰特曲棍球队合并而成的。

良好的气候使体育活动能够在一年中无休地进行。除了团队运动外,一些个人运动如高尔夫球和网球都相当盛行,且设备相当完善。

开普敦除现有能容纳50 900名观众的纽兰特橄榄球场以及25 000座位的纽兰特曲棍球场外,山度士的主场艾法隆球场已完成改建,并作为2010年世界杯的训练场地。另外,绿点球场是南非为举办世界杯新建的5座球场之一,因为其坐落在桌山和罗本岛两大地标之间的"绿点"区,故而得名。绿点球场被视为本届世界杯最具有艺术气息的球场。绿点球场共承办8场世界杯比赛,包括5场小组赛、一场1/8决赛、一场1/4决赛和一场半决赛。法国、意大利、英格兰、葡萄牙和荷兰等欧洲豪门在这里进行比赛。

• **体育赛事接连不断。**南非世界杯:2011年6月11日,世界杯比赛在开普敦开幕,这是在非洲举行的首次世界杯足球赛,共有来自世界各地的32支球队参赛,共进行64场比赛决出冠军队,亿万球迷见证32强争夺大力神杯。

沃尔沃环球帆船赛。2011年纵贯大西洋目标开普敦,沃尔沃环球帆船赛首赛段起航。伴随着6万名现场观众的注视,6支世界顶级航海队驾驶由高科技打造的沃尔沃Open70大帆船,离开西班牙东南部港口城市阿利坎特,驶向浩瀚凶险的大西洋,开始向下一停靠港南非的开普敦进发,同时宣告2011-12沃尔沃环球帆船赛(微博)39 270海里的环球征程正式打响。

启示:依托优越的区位和丰富资源,大力发展和支持全民运动,修建各种运动设施和球场,培育自己的职业球队,形成良好的运动休闲氛围。

5. 产业支撑型

产业支撑型的运动休闲城市,即通过完善城市运动休闲产业结构体系来拉动城市运动休闲设施的建设,带动城市运动休闲氛围的营造。运动休闲产业,是指与人的运动休闲生活、运动休闲行为、运动休闲需求（物质的与精神的）密切相关的产业领域，特别是以体育业、娱乐业、休闲旅游业为龙头形成的经济形态和产业系统，已成为国家经济发展的重要支柱产业。运动休闲产业一般涉及运动产品（运动器材、运动服装、体育比赛纪念品等）制造业、运动产品销售商店、国家体育运动项目设施、设备维修和保养业、运动休闲服务业，以及由此连带的产业群。运动休闲产业不仅包括物质产品的生产，且为人的文化精神生活的追求提供保障。如中国体育产业基地——富阳。

中国运动休闲示范区，中国体育产业基地——富阳

交通区位：富阳市毗邻杭州市，距离杭州市中心32公里，地理位置优越。富阳山水相连，陆路、水路交通便捷，不仅是"西湖—富春江—千岛湖—黄山"国家黄金旅游线上的重要节点，也以纵贯全境的高速公路、国道、高等级公路与长三角各个重要节点四通八达。320国道、杭新景（杭千）高速公路以及05、23、19、14等多条省道纵贯全境，距离杭州火车站、杭州萧山国际机场都在1小时车程内。

自然背景："天下佳山水，古今推富春。"富阳山清水秀、景色迤逦，天下独绝的富春江横贯全境，既赋山城之美，又具江城之秀，是典型的江南山水城市。境内有钟灵毓秀的鹳山、富春胜地天钟山、东经120度北纬30度经纬线大陆平原唯一整交点、华东最大的天然淡水浴场新沙岛、亚太地区第一大洞厅九霄碧云洞、保持明清建筑特色的吴大帝孙权后裔集聚地龙门古镇等自然人文名胜。

人口：65万。

休闲景点："天下佳山水，古今推富春。"一川如画的富春江横贯境内，有华东地区最大的野生动物世界（国家4A级景区），保留明清建筑特色的孙权后裔聚居地龙门古镇（国家4A级景区），黄公望森林公园（黄公望风情小镇）、永安山滑翔基地等景区。

杭州野生动物世界。杭州野生动物世界园是浙江省重点旅游项目，华东地区规模最大的野生动物园——杭州野生动物世界。

龙门古镇。位于富春江龙门山下，离富阳约16公里，有320国道、杭新景高速（中埠出口）与之相连，交通便捷。全镇面积18平方公里。这里有江南地区保存最完整且极为罕见的明清古建筑群。走进古镇，看不到皖南徽商豪宅的金碧辉煌，也体会不到在拱桥下泛舟的水乡幽情。到处是卵石铺成的小路，还有以卵石作墙垣的民宅民居，暴露原木本色的宽阔的厅堂，处处散发着山村的

粗犷与清新。这里的古建筑类型非常齐全,不仅有民宅,还有明代的砖砌牌楼,有塔、寺,有祠堂和数十座厅堂……这些功能各异的建筑物在历经沧桑和战乱之后,至今保存完好,伴随着古樟、小桥、溪流与古街,构成了古镇独特的风景。

黄公望森林公园(黄公望风情小镇)。因元代大画家黄公望在此结庐隐居,创作著名山水国画《富春山居图》而得名。公园面积333公顷,森林覆盖率96.5%,有云豹、羚羊等国家一、二级保护动物49种。境内山势深远,竹茂深,荟萃了亚热带森林景观、世界一流竹园、黄公望人文史迹遗址、历代知名古塔等。黄公望森林公园坐落在中国林业科学研究院所属浙江庙山坞自然保护区的庙山坞林区,系1994年经浙江省林业厅批准建立的省级森林公园。

永安山滑翔基地。永安山位于富阳西南常安镇境内,海拔500余米,滑翔起跳点设在永安高山农庄的西北角,这里无论是地形地貌、植被状况,还是高度坡度、朝向、风向风速,以及降落场地、交通状况都非常适宜开展滑翔运动,以其独特的地理条件和环境优势,成为国家级滑翔运动训练基地。曾举办"2007常安滑翔伞友谊赛暨首届永安滑翔节",共有来自北京、上海、青岛、济南、温州、杭州等20多个城市及法国、德国、土耳其等国家或地区的60余名滑翔伞高手在这山清水秀的山谷间自由翱翔,是杭州地区最佳滑翔基地。

发展特色:国家体育产业基地、国家运动休闲示范区。全民运动休闲氛围浓厚。

• 发达的运动休闲业。富阳从事运动休闲器材生产的企业近500余家,从业人员约4万余名,年产值近30亿元。

"中国球拍之乡"。主要生产羽毛球拍、网球拍、乒乓球拍、沙滩球拍四大球拍,拥有球拍及配件企业381家,年产羽毛球拍超过1亿副,占全球市场销售量的70%以上,产值达10亿元,在国际国内中低档球拍产品市场中占据80%以上的市场份额,产品销往东南亚及欧美等70多个国家或地区。

"中国赛艇之乡"。"无敌"牌赛艇成为2004年雅典奥运会、2008年北京奥运会唯一指定的比赛用艇。

其他运动休闲业。富阳还投资兴建了金都国家网球训练基地,亚洲最大的滑翔伞基地、国家级标准网球训练基地、全国龙舟研发中心、长三角露营基地一期、高尔夫练习场、飞鹰游艇生产基地等十大运动休闲基地,以及一定规模和研发水平的龙舟生产企业、健身器材厂、山地自行车配件厂等体育产业企业。同时,以"山水+文化、基地+配套、运动+休闲"的农家乐、乡村旅游也有所发展,并初具规模。

全民运动休闲氛围浓厚。富阳一直有全民运动的优良传统,全民运动会、横渡富春江游泳邀请赛、农民篮球赛等体育赛事经常举行。2007年富阳成功举办了第二届环沪港国际自行车(富阳站)大赛、永安山国际滑翔友谊赛、全国甲A女篮联赛、全国乒超联赛、全国航海模型锦标赛、富春江全国公开水域游泳邀请赛、全省中老年柔力球比赛、富春江运动休闲产品展览会、杭州龙门古镇风情节、半山桃花节、白鹤金秋火柿节、拔山茶叶节、安顶山开茶节、新沙岛桑果节等赛事和活动。此外,富阳还建立了户外运动协会、游泳协会、乒乓球协会、篮球协会、棋类协会等56个群众性自发体育组织,民间自发的登山、露营、滑翔、远足、攀岩、穿越等运动氛围浓郁。

- 众多赛事与节事。第二届环沪港国际自行车(富阳站)大赛。第二届环沪港国际自行车赛于2007年在富阳举行,比赛路线由香港经广东、江西、浙江最后到上海,全程(5站)约2 300公里。富阳站比赛于8月2日进行,单圈赛程42公里,运动员须骑完3圈,全程为126公里。该赛事是国际自行车联盟认可的亚洲巡回赛2.2级男子精英组比赛。由于此次比赛同时是亚洲巡回赛及2008年北京奥运会的资格赛,因此备受关注,包括香港著名选手、世界冠军黄金宝在内的多名好手参加了角逐。

永安山国际滑翔友谊赛。2007年永安山成功举办"2007常安滑翔伞友谊赛暨首届永安滑翔节",来自法、英、美等8个国家或地区的60余名滑翔伞选手参赛,使永安山滑翔基地闻名全国。

全国甲A女篮联赛。2007年富阳成功举办了全国甲A女篮联赛。2010年由中国篮球协会主办的2009—2010年特步全国女篮甲A联赛(WCBA)总结和表彰大会上,富阳获全国女篮甲A联赛"优秀赛区"称号。

全国航海模型锦标赛。2007年全国航海模型锦标赛在富阳市富春江上开赛。来自香港和浙江、北京、上海、天津、广东、山东、江苏、河南、江西、湖南、四川、广西、云南、福建、湖北等15个省、市、区21支参赛队的近200名运动员参加比赛。

富阳登山节。每年11月份举办,通过该节庆活动,希望广大公民积极参与户外运动,用自己的行动诠释了真正的户外精神和志愿者精神,并且在活动期间展现富阳人民健康向上、朝气蓬勃的面貌。

富阳美食节。每年3月至4月举办,通过该节庆活动,开发了富阳名菜名点,提升了富阳餐饮水平,为广大市民提供了风味美食享受,是富阳创造"运动休闲之城"城市品牌的一项有效载体,也是富阳餐饮商界和各地小吃文化的一次良好融合,对富阳餐饮业开阔眼界、扩大交流、开发特色、提升品牌带来帮助和促进。

富阳蜗牛节。每年9月份举办的民俗风情节,突出富阳本土民俗风情展示,体现乡土原汁文化,宣传龙门特色美食,展现龙门农家乐品牌,进而发展本地文化表演队伍,使本土文化队伍得到长期保护与发展。致力将民俗风情节举办成游客参与度强、文化内涵丰富、乡土气息浓厚、旅游休闲效益明显的特色品牌活动。

启示:借助工业基地、交通区位优势,依托运动产业基地,发展运动机械产业,大力发展体育产业,改善城市运动休闲氛围,型塑生活富裕、生命阳光之城!

三、项目核心思路

(一)发展理念与战略

1. 指导思想

以邓小平理论、"三个代表"重要思想、科学发展观和社会主义核心价值观为指导,以创新社会管理理念和手段、发展运动休闲经济、提高城市品位和人民幸福感为最终目标,通过整合、盘活和提升的手段,构建特色产品、优化空间布局、增加发展效率、营造全城氛围、引导产业发展,全面建设运动休闲城市,促进银川"两宜城市"和和谐社会的建设与发展。

2. 核心理念

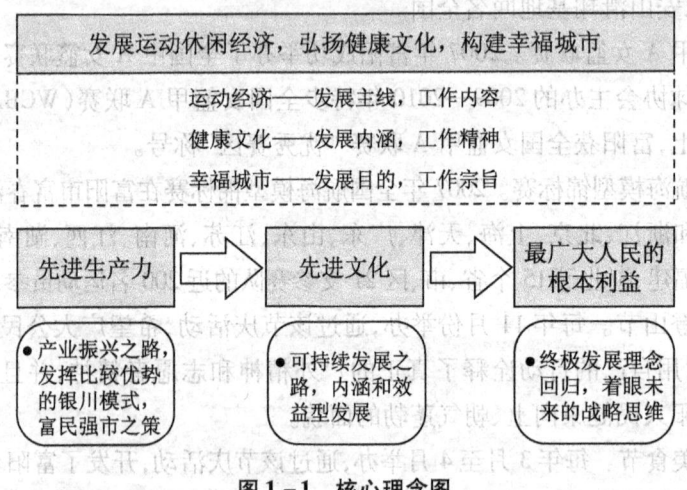

图1-1 核心理念图

3. 发展目标

（1）总体目标

以特色项目和节事为主要驱动力，以健康幸福生活为内在追求，以运动休闲产业为载体，充分发挥银川运动休闲资源优势，融合文化、产业、社区建设，通过建设运动休闲城市，促进银川经济发展与转型，提高城市品位和人民幸福感，实现社会管理迈上新台阶，最终将银川建设成为人民满意的健康幸福城市，成为引领西部、影响全国、对接世界的中国最佳运动休闲城市之一。

（2）阶段目标

近期（2012—2015年）

"十二五"期间是银川运动休闲城市的启动快速发展时期，要以创建中国最佳运动休闲城市为目标，动员社会各界的力量，增强区域内外合作，整合银川运动休闲产业的发展要素，提高区域的竞争优势；理顺运动休闲产业发展机制，营造运动休闲氛围，综合整治银川区域环境，完善运动休闲基础设施，形成支持运动休闲发展的大环境，促使运动休闲发展走上持续之路；以"一心三翼"为骨架，以"一心"为中心，以"社区—街区—城区"为建设重点，带动全市运动休闲全面发展，同时建设外围重点运动休闲功能区，实现率先突破，初步形成中国最佳运动休闲城市的战略格局，使运动休闲产业发展成为银川市国民经济的重要产业和经济增长点。

中远期（2016—2020年）

到2020年，银川运动休闲产业进入新的发展时期，整体竞争力有显著的提高，基本形成完善的现代运动休闲产业体系，形成相关行业联动的大运动休闲产业发展格局，运动休闲经济效益实现快速稳定增长，成为名副其实的中国最佳运动休闲城市和中国西部运动休闲之都。本阶段继续强化"一心"建设，建设重点由"一心"扩展到"三翼"，大力推进灵武市、永宁县和贺兰县运动休闲的发展，使银川运动休闲空间结构基本形成；建立和完善以运动休闲产品为核心，商贸、文化、观光、节庆和专项运动休闲产品并举的市场主导型泛运动休闲产品体系；建立较为完善的运动休闲产业关联链，运动休闲产业的带动效益得到充分发挥；争取使运动休闲产业成为银川国民经济的战略性主导产业。

（3）社会目标

通过发展运动休闲，一是进一步提升居民幸福感，提高全民身心素质，提升银川社会管理综合治理能力，为银川建设"两宜"城市做贡献；二是促进农民增收和社会就业,提高运动休闲发展对欠发达地区经济加速发展的带动力,使运动休闲真正成为当地居民增收致富、改善生活品质的重要渠道。

4. 发展战略

根据银川运动休闲城市的指导思想和发展理念,结合银川运动休闲产业发展的现状,按照"整合、盘活、提升"三大战略方针,制定银川运动休闲发展三大战略体系。

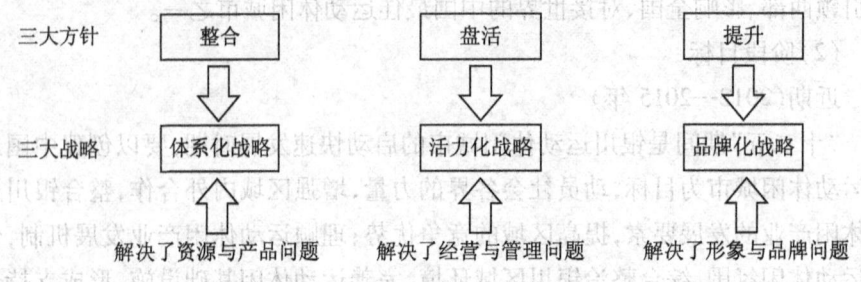

图1-2　三大方针和三大战略图

(1)体系化战略——整合

通过整合,改变小、散、弱的格局,发挥集群优势,建立、健全体系化的运动休闲发展体系。一是整合四大类型资源集聚区,形成山、水、城、沙四类特色运动休闲集聚区;二是整合政府、企业、社区的人力、物力、财力资源,全力发展运动休闲产业;三是对全市运动休闲项目进行有机整合,形成城市—城区—街区—社区四个层级各有重点和特色的项目发展体系。

(2)活力化战略——盘活

通过盘活,提升资源利用效益,构建更具活力的城市运动休闲氛围。一是提高现有运动休闲设施的利用率,使现有发展资源实现更高的利用水平和效益;二是加强软性活动的开展,提高居民参与运动休闲的积极性;三是加强运动休闲管理人才的教育与培养,保证银川运动休闲发展理念及思维的活力,做活全市运动休闲产业;四是通过市场化运作,提高运动休闲产业发展的活力。

(3)品牌化战略——提升

通过提升,创立高端运动休闲城市特色品牌。一是选择一批具有发展潜力的项目,集中全市力量优先重点创设,以点带面,实现运动休闲城市品牌化发展;二是根据政府主导、企业化运作原则,围绕品牌型塑、品牌包装、品牌传播、品牌管理四个核心问题,型塑中国最佳运动休闲城市和中国西部运动休闲之都品牌。

5. 发展主题

以"银川——飞一般的体验"为银川运动休闲城市氛围营造主题,从产品、产业和城市三个层面,多角度营造"飞一般的体验"的运动休闲体验意境。

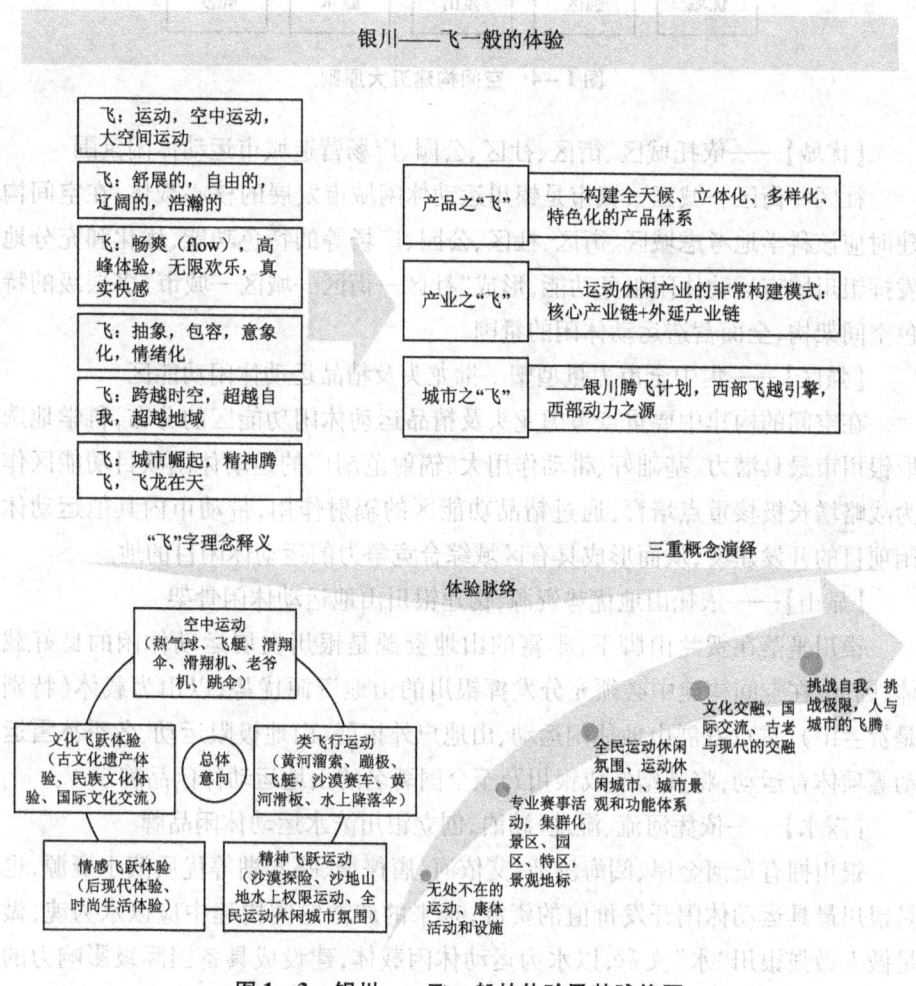

图1-3 银川——飞一般的体验及其脉络图

6. 空间战略架构

（1）空间构建原则

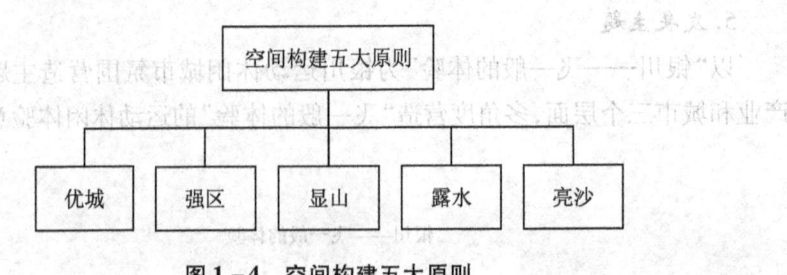

图1-4 空间构建五大原则

【优城】——依托城区、街区、社区、公园、广场营造城市运动休闲氛围

社区—街区—城区—城市是银川运动休闲城市发展的核心载体，在空间构建时应该科学地考虑城区、街区、社区、公园、广场等的特色功能，优化和充分地发挥银川城市运动休闲服务功能，形成"社区—街区—城区—城市"多层级的特色空间架构，全面营造运动休闲的氛围。

【强区】——集中全市力量型塑一批龙头及精品运动休闲功能区

在空间的构建中要重点考虑龙头及精品运动休闲功能区的分布，科学地选取银川市最具潜力、基础好、带动作用大、辐射范围广的运动休闲项目功能区作为战略增长极核重点培育，通过精品功能区的辐射作用，带动市内其他运动休闲项目的开发建设，从而形成具有区域综合竞争力的运动休闲目的地。

【显山】——依托山地优势资源，构建银川山地运动休闲骨架

银川坐落在贺兰山脚下，丰富的山地资源是银川发展运动休闲的良好载体，因此，在空间构建中必须充分发挥银川的山地资源优势，以山为载体（特别是贺兰山），重点发展山地休闲运动、山地户外拓展、山地极限运动、冬季冰雪运动等项体育运动，将其塑造成银川乃至全国著名的山地运动休闲品牌。

【露水】——依凭河流、湿地、湖泊，创立银川滨水运动休闲品牌

银川拥有黄河金岸、阅海湿地、艾依河、唐徕渠、鸣翠湖等优质滨水资源，也是银川最具运动休闲开发价值的资源，未来的旅游空间构建中应以水为魂，做足做大做强银川"水"文章，以水为运动休闲载体，建设成具备国际级影响力的滨水运动休闲品牌。

【亮沙】——凭借沙地、沙漠、荒漠、戈壁，创设银川沙地运动休闲品牌

银川地处西部，拥有丰富的沙地、沙漠、荒漠、戈壁资源，在空间构建中应以"沙"

为重点,培育发展一批以荒漠户外运动、沙漠高空运动、沙地体育竞技、沙漠康疗度假为核心的特色沙漠运动休闲产品,形成区域具有影响力的沙地运动休闲品牌。

(2)空间构建理念

根据"优城、强区、显山、露水、亮沙"五大空间构建原则,结合银川历史文化和城市精神内涵,以"凤凰展翅,一飞冲天"为银川空间构建理念,对银川进行空间概念演绎。

图1-5 凤凰展翅腾飞

图1-6 银川市"一心三翼"总体布局图

(3) 空间布局规划

以银川市自然资源禀赋为基础，以运动休闲产业为依托，以交通为骨架，结合《银川市城市总体规划(2008—2020)》，将银川市运动休闲城市发展总体布局为"一心三翼"。其中：

- 一心，即都市运动休闲集聚区。

发展目标：中国都市运动休闲第一城。

特色功能：场馆运动、社区健身、休闲体育、体育竞技。

配套功能：运动休闲研发、运动康复疗养、运动休闲装备制造、运动休闲交易会展。

发展思路：以三个城区为主，兼顾东西两带，形成"哑铃"状空间发展结构。依托银川市区各体育场馆、休闲游憩设施、城市公园、城市广场、特色街区等，大力发展运动休闲产业，是未来银川建设运动休闲城市的核心载体，也是银川运动休闲综合服务和集散中心。

- 三翼

右翼，即百里动感黄河运动带。

发展目标：中国江河休闲运动样板地。

特色功能：水上体育竞技、水上休闲运动、滨水休闲娱乐、自驾休闲运动。

配套功能：滨水休闲度假、乡村休闲度假、民俗文化体验。

发展思路：一是依托黄河金岸优质的滨水、湿地、生态资源，以"水"为魂，做足"水"文章，大力开发面向中高端游客的水上运动休闲产品。二是依托区域良好的生态和文化旅游资源，配套开发滨水休闲度假、乡村休闲度假和民俗文化体验等休闲度假旅游产品。

左翼，即贺兰山运动休闲特区。

发展目标：中国山地休闲运动朝圣地。

特色功能：山地休闲运动、山地户外拓展、山地极限运动、冬季冰雪运动。

配套功能：山地休闲度假、山地生态观光、历史文化体验、自驾休闲。

发展思路：一是依托贺兰山东麓丰富的山地资源，开展以"山地"为特色的运动休闲活动，将贺兰山东麓型塑成为中国乃至亚洲一流的山地运动休闲目的地之一。二是依凭本区域优良的人文旅游资源和生态旅游资源，大力发展休闲度假旅游产品，作为山地运动休闲的重要配套产品。

尾翼，即宁东荒漠户外运动示范区。

发展目标：亚洲荒漠户外运动第一高地。

特色功能：荒漠户外运动、沙漠高空运动、沙地体育竞技、沙漠康疗度假。

配套功能：荒漠科普考察、沙漠探险旅游、沙地艺术创意。

发展思路：依托灵武沙漠、沙地、荒漠、戈壁资源，围绕"沙趣"主题，开展各种"沙趣"特色运动休闲活动，形成集体育研发—比赛竞技—人才培训—休闲旅游等于一身的沙地运动休闲产业链，将其建造成中国乃至世界"沙"主题运动休闲胜地。

（二）产品与项目

银川已经进入建设运动休闲城市的战略机遇期。运动休闲城市是未来城市发展的主旋律。根据国际经验，当一个国家和地区的人均国民生产总值超过3 000美元，就进入了运动休闲时代，它的城市化、工业化进程会加速发展，居民消费类型也将发生重大的转变。当前，新一轮康体健身运动热潮已经到来，关爱生命、享受生活、崇尚运动、回归自然已成为越来越多人的追求和时尚，"少请你吃饭，多让你出汗"已成为城市居民新的消费理念。运动休闲孕育和催生着巨大的市场需求，已成为经济增长强大引擎和巨大动力，它造就了一个以旅游业、娱乐业、服务业、文化产业为主要支撑的庞大的经济形态和产业系统，成为经济发展的动力源、发动机。

银川已经具备建设运动休闲城市的基础条件。银川拥有特色鲜明的独特资源，边塞文化、黄河文化、西夏文化、伊斯兰文化等在历史的长河里激荡交融，其深厚、多元的历史文化底蕴，孕育着开放、包容的城市文化个性，具备建设运动休闲城市的良好文化氛围。同时，银川境内高山、大漠、黄河、草原等多种自然景观并存，田园如织、沟渠纵横的水乡景色与大漠孤烟、长河落日的塞北苍凉交相辉映，神奇的自然组合形成了独特的地貌、独特的气候，这些"银川元素"为开展多彩的运动休闲项目提供了必备的基础条件。

发挥运动休闲资源优势，提升现有产业层次，构建多层次、国际化、全方位的运动休闲产品体系，将运动休闲资源优势转换为产业优势和经济优势，型塑"运动休闲城市"的独特形象，提升整个城市的影响力和竞争力，引领运动休闲城市发展潮流，是银川市在"十二五"规划期间建设运动休闲城市、实现城市转型、塑造城市之魂的重大战略选择。

1. 产品体系构建原则

（1）突出优势型资源原则

重点分析银川市具有比较优势和发展潜力的运动休闲产业门类和资源，通过产品创制、集群培育,将资源优势转化为产品优势,进而形成产业优势,提升银川市运动休闲整体竞争力。通过整合提升,创建高端运动休闲城市特色品牌,培育一批具有发展潜力的项目,集中力量重点培育,以点带面,引领运动休闲城市整体品牌的发展。

(2) 体现季节互补性原则

淡旺季问题一直是第三产业发展的难题。在运动休闲产品体系构建过程中,要尽力突破季节性问题,实现一年之中的平衡发展。创建全天候的运动休闲城市,构建四季运动休闲系列产品。春季开展户外拓展运动和场地体育运动,夏季开展滨水休闲运动和沙漠体育运动,秋季开展高空休闲运动和山地休闲运动,冬季开展冰雪休闲运动和室内体育竞技。

(3) 打造精品型项目原则

为了凸显银川运动休闲城市总体形象,提高整体竞争力,突破客源市场结构限制,扩充受众市场,加快运动休闲城市建设步伐,要以休闲运动资源为依托,集中创设几个具有全国乃至世界影响力的精品,特别是创办三大精品赛事,包括中国版达喀尔汽车摩托车拉力赛、贺兰山户外运动旅游节和冰雪运动休闲节,从宣传促销、产品建设、资金保障和政策支持等方面加以重点支撑。

2. 产品构建总体思路

(1) 做亮四大资源

凸显银川资源优势,以山地、滨水、沙地、城区为资源特色,突出银川运动休闲产品的西部特色、塞上特色、民族特色和文化特色,构建贺兰山运动休闲特区、百里动感黄河运动带、宁东荒漠户外运动示范区和都市运动休闲集聚区等四大板块,形成银川运动休闲四大特色品牌,成为引领银川运动休闲产品发展的四大重要主题和产品体系建设的基本方向。

(2) 做足一种意境

以"飞(非)一般的体验"为银川运动休闲体验意境,以"相约塞上,饮马长城"为城市宣传口号,发挥环境依托和氛围支撑效果,营造全城运动休闲的环境和全民参与的氛围,塑造银川"我参与、我快乐、我运动、我健康"的运动休闲意境,并围绕这种意境,型塑与之相关的各类产品,将这种意境实体化、形象化、创新化展示出来。

(3) 做强产品体系

面对本地居民和游客的需求,构建一个立体化、全方位、全天候、多样化的运动休闲产品体系。按季节特征划分,重点开发春、夏、秋、冬四大类运动休闲系列产品;按空间特征划分,重点开发滨水、陆地、空中三大类运动休闲系列产品;按运动类型划分,近期重点发展垂钓休闲、登山运动、轮滑运动、体育舞蹈、民族体育、冰雪运动、低空运动、机车运动、划艇游艇、赛马运动、益智运动等十一大类产品;按产品主题划分,重点开发飞跃贺兰、飞跃黄河、飞跃大漠和都市健身等四大类运动休闲产品。一方面能够充分发挥银川市丰富的运动休闲资源优势,另一方面满足多样化客源市场需求,扩大市场规模,丰富客源层次,保障稳定客流。

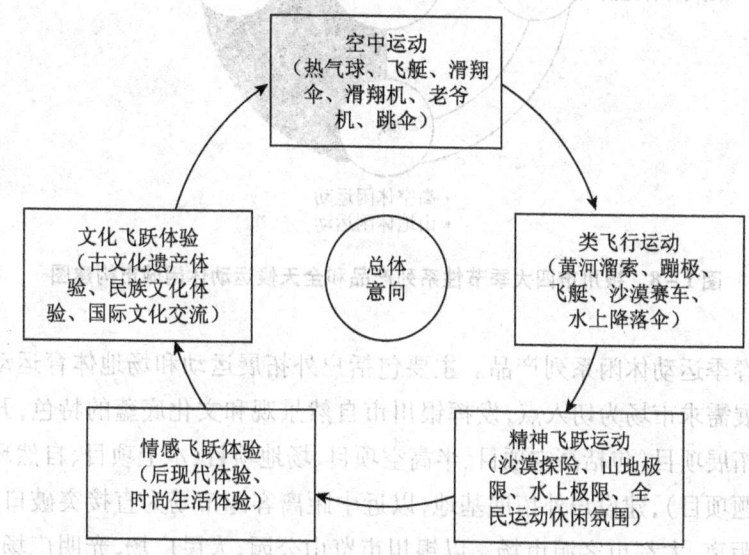

图1-7 银川运动休闲总体意向及产品分类图

3. 产品体系构建

(1)按季节特征划分,以四大季节性系列产品,构建一个全天候的运动休闲城市

总体发展思路。以资源特征、产品特性和客源市场季节性特点为出发点,开发层次丰富、分布均衡的季节性产品体系,显著弥补传统产品体系季节性缺陷造成的效益损失,从而使运动休闲成为全天候运营的理念,促进运动休闲城市持续发展。

四大产品系列：

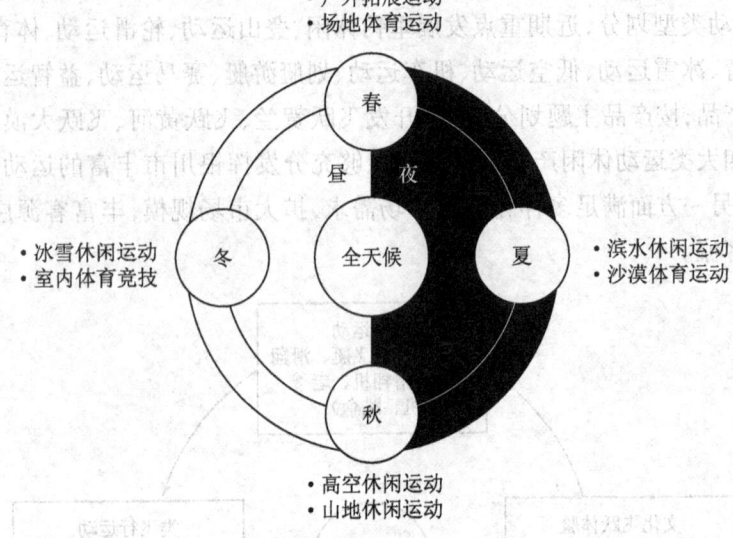

图1-8 银川市四大季节性系列产品和全天候运动休闲城市构建图

● 春季运动休闲系列产品。主要包括户外拓展运动和场地体育运动。以户外拓展需求市场为切入点，发挥银川市自然景观和文化底蕴的特色，开发大型户外拓展项目(包括高空项目、半高空项目、场地项目、水上项目、自然环境利用的主题项目)，建设户外拓展基地，以近中距离客源市场为直接突破口，不断吸引远距离、大都市客源市场。以银川市览山公园、人民广场、光明广场、南门广场等公共绿色空间为依托，开展健身、风筝、轮滑等场地活动项目，培育有特色、大规模、大影响的大型活动，发挥银川市运动休闲场地资源优势。

● 夏季运动休闲系列产品。主要包括滨水休闲运动和沙漠体育运动。以黄河金岸、阅海、鸣翠湖、城市水道等湖泊湿地水域资源为依托，开发漂流、冲浪、滑水等水上娱乐项目。以灵武沙地、沙漠、荒漠资源为依凭，以沙漠体育运动为主题，构建以沙地极限运动、沙地越野拉力赛、沙地休闲体育运动为特色的产品体系。

● 秋季运动休闲系列产品。主要包括高空休闲运动和山地休闲运动。依托银川广袤开阔的视觉景观资源，开发热气球、飞艇、高空滑翔、高空跳伞等高空休闲运动，创设西部高空休闲运动品牌。依托贺兰山等山地资源优势，联动国内山地越野、户外穿越等专业化市场,发展山地休闲运动,并不断向精品化路线发展,吸引专业化的国内外山地休闲市场。

• 冬季运动休闲系列产品。主要包括冰雪休闲运动和室内体育竞技。发挥冬季气候及冰雪资源优势,开发面向国内外冬季运动休闲市场的冰雪休闲运动(如冰上龙舟、冰上垂钓),逐渐培育出几个在国内外知名的大型节庆活动,吸引国内冬季客源市场。发挥本自治区体育馆、银川体育馆、湖滨体育馆等场馆资源优势,开发专业化、大规模室内体育竞技活动,型塑大型赛事项目。

(2)按空间特征划分,以"水、陆、空"三维产品,构建一个多角度、全方位、立体化的运动休闲城市

总体发展思路:依托银川多样化的运动休闲资源组合,构建全方位、立体化的运动休闲产品体系,提升整合已有产品品质,开发构建有影响力的精品系列,提高资源的开发利用效益,在"十二五"规划期间实现运动休闲城市建设的跨越式发展。

三大产品系列:

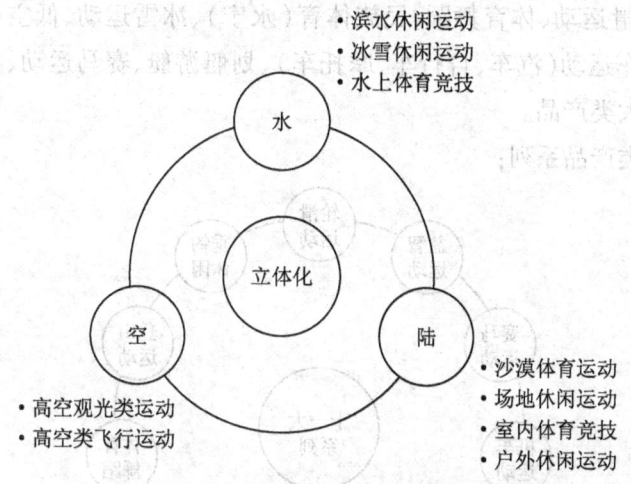

图1-9 银川市"水、陆、空"立体化运动休闲城市构建图

• 滨水休闲运动系列产品。"水生城之态,水筑城之形;水是城之源,水为城之魂"。依托黄河金岸、鸣翠湖等水体资源,开发滨水运动产品。开发面向中高端市场的水上运动休闲产品(如水上体育竞技、水上休闲运动、滨水休闲娱乐、冰雪休闲运动),配套开发滨水休闲度假、自然景观游览和民俗文化体验等

产品。

• 陆地休闲运动系列产品。凭借银川独特的沙漠、山地、荒漠资源,融合辽阔的自然景观和人文特色,开发沙漠体育运动和户外休闲运动产品,形成银川的精品。依凭数量众多、层次多样的体育场馆和场地,发展场地休闲运动和室内体育竞技活动,形成银川的特色。

• 空中休闲运动系列产品。"大漠沙如雪,燕山月似钩。何当金络脑,快走踏清秋。"依托苍茫雄浑的大漠景观,发展高空观光类运动(飞艇、热气球)和高空类飞行运动。

(3)按运动类型划分,以十一大系列专项运动产品构建一个多样化的运动休闲城市

总体发展思路:充分利用银川市山、川、河相映生辉的独特自然地理环境和多元文化特点,由政府主导,有效调动城市各社区力量,重点搞好现有基础项目及产品的品质提升工作。近期重点提升山地运动、沙地运动、水上运动、冰雪运动、场地运动等五大类运动休闲系列,优先发展垂钓休闲、登山(包括徒步、穿越)运动、轮滑运动、体育舞蹈、民族体育(永宁)、冰雪运动、低空(热气球、风筝)运动、机车运动(汽车、自行车、摩托车)、划艇游艇、赛马运动、益智(棋牌)运动等十一大类产品。

十一大类产品系列:

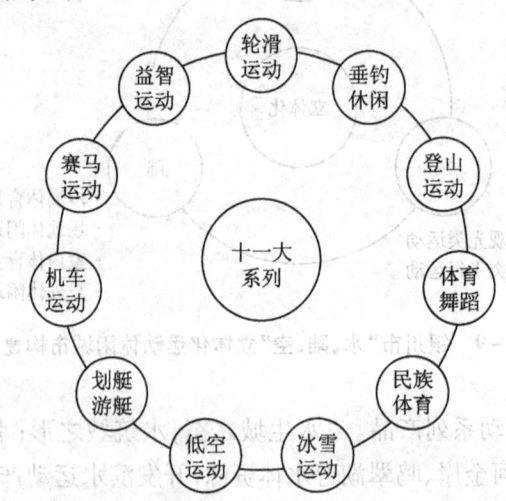

图1-10 银川市近期优先发展十一大类运动休闲产品系列图

- 垂钓休闲运动产品。依托银川优良的滨水、湿地资源,以及良好的垂钓休闲运动群众基础,大力发展垂钓休闲运动系列产品。
- 登山运动产品。充分发挥贺兰山山地的资源优势,组建一批户外运动俱乐部或中介机构,由这些中介机构推动登山(包括徒步、穿越)运动项目的开展。
- 轮滑运动产品。依托轮滑运动群众基础,大力培育轮滑休闲运动,近期重点发展灵武轮滑运动基地,将其建设成为西北地区甚至全国重点的轮滑运动中心。
- 体育舞蹈产品。结合城市居民的日常健身活动,为每个社区或街区健身公园配备专业体育舞蹈人员,通过他们的现场指导,带动和发展群众性体育舞蹈活动。
- 民族体育产品。深入挖掘银川民族文化资源和民俗运动项目,依托永宁浓厚的回乡风情,发挥回族传统优势体育或运动项目,做特做强民族体育品牌。
- 冰雪运动产品。一是依托贺兰山优质的山地地形条件,借鉴或引入国际化的冰雪休闲运动理念,打造一批冰雪休闲运动基地,大力发展冬季滑雪运动;二是依托市区各湖面和水面,大力发展冰上龙舟、滑冰运动、冰上垂钓等冬季特色运动项目。
- 低空运动产品。依托银川广阔的台地、沙地、荒漠资源,以及城市广场,发展低空(热气球、风筝)运动,为游客提供一种飞一般的体验之旅。
- 机车运动产品。依凭银川良好的机车运动基础,大力发展汽车拉力、自行车、摩托车拉力等机车运动。
- 划艇游艇运动产品。主要依托百里动感黄河运动带,大力发展划艇游艇等水上高端休闲运动项目。
- 赛马运动产品。依托银川丰富多变的地形地貌条件,大力开展赛马运动。
- 益智运动产品。以社区群众为基础,开展棋牌等益智休闲运动。

(4)按产品主题划分,以四大飞越主题产品构建一个特色化的运动休闲城市

总体发展思路:以"飞"为银川运动休闲城市总体体验意境,发挥环境依托和氛围支撑的效果,营造全城运动休闲的环境和全民参与的氛围,形成银川"飞

一般的体验"。依托贺兰山、黄河、宁东沙漠和都市区资源，打造飞跃贺兰运动休闲、飞跃黄河运动休闲、飞跃大漠运动休闲和都市健身运动休闲产品，形成立体式的飞跃式主题产品。

四大主题系列：

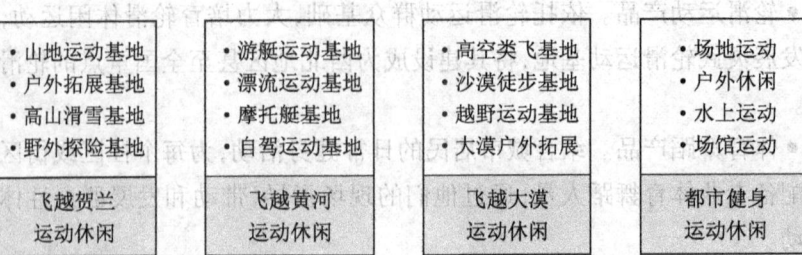

图1-11　银川特色化运动休闲城市四大飞越主题产品构建图

- 飞跃贺兰运动休闲产品。依托贺兰山东麓丰富的山地资源，开展以"山地"为特色的运动休闲活动，将贺兰山东麓塑造成为中国乃至亚洲一流的山地运动休闲目的地之一；依凭本区域优良的人文旅游资源和生态旅游资源，大力发展休闲度假旅游产品，作为山地运动休闲的重要配套产品。凭借贺兰山山地特色资源，结合当地地形地貌，建设山地运动基地、户外拓展基地、高山滑雪基地和野外探险基地。

- 飞跃黄河运动休闲产品。依托黄河金岸优质的滨水、湿地、生态资源，大力开发面向中高端游客的水上运动休闲产品；依托区域良好的生态和文化旅游资源，配套开发滨水休闲度假、乡村休闲度假和民俗文化体验等休闲度假旅游产品。建设游艇运动基地、漂流运动基地、摩托艇基地和自驾运动基地。

- 飞跃大漠运动休闲产品。依托灵武的沙漠、沙地、荒漠、戈壁资源，围绕"沙趣"主题，开展各种"沙趣"特色运动休闲活动，形成集体育研发、比赛竞技、人才培训、休闲旅游等于一身的完整沙地运动休闲产业链，将其建设成为中国乃至世界"沙"主题运动休闲的王国。建设高空类飞基地、沙漠徒步基地、越野运动基地和大漠户外拓展项目。

- 都市健身运动休闲产品。以三个城区为主，兼顾东西两带，形成"哑铃"状空间发展结构。依托银川市区各体育场馆、休闲游憩设施、城市公园、城市广场、特色街区等,大力发展运动休闲产业,是未来银川建设运动休闲城市的核心载体,也是银川运动休闲综合服务和集散中心。发展场地运动、户外休闲、水上运动和场馆运动。

4. 一大重点工程——千里运动休闲绿道工程,以"三横四纵"为骨架,以该工程为核心,构建辐射全市的运动休闲框架

(1)总体思路

"三横",是指贺兰山路运动休闲绿道、北京路运动休闲绿道、黄河路运动休闲绿道。"四纵"是指G110运动休闲绿道、艾依河运动休闲绿道、唐徕渠运动休闲绿道、文昌街运动休闲绿道。

(2)建设理念

"运动休闲绿道"是银川居民参与运动休闲的常态载体,因此,如何"化行走为体验"是提高银川运动休闲品质的重要举措,可以丰富居民的休闲活动,加强居民对城市的满意度。未来银川的运动绿道建设,需要转变观念,把运动休闲功能融入城市交通网络的建设中,让交通网络既要承担交通功能,更要承担运动休闲功能。

一是建立网络化的运动休闲绿道系统,绿道除考虑串联银川市主要景观发展节点外,还主动连接主要的交通枢纽和换乘设施,实现绿道与其他交通方式的"零距离换乘"和"无缝衔接",形成良好的衔接转换交通体系;二是实施全市运动休闲绿道景观化,结合每条绿道的发展主题,配植不同的植物树木,营造不同主题的景观;三是在所有的运动休闲绿道沿线设置人性化的运动休闲设施、换乘设施和休憩设施(比如自行车租赁点和存放点等);四是统一全市运动交通标志系统和绿道沿线驿站系统,并采取地图式管理方式,构建银川无障碍运动休闲绿道系统。

(3)发展目标

"十二五"规划期间,优先建设"四纵"骨架(50公里),后期在此基础上,大力建设连接各街区和社区的次级运动休闲绿道,2020年前完成50条次级运动休闲绿道建设,最终实现总长为300公里的千里运动休闲绿道。

表1-1 "三横四纵"运动休闲绿道发展思路

绿道		建设长度/实际长度	发展特色	主要发展节点	驿站建设	服务设施建设	慢行道建设	配套消费业态
三横	贺兰山路运动休闲绿道	15/18（公里）	城市徒步、场馆体育	八一公园、兴庆公园、宁夏大湖、阅海公园、海宝公园等	3个一级驿站，8个二级驿站，15个三级驿站	5个自行车租赁点，5个咨询及救护服务点	自行车道、健康步道、无障碍道（残疾人专用道），总长约30公里	运动休闲商业、运动用品销售
	北京路运动休闲绿道	15/21（公里）	城市徒步、主题运动公园	碧波公园、西夏公园、流芳园、丽子园、祥和园、景林园、满春园、人民拉普斯森林公园、德馨广场、丽景湖公园、中山公园等	3个一级驿站，8个二级驿站，15个三级驿站	5个自行车租赁点，5个咨询及救护服务点	自行车道、健康步道、无障碍道（残疾人专用道），总长约30公里	运动休闲商业、运动用品销售
	黄河路运动休闲绿道	10/12（公里）	运动文化休闲、都市动感文化	拉普斯森林公园、宁园、世纪广场等	2个一级驿站，5个二级驿站，10个三级驿站	3个自行车租赁点，3个咨询及救护服务点	自行车道、步行道、无障碍道（残疾人专用道），总长约20公里	文化休闲、文化体验

续表

	绿道	建设长度/实际长度(公里)	发展特色	主要发展节点	驿站建设	服务设施建设	慢行道建设	配套消费业态
四纵	G110运动休闲绿道	25/46(公里)	自行车运动和户外休闲	镇北堡西部影视城,玉佛寺,西夏王陵等	5个一级驿站,12个二级驿站,25个三级驿站	3个露营点,8个自行车租赁点,3个咨询及救护服务点	自行车道、健康步道,总长约50公里	生态观光、户外休闲
	爱伊河运动休闲绿道	10/13(公里)	滨水运动、垂钓休闲运动	览山公园,阅海公园,凤凰公园,拉普斯森林公园,七十二连湖等	2个一级驿站,5个二级驿站,10个三级驿站	2个露营点,3个自行车租赁点,3个咨询及救护服务点	自行车道、滨水步道、无障碍道(残疾人专用道),总长约20公里	滨水休闲商业、餐饮
	唐徕渠运动休闲绿道	10/13(公里)	城市漫步、水上泛舟运动	唐徕公园、宝湖公园等	2个一级驿站,5个二级驿站,10个三级驿站	2个露营点,3个自行车租赁点,3个咨询及救护服务点	自行车道、滨水步道、无障碍道(残疾人专用道),总长约20公里	滨水休闲商业、餐饮
	文昌街运动休闲绿道	5/8(公里)	青少年运动	八一公园、西夏公园等	1个一级驿站,2个二级驿站,5个三级驿站	3个自行车租赁点,2个咨询服务点	自行车道、步行道、无障碍道(残疾人专用道),总长约10公里	无体育用品销售

87

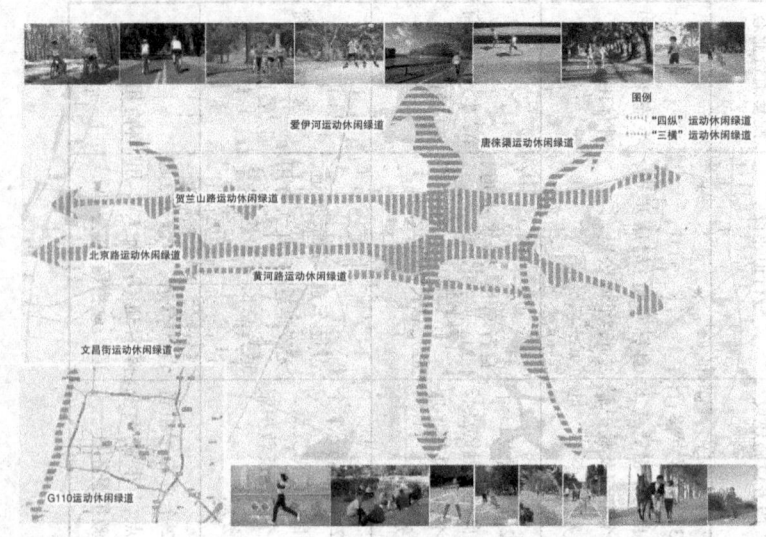

图1-12 千里运动休闲绿道规划图

5. 三大精品赛事

整合银川现有运动休闲赛事活动,创新理念,采用市场化运作手段,引入赛事组织中介机构,实行大型赛事节庆的全部市场化运作,以此作为银川运动休闲城市建设的重要引擎。

近期主要打造"一赛两节"三大赛事,包括中国版达喀尔汽车摩托车拉力赛、贺兰山户外运动旅游节和冰雪运动休闲节。

(1)中国版达喀尔汽车摩托车拉力赛(中国段)

① 策划背景。达喀尔汽车摩托车拉力赛,被称为勇敢者的游戏、世界上最艰苦的拉力赛。作为最严酷和最富有冒险精神的赛车运动,为全世界所知晓,受到全球5亿人以上的热切关注。巴黎-达喀尔的正式法语名称为"LeDakar",每年的赛会都以赞助商或地区名称冠名,专业竞技与业余参与并举,达喀尔每年80%左右的参赛者都为业余选手。

比赛线路不定,每年都有变化,甚至更换大洲,银川有机会纳入达喀尔框架。

线路一向选择沙漠地带,但需要城市作为基地,不依托公路,距离极长。一般需要穿过沙丘、泥浆、草丛、岩石和沙漠,例如撒哈拉沙漠、毛里塔尼亚沙漠,一般不利用现有公路,长度近万公里。

以上条件银川均符合,加上银川拥有壮美而又丰富的自然景观,独特而又浓郁的民族风情,具有发展汽车摩托车拉力赛的基础条件。

② 主会场选址。主会场选在灵武市,便于与区域线路串联,也能够充分借助已有的汽车摩托车赛事资源优势。

③ 总体思路。结合银川原有的摩旅节,借鉴巴黎－达喀尔拉力赛的举办经验(或争取引入该赛事),依托银川山地、沙漠地形地貌(特别是毛乌素沙漠),打造国际级影响力的节事。先期可以结合摩旅节一起举办,作为达喀尔拉力赛的分站赛,后期发展成熟后,可以考虑发展成为独立的国际赛事。

打破银川市甚至是自治区行政区域范围限制,结合拉力赛赛制的需要,充分考虑大范围的地形地貌特点,推出"壮美大西北"的拉力赛线路。

建设标准化赛道,承办区域赛事,近期从承办中国汽车拉力锦标赛(CRC)入手,建立全国知名品牌节事活动,积累经验,不断提升赛事服务水平和完善配套设施体系,提高赛事安排的国际化程度。积极融入达喀尔汽车摩托车拉力赛赛事组织体系,将赛道融入到国际比赛线路中,创造银川运动休闲城市的国际化品牌效应,引领运动休闲城市建设步伐。

④ 目标市场。消费目标市场:以国内外专业和业余赛车市场为主。

招商目标市场:拉力赛是围绕赛车前后向产业链而形成的综合性项目,涉及的市场主体包括大型汽车制造商、知名车队、赞助商、汽车配套产品制造运营商(如轮胎、润滑油)等。

⑤ 筹备工作。赛事主题:驰骋大漠,放飞激情。

目的意义:为充分发挥银川的运动休闲资源优势,借助达喀尔拉力赛的国际影响力,树立银川运动休闲城市形象,体现银川运动休闲城市的独特魅力,形成新的经济增长点。

赛事性质:国家级专业性国际赛事。

主办单位:中国汽车运动联合会、中国旅游协会、宁夏回族自治区体育局、宁夏回族自治区旅游局、银川市人民政府。

承办单位:银川市体育局、灵武市人民政府。

协办单位:人民网、地区运动协会等。

比赛时间:2012年。

比赛地点:以银川市为核心(以灵武为起点),辐射周边区域。

参赛车辆:比赛用车,及指挥车、新闻车、救援车等。

比赛规则:达喀尔拉力赛竞赛规则。

支持媒体:中央电视台、北京电视台、天津电视台、广东电视台、浙江电视台、福建电视台、陕西电视台、山东电视台、新华社、《人民日报》《光明日报》《经济日报》《中国青年报》《中国新闻杂志社》《中国汽车报》《中国体育报》《香港大公报》《中国旅游报》《中国教育报》《大众科技报》《北方航空报》《黑龙江日报》《中国绿色时报》《宁夏日报》《银川晚报》《中国汽车画报》《汽车时代》《汽车导报》《汽车杂志》《汽车运动》《凤凰爱车》《汽车之友》《汽车与运动》等。

表1-2 赛事进程

项别	内容	地点
第一项	比赛选手、新闻记者报道	银川市区
第二项	发车仪式	灵武市
第三项	场地赛	灵武市
第四项	拉力赛	灵武市
第五项	颁奖仪式	银川市区

表1-3 线路组织

线路名称	线路特色	核心节点
线路一:西北线	丰厚苍凉、壮美绝伦	西夏王陵、贺兰山、巴丹吉林沙漠、居延海水域、胡杨林、卫星城、酒泉—嘉峪关—敦煌世界文化瑰宝、昆仑—青藏高原、青海湖
线路二:西部线扩展	黄沙大漠交相辉映	在西北线的基础上,增加兰州—青铜峡—沙坡头—线
线路三:陕北线	大漠黄河、黄土高原与历史文化、根祖文化和红色文化融合	毛乌素沙地、库布齐、成吉思汗陵、晋陕峡谷、延安、黄陵、西安、庆阳
线路四:跨境线	漠北苦寒之境、挑战极限	河套、蒙古乌兰巴托、俄罗斯

⑥ 招商方案。招商项目,本次赛事设总冠名、赛事指定用品、赛事合作伙伴和赛事特别赞助商,四个子项目均可进行招商。

招商对象,本次赛事赞助招商可涉及汽车、饮料、通信运营商、房地产、食品、银行、保险、信息技术(IT)、酒店等行业。

赞助意义,企业赞助本次赛事是一种整合营销行为,即以赛事为媒介,整合媒体、广告、促销、公关等多种营销手段,达到自身的营销目标,赞助本次赛事可帮助企业实现下列目标:对接体育高端赛事,分享体育赛事资源;企业集中展示平台,商品及时销售阵地。大型活动、体育赛事已成为企业参与国际经济合作,利用两个市场、两种资源的重要桥梁。本次赛事通过众多媒体进行全方面立体报道,其覆盖之广、宣传力度之大为企业展示优秀产品和促销活动提供最佳舞台,加上赞助商获得本次赛事的名誉回报、赛场内外广告以及开幕式、颁奖典礼的一些活动的广告和回报,在结合赞助商自身的营销策略和计划,通过赞助本次赛事,展开一次卓有成效的促销活动。本次赛事赞助企业及产品均需符合国家有关规定,广告发布均需符合广告法之条例。

冠名形式:2012 年"×××××"杯达喀尔汽车摩托车拉力赛(中国段)。

⑦ 重点活动。第一阶段,由中国汽车联合会、《体坛周报》、宁夏主流媒体、银川主流媒体等媒体联合举行大型新闻发布会,在中国境内各大媒体将对该新闻发布会进行联合报道。

第二阶段,由中国汽车联合会、《体坛周报》、宁夏主流媒体、银川主流媒体进行主赞助商大型的新闻发布会并通报进展情况,中国境内各大媒体将对该新闻发布会进行联合报道。

第三阶段,由中国汽车联合会、《体坛周报》、宁夏主流媒体、银川主流媒体和中介公司等共同策划、组织、协调、执行中国版达喀尔汽车摩托车拉力赛(中国段)的发车仪式,中国境内各大媒体将对该新闻发布会进行联合报道。

第四阶段,由中国汽车联合会、《体坛周报》、宁夏主流媒体、银川主流媒体共同策划、组织、协调、执行中国版达喀尔汽车摩托车拉力赛(中国段)的全程跟踪电视、平面媒体报道及相关中国区的相应媒体报道。

第五阶段,赛事评比及颁奖仪式。

(2)中国(银川)贺兰山户外运动旅游节

① 主会场选址。贺兰山东麓(滚钟口或苏峪口)。

② 总体思路。依托贺兰山优良的山地资源和户外运动基础,以山地户外为

特色,以旅游休闲为辅助,以优势资源集群化的方式,打造国际级影响力的节事。

通过旅游节期间举办的一系列国内外有轰动影响的户外赛事、活动,使全国更多的户外爱好者能够走近银川、了解银川,提升银川运动休闲城市的知名度、美誉度,加大运动休闲银川在飞速增长的休闲旅游、自助游群体中的影响力。

贺兰山户外运动旅游节主要包括国际滑翔挑战赛、山地户外铁人三项赛(山地自行车、山地狂奔、山地负重徒步)、国际山地自行车赛、户外产业博览会、贺兰山负重徒步穿越挑战赛、贺兰山摇滚音乐节(未来提升为西部音乐节)、休闲垂钓大赛,以及自驾活动、户外摄影等子活动,是一个综合性户外运动旅游节。

③ 目标市场。户外活动专业化市场、规模不断增大的自驾车市场,以及需求不断提升的大众休闲市场。

④ 筹备工作。活动名称:"×××杯"中国(银川)贺兰山户外运动旅游节。

活动主题:雄浑贺兰、户外天堂。

主办单位:银川市政府。

承办单位:银川市体育局、银川旅游局。

协办单位:中华户外网。

活动时间:2012年。

邀请对象:国内外户外运动俱乐部、国内外户外运动爱好者、车友会、摄影家协会、摄影爱好者、银川本地户外运动爱好者。

项目招商:主要包括总冠名主赞助商、特别赞助商以及友好赞助商等。

支持媒体:主要包括宁夏及银川媒体联盟(含主要电视、报纸、电台)、中国网络旅游媒体联盟(国内主要旅游类网络媒体)、中国中央电视台"CCTV"、新浪、搜狐网、腾讯、雅虎、网易、新华网、凤凰网、国际在线、人民网、大公网等主流媒体,以及中华户外网、户外资料网、绿野网、磨房网、奥利户外网、户外探险网、东方旅游网、绿人中国网、户外时代网、中华行知网等主要户外运动网。

⑤ 重点活动

• 国际滑翔挑战赛。主要为无动力滑翔挑战赛,采用定点比赛方式,划定专门的滑翔路线,将起飞点设置在山顶上,落点设置在山脚下,可分为专业组比赛和非专业组比赛。

●山地户外铁人三项赛。比赛分为团体赛和个人赛。团体赛中,三人一组,每组至少一名女性,每组选手由 A、B、C 三种角色组成,比赛由三段接力完成,即山地自行车、山地狂奔、山地负重徒步。个人赛中,每个选手都得参加独立三个赛项的比赛。

●国际山地自行车赛。赛程 20 公里(赛道沿贺兰山东麓山道设置),选手必须使用符合国际自行车联盟《山地车竞赛规则》规定的山地车参赛。比赛分男子组、女子组,分别计算成绩。

●户外产业博览会。旅游节期间,在市区同时举办户外运动休闲产业博览会,主要是户外运动休闲用品、设备、服饰等展销,目的在于一是营造城市节事气氛,二是为节事活动提供设备支持。

●贺兰山负重徒步穿越挑战赛。比赛分青少年男女组和中老年男女组,青少年男女组主要为 14~45 周岁,中老年男女组为 45 周岁以上。比赛为同时出发,分别记录成绩、名次。要求每人背负不少于 10 公斤,起点封包,到达终点前 10 名现场称重量,不够重量者取消成绩。

●贺兰山摇滚音乐节。将原有的贺兰山摇滚音乐节与户外运动旅游节联合举办,更加强调大众参与性与娱乐性,以丰富旅游节期间夜间活动。

●休闲垂钓大赛。在户外运动旅游节期间,在市区同时举办休闲垂钓大赛,邀请国内外垂钓爱好者参赛,大赛分为专业组比赛和非专业组比赛。

(3)冰雪运动休闲节

① 主会场选址。市区内以北塔湖、阅海滑雪场为主;市区外以苏峪口滑雪场以及沙湖滑雪场作为核心区域。

② 总体思路。以"冰雪激情·活力银川"为主题,整合银川市原有的冬季运动休闲资源和产品,结合银川本地文化特色,打造引爆银川冬季运动休闲市场的节事。

以冰上龙舟为突破口,优先做精做强冰上龙舟,通过冰上龙舟带动整个冰雪运动休闲节的发展,打造全国性影响力的节事。冰雪运动休闲节主要由三大滑雪产品(即阅海滑雪场、苏峪口滑雪场、沙湖滑雪场)和两大板块活动(即冰雪体育运动、冰雪休闲娱乐)构成。

冰雪运动休闲节历时 2~3 个月左右,由各种子活动周组成。

③ 目标市场。专业化冬季冰雪运动休闲市场及大众化休闲旅游市场。

④ 策划思路。盘活冬季运动休闲活动。以"政府主导,市场运作"方式,通

过统一招商、统一策划、统一运营,全面盘活银川冬季运动休闲活动。

整合冬季旅游休闲资源。将冬季体育运动与旅游充分整合发展,一是整合提升银川市现有的冰雪旅游景区景点(如阅海滑雪场、苏峪口滑雪场、沙湖滑雪场等);二是开发一批新的冬季冰雪运动产品(如冰上龙舟、冰上垂钓、雪地机车赛等)。

提升冬季运动休闲品牌。通过市场化运作,把"冰上龙舟"等具有银川地域特色的运动项目做大做强,将其打造成为具有区域影响力的冬季运动品牌。

⑤ 重点项目及活动

• 阅海滑雪场、苏峪口滑雪场、沙湖滑雪场提升项目

对这三大现有滑雪场进行提升,完善其功能,扩充滑雪赛道,针对不同的人群设置不同主题的滑雪道(如成人滑雪道、滑雪练习道、雪上飞碟道、雪上摩托车道、雪橇道等),开发雪上迷宫、雪上滑梯、雪雕区、真人"CS"雪地战等不同的冰雪运动产品。

• 冰雪体育运动

➢ 冰上龙舟邀请赛。对原有冰上龙舟项目进行提升,加强宣传和营销,扩大参赛队伍,吸引更大范围的队伍参赛,扩大活动的影响力,将其打造成为具有全国性影响力的民族特色运动项目。

➢ 飞越贺兰大学生滑雪节。针对宁夏地区各大高校学子推出的特色冰雪活动,组织宁夏大学、宁夏师范学院、宁夏医科大学、北方民族大学、宁夏理工学院等高校学生参加雪地娱乐项目,充分体验山地滑雪带来的惊险和刺激,在大学生中推广滑雪运动。

➢ 市民冰上垂钓赛。依托阅海、鸣翠湖、北塔湖等冰雪资源,开展冰上垂钓赛。

➢ 全民场地溜冰赛。依托市区各湖面,开展场地溜冰赛,大赛分为儿童组、青少年组和中老年组三个级别,赛事分为速度赛和花样赛两种形式。

• 冰雪休闲娱乐

➢ 滑雪冬令营。依托三大滑雪场,与银川市各中小学校合作,组织中小学生参加以冰雪娱乐为主题的特色冬令营活动,通过一对一训练和培训,让学生体验极速单板自由滑雪、雪地拓展训练、全能滑雪、双板滑雪等特色冰雪项目。

➢ 冰雪节大型文艺表演。结合银川回乡风情文化特色,融入运动休闲元

素，策划一场大型文艺表演（可结合春节或元宵节等一起举办），展现银川运动休闲文化特色。

➤真人"CS"雪地战。真人"CS"雪地战是一种新兴的时尚体育运动，参加者手持镭射枪，身穿迷彩军服，在雪地丛林与特别搭建的掩体中穿梭，与"敌人"展开激烈的"战斗"，完成如"歼灭"、"攻山"、"要人"（VIP）等精心设计的任务，亲身体验只有在电影或电子游戏中才能看到的场景。

➤银川冰雪艺术周。以"回乡风情冰雪艺术"为主题，在市区各公园和广场开展冰雕、雪雕等冰雪艺术创意活动。

6. 三大亮点项目

充分利用银川独特的地形地貌和地方文化，结合国际运动休闲产品最新发展动态，面对国内外不同的新兴专项市场，培育一批创新性的专项运动休闲产品，丰富银川运动休闲产品体系。近期优先开发"一会一节一园"三大项目。

（1）亚洲户外大会

① 主会场选址：贺兰山东麓和市区。

② 总体思路：以银川户外运动产业为依凭，以"论坛（或研讨会）+展销"的方式，构建一个具有世界影响力的亚洲户外运动交流平台。

大会主要由三大板块组成，一是针对学者或产业研究人士的户外运动产业发展交流；二是针对户外运动爱好者的户外运动经验交流；三是针对户外运动企业和经销商的户外运动产业经贸活动。

③ 目标市场：专业户外市场，包括户外运动群体、户外产品与产业开发商，以及运营和研究机构。

④ 策划思路：以"分享、合作、共赢"为大会宗旨，构建三大户外运动特色平台，即户外运动理论探讨平台、户外运动实践经验交流平台、户外运动企事业经贸平台。

大会每两年举办一次，每届大会都围绕某一主题开展，并邀请国内外知名的户外运动学术研究专家、户外运动产业学者、户外运动企业、户外运动俱乐部、户外运动爱好者等多方参加。

大会期间，邀请国内外主流媒体进行全程跟踪报导和造势，大会结束后，对大会相关研讨成果进行汇总并出书，多角度宣传银川运动休闲城市品牌。

每届大会邀请国内外著名运动明星作为大会形象代言人，并找专业机构设计大会会徽、会标、吉祥物等。

⑤ 重点活动。主要由户外运动产业发展论坛、户外运动实践经验交流会、运动休闲产业博览会、西北露营大会等四个子活动构成。

● 户外运动产业发展论坛。以户外运动产业发展研究为核心,邀请国内外知名的户外运动产业学者参加,论坛分不同的议程和主题进行,可以主题演讲和共同讨论的形式进行,内容可涉及户外运动市场、户外运动休闲、户外运动安全、户外运动品牌推广、户外运动营销等方面。

● 户外运动实践经验交流会。主要是针对户外运动爱好者、户外运动俱乐部等的经验交流会,可邀请国内外一些著名的专业户外运动员、组织者共同参加,旨在推动户外运动在中国的发展,并普及户外运动知识。

● 运动休闲产业博览会。主要包括户外运动展和体育用品展两大部分。其中,户外运动展包括品牌户外装备、高尔夫装备、户外自行车装备、野营装备、野外炊具、休闲运动服装、登山器材、滑雪器材、户外用品(眼镜、手套、伞类等)、户外家具与花园用品、休闲通信器材、休闲摄影器材、攀岩器材、营救设备、导航光学设备、户外食品等。体育用品展包括运动服饰、运动鞋类、休闲时尚服饰、健身器材及配件、球类场所及其设备、专项运动器械、康体娱乐设备、游泳场所及其设备、游乐场设施设备、健身房、俱乐部、棋牌类等。

● 西北户外露营大会。以"快乐、健康、友好"的活动理念,打造成西北著名户外露营品牌活动。露营大会设竞赛项目、体验项目和表演项目三大类。其中竞赛项目包括山地竞走、山地自行车等;体验项目有扎帐篷、秧歌、腰鼓、推手、飞镖及喝啤酒等;表演项目有舞龙、舞狮、篝火晚会和回乡风情民族歌舞等。

(2) 西部音乐节

① 主会场选址:苏峪口森林公园和贺兰山岩画景区之间的区域。

② 意义及目的:一是促进合作、开展交流、展示银川运动休闲城市建设成果;弘扬音乐文化,促进银川本地传统文化与音乐文化的结合;二是宣传银川得天独厚的人文、历史和旅游资源;三是结合闲暇经济的发展,推动地方的运动休闲、交通、旅游、服务和其他方面的全面发展,提升银川的社会文化和生活品质,为构建银川和谐社会贡献力量。

③ 总体思路:在银川原有的"贺兰山摇滚音乐节"和"花儿"基础上,进一步深化和丰富其内容,并结合运动休闲理念,突出西部元素和回乡风情特色,营造面向全国游客的西部音乐盛典,建议将 X 星谷改建成为西部音乐节的永久

会址。

④ 目标市场:音乐创作及歌友会成员;运动休闲游客市场;音乐爱好者。

⑤ 策划思路:突出音乐节的国际化、民族化、现代化三大理念,结合运动、旅游和文化三大产业优势,创办具有全国影响力的综合性露天音乐节,音乐节共分为西部风情音乐、回乡风情民族音乐和综合性音乐三个板块。

借鉴迷笛音乐节和草莓音乐节的经验,以文化促发展,以音乐作桥梁,充分发挥银川作为西北枢纽的区位优势,借助共通于人类世界的音乐,通过音乐节的形式,创建银川建设运动休闲城市、对话世界的文化之路。

强化媒体的宣传作用。联合全国各大音乐主流媒体,借助其强大的宣传平台和渠道,强势宣传西部音乐节,宣传银川运动休闲城市。

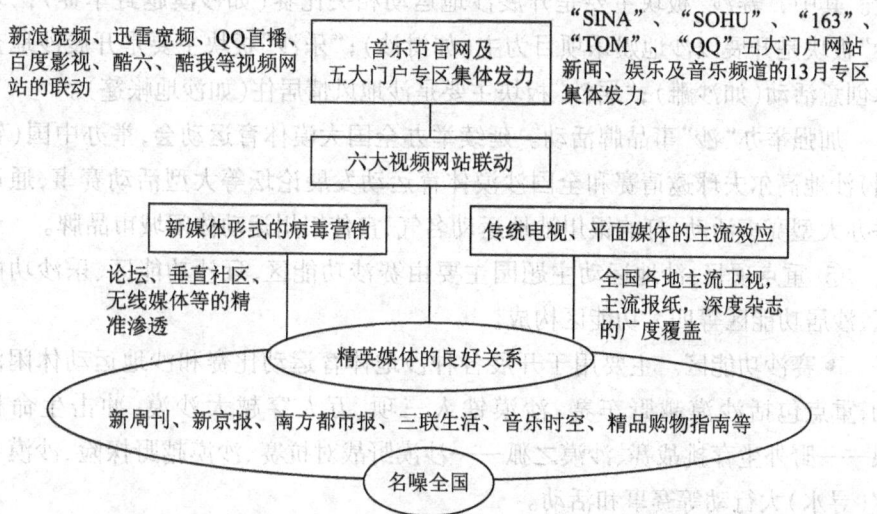

图1-13 借营造面向全国游客的西部音乐节、宣传银川运动休闲城市项目构想图

西部音乐节采取"政府引导+企业运作"模式进行开发,音乐节采用企业冠名方式进行招商,全面市场化运作节事。

⑥ 重点活动:主要包括邀请知名歌星、乐队进行音乐表演(以西部风情、回乡民族为特色)和西部音乐论坛(探讨西部音乐创作与未来走势)两个主活动,以及城市印象摄影、沙地创意无限、露天影展、电音派对等配套活动。

(3) 沙地运动主题园

① 项目选址：灵武长流水风景区周边区域。

② 开发定位：以沙地运动为主题，建造一个集沙地极限运动、沙地越野拉力（如汽车拉力、摩托车拉力）、沙地狂欢（如沙浴）、沙地休闲运动（如沙地高尔夫）、沙地低空运动（如热气球）等功能于一身的沙地运动主题园。

③ 目标市场：包括青少年极限运动市场、大众运动休闲市场。

④ 规划思路：以发展沙地体育运动及沙地体育产业为目标。坚持"以沙地为载体，以运动休闲为主导，以服务群众为宗旨，以创造效益为方向"的发展方针，通过招商建设园区。

紧扣"沙"主题。园区围绕"赛沙、玩沙、乐沙、沙居"四大主题板块进行建设。其中，"赛沙"板块主要是开展沙地运动相关比赛（如沙漠越野车赛）；"玩沙"板块是开展以沙地娱乐项目为主（如滑沙）；"乐沙"板块主要是开展沙地艺术创意活动（如沙雕）；"居沙"板块主要是沙地风情居住（如沙地帐篷）。

加强举办"沙"事品牌活动。延续举办全国大漠体育运动会，举办中国（银川）沙地高尔夫球邀请赛和全国沙漠体育运动发展论坛等大型活动赛事，通过举办大型赛事活动，打响银川沙地运动名气，宣传银川运动休闲城市品牌。

⑤ 重点项目：沙地运动主题园主要由赛沙功能区、玩沙功能区、乐沙功能区、沙居功能区等四大功能区构成。

• 赛沙功能区。主要用于开展各种沙地体育运动比赛和沙地运动休闲活动，重点包括沙漠越野车赛、沙漠铁人三项、万人穿越大沙漠、冲击生命极限——野外生存挑战赛、沙漠之狐——沙漠野战对抗赛、沙漠越野探险、沙漠寻宝（寻水）大行动等赛事和活动。

• 玩沙功能区。主要是开展以沙地娱乐、沙漠娱乐等项目为主的区域，主要项目包括滑沙、登沙、沙漠高尔夫球、沙漠排球、沙漠赛驼、沙漠跑马、沙漠足球、沙漠手球、沙漠橄榄球、沙漠彩弹游戏等。

• 乐沙功能区。主要是开展沙地艺术创意活动，主要包括沙雕、沙漠大地艺术、沙地涂鸦等活动。

• 沙居功能区。以"沙地风情"为特色的住宿接待区，主要包括各种沙地、沙漠生态居所，比如沙地帐篷、沙地堡垒等。

7. 六大支撑项目

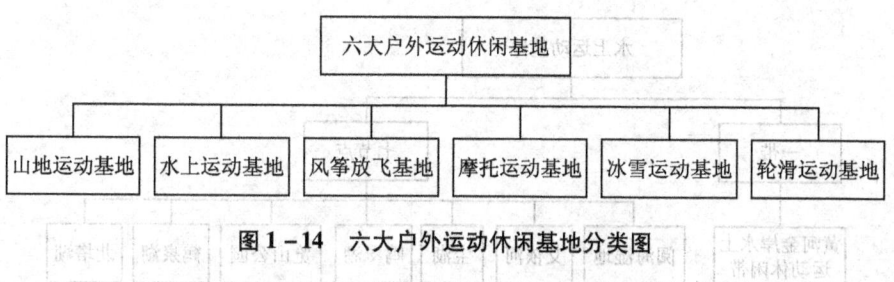

图1-14 六大户外运动休闲基地分类图

(1)山地运动基地

① 功能定位:山地运动、山地户外、山地拓展、山地越野等。

② 规划思路:依托贺兰山东麓山地资源和既有景区景点,以专业化山地运动市场和大众观光休闲市场为对象,开发具有参与式和融入性的运动休闲产品,建设一批不同特色和主题的山地运动休闲营地。

近期优先依凭万艺生态园、滚钟口、苏峪口、黄渠口、览山等山地资源开展野外拓展、登山、攀岩、穿越等休闲体育项目。

③ 重点构成

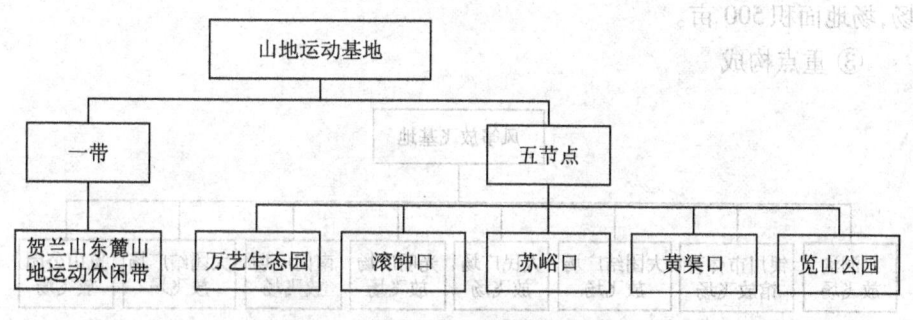

图1-15 山地运动基地重点结构图

(2)水上运动基地

① 功能定位:水上体育竞技、水上休闲运动、滨水休闲娱乐。

② 规划思路:依托览山、阅海、艾依河、宝湖、鸣翠湖、鹤泉湖、北塔湖等水域资源,开展垂钓、龙舟、游艇、漂流、游泳、赛艇、皮划艇、滑水、摩托艇等水上项目,并根据不同的水域资源特色,开展不同主题的水上运动休闲赛事节庆活动。

③ 重点构成

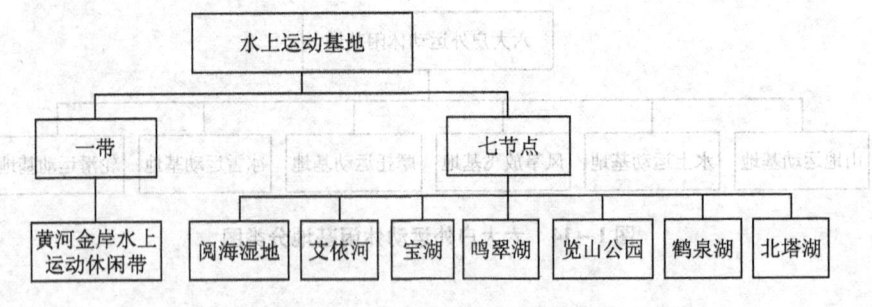

图1-16　水上运动基地重点结构图

(3) 风筝放飞基地

① 功能定位：风筝竞技、风筝运动。

② 规划思路：一是依托人民广场、光明广场、南门广场、大团结广场等城市大型开放空间，开展群众性风筝运动及大众健身活动。

二是兴建一批国际、国内竞技风筝放飞场。在灵武水洞沟景区(东侧)兴建国际风筝比赛场，场地面积约1 500～2 000亩；在银川市体育馆南侧兴建放飞场，场地面积500亩。

③ 重点构成

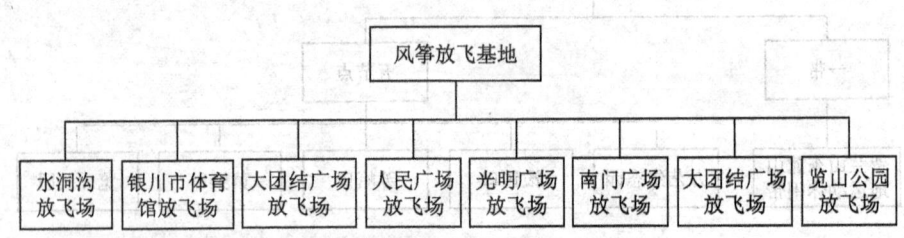

图1-17　风筝放飞基地重点结构图

(4) 轮滑运动基地

① 功能定位：轮滑运动、轮滑竞技、轮滑健身。

② 规划思路：一是依托人民广场、光明广场、宁夏体育馆广场、银川体育馆广场等市区场地硬化条件开展轮滑运动。

二是根据灵武轮滑运动群众基础，大力培育轮滑休闲运动，近期重点发展灵武轮滑运动基地，将其建设成为西北地区甚至全国重点的轮滑运动中心。

③ 重点构成

图1-18 轮滑运动基地重点结构图

(5) 冰雪运动基地

① 功能定位：特色冰上运动、冰雪运动休闲、冰雪体育竞技、冰雪休闲娱乐。

② 规划思路：一是依托苏峪口滑雪场和沙湖滑雪场，开展冬季滑雪运动，举办飞越贺兰大学生滑雪节、滑雪冬令营等活动。

二是凭借贺兰山东麓冬季冰雪资源，建设一批不同特色和主题的冰雪运动休闲营地，开发雪上迷宫、雪上滑梯、雪雕区、真人"CS"雪地战等冰雪特色产品。

三是依凭览山公园、海宝湖、阅海湿地等市区水域资源，重点开展冰上龙舟、滑冰、冬泳、冬钓、冰雪艺术等特色活动。

③ 重点构成

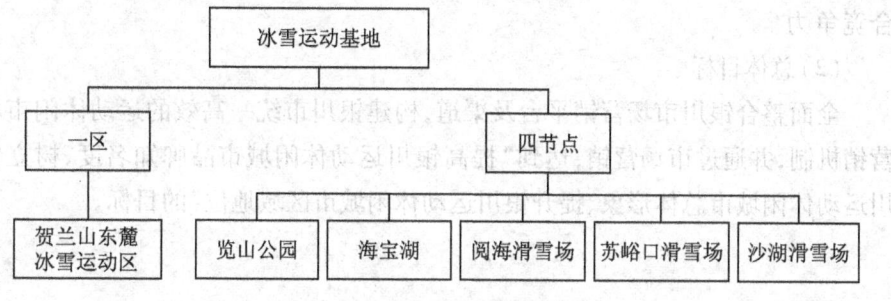

图1-19 冰雪运动基地重点结构图

(6) 摩托运动基地

① 功能定位：摩托车运动、摩托车越野、摩托车赛事、自驾车运动。

② 规划思路：依托贺兰山东麓、黄河金岸和灵武荒漠地形，建设一批不同特色的自驾营地。近期重点依托金水园、黄沙古渡、艾克斯星谷、宁东鄂尔多斯台地、览山、阅海公园周边的场地条件，开展汽车、摩托车场地赛和山地、沙漠越野赛等休闲汽、摩赛事运动。

③ 重点构成

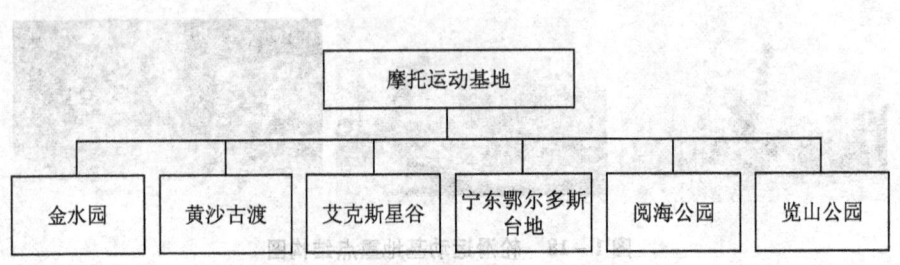

图1-20 摩托运动基地重点结构图

（三）市场营销与管理保障

1. 市场营销

（1）指导思路

实施以构建竞争优势为目的的市场营销战略，针对特定市场合理配置资源，进行针对性营销。创新营销模式及营销观念，贯彻大营销理念，通过"政府重视、群众参与、企业有利、媒体关注"的营销主线，全面构建包括城市营销、产业营销、产品营销和区域联销在内的全方位立体化营销体系，创立银川运动休闲城市品牌，扩大银川在国内外的影响力，提升银川城市综合竞争力。

（2）总体目标

全面整合银川市场营销平台及渠道，构建银川市统一高效的运动休闲市场营销机制，并通过市场营销，达到"提高银川运动休闲城市品牌知名度、树立银川运动休闲城市总体形象、提升银川运动休闲城市区域地位"的目标。

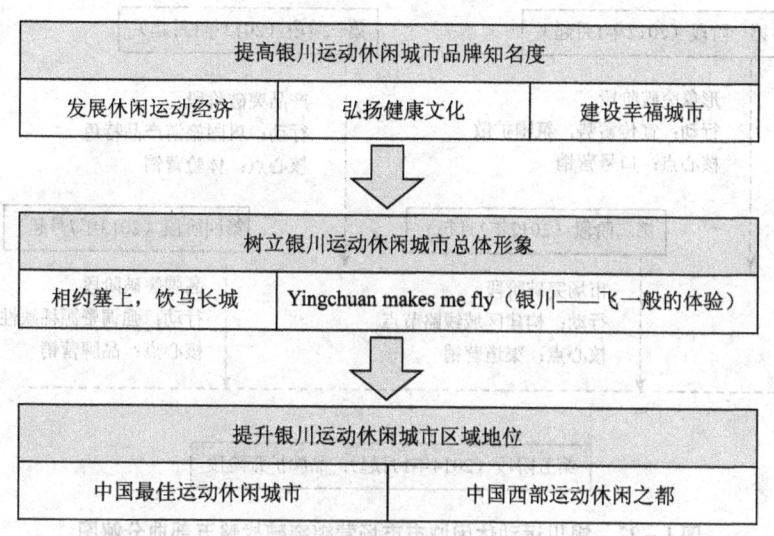

图1-21　银川运动休闲城市市场营销目标分解图

① 提高银川运动休闲城市品牌知名度。通过市场营销,进一步促进运动经济发展,弘扬健康文化,建设幸福城市,从而提升银川运动休闲城市品牌知名度。

② 树立银川运动休闲城市总体形象。通过全面整合银川市场营销渠道,全方位宣传和推广银川运动休闲城市,树立银川"相约塞上,饮马长城"的运动休闲城市总体形象。

③ 提升银川运动休闲城市区域地位。通过市场营销,树立银川运动休闲城市品牌,提升银川运动休闲城市区域地位,确立银川中国最佳运动休闲城市和中国西部运动休闲之都的地位。

(3)市场突破战略五部曲

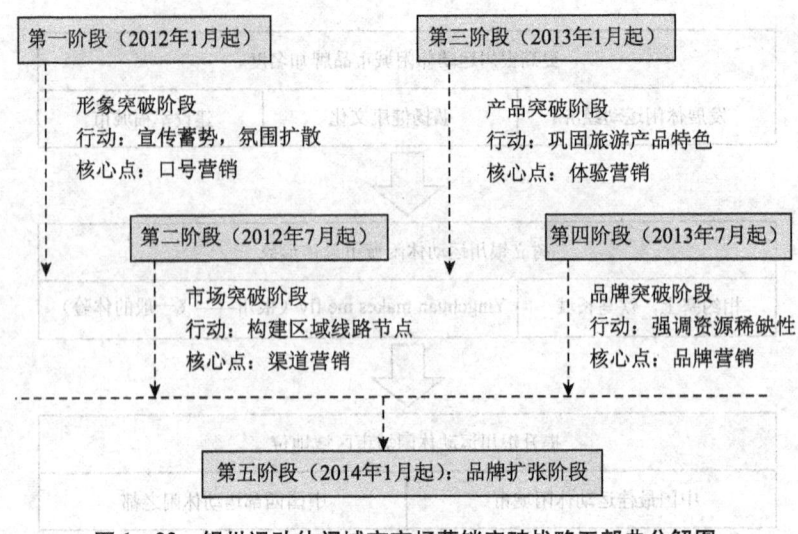

图1-22 银川运动休闲城市市场营销突破战略五部曲分解图

- 第一阶段(2012年1月起):形象突破阶段

蓄势 → 主题准备·引发市场关注·以点带面

形象突破阶段。为银川运动休闲城市实施全面整合营销的前奏,本阶段要求面向核心客源市场,在中央电视台、中国旅游报等主流媒体强势推出"相约塞上,饮马长城"的统一主题形象和"银川——飞一般的体验"宣传口号,引发市场关注。着重于以点带面的形象认知扩散。

- 第二阶段(2012年7月起):市场突破阶段

造势 → 市场聚焦·强势推介核心运动休闲产品

市场突破阶段。面向市场,全面推出运动休闲主题产品,尤其强调通过渠道营销手段,搭建系列产品的营销推广通路(如运动休闲中介机构、旅行社、会展、互联网等),使其成为公众认可和相关行业关注的热点,同时推出各种主题的赛事节庆活动,为银川运动休闲城市营造声势,以求品牌升值。

- 第三阶段(2013年1月起):产品突破阶段

成势 → 力推专项运动休闲产品·巩固城市形象和品牌诉求·持续体验推广产品突破阶段。在前两个阶段已初步完成整体形象认知、产品认知,人气大量聚集的情况下,本阶段需深入开发专项运动休闲产品,在巩固运动赛事、主题运动产品的基础上,全面强力推出系列运动休闲度假产品,并为下一步成为区域稀缺性品牌奠定基础。同时,注重体验营销手段的运用,形成实质意义上的运动休闲城市。

• 第四阶段(2013年7月起):品牌突破阶段

定势 → 品牌强化·形成独特内涵和品质·强调品牌区域稀缺性

品牌突破阶段。随着银川运动休闲产品的成功转型,尤其是经过运动休闲产品的体验营销,运动休闲产品基本获得市场认可,银川运动休闲城市整体形象及品牌将得到进一步强化。本阶段需强调品牌的区域稀缺性,采用品牌管理手段,并通过大量高规格的赛事节庆活动,全面强化运动休闲主题形象,并突出特色专项休闲运动产品,以开拓和吸引不同的专项细分市场。

• 第五阶段(2014年1月起):品牌扩张阶段

续势 → 延伸形象·全面展示区域价值·提升和扩展项目

品牌扩张阶段。既是市场营销的总目标,也是银川运动休闲产业持续发展的新起点。经过前四个阶段的营销突破,面对主要客源市场的宣传效果已基本实现,在此基础上开启本阶段的品牌扩张战略,延伸银川运动休闲品牌价值和发展空间至更广阔区域,将品牌的价值尽量放大,进而带动整个运动休闲产业实现跨越式发展,并为银川运动休闲城市下一轮快速发展积蓄新的、可持续的力量。

(4)市场开发战略

① 国内市场

• 重点目标区域

西部地区:以宁夏本地、西安、成都、重庆为重点。

环渤海经济圈:以北京、天津、山东为重点。

长三角经济圈:以上海、南京、杭州以及苏州、无锡、常州为重点。

珠三角经济圈:以广州、深圳为重点。

• 重点目标群体

户外运动市场、山地运动爱好族、沙地越野爱好族、场地运动爱好族、健身休闲爱好族、滨水运动爱好族。

- 市场开发战略

➢继续开拓摩托越野、垂钓、轮滑、风筝、登山等运动休闲市场,扩大原有运动休闲品牌影响力;

➢加大冬季运动休闲市场的开发,解决产品淡旺季问题;

➢重点深耕环渤海、长三角和珠三角三大客源市场,开发中高消费市场;

➢优先培育户外运动、山地运动、沙地越野、场地运动、滨水运动等运动休闲专项市场;

➢定期举办系列专项运动休闲赛事、节庆及活动,聚焦全国眼球。

② 国际市场

- 重点目标区域

以中国香港、中国澳门、中国台湾地区,日、韩、欧美等国家或地区的运动休闲市场为重点,以东南亚、中东等国家或地区的运动休闲市场为补充。重点关注在华工作或短期居住的入境者。

- 重点目标群体

户外运动爱好族、山地极限爱好族、越野拉力爱好族、场地运动爱好族、体育赛事爱好族。

- 市场开发战略

➢优先通过大型运动休闲赛事,撬动国际客源市场,增强品牌影响力;

➢将运动休闲与旅游观光捆绑营销,通过联合营销提高吸引力;

➢增强产品设计和营销策略的针对性,延长海外游客停留时间,刺激消费;

➢逐步调整主要客源国比例,加大发达国家客源比例。

(5)市场宣传口号

① 针对国内市场的宣传口号

银川——飞一般的体验

银川——梦想起飞之城

中国最佳运动休闲城市

中国西部运动休闲之都

② 针对国际市场的宣传口号

Yinchuan makes me fly

Flying Yinchuan / Flying in Yinchuan

③ 针对细分市场的宣传口号

➢ 针对户外运动市场：亚洲户外运动第一高地；

➢ 针对滨水运动市场：水舞银川·乐水之都，中国休闲垂钓第一城；

➢ 针对山地运动市场：中国山地休闲运动朝圣地——银川；

➢ 针对沙地运动市场：沙趣世界·欢乐放飞；

➢ 针对体育赛事市场：轮滑之都，西部风筝之城。

(6) 城市品牌推广策略

① 优先打造三大产品集群品牌。近期优先打造以百里动感黄河运动带（水上）、贺兰山运动休闲特区（山地）、宁东荒漠户外运动示范区（荒漠）为代表的三大产品集群品牌，率先型塑中国最佳运动休闲城市和运动休闲之都的城市形象。

② 大型赛事引爆运动休闲品牌。重点打造中国版达喀尔汽车摩托车拉力赛、贺兰山户外运动旅游节、冰雪运动休闲节等三个新增赛事节庆，创新培育亚洲户外大会、西部音乐节等两个大型节会，整合提升全国休闲体育大会、国际赛马大会、国际运动风筝邀请赛、全国公路轮滑赛、"WBO"国际职业拳击比赛、全国群众登山健身大会等既有节事赛会。通过节事赛会，引爆市场并迅速地推广银川运动休闲品牌。

③ 塑造飞一般体验的城市品牌。以"相约塞上，饮马长城"为银川运动休闲城市总体形象，以"Yinchuan makes me fly（银川——飞一般的体验）"为银川建设运动休闲城市的营销口号，并将其塑造成为银川城市的重要品牌。

2. 管理保障

(1) 组织管理及体制保障

① 推进体制改革和机制创新。建立健全政府管理、行业自律、运动休闲（体育）企事业单位依法经营的管理体制。积极探索建立以企业为主体的重大运动休闲赛事和节庆活动的市场化运作机制，对能够市场化运作的运动休闲赛事和活动，要给予大力支持和优先扶持。

② 优化银川运动休闲管理组织结构。成立银川市运动休闲管理委员会和银川运动休闲发展技术指导委员会。

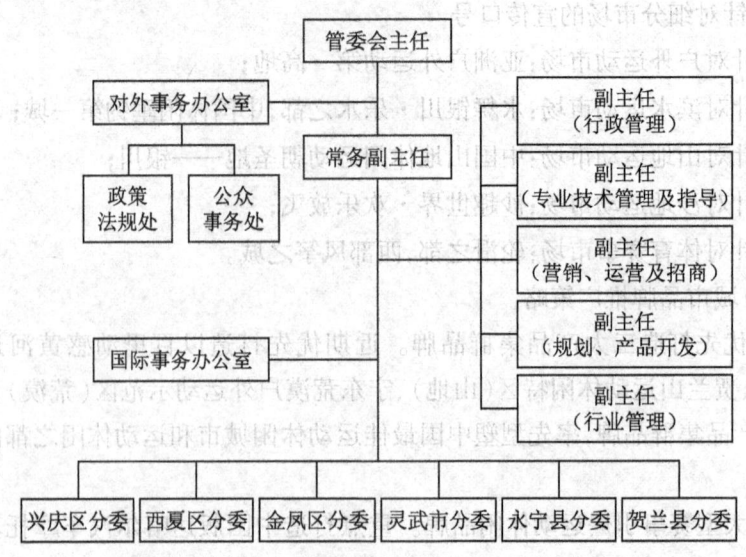

图1-23 银川市运动休闲管理委员会组织结构图

③ 加快运动休闲产业结构调整

服务对象调整:增加青少年运动休闲设施,增加女性运动休闲设施(如瑜伽馆、美体馆等),优化老年健身设施结构。

设施结构调整:适当增加室外运动休闲设施,特别是针对青少年的室外体育场地及设施,如五人足球场、街头(三人)篮球场、室外羽毛球场等。

盈利结构调整:降低市区所有收费公园的门票价格,增加经营服务项目;全面向社会开放学校运动设施;将社会经营性运动休闲场馆纳入全市运动休闲设施统一管理范畴;鼓励宾馆饭店附属运动设施向社会开放经营。

权属结构调整:理顺各运动公园、运动场馆权属结构,降低门票价格,增加内部消费项目。改革中山公园等管理体制,增强公益性质,促进群众文化活动的繁荣。

④ 推进市场化和专业化管理。设施经营市场化:本着充分利用资源和有序推进的原则,将部分运动休闲及体育设施进行市场化经营,成熟后逐步推广,增强运动休闲及体育设施自身的造血功能,充分发挥社会力量的作用,更好地为运动休闲产业发展服务。

项目开发市场化:对规划或拟建的运动休闲重点项目,在规划设计时充分利用市场资源,采取招商、合作、土地置换等方式解决建设资金问题,实现重点项目招商、建设和运营市场开发管理。

活动运营市场化:通过招商,引入国内外知名专业节庆赛事组织团队,对银川现有的运动休闲节庆、赛事、活动等进行整合和提升,实现活动运营市场化。

品牌营销市场化:组建银川运动休闲城市品牌运营公司,以此为品牌运营主体机构,全面负责银川运动休闲品牌营销工作。

设施管理专业化:引进高水平的管理公司和管理人才,与国家体育总局所属的中体产业股份有限公司等机构进行合作,委托其经营管理银川的大型体育设施,并利用其下属的中体竞赛管事集团承办赛事,搞活竞赛市场,提高体育设施利用率,创造经济效益,同时学习、借鉴其管理经验和经营模式,引进优秀管理人才,提高银川运动休闲产业的管理、经营水平。

⑤ 加快建设惠及全民的公共运动休闲服务体系。以创新理念推动公共运动休闲服务向纵深发展。着眼于公民基本运动休闲权益多方面的诉求,而不是一般地给市民提供体育锻炼的场所或自上而下地组织一些体育活动。把人人享有公共体育服务和基本的运动休闲,如同人人享有义务教育和人人享有基本医疗一样,作为银川全面建设"两宜"城市的重要工作,全面推进公共体育服务体系建设。

着力提升公共运动休闲产品和服务的生产与供给能力。建立银川公共运动休闲服务中心,有效协调和管理全市公共运动休闲服务的各项事务。积极发挥区县政府特别是区县体育行政部门的枢纽作用,使其成为公共运动休闲服务规划和政策的指导中心、资源和要素优化配置中心、人才培育和队伍建设中心,全面提升全市运动休闲民生发展水平。

努力实现公共运动休闲设施的全覆盖。实施公共运动休闲服务保障工程,着力改善基层体育设施条件,有效提升公共运动休闲服务能力。统筹规划,合理布局,以服务人口为基础,以交通网络为依据,以完善公共体育设施建设及设施配置标准为指导,推进公共体育设施建设的规范化、标准化、科学化。

大力推动快捷便民利民的运动休闲信息化服务。努力构建结构合理、发展均衡、网络健全的公共数字运动休闲服务体系。近期重点实施全市体育信息资源共享工程,以公共运动休闲场馆为中心,以开放服务为节点,以健身指导、信息咨询为手段,逐步覆盖全市经营性健身场所,实现网上预订预约服务,努力实现体育公共信息和公共资源全民共享,开展"银川全民健身电子地图"、"体质在线"等特色服务。

统筹运动休闲产业信息化管理体系。建立银川运动休闲门户网,主要由政务和业务两大子板块构成。政务板块主要是内部信息化管理系统,通过此系统可实现"市—区(市、县)—乡(镇)"三级运动休闲产业网络信息管理。业务板块主要针对消费者或游客。

⑥加强对市民健身运动的科学指导。大力普及和推广全民科学健身知识。积极转化最新的群众体育科技成果,以指导群众科学健身活动,针对青少年、中老年等不同年龄层次的人群,注重知识性与趣味性的结合,开展有针对性的、体验式的健身活动,将健身休闲与健康科学普及有机结合起来,有利于引导广大群众科学参与健身活动,学习科学健身知识、掌握科学健身方法,切实提高健身的实际效果。

鼓励市民坚持四大科学健身运动原则。一是坚持因人而异原则,要求市民结合自身的实际选择适合的运动项目。二是坚持经常性原则,出台相关政策,鼓励市民坚持长期的适量运动。三是坚持简便实用性原则,建议市民选择最普及、简便、安全和持久的方式进行体育锻炼。四是坚持运动量适度和循序渐进原则,避免运动量过大或短时间内递增过快。

制订针对不同人群的运动健身建议方案。根据不同年龄群体、不同性别群体、不同健康状况群体等的需求特点,制订不同的运动健身建议方案,并在全市进行推广普及。

⑦引导特色产业集群发展。促进三大产业规模化和集聚化。依托银川良好的垂钓休闲运动基础,优先发展垂钓装备制造业,并形成研发—生产—销售等完整的产业链条;以水上运动装备和山地运动装备制造为核心,重点发展户外运动用品装备制造业;培育发展营地及房车装备制造业。将银川打造成为西北地区的运动装备生产及销售中心。

鼓励相关目标业态投资建设。完善招商引资各项政策,制定土地使用、税收和奖励政策,提高政府行政效率和服务质量,创造良好的投资环境,通过资本运作经营方式,引进大资金,鼓励运动休闲产业核心业态及其关联业态的投资建设,主要包括运动服饰制造销售、运动休闲康疗、运动休闲会议会展培训、运动休闲商贸等业态。

给予支撑性产业更宽松的发展环境。加快运动休闲产业融合,密切同税务、工商等部门的联系与沟通,争取落实运动休闲产业相关减免税政策,为运动休闲地产、酒店、酒吧、文化艺术等运动休闲支撑性产业提供更加积极的发展环境,促进运动休闲产业的一体化发展。

积极创造环境引导消费。在景区和场馆中预留对市民和游客的奖励门票,在重要节会期间投放。大力宣传运动休闲对提高人民生活质量、促进人的全面发展的重要作用,倡导大众健身消费新观念,引导运动休闲消费,培育运动休闲产业市场。建立公开、透明和管理规范的市场准入制度,鼓励社会、企业和国外资本在同等条件下积极参与运动休闲产业的市场竞争。政府和事业单位带头参与相关活动和消费。

⑧ 推进运动休闲产业发展标准化建设。制定《银川市运动休闲城市标准》(以下简称《标准》),推进银川运动休闲城市标准化建设。《标准》的结构体系包括"理由"和"标准条款"、"执行标准指标"。"执行标准指标"包括执行标准的"要求"、"方法""理解"、"实施"、"评估"5个方面。《标准》的测评项目包括城市基本条件、体育发展、设施管理、关键绩效与持续改进4个一级指标,13个二级指标,46个三级测评指标。银川运动休闲城市发展将以本标准为指导准则。

⑨ 发挥运动休闲行业协会作用。组建银川市运动休闲行业协会,切实发挥行业自律的作用,形成企业自我约束机制,保持高水平的行业服务质量,维护健康的市场环境。加强与国际、国内主要客源地等其他地区运动休闲相关行业协会的交往,融入到全国范围的网络化经营中去。加强运动休闲行业人员的培训,不断提高运动休闲从业人员的经营水平和业务水平。

⑩ 加快运动休闲资产的重组。加快运动休闲企业改革创新步伐,支持运动休闲企业以资本为纽带,跨区域、跨行业发展,网络化、多元化经营。鼓励运动休闲企业通过联合、兼并、收购或股份制改造等多种形式进行资产重组,组建运动休闲企业集团。

(2) 现代平台运营保障

大力发展运动休闲中介组织,建立运动休闲经纪人制度,培养高素质运动休闲经纪人队伍。积极开展运动休闲经纪活动,促进银川市运动休闲中介业的发展。

一是充分发挥专业机构和组织的带动作用,鼓励国际赛会机构介入,引入专项运动组织机构,联合民间专业俱乐部,共同推动银川运动休闲产业的发展。

二是充分调动专业中间商和平台的积极性,整合旅行社资源,引入国际旅游集团和专业会展平台,促进银川运动休闲节庆赛事活动的发展。

三是充分利用现代营销渠道和手段激活市场,通过专业营销和公关机构运营、指标化精准落地营销、多渠道立体推广、专业媒体推广等做响做亮运动休闲品牌。

(3)人力资源保障

① 明确运动休闲产业人才队伍建设的途径。一是完善运动休闲教育体系的建设;二是加强运动休闲科研队伍的建设。

② 加强运动休闲产业重点人才的培养。主要包括对行政领导人才、职业经理人才、体育经纪人、短缺专业和主力专业人才、技术指导人才等的培养。

③ 大力推进运动休闲产业人才支持体系建设。加强运动休闲人力资源支持,构建"管理委员会—技术指导委员会—社区专业服务队—志愿指导员"等多层级的运动休闲人才支持结构体系,加强运动休闲专业指导。

管理委员会。主要由职能部门、专业人士、社区代表等组成。

技术指导委员会。主要由各学校体育教师、各运动休闲中介机构技术人员、运动休闲民间组织成员等组成。

社区专业服务队。属于专职的运动休闲指导人员,可采用流动交互式服务,常年在各社区间流动提供指导服务。

志愿指导员。兼职性指导人员,主要由各高校运动休闲或体育专业的在校学生,或是具有相应能力和技术水平的人士(比如退役运动员、退休体育教师等)担当,指导邻近社区的一项专门运动(如轮滑、空竹、桥牌)等。

④ 培育运动休闲产业人才市场。制定相关政策,积极推进运动休闲人才市场建设,发挥市场在运动休闲人才配置中的基础性作用。建立运动休闲人才交流中心、指导员服务中心,培育专门的运动休闲企业职业经理人市场、体育经纪人才市场和运动休闲技术指导人才市场。积极扶持运动休闲人才网站建设,加快全市运动休闲人才信息网络化建设。

(4)发展资金保障

① 设置运动休闲产业发展专项基金。建议市政府和区市县各级政府从财政预算中划出一块,作为运动休闲产业发展专项资金。在对区县市发展资金的支持上,对获得银川市运动休闲管理委员会支持的建设项目,由市级专项基金提供20%的资金支持,各区县市自己配套80%。并根据使用效率评估投放维护资金——每次拨款预留20%作为维护资金,检查运动休闲设施损坏情况,不达标的项目则被停止拨款。

② 建立多渠道、多元化筹资机制。政策支持性融资。通过扶贫基金支持、生态保护项目、文物保护项目、世界旅游组织规划支持、国家及省市旅游产业结构调整基金等进行信贷融资。

大企业投资。鼓励实力雄厚、管理经验丰富的非国有企业、区外运动休闲企业投资。

私募资本融资。运动休闲开发商设立股份有限公司,并以股份有限公司的主发起人身份,向社会定向招募投资人入股,共同作为发起人,形成资本融资。

拓展融资渠道。按照运动休闲项目所有权、管理权和经营权三权分离的原则,以特许、转让和承包方式,广泛吸纳外资和民资。

创新渠道。如举办论坛、讨论会等高端赛事、会展活动,在增强影响力的同时吸引投资商目光。

③ 建立健全运动休闲产业招商政策。主要包括招商渠道选择、招商对象选择、招商项目筛选、招商标准与门槛设定、招商策略等方面。

(5) 发展政策保障

① 建立支持运动休闲发展的政策体系。由市委、市政府出台支持运动休闲发展的相应政策,引导和扶持政策应从产业政策、投资政策、财政政策、人才政策等多方面体现。

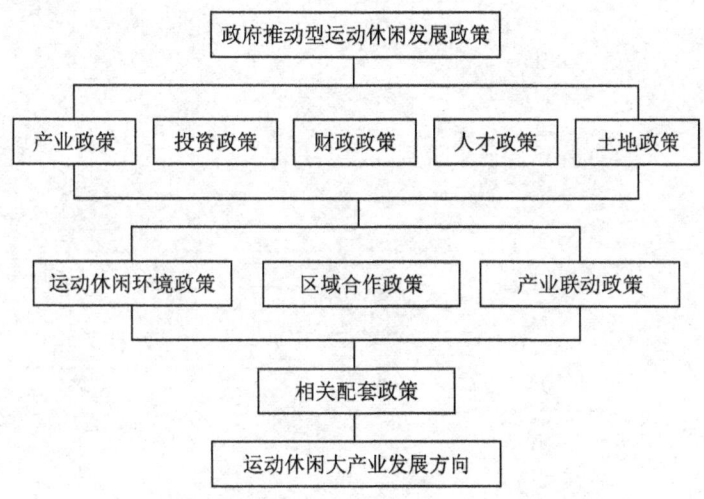

图1-24 促进银川市运动休闲业发展的政策体系框架

② 制定《银川市运动休闲管理条例》。制定该《条例》，依法规范管理运动休闲市场；制定并推行运动休闲服务行业服务质量等级标准，规范运动休闲中介机构、餐饮企业、酒店和运动休闲用品销售企业等的服务质量。

③ 深化落实相关优惠政策。对由市委、市政府出台扶持运动休闲产业发展的原有相关优惠政策，进行再调查和细化，确保这些相关优惠政策能够实际性地落实和发挥作用。

④ 加强运动休闲无形资产的开发和保护。完善相关政策措施，鼓励和支持各类运动休闲组织、体育赛事依法开发其专有名称、标志等无形资产。

⑤ 加强运动休闲行业执法力度。建立联合执法机制。由体育局牵头，公安、工商、交通、质检等与运动休闲产业相关的政府各部门参与，组成运动休闲发展联合执法队，密切配合，齐抓共管。

加强各级运动休闲发展质量监督队伍的建设。鼓励各级行业协会参与，并通过各种形式的培训，提高质监人员的执法能力与政策水平。

建立健全运动休闲消费者保护机制。完善运动休闲投诉受理和处理机制，建立投诉公示制度，有效监管运动休闲市场秩序，充分发挥社会监督和新闻监督的力量。

第二篇
珠海市旅游发展总体规划

一、项目背景

《珠海市旅游发展总体布局规划整合（2011—2025）》系于2010年启动的《珠海市城市总体规划修编工作方案》工作的15个重大专题研究工作之一。项目由北京中景园旅游规划设计研究院和北京第二外国语学院旅游管理学院联合完成。项目由北京中景园旅游规划设计研究院季诚迁院长主持，北京第二外国语学院旅游管理学院王欣副教授担任执行组长，主要参加人有邹统钎、许忠伟、陈刚等。

在《珠海市旅游发展总体规划（2007—2020）》编制完成三年以来（到2010年），珠海城市发展和旅游产业发展的条件又发生了一些重大变化，主要包括：

第一，2008年广东省在《珠江三角洲地区改革发展规划纲要（2008—2020）》获得国家批复，该规划纲要中赋予了珠海市珠江口西岸核心城市的定位，并强化了区域合作的要求。

第二，2009年6月国务院批复横琴岛为粤港澳创新合作示范区。港珠澳大桥建设进入了实质性阶段，高速公路、高速铁路、轻轨等大型区域性交通基础设施的建设将极大提升珠海的对外交通辐射力。

第三，2009年12月1日国务院颁布《国务院关于加快发展旅游业的意见》（国发〔2009〕41号），赋予旅游业更高的地位和发展要求。

面对区域发展、城市发展和旅游产业发展条件的重大变化,珠海市适时启动了珠海市城市总体规划修编工作。根据《珠海市城市总体规划修编工作方案》,15个重大专题研究工作率先启动。本项工作[《珠海市旅游发展总体布局规划整合(2011—2025)》]作为重大专题研究之第九项,由珠海市文体旅游局组织开展,积极研究未来珠海旅游业发展将面临的重要问题,为总规修编工作提供理论依据和技术支撑。

二、项目分析

(一)城市定位调整

1. 主要变化

(1)《珠江三角洲地区改革发展规划纲要(2008—2020)》赋予了珠海市珠江口西岸核心城市的定位,并强化了区域合作的要求。

"以珠海市为核心,以佛山、江门、中山、肇庆市为节点的珠江口西岸地区……"

"珠海要充分发挥经济特区和区位优势,加快交通基础设施建设,尽快形成珠江口西岸交通枢纽,增强高端要素,聚集发展功能和创新发展能力,提升核心竞争力,提高发展带动能力,建成现代化区域中心城市和生态文明的新特区,争创科学发展示范市。"

(2)国务院批复横琴岛为粤港澳创新合作示范区,设立横琴新区,粤港澳合作向纵深发展。

"推进与港澳更紧密合作","推进重大基础设施对接";

"积极开展与港澳海关合作,深化口岸通关业务改革";

"加强产业合作","全力支持在珠江三角洲地区的港澳加工贸易企业延伸产业链条,向现代服务业和先进制造业发展,实现转型升级";

"深化落实内地与港澳更紧密经贸关系安排(CEPA)力度,做好对港澳的先行先试工作";

"规划建设广州南沙新区、深圳前后海地区、深港边界区、珠海横琴新区、珠澳跨境合作区等合作区域,作为加强与港澳服务业、高新技术产业等方面合作的载体";

"创新合作方式","加强与港澳协调沟通,推动经济和社会发展的合作";"加强与东盟等国际经济区域的合作"。

2. 主要影响

(1)珠海市进入新的一轮城市化进程,城市人口和用地规划提升,城市功能升级,城市格局拉大。

(2)外来投资迅速进入,制造业将重新受到重视,服务业也将加速发展。

(3)城市更具外向性,游客周转量增大。

结论:商业、餐饮住宿业、城市休闲服务业、会议会展行业等将获得更大发展空间。

(二)重大基础设施建设

1. 主要变化

(1)港珠澳大桥进入实质性建设阶段,将于2015年通车。

(2)轻轨和广珠高速西线建成通车,增强珠海与珠三角其他地区联系。

(3)全国高铁网络建设,使珠三角进一步融入全国竞争与合作。

2. 主要影响

(1)中国香港特区将成为未来珠海旅游最重要的新增基础性客源地。

(2)深圳和珠江口东岸地区游客量有望实现倍增。

(3)珠三角商务旅游活动和休闲度假板块将加速融合,周边市场的竞争与机遇大增。对外部市场的总体吸引力增强。

(4)珠三角旅游环线形成,改变外来游客的活动方式。枢纽地优势和过境地危机同时强化。

(5)全国市场机会和全国性竞争同时强化。

(三)政策环境与竞争条件变化

1. 主要变化

国务院《关于加快发展旅游业的意见》(国发〔2009〕41号)确立旅游业为战略性支柱产业,赋予旅游业更高的地位和发展要求,为旅游产业发展营造了更好的政策环境,同时也带来一些挑战。

2008年起逐步恶化的国际金融危机给珠三角地区带来严重冲击,也给传统产业的发展模式带来重大课题。深化改革,创新突破,提升产业结构,提高可持续发展水平成为区域发展共识。

中国香港、中国澳门的经济和旅游业持续发展,尤其澳门特区经济近年来发展迅猛,城市能级和经济辐射能力显著增强。

2. 主要影响

珠三角发展面临的压力显著增加,需要在结构调整、制度创新、可持续发展等方面坚持探索。包括旅游业在内的现代服务业是珠三角和珠海发展的优势与希望所在。

国家最高决策层确认旅游业的地位,给予了珠海区域发展和旅游产业发展更多创新探索的空间,政策环境空前优化。

进一步增强与澳门旅游业的合作与发展,将成为珠海旅游业和经济发展的核心战略之一。

三、项目核心思路

(一)指导思想与规划任务

1. 指导思想

本项研究以科学发展观和社会主义核心价值观为指导,根据国家和广东省对珠海城市发展、旅游产业发展的新定位与新要求,针对珠海市改革与发展的新形势,积极调整并提出珠海旅游发展的方向和措施,为珠海市新一轮城市规划修编提供理论依据和技术支撑,指导珠海旅游业在"十二五"规划期间的健康发展。通过规划,进一步调整珠海旅游产业结构,提升珠海旅游产业功能,为将珠海市建设成为珠江口西岸核心城市提供更好的现代服务业基础和商务环境,为珠海人民提供更好的生活和工作环境,为珠三角区域提供更好的休闲度假和商务活动基地,促进珠海市发展成为更具城市魅力、经济文化活力和可持续发展能力的国际商务休闲旅游度假区。

2. 规划任务

(1)研究范围。本次研究范围为珠海市行政辖区,包括香洲、金湾和斗门三个行政区,横琴新区以及高栏港、万山、高新三个经济功能区,总面积约7 653平方公里,其中陆域面积1 687.8平方公里,海域面积5 965.2平方公里。

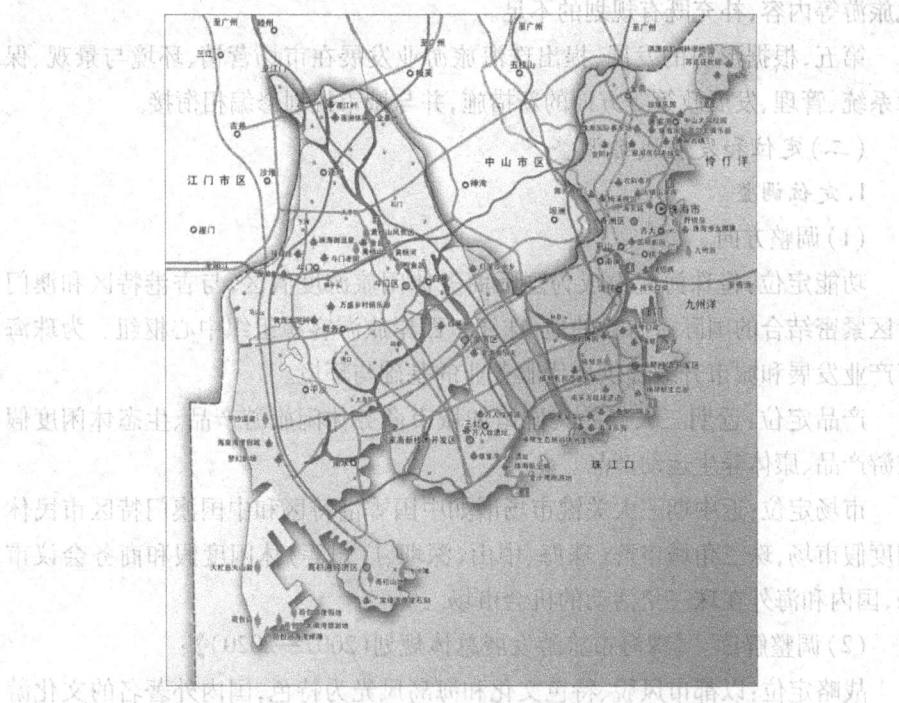

图2-1 规范范围示意图(未包含部分海岛和水域)

(2)研究期限。本项研究主要针对近期"十二五"规划期间(2011—2015年)的发展,中期(2016—2020年)的重大问题展望和远期(2021—2025年)。

(3)研究任务。本项研究是一项专项研究和规划调整,是为珠海市新一轮城市规划修编所做的旅游产业领域的支撑性研究工作。

本项研究的主要任务包括:

第一,在保持既有规划连续性的基础上,研究新的发展条件及其对旅游业发展的主要影响,并根据这一研究调整既有规划的不适用部分,为城市规划修编工作提供依据和支撑。

第二,在新的发展条件下,调整珠海旅游业在城市发展和区域竞争中的定位、目标和发展战略。

第三,在空间布局、土地利用、旅游产品建设、基础设施建设等方面调整既有规划,适应城市发展的新要求。

第四,深入研究珠海的历史文化旅游、乡村休闲度假旅游、横琴新区商务文化旅游等内容,补充既有规划的不足。

第五,根据形势的发展,提出珠海旅游业发展在市场营销、环境与景观、保障系统、管理、发展政策等方面的新措施,并与城市规划修编相衔接。

(二)定位和发展战略调整

1. 定位调整

(1)调整方向。

功能定位:将珠海建设成为国际商务休闲旅游度假区,与香港特区和澳门特区紧密结合的国际旅游目的地,珠江口西岸旅游客源组织中心枢纽。为珠海市产业发展和城市升级提供现代服务业的基础与环境。

产品定位:近期三大产品集群诸如城市商务休闲旅游产品、生态休闲度假旅游产品、康体养生运动产品。

市场定位:近中期三大关键市场诸如中国香港特区和中国澳门特区市民休闲度假市场,珠三角城市群(珠海、中山、深圳、广州等)休闲度假和商务会议市场,国内和海外在珠三角活动的机会市场。

(2)调整解读。《珠海市旅游发展总体规划(2007—2020)》:

战略定位:以都市风貌、特色文化和海岛风光为特色,国内外著名的文化游乐、时尚休闲、会展度假旅游目的地;国内高端休闲度假旅游产品的示范区和旅游服务国际化率先接轨区;珠三角旅游创新的重要基地。

主要职能:国内外著名的特色文化游乐与休闲度假胜地,港珠澳组合型旅游目的地中的交通枢纽节点、旅游服务基地,大珠三角旅游目的地中的游客组织与集散中心、商务住宿基地。

问题:

① 未了解到城市定位的变化;

② 在珠三角区域内定位不清晰。

《珠海市旅游发展总体规划(2007—2020)》:

入境客源市场开发重点:巩固稳定中国香港、中国澳门、中国台湾三地客源市场,进一步提高港澳游客来珠海旅游的比例;建立区域竞争合作战略,增加东南亚市场在珠海的市场份额;积极开发日本及新加坡市场,增加客源市场的比例;增加市场营销手段和措施,大力发展北美市场和欧洲市场;引导开发马来西亚、俄罗斯、澳大利亚等市场;逐步渗透打入其他客源市场,扩大珠海的入境客源市场范围。

国内客源市场开发重点:巩固稳定广东省内市场,提高重游率;加强市场营销力度,提高湖南、广西、江西市场占有率;大力开拓上海、浙江、福建以及北京等市场;积极培育开发四川、湖北、重庆、贵州等机会市场;加强营销力度,增加北方市场份额;有目的地开发国内其他市场。

细分类型市场:重点把握和引导观光休闲度假、商务会议、展览奖励、体育娱乐以及自驾车族、银发族、青少年、家庭度假旅游等细分目标市场;要逐步引导国内游客高、低端消费均衡,入境游客增加高端消费比例。

问题:
① 未顾及近期变化因素;
② 忽略了珠海客源市场的依附性。

2. 目标调整

（1）调整方向

① 强化旅游业在珠海城市定位提升中的支撑作用
- 为珠海制造业、物流业、文化产业等提供更好的综合服务环境;
- 为珠海城市定位提升和城市功能升级提供强大的现代服务业支撑。

② 补充珠海旅游在珠三角范围内的基础目标
- 成为珠三角城市群居民休闲度假核心目的地。

③ 强化珠海旅游在珠海和珠三角深化改革和加强与中国香港特区和中国澳门特区合作方面的开创实验目标。
- 成为珠三角旅游和相关产业改革实验的先导产业;
- 成为中国香港地区和中国澳门地区居民休闲度假市场的新兴目的地。

总体目标调整为:

将珠海建设成为国际商务休闲旅游度假区,中国最佳滨海旅游目的地城市之一,珠三角城市群(包括中国香港)居民生态型休闲度假的核心目的地之一,珠三角西岸境内外游客的运转枢纽型目的地。进一步强化珠海市的旅游目的地功能,并为珠海城市功能提升提供更好的环境基础和现代服务业支撑。

（2）调整解读

《珠海市旅游发展总体规划(2007—2020)》:

将珠海建设成为我国重要的旅游经济强市、具可持续竞争力的(城市型)旅游目的地,实现珠海旅游由过境地向区域组合型目的地、由观光地向度假地的转变,旅游业成为珠海的主导产业和规划期末的重点支柱产业,珠海旅游资源与环境实现可持续利用。

问题：

① 缺少旅游业对城市发展的作用表述；

② 缺少对发展政策及市场格局变化的考虑。

3. 发展战略调整

（1）调整方向。基本战略思路：

• 战略一：创新——政策创新先导

旅游业引领"先行先试"，强化政策试验和发展模式创新。

发挥珠海毗邻中国香港和中国澳门的区位优势，改革发展的意识优势和政策优势，利用各方有利条件，探索新模式，发展新业态。政策创新领域和要点包括：

① 文化艺术领域，在作品交流展示时放宽审查限制。

对应项目：西方文艺窗口——放宽审查限制的西方影视、文学、新闻作品的展示交流窗口（项目设置于横琴）。

② 农村土地和房屋产权领域，尝试设立局部私有化的产权改革试点。

对应项目：中国香港和中国澳门两地庄园——私人专有的"资本主义"庄园。

③ 外国人居留政策和投资政策领域，制定吸引居留、移民和投资的相关政策。

对应项目：葡萄牙语系街区——利用葡语国家的文化和人脉资源，发展葡人经营街区，扩展休闲娱乐(夜生活)空间。

④ 军事化空间的民事利用领域，和平时期利用军事管制的海岛发展旅游项目。

对应项目：珠海百岛度假项目。

• 战略二：调整——结构和功能调整

➢ 城市景观系统——向休闲娱乐业态和商务服务功能整合转化；情侣路北延工程的功能复合化——由单纯景观功能向休闲娱乐集群、夜生活区、商务办公区复合发展；

➢ 观光旅游产品体系向休闲度假业态转变；

➢ 通关服务系统向边贸商务娱乐文化系统转变。

• 战略三：整合——产品集群化整合

➢ 整合发展，形成市场规模效应，适当放弃过多门类选项；

➢ 形成主体集群：温泉高尔夫度假集群、都市娱乐休闲集群；

➢鼓励发展特质集群：休闲型边贸集群、中国香港和中国澳门两地度假私产集群、西方文艺集群。

• 战略四：重构——战略空间重构

➢主城休闲功能提升——酒吧街区、休闲码头、夜市和生活区、公共活动空间；

➢战略重心转移——旅游西进与旅游下海；

➢适当放弃集群外孤点。

（2）调整解读

《珠海市旅游发展总体规划（2007—2020）》总体指出以下四大战略：目的地建设战略、区域协作战略、差异化战略、国际化战略。

问题：

① 时局的针对性研究较少；

② 创新不足。

一般"旅游目的地"的建设，已不能满足珠海城市能级提升的需要，珠海旅游业在"政策先行先试"方面理应承担更重要的使命。针对珠海旅游的空间分散、主题弱化的严重问题，并未提出相应解决方案。

（三）空间布局与土地利用调整

1. 总体空间布局调整

（1）总体思想。第一，以若干旅游发展功能区为依托，以综合服务功能更强的旅游功能区建设取代点状布局为思路。

第二，整合现有资产，集群式发展。口岸商贸观光、温泉、高尔夫等既有优质资产，业已证明了其强大的根植性和生命力。未来的旅游产品体系应以此为基础，进一步扩展、丰富与提升。

第三，构成明晰而有市场冲击力的产品分类结构。目前的主打产品分属不同门类，目标市场差异巨大（如航展、圆明新园与御温泉之间），难以形成强大而明确的市场冲击力。未来的旅游产品体系应适当收缩和得到强化。

第四，摆脱空间划割的束缚。仅以市场为依据，以产品内质为标准，形成三个内涵相似、目标市场大体一致、空间上有一定联系的产品集群。

（2）总体格局。大体构成三大板块，空间上略有交叠，只以产品内涵予以划分。另构成十三个组团，形成事实上的旅游功能区。

强化三带，形成以旅游功能强大的景观带和旅游通道。

板块一：口岸城市旅游板块

以边贸特色、国际城市风情为特征，以城市休闲娱乐、商务旅游、会议会展、历史文化旅游为主体业态。

重点开拓国内团队市场和区域过境市场。

大体包含拱北组团、香洲（九州城附近）组团、唐家组团、南屏—湾仔组团、横琴组团。

板块二：温泉高尔夫度假娱乐板块

以温泉、高尔夫、高端会所等为一致功能的高端度假娱乐集聚，以度假旅游、康疗运动旅游、会议旅游为主体业态。

重点面向珠三角城市群高端市场，重点开拓中国香港、深圳市场。

大体包含御温泉—万盛组团、海泉湾—平沙组团、长隆组团（与横琴组团有交叠）、金湾—三灶组团。

板块三：乡村度假板块

以新建高端度假产品为主体业态，面向珠三角城市群，重点开拓中国香港、深圳市场，重点探索度假地产领域。

大体包含莲州组团、乾务组团、白蕉组团、红旗组团。

三带：情侣路北延段、西部通道、西南海岸景观大道。

第一，情侣路（重点在北延段）：功能复合化，景观宽带化，形成数个空间规模较大的结点。

第二，西部通道：贯穿东西部的旅游绿色通道。

第三，西南海岸景观大道：御温泉—海泉湾—三灶（或水路延至横琴），形成金色度假海岸。

(3) 基本空间战略。第一，集群开发。实现功能、容量、景观等方面的规模效应。第二，空间拓展。集中在"向西发展"、"向海发展"两方面形成增量资产。第三，功能复合。强化孤立点线，复合更多功能。第四，连贯通达。组成带状集群，建设景观通道，强化引导系统。

原有结构解读：

构建"一核、两翼、一扇、两带"旅游空间结构：

结合珠海"东延、西拓、强海、优山、美江、活岛"空间发展战略，构筑"以横琴为旅游创新增长极，以中心城区和珠海西部两翼为重要支撑，以陆岛（万山群岛）联动、扇面推进为特色途径，休闲经济沿南部滨海地区和北部山地带状集聚"的动态发展格局。

发挥横琴特殊的区位、地缘和空间资源优势,推动现代文化游乐产品及会展项目集群化发展,打造横琴旅游增长核;加强资源整合和环境优化,推动北翼以中心城区都市文化休闲为主、西翼以西部温泉高尔夫康体休闲度假为主、东部以万山群岛海洋生态休闲为主(扇面延伸)三大主题旅游功能区域的整体提升;重塑滨海都市休闲和北部山地生态休闲两大旅游带,显著提高珠海城市旅游目的地的综合吸引力。

问题:

① 实际情况表明,无法严格划分空间;

② 横琴规模较小,与城区不能区隔;

③ 未预见产品的变化,御温泉、海泉湾与长隆度假项目,业已构成一个性质雷同、功能复合的集群;

④ 海岛旅游开发受到多种因素影响。

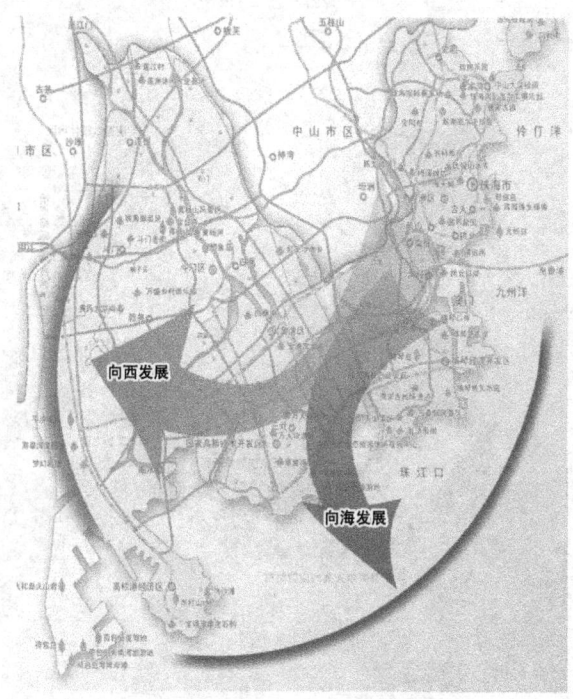

图 2-2 空间发展战略示意图

2. 重大项目布局研究

(1) 温泉高尔夫高端度假集群

西部—西南—南部沿海一线,涉及斗门、金湾、横琴,集中布局温泉、高尔夫、高端度假与会议产品,是最具发展基础,最具发展潜力,最有效对接市场变化前景的一个产品集群和功能空间。

(2) 拱北边城

立体化开辟空间,整理环境,增加娱乐、购物与休闲功能。与情侣路和酒吧街结合起来,形成一个整体。

(3) 情侣路城市综合休闲系统

将情侣路由单一景观道路转化为更大"带宽"的多功能旅游带,北延工程更将城市广场、夜市、休闲码头等内容增补进来,改变"珠海渔女"等孤立点的分布格局。

(4) 西方文艺之窗

在横琴中部文化创意产业区或横琴口岸附近,设置文化领域的政策实验产品,展示交流西方文艺。

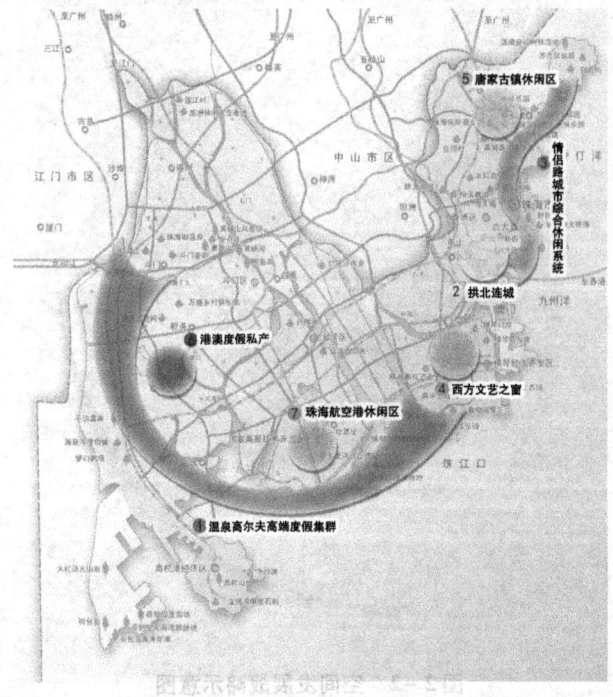

图2-3 重大项目规划示意图

(5)唐家古镇休闲区

利用现有古镇建筑和主体街道格局,通过整体的修整,转变为休闲娱乐与文化创意产业聚集区。

(6)中国香港和中国澳门度假地产

在农业观光板块和温泉高尔夫高端度假板块,分别发展具有私产性质的度假地产,吸引中国香港、深圳和经由中国香港的国际投资与消费。

(7)珠海航空港休闲区

依托三灶机场,发展会展和商务旅游。

3. 土地利用调整

(1)拱北区块城规调整要求。在城市规划上,将拱北口岸以北半径1 000米内尽可能提升商业用地和旅游用地比例,提高容积率,为地下空间开发预留政策。

(2)西部—西南温泉高尔夫度假区块城规调整要求。在城市规划上,为御温泉、海泉湾、万盛、金湾高尔夫附近分别预留现状2~3倍的旅游用地。将未利用的滩涂、荒山土地预留为旅游用地,政策困难的预留为生态景观用地。

(3)横琴区块城规调整要求。在横琴新区产业用地中,预留西方文艺之窗项目所用土地(50公顷高容积率用地),或在横琴口岸附近预留类似用地。

(4)唐家古镇休闲区城规调整要求。全面腾退古镇核心区居民住宅,整体调整为商业用地、旅游用地、文物保护区和文化产业用地。以街巷为单位,预留2~3条街道为休闲娱乐区,外围预留3~5条街巷为文化创意产业用地。

(5)乡村地区度假地产政策实验。在城规编制中探讨乡村地区度假私产建设的政策可行性,尽可能做出实验性规划上报。

(6)三灶机场附近土地利用调整。三灶机场附近的农田、滩涂和荒山,尽可能预留出1 000公顷以上会展和商务用地。

(7)主城部分街区功能复合化。在九州城、海天城、香洲码头附近,尽可能将老旧住宅用地、搬迁的行政办公用地进一步转化为商务用地,扩大公共活动空间,增加地下空间的开发。

(8)斗门(包括金湾一部)旅游功能土地增补。非基本农田、集中置换的宅基地、荒地,尽可能增补为旅游用地。御温泉、海泉湾、万盛、金湾高尔夫、黄杨山附近,水域周边面积小于1平方公里的岛屿和半岛,均不再设置工业用地。

(四)相关基础设施与服务设施安排

1. 旅游交通规划调整

(1)情侣路北延工程调整建议。将情侣路由单一景观道路转化为更大"带宽"的多功能旅游带,北延工程进一步将城市广场、夜市、休闲码头等内容增补进来。改变"珠海渔女"等孤立点的分布格局。

(2)西南沿海景观大道立项建议。预留西南"金色海岸"景观大道。特别注意向海一侧同时设置机动车道、自行车道、游憩步道。

(3)西部绿色通道立项建议。在现有道路基础上,划出旅游专用车道(由香洲及横琴通往西部温泉高尔夫集群),特别提升道路多语种旅游标志引导系统,以及面向中国香港和中国澳门和国际客人的多语种加油站和其他服务站点。

(4)道路标志系统调整建议。建设覆盖全市的旅游道路引导系统(多语种),逐步建设覆盖全市的多语种道路标志系统。

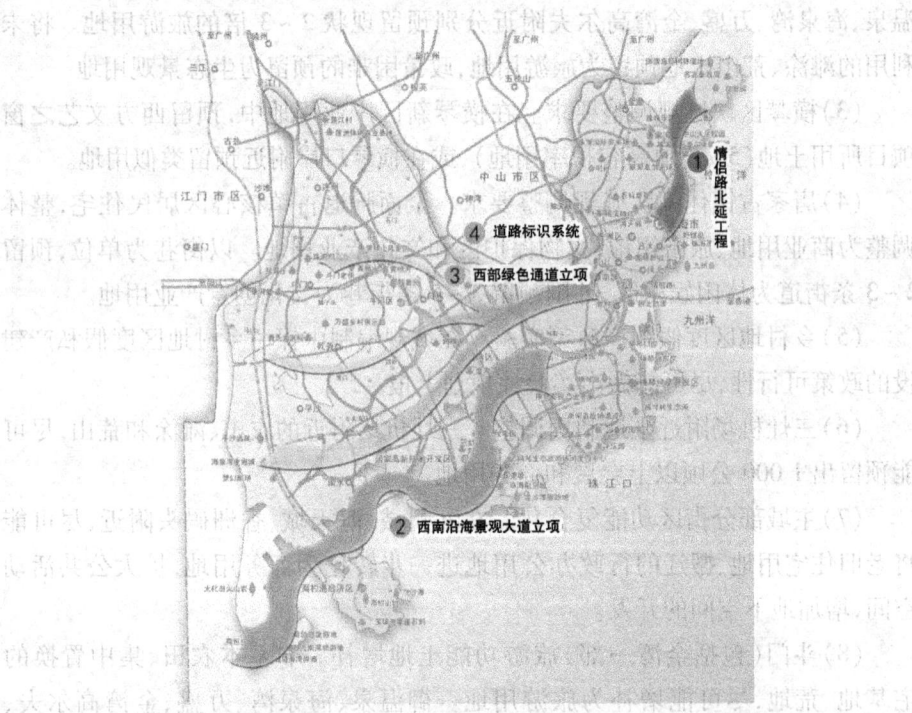

图2-4 交通规划调整示意图

2. 旅游服务设施规划调整

(1) 游客中心。具体划分为两类,即集散中心和信息服务中心。

集散中心,政府与定点旅行社和定点车船公司合作,廉价开行(或联运)到主要景区的巴士和轮船。主要分布于拱北口岸、湾仔口岸、横琴口岸、九洲港、客运中心、火车站(待建)和轻轨(市区中心)站、主要大型广场。

信息服务中心,提供游客信息咨询、旅游信息材料发放、纪念品和特产购物服务。分布于所有口岸和车站(包括未来铁路和轻轨)附近、主要景区附近、主要商业中心附近、主要大型广场。

(2) 道路标志。统一规范中英文(或多语种)标志。大量增加景区道路标志,采用珠海旅游"LOGO"。

(3) 城市景观系统。城市建筑风格、绿地和景观系统等,进一步强化休闲度假氛围。大量增加灯光夜景系统。

3. 接待设施和相关服务业布局

(1) 公共休闲活动空间。现状缺乏供游客集散、地标观光、休闲的大型公共活动空间。

建议增加3~5个10万平方米以上的广场,5个1万平方米以上的广场。

广场可与集散中心、旅游信息中心、旅游商品购物和公共休闲设施融合,将游客活动与市民休闲功能融合起来,建议布局于:

① 城市中心区:拱北口岸、珠海渔女雕塑附近、商业街区附近;

② 横琴、唐家、斗门、湾仔、金湾城市建成区中心附近。

(2) 酒吧街。扩大酒吧街,以现有酒吧街为基础,预留酒吧街扩展空间,特别是向海岸方向扩展,获得临海的视角。

(3) 夜市。规划面向游客的夜市区,主要包括夜宵和购物服务。在市区中心分布3~4处中心夜市街区,每处夜市街区长度达200米以上。

(4) 会展设施。大幅度提高会展预留用地。

(五)横琴文化创意旅游发展规划

1. 发展条件分析

(1) 发展现状

① 区位及交通。横琴经济开发区面积86平方公里,可供开发土地面积53平方公里,位于珠海市南部,珠江口西侧,南濒南海,距国际航线——大西水道4海里,北距洪湾保税区不到1公里,西接磨刀门水道,与珠海西区一衣带水,距

珠海机场约8公里,与中国澳门三岛隔河相望,最近处相距200米,距中国澳门机场3公里,水路距中国香港特区41公里。

② 发展历程。横琴经济开发区是省委于1992年3月12日批准成立的。1992年7月22日,珠海市委珠字〔1992〕17号文批准成立了珠海市横琴经济开发区管理委员会。2009年6月,时任国务院总理温家宝主持召开国务院常务会议,讨论并原则通过《横琴总体发展规划》,2009年8月,国务院对该《规划》作出正式批复,逐步把横琴建设成"一国两制"下探索粤港合作新规模的示范区、深化改革开放和科技创新的先行区、促进珠江口西岸地区产业升级的新平台,预示横琴经济社会深刻转型的开始。

③ 基础设施。开发区经过多年的努力,已基本实现通路、供水、供电、邮电通信、通宽带网络、有线电视、排水、排洪等基础设施建设。

供电:区内完善的电力网络和先进的电力管理将为客户提供稳定可靠的电力供应。

自来水:已接通市区管网,日供水量为3万立方米。

污水处理:采用雨污分流制。

电信服务:已建成的通信网络可提供国内外直拨长途电话、全球互连漫游移动电话、传真通信等。

邮政服务:可为企业提供快捷的邮政信函和速递服务。

互联网:提供多种数据业务,诸如数据基础业务、多媒体业务以及互联网数据中心(IDC)业务。

商业旅游:开发区强调"以人为本"的理念,重视环保和绿化、美化,力求实现区域经济发展、科技进步及人与自然和谐统一。

医疗:已建成的横琴医院,为区内员工、居民提供全面的卫生防疫、体检、医疗和救护等服务。

教育:区内有幼儿园、小学、中学;距区仅4公里处有全封闭、高水平的中国人民大学附属中学。

交通:横琴大桥连接横琴与市区,距市区约半个小时车程,莲花大桥连接横琴与澳门,并由国家一类口岸——横琴口岸出入境。

④ 规划布局。横琴岛的规划于2000年由新加坡"DPC"国际规划公司编制,美国"Jerde"公司对南部小区编制旅游规划,形成了完整科学的规划体系,努力创造适宜高科技聚集发展、旅游业发展的良好投资环境,强调旅游、交通、商

贸、人口、生活的协调发展,把横琴岛开发成为一个效益较高和持续性强的旅游岛。在开发旅游业和创建旅游环境的同时,也不忽略横琴岛社区的开发和发展活力的持续。

中心沟:西部作为发展预留用地;中部发展以水为主题的休闲康乐主题公园及学术、文化和居住结合的区域。

西北部:西北部发展环保型的高科技产业。

东部:东部(十字门)以航空物流、住宅、商业为主。

东北部:东北部以发展酒店业为主。

南部旅游区:横琴岛南部旅游区包含富祥湾、南湾和石栏洲区域,占地26平方公里。南部旅游区分成七个主题区域(主题公园区、海滨酒店区、自然旅游区、观光景点区、水上活动区、海滨度假区、高尔夫球场度假区),成为横琴南部旅游区的基本结构骨干。

⑤ 建设情况。基础设施建设初具规模,具备加快发展的基础和条件,近20亿元投入建设。到目前为止,已围海造地30多平方公里,建成了与澳门特区相连的莲花大桥、横琴口岸和连接市区的横琴大桥,修建了环岛北公路等一批道路工程,开通了程控电话,建成了11万伏变电站,接通了市区的供水系统,完成了主干道和城区的路灯、绿化工程,实现了桥通、路通、水通、电通、邮通和口岸通。

(2)资源

环境较好,但传统意义的旅游资源禀赋一般。横琴岛四面环水,气候温和,山清水秀,空气清新,原始植被保存完好。与中国澳门三岛一河之隔,澳门特区的中西文化建筑成为令人驻足观赏的风景线。因此横琴的发展不能走环境容量严重透支,大量消耗能源、水、土地等物质资源垄断式开发的道路,必须强调资本、创意、技术、人才等非物质资源的产业并大力发展。岛上有南宋古战场遗迹和许多美丽传说和少量历史遗址。

(3)珠海及港珠澳地区文化创意旅游发展情况

粤港澳三地在文化创意产业的市场开拓、技术研发、人才、资金等方面具有很强的互补性,文化创意产业合作与发展存在很大的空间。因此,研究如何利用粤港澳毗邻的地缘优势,在经济全球化格局下,整合三地发展优势,将横琴岛文化创意产业融入到粤港澳一体化合作圈中,联手参与国际经济合作与竞争,推动文化创意产业合作层次进一步向高增值化发展,对于大幅度提高横琴地区的创新能力,促进粤港澳科技型文化创意产业的发展是非常重要的。

文化创意产业已成为珠海市新的经济增长点,2009年珠海全市文化创意产业总产值有望突破300亿元,增加值约50亿元,约占国内生产总值的5.5%。2008年启动了珠海市文化产业发展专项资金申报工作,并确定了43项文化产业资助项目,得到贴息、奖励和资助。"金山"和"巨人"两大网络研发总部先后动工建设,一批重点文化产业项目稳步推进,文化产业对珠海国民经济的贡献日益凸显。

除了"金山"网游研发基地和"巨人"网游研发基地外,2010年珠海市着力推动横琴探索建设粤港澳文化创意产业园,探索"一国两制"条件下文化创意产业发展新模式,承接产业转移、融入国际市场、辐射珠江两岸、优化经济结构,全力打造"珠江西岸文化创意产业圈",并着力促成华强动漫主题城、奥飞动漫影视基地、中国香港特区文化创新创意园等一大批文化产业重点项目在珠海落户建设。

(4) 问题

面对2009年金融危机,亚洲各国率先突围,中国香港地区和中国澳门地区的辐射和带动作用越来越强,珠三角产业结构调整成效凸显,这些都为珠三角西翼大发展带来了千载难逢的好机会。在后危机时期,珠三角西翼地区,尤其是珠澳地区成为世界关注的焦点,成为珠三角乃至华南地区重要的增长极和亮点。2008年12月,国务院通过的《珠江三角洲地区改革开发规划纲要》指出:要"规划建设珠海横琴新区等合作区域,作为加强与港澳服务业、高新技术产业等方面合作的载体"。横琴岛能否成功打造成粤港澳合作新模式的示范区,能否开辟一个崭新的未来,关键取决于当前对社会经济转型的谋划,尤其是对横琴岛旅游产业的谋划。

横琴地区旅游发展的重点在于项目的选择和发展对策。旅游项目的选择与发展,既要遵循区域经济和产业经济发展的一般规律,更要把握与兼顾横琴地区的三大特殊性。

一是横琴地区旅游与文化创意产业的选择必须与"横琴的核心价值"结合起来。《横琴总体规划》的批复,给横琴地区的发展带来了千载难逢的重大历史机遇,既给横琴送来了良好的基础设施、便利的交通、高密度、高质量、高科技的科技研发设施,也带来了横琴品牌、粤港澳合作的新渠道、横琴聚焦等丰富的无形礼包,是一个名副其实的强力磁场和走向世界的巨型舞台。这种"磁场"效应和"舞台"效应,赋予了横琴地区"文化交流价值""商务会展价值""品牌传播价值"和"资源整合价值"。

二是横琴地区的高投资决定了其产业选择必须面向高端产业。国家对横琴地区的投资之大,密度之大,为横琴的发展奠定了腾飞的基础,而其产业的选择必须面向具有高成长性、高增值性、高科技含量、强联动效应、强根植性的高端产业。

三是政府的引导和扶持对于横琴地区产业的发展具有更加至关重要的作用。

横琴地区作为中国香港、中国澳门地区合作发展下的产物,相对于其他功能区来讲,其政府色彩更浓,其发展过程中政府引导和扶持可以操作的空间更大。横琴地区能否走向辉煌,关键在于政府能否针对其特殊情况,瞄准工作的着力点——制定规划、完善政策、强化管理与营销,制定出行之有效的具体措施。

基于以上考虑,本次研究将按照"分析横琴发展大背景,认清历史机遇;把握外部需求,确定发展方向;盘点区内资源,明确核心价值;借鉴经验教训,科学设计路线,明确保障措施"的研究思路,重点解决以下几个问题:明确横琴地区旅游总体定位;横琴地区文化创意产业和旅游发展思路与重大项目安排;区域形象建设和品牌营销。

2. 定位和目标

(1) 定位原则

整体协调。作为珠海市的一个功能性区域和在"一国两制"下探索粤港澳合作新规模的示范区,横琴在进行区域的功能定位时,需要考虑珠海整体发展的目标,需要中国澳门、中国香港等地确定建设方向,共同打造国家级新区和提升区域核心竞争力。

凸显价值。横琴地区发展是再造新的功能区,其功能定位要考虑地区价值的实现,尤其需要凸显区域的未来价值。

突出重点。作为一个86平方公里的规划区域,其功能应是多种多样的,但是其功能定位不能也不应该是大而揽之,无所不包,而应选择具有关键性的功能,以此带动其他功能的实现。

张扬个性。从更高的角度看,横琴地区乃至粤港澳是一个有机的发展整体,但从城市功能区发展的角度来要求,横琴区唯有通过差异化定位才能在竞争的严峻局面中脱颖而出,也只有发挥特色、彰显个性,才能促使整体更好地协调合作。

(2)总体定位

基于整体协调、突出重点、凸显价值、张扬个性四大原则,深度把握珠海整体发展、粤港澳发展对横琴岛的要求,结合横琴地区的现状特点,形成横琴地区旅游定位如下:

国际文化创意旅游示范区

定位解释。以文化创意旅游作为横琴的主导产业来开发,充分利用区位优势,发挥政策创新、国际交流和产业示范作用,大力发展现代服务业及其新型业态,把珠海的物质遗产、非遗与现代文明紧密结合起来,发扬珠海的创新精神,形成有特色、可持续的产业特征和区域功能特征。

(3)功能定位

集文化体验功能、创意聚集功能、高端度假功能、生态办公功能、游憩商业功能、展演功能于一体。

(4)发展目标及战略

近期(2011—2015年):构建国家文化创意产业基地,建成全国知名的生态休闲旅游目的地、中国最佳创意区。

中远期(2016—2020年):持续优化产业结构,不断创新发展模式,建成国际知名的文化创意之城、文化体验之城、文化交流之城。

3. 项目策划

(1)空间布局安排

一核:文化创意核。规划重点发展内容创意产业、演艺产业和旅游业。

四区:国际旅游区;艺术旅游区;生态旅游区;时尚旅游区。

(2)重点项目及活动策划

① 一核

• 咨询产业园

建设目标:针对中国澳门商务人群专业服务业产业集聚基地。

建设内容:建设"国际咨询大厦"作为咨询业的标志性建筑,汇集国内外专业化咨询服务机构,形成咨询业总部经济区。结合北部政务资源、周边文化创意产业、科技产业等现有资源,构建集法律、管理、政务等多细分种类的咨询产业园区。其中可具体包括投资顾问、管理顾问、国际商务顾问、市场拓展顾问、企业形象塑造咨询、海外移民顾问、房地产咨询、技术咨询、工程咨询、法律顾问、财务顾问、企业资信调查顾问、产权交易顾问、境外上市咨询等多个细分行业。

- 珠港澳信息服务业基地

建设目标:珠三角和中国香港、中国澳门信息服务产业基地。

建设内容:信息服务业已成为现代服务业最具活力和带动效应的领域。信息服务业的发展水平,已经成为决定城市现代化水平和综合竞争力的关键因素之一。横琴发展现代信息服务企业应当注重不同规模、不同领域企业的集聚特色,例如在吸引电信、通信巨头入驻,修筑高档独栋办公楼的同时,也为以中小企业为产业主流业态的信息技术(IT)服务业、网站类企业提供发展平台,以孵化器、中档办公楼、优惠政策吸引这些中小企业入驻,保证产业链条完整、保证地区经济活力。

- 横琴影视产业长廊

建设目标:中国最具创新性的影视产业聚集带;集影视人才培养、影视经纪、影视制作、影视配套产品制作、影视传播、艺术表演等各类影视业态的集合;吸引中国香港、中国澳门、珠三角地区影视企业和人才入驻。

建设内容:打造文化影响力特色,将文化产业链的业态整合为竞争力,拉动文化产业不同专业人群和旅游人群的集聚,同时以文化产业链上游产业发展为重点,努力吸引产业龙头入驻,争取文化中心的地位。文化产业链的上游产业业态整合主要体现在"人才培养→文化产品制作→文化传播"三个方面。

横琴影视培训基地落地横琴岛。为珠三角和中国香港、中国澳门地区影视文化业持续输入人才和消费力,同时可以建立孵化器,发展本地影视制作、影视技术中小企业。影视经纪业和影视培训业是吸引影视专业人才集聚横琴的决定性因素,也是横琴影视文化振兴的关键点。同时发展这两大产业会使大量年轻人群进入横琴,拉动人气和消费力,同时也拉动娱乐休闲业的发展。

横琴影视产业长廊。以横琴面向港珠澳的区位优势为基础,发展电影、电视节目、电视剧制作业。影视配套产业的齐全也是可以提升横琴地区文化产业竞争力的重要一环。影视配套产业(动画制作、道具制作等)本身也可以成为具有经济规模的大型产业,吸引全国和世界影视公司到此消费。建议建成沿伊通河步行街,中心为星光大道,以电影人物雕像大道或者电影节明星手印形成旅游景点吸引人气,街道建筑为商务办公业态,集聚影视制作、影视配套产品制作、影视经纪、影视培训企事业办公休闲业态。同时设有剧院演出场所和纪念品商场。

- 珠港澳媒体城

建设目标：广播电视、新闻媒体、出版类企业、广告业产业基地。

建设内容：集合广播电视、新闻媒体、出版类企业、广告业总部和中小企业孵化器的传媒基地。

争取省市级电视台、电台、报纸杂志类、网络类传播类媒体的落地，形成广电传媒业集群，提高区域的知名度、发挥业态竞合能力。同时还应发展如手机网站、手机报刊、网络(IP)电视、移动数字电视、网络广播、网络电视等新兴媒体，成为珠海广电传媒业新亮点。

传媒业、影视业、影视人才的集聚对于广告业的集聚具有巨大吸引力。横琴可以利用上述集聚优势，发展影视传媒文化外的文化产业新板块——广告业，吸引国际和本土广告企业聚集。

② 四区

- 国际休闲旅游区

建设内容：集居住、观览体验、购物、旅游接待于一体的综合性旅游社区。

商业配套：购物中心、世界美食广场。

娱乐配套：国际酒吧街、会所。

其他配套：瑜伽馆、国际医院、国际学校、主题酒店。

社区活动：国际时装模特大赛、迷你世界杯。

- 艺术生活特区

项目简介：以综合画(Montage)艺术为主要景观和文化特色的集居住与旅游功能于一体的旅游社区。

商业配套：音像中心。

娱乐配套：电影酒吧、露天影院。

其他配套：主题酒店。

社区活动：电影大展映、影视"Cosplay"。

- 生态旅游社区

项目简介：以节能和大量绿色公共空间为主要特色的集居住、休闲、游憩于一体的园林式旅游社区。

商业配套：屋顶餐厅、社区商店、花卉林荫路(Mall)。

娱乐配套：空中花园、下沉式植物园。

其他配套:社区医院。

社区活动:绿色环保创意大赛、生态夏令营。

- 时尚旅游区

项目简介:以时尚社区活动和面向新一代年轻群体的居住生活空间为特色的集居住、休闲体验功能于一体的综合性旅游社区。

商业配套:咖啡屋、茶馆。

娱乐配套:涂鸦墙、街舞培训中心、旋转木马。

其他配套:美容养生中心。

社区活动:社区街舞表演、社区街球赛、社区轮滑大赛。

(3) 开发策略

① 大型活动造势。通过大型活动策划,举办大型活动,吸引投资和消费,壮大地区经济文化,同时也把地区发展策划与招商策划结合在一起考虑。

港珠澳旅游业界联谊会。成立港珠澳旅游交流会筹委会和专家顾问委员会,借鉴"广交会"经验,借势横琴特区的建设和澳门合作的品牌,依托会展旅游优势,积极争取珠海市和国家旅游局的支持,组织策划重点面向港珠澳和珠三角地区的旅游活动,带动区域物流、商贸、旅游、房地产等现代服务业和会展等文化创意产业的全面发展,在较短时间内创建横琴地区作为港珠澳旅游目的地的品牌,推动横琴地区经济社会全面进步。

横琴国际艺术节。依托横琴独特的区域品牌优势,创建中国综合性艺术节品牌和版权交易平台,如表演、展示、发布。现有的文化创意产业中心作为活动举办场所、创作场所,建设艺术版权交易平台等。艺术形式可以包括:音乐、舞蹈、绘画、书法、雕塑、各剧种、影视、服饰、工艺品等。

② 创新经营理念。大型区域的运作必须理念为先,围绕理念构建产业、吸引客流、盘活资源,使区域焕发生机。而理念经营的根本在于理念创新,理念创新要先于商业模式创新、产品创新、体制创新。

横琴地区要成为文化创意产业的聚集区域,必须要实施生态保护示范工程,大力发展以科技和绿色为特征的现代产业,突破单纯的景观型、居住型或者产业型等发展模式,从而走一条融会展旅游、科技研发、生态地产为一体的综合型生态园区发展之路。

环境方面,采用国际公认的先进设计理念,富有生态文化及艺术内涵,建设成为国内生态地产的示范先锋;将交通问题摆在重要位置,使道路交通设计与产业布局、目标客户流向、与外区域的分工联动紧密结合,满足目标客户的通行、旅游、消费、居住、工作的需求;注意煤气、热力、上下水、通信等各项市政基础设施的配套;建设完备的绿化、街头雕塑、休憩休闲场所等。软环境方面,采取多种形式为各类驻区企业服务,提升企业的竞争力,改善整个区内的经营氛围,提高地区整体吸引力、产业集聚力;提供孵化资金支持;与有实力的管理咨询公司合作,为区内文化创意企业提供咨询策划;定期举办各类文化创意企业交流会、研讨会,发展园区商务会所的集纳、交流功能,促进区内企业之间的横向联系等。

品牌经营有利于提升整个横琴地区的形象和商业价值、带动区内土地和物业的增值、增强区域的持续发展能力。可以将"5D"(生态办公区、游憩商业区、生态文化区、创造聚集区、展演中心区)作为重点品牌进行构建。

③ 政策保障地区健康发展。以横琴地区发展文化创意产业为契机,向国家及市政府申请文化创意产业集聚区认定,争取政府给予文化创意产业专项资金的支持;申请产业、税收等方面的优惠政策,如减免土地增值税等;争取部分国家和省级机构入驻横琴地区;争取省级以上重大投资建设项目落户横琴地区;逐步建立完善横琴地区产业促进、中小企业扶持、人才引进和知识产权保护的政策体系。

(六)珠海历史文化旅游发展规划

1. 历史文化旅游开发战略

(1)基本定位

根据《珠江三角洲地区改革发展规划纲要(2008—2020)》《珠海市城市总体规划(2001—2020)》和《珠海市旅游发展总体规划(2007—2020)》,依托珠海市旅游资源、目标市场预测、发展现状和旅游产业发展规律,确定珠海文化休闲旅游基本定位。

历史文化旅游的性质定位——珠海历史文化旅游定位。服务支撑珠海旅游整体战略,打造珠海休闲之都,宜居城市。

历史文化旅游的市场定位——主体市场包括过境游客市场、中国香港特区、中国澳门特区和珠三角其他城市常住居民和本市居民。

(2)发展目标

改变珠海旅游"过客不留客"的局面,必须加强珠海旅游资源的吸引力和城市宣传。人文历史资源是珠海的重要旅游资源,通过提炼珠海文脉构建一个标志性文脉地标——唐家湾和发展系列化文化节事活动,使文化成为城市的另一张名片。

(3)总体市场选择

面向珠海市民,依托各处人文景观的建设,使之成为珠海市民文化休憩的主要场所。

面向珠三角地区,突出珠海特色的各类重点博物馆、纪念馆、名人故居、历史遗迹,使之成为珠三角游客向往的文化休闲胜地。

面向国际市场,通过各种文化节事活动的举办,特别是通过各类非遗舞台化,使珠海成为国际旅游线路的重要节点。

(4)发展战略选择

① 差异化发展。差异化发展也称为错位发展,其核心是创制差异化产品,形成核心竞争力。休闲本是离开日常工作的短暂放松,珠海人文历史休闲的发展方向是不仅仅满足游客放松心情的需要,还要关注游客体验学习的需要。通过重点项目的创办使游客体验到如火如荼的敢为天下先的创新精神与文化。

② 资源活化战略。文物文化资源尤其是思想类资源,只有通过文化转化才能形成具象的载体,使游客可以感知;只有通过与时代需求的对接,落实到时尚消费的层面,才能产生社会效益和经济效益。因此,我们要使资源变得鲜活,使文化可以解读,可以消费,就要大力把冒险的海洋文化、崇文重教的留学文化、重商亲商的商业文化、开拓创新的特区文化等转化成城市风貌、文化设施、主题公园、主题酒店、修学教育、旅游节庆、特色美食、旅游商品、特色娱乐、会议论坛、文艺演出。

2. 唐家湾旅游发展思路

(1)现状分析

唐家湾镇位于珠海市北部,与中国香港特区隔水相望,与中国澳门特区陆路相连,是珠海市北门户的交通枢纽。唐家湾是一个名扬海内外的著名文化古镇,辖区内保存有众多的具有较高历史、科学、艺术价值的传统建筑群,犹如一朵奇葩,灿烂夺目。这里钟灵毓秀,名人辈出,见证了近代中国的历史转型,浓缩了中国由农耕文明走向工业文明、由大陆文明走向海洋文明的历史进程。

存在的问题。一是唐家湾历史遗迹与现代民居相杂,中间缺少缓冲,不利于文物背景环境的保护;二是整个唐家湾缺少足以吸引游客的旅游资源,共乐园、唐家三庙、上栅卢公祠、苏兆征故居等景点有较高的开发价值,但是单个景点难以吸引游客。

(2) 基本定位

性质定位。唐家湾为展示岭南文化的核心区，是珠海人文历史旅游的主题所在，为了突出唐家湾在珠海人文历史旅游的主导性地位，其性质定位为"重现古镇风貌，尽显岭南风采"的历史文化区。

功能定位。以弘扬岭南传统文化和开放竞先的时代精神，开展岭南文化景观观光，以及旧城访古、休闲娱乐、餐饮购物等为主导功能。

客源对象。以珠三角西岸城市（包括港澳）居民、省内及国内游客、海内外侨胞以及珠海过境散客为主要客源对象。

(3) 开发建设思路

所有的固定类旅游吸引物的打造，无非有两类模式：一类是将单独的一个景区打造得足够有影响力，以此来吸引游客。另一类是通过众多小型且有特色的旅游景点、商店、餐饮、娱乐的空间集聚达到整合旅游资源，突出整体形象的效果。结合唐家湾的实际，选择第二种开放思路比较切实可行。具体开发项目如下：

旅游环境。以改造旧城环境为先导，修葺共乐园、唐家三庙、上栅卢公祠，同时采取市场化运作方式，结合小区建设，恢复古城风貌。

吃。在修葺好的古镇区外围，开发一条特色餐饮街，使之成为美食者的乐园。

游与购。在修葺好的古镇区，开发一条特色岭南文化休闲街，使之成为了解岭南文化，特色民间商品的展示交易中心和文化休闲场所。

娱。借助珠海丰富的非遗中歌舞类资源，开发1~2个经典的演出剧目，做好文化演出项目。

住。改造民居，开发"岭南人家"接待项目。

所有这些项目的打造，其目的就是营造一个"场所意境"，使游客在唐家湾这个传统建筑群中去体验岭南传统文化和开放竞先的时代精神。通过旅游不同业态的空间集聚，使游客在唐家湾这个国家历史名镇，得到不同寻常的旅游体验。

(4) 规划原则

① 以保护为前提的开发建设原则。遵循"保护为主、抢救第一"的方针，严格按照"保护性开发、恢复性建设、创新性设计"的要求，以保护文物资源为前

提,以开发促保护,通过开发使文物资源得到合理有效利用。

② 文化内涵和旅游产品外延一致性原则。延续岭南文脉,以其文化内涵的外延和具象化为方向,进行景观设计和环境建设,以提高旅游产品的文化品位,丰富旅游产品内容。

③ 与城市总体规划相协调的原则。旅游规划在进行旅游功能设施建设和旅游产业要素配置的同时,注意与珠海市城市总体规划相协调,使城市建设与旅游开发相互促进,相得益彰。

④ 整体性原则。唐家湾的开发和建设作为珠海人文历史旅游的龙头区域进行建设。将产业要素的组合、资源保护、环境改造、设施建设作为有机整体进行统筹安排,使之成为珠海旅游的重要环节。

(5)重点项目

① 岭南美食开发项目。唐家湾餐饮业的发展思路应向特色化、多样化、品牌化方向努力,弘扬传统的食品制作工艺,开发具有地方特色的美食系列,同时加强管理和促销,最终形成酒店餐饮、社会餐饮、特色餐饮相结合,融美食与体验于一体的唐家湾旅游餐饮体系,提高唐家湾在"食"这个吸引要素中的竞争力。

注重餐饮新产品的开发和传统美食的保留及创新,弘扬岭南传统的食品制作工艺,开发具有珠海特色的美食系列,不断推出面向旅游者的拳头产品和特色餐饮,使旅游者感受到浓郁的岭南地域饮食文化和中华民族饮食文化的博大精深。

打响三大品牌旅游餐饮:

品牌1:文化大餐。深度挖掘当地饮食文化。整理当地的史料和传说,结合当地的饮食特色和传统,进行特色餐饮的文化包装,进行系列化的开发,推出系列文化餐饮,形成一个文化大餐的品牌餐饮系列。例如:民生宴、模范宴、求学宴、出海宴等。

品牌2:唐府家餐。唐府家餐分为唐府家宴、唐府喜宴、唐府寿宴。要在深度挖掘唐氏家族的历史基础上,把唐家湾名人的故事融入到菜品和就餐环境之中。

品牌3:生态海鲜餐。当前,人们对于餐饮的原生态要求提到了一个更高层次。珠海面临大海,背靠丘陵,具有良好的生态环境,可以提供生态餐饮充足的材料。因此,珠海要力推"珠海生态海鲜餐"这个独特品牌。把当地的绿色蔬菜、土鸡、土蛋、土猪、土鱼和各类海鲜菜系列化。

打造多层次餐饮服务设施：

从餐厅类别看，应配备中餐厅与西餐厅。中餐厅应有鲁菜、川菜、淮扬菜、粤菜等不同风味；西餐厅应有美式、欧式及日本料理、朝韩料理等。

在消费档次和服务方式上，应有豪华餐厅、风味餐厅、大众化快餐店及经济食堂。随着散客和团队旅游者的日渐增多，餐饮业的发展要走多层次化的消费之路，既有不同档次、规格、标准的饮食场所，又能保证消费层次高的客源要求，在唐家湾建立 1~2 家边欣赏文艺演出、边品尝地方风味餐饮，格调高雅，服务上乘的旅游餐饮剧场，定会成为吸引游客过夜、提高经济收益的重要环节。

从布局形式上要集中，利用唐家湾外围的民居就地改造为餐饮场所。唐家湾美食的亮点不在于个体规模，而在于体现单体的特点。每处餐饮场所内部装修、文化氛围和菜单各具特色，使游客在原民居中体验丰富美食。

② 岭南文化休闲街区项目。旅游购物作为旅游产业要素之一，在旅游收入中占有很重要的地位，旅游发达国家和地区，游客购买旅游购物品的消费可占旅游消费总额的 40%~60%，我国热点旅游区也可占到 20%~40%，旅游购物品的开发、设计与销售越来越受到旅游业界人士的重视。

唐家湾岭南文化商品街项目，主要利用修葺好的民居民巷做好旅游商品销售和文化休闲场所。使游客在欣赏特色民居的同时，购买具有浓郁地方特色的旅游商品和体验文化休闲。以民居民巷激发游客体验特色文化的欲望，以特色商品满足游客体验文化的欲望，以特色茶坊酒吧满足游客体验文化的空间。将民居直接租赁给旅游商品销售商和特色茶坊酒吧。销售店铺以"前店后厂"的模式经营，使游客不仅能购买特色商品，还能了解商品制作的过程，增加其文化体验。特色茶坊酒吧要营造个性文化气氛，要突出特色，突出差异。

特色旅游商品商铺的开发需要注意以下几点：

- 地方特色

旅游购物品没有地方特色就没有生命力、吸引力和竞争力。旅游者到旅游地总愿意买一些能体现地方自然、文化、民俗、乡土特色的旅游购物品。游客虽不能带走一地的山水文化与民俗，但希望带走象征和体现地方形象的物品，以满足情感的寄托和将来的回忆与纪念。珠海应充分挖掘具有地方特色的民间手工艺品、土特产品、风味美食，在唐家湾集中销售。

- 多样化

唐家湾主要针对散客市场,旅游者虽然在购物动机和购物需求上有广泛的共性,但由于他们在文化修养、社会地位、职业性质、年龄性别、兴趣爱好等方面的差异,表现在旅游购物品的需求上存在较大的区别。因此,珠海市旅游商品的销售,必须做到多类型、多品种、多档次,以满足不同消费层次游客的需求。

- 艺术性和纪念性

艺术性和纪念性是旅游购物品区别于一般消费性商品的显著特征。销售的旅游品应该有鲜明的珠海旅游文化内涵,设计出既富有艺术欣赏性,同时又反映地域文化特征,还有别于其他地区的旅游购物品,使之集艺术性与纪念性于一体。

- 便于携带性

旅游购物品应精致、小巧、包装精美、易于携带,否则旅游者会因不便携带而放弃购买。另外,某些体积和重量大的旅游购物品,要成立专门的服务机构,提供诚信的邮寄、代办托运和打包等服务,打消购买者的后顾之忧,使之能放心购买。

- 精品化

在旅游商品的系列化、多样化和配套化的基础上,以现代旅游需求趋势为基本出发点,设计、生产、销售具有高品位的旅游购品,切忌粗制滥造。衡量精品的一般标准是:设计新颖、选材精良、工艺精湛、内涵深刻。

特色茶坊酒吧开发应注意以下几点:

外部装修因地制宜。特色茶坊酒吧在外部装修上维持原貌,对整体街巷不做大的改动,体现唐家湾古镇的风貌。内部装饰各显神通,体现出不同茶坊酒吧的特色。

格调多样。唐家湾古镇是我国近代走向世界的第一镇,在文化上包容性强。茶坊酒吧的格调需要多样性。可以有中式的茶楼、西式的酒吧,以满足不同游客的需求。

风格一致。唐家湾古镇文化积淀深厚,酒吧应以静吧为主。

③ 唐家湾文化演出项目。"娱"是旅游六要素中衡量旅游业发展水平的一个重要指标,也是旅游弹性收入的一个重要方面。文化娱乐活动是旅游者迫切需要的消费内容,也是重要的旅游经济增长点。必须重视娱乐业的发展,旅游娱乐业应大手笔策划,多层面展开,开放式经营,使之与观光游览、假日休闲浑

然一体，相得益彰，成为唐家湾文化旅游发展的新亮点。

第一，节事活动引爆娱乐亮点。旅游节庆活动既是一种专项旅游产品，又是一种旅游促销活动，更是旅游娱乐的重要形式，尤其是在宣传促销、扩大知名度、招商引资、带动区域旅游发展等方面成效显著。

在政府主导下，加强旅游节庆活动市场化、企业化和产业化运作。切实提高节事活动的大众参与性，切忌"阳春白雪"的"贵族"活动和政府形象工程。

第二，民间曲艺形成娱乐精品。整理以粤剧为代表的地方戏曲的经典剧目，在公共场地，如唐家三庙等地公开演出。政府支持民间戏曲团体，提供场地和经费支持，让民间戏曲团体成为唐家湾文化娱乐的积极演出者。

④ 岭南人家——民俗接待项目。唐家湾可以选择"B&B"，即"住宿和早餐"，由一个家庭空出几间房屋作为客房出租经营的方式开展民俗接待。这种民俗接待可以充分利用社会资源为旅游服务，并使游客与当地的居民零距离接触，有助于主客交流，增强旅游的参与性、互动性与体验性。

政务需要制定民俗接待标准，提出餐厨、住宿、环境、交通等要求，如区位良好、交通方便，有专供宾客住宿的房间，要求房间采光、厨房通风、独立卫生间、洗浴间、消毒用具和灭火器具等。

在空间布局上要打造、改造和营造三线并举，即："打造"一个集中的"人家"，主体功能是信息沟通，游客集散，标准设置，示范引导。"改造"一批分散的"散户"，主体功能是分担接待，活化民俗，利益共享，减少冲突。"营造"一体的"岭南"原生态氛围，要求市场化运作，标准化要求，特色化经营，制衡化监管。

(6) 运营模式

政府对岭南文化休闲街区的管理是政府引导，市场化运营。政府的重点在于：商铺出租时，对销售商进行严格遴选，杜绝大众化的商铺和一般性茶坊酒吧，使若干个小商铺各具特色，其内装修和所售商品（服务）成为吸引游客的亮点；市场秩序的维护，杜绝欺诈和假冒伪劣；提供游客公共休息场所，提供公共服务。北京南锣鼓巷的开发可以提供成型的经验。

3. 会同古村旅游发展思路

(1) 现状分析

会同村是"中国买办之乡"，位于凤凰山麓深处。村内建筑有 100 多年的历史，其祠堂、民居建筑质量上乘，典型岭南风格的建筑与西方西洋风格完美结合，100 多年来保持风采。目前会同古村老宅居民很少，村民已另筑新房。

存在的问题:一是会同古村目前比较荒芜,影响其接待游客的质量;二是会同古村知名度比较小,还没有引起游客的关注。

会同村良好的旅游资源开发利用不足,如明珠埋沙,开发会同村的旅游需做必要调整和改造。

(2)基本定位

性质定位。会同村为展示岭南民居文化的核心区,是珠海人文历史旅游的重点所在,为了突出会同村在珠海人文历史旅游中的独特地位,其性质定位为"岭南古村,商贾福地"的历史文化区。

功能定位。以弘扬岭南民间文化和重商敬商的时代精神,在打造成为国际一流水平的智能化、低密度、生态型的集休闲度假、商务会展、拓展训练等主题为一体的综合性休闲度假区的同时,成为高端、睿智、博纳的大型商务活动场所。

具体建设内容包括国际高品质休闲度假会所、休闲运动俱乐部、注册会计师(SPA)养生馆、拓展训练营、露天实景剧场、综合会务中心等高端休闲度假产品。

客源对象。以珠三角西岸城市(包括港澳地区)法人为对象,承接各类公司、协会和政府会议。

(3)开发建设思路

公司会议市场增长极为迅速,目前公司和协会的会议趋势是会议与会议后短暂的休憩融为一体。会同村交通便利、毗邻凤凰山,自然环境非常好,且有大量空置的良好民居,非常适合做会议休闲度假村。

具体开发项目诸如会同村整体环境改造、停车场建设、会议中心建设、餐饮中心建设、农业采摘园建设。

(4)重点项目

① 会同村整体环境改造。该项目已经作过规划,其要求是民宅外观修旧如旧,内部安全舒适,村内干净整洁。

② 会同村停车场建设。60间民宅,每间民宅住16个人。其接待能力为960人。需要的停车位是400个左右。停车场需要结合自然环境,避免大面积裸露地面和水泥地面。

③ 会议中心建设。会议中心内需建立可容纳1 200人的会议厅一个,500人会议厅一个,100人会议厅5个,30人会议室25个。

④ 餐饮中心建设。根据会议总人数预测量,会同会议休闲度假村餐位预测量可用下列公式计算预测:

餐位预测数 = 日游人量(人/日) × 就餐率(%)/平均餐位接待人数

餐饮是主要旅游接待经营项目,游客就餐率取90%作为测算基准。

由于游客就餐时间的先后关系,就餐位有时间差,正餐时间相对较满座的规律,平均每餐位的接待人数为1次。可测算需要有800人同时用餐。

⑤ 农业生态园建设。在会同村附近建立优质的配套农业生态园。开发特色餐饮绿色菜系,开发垂钓、采摘等娱乐项目。

(5) 运营模式

将会同村及其附属项目整体交由一家公司开发运作。政府和社区入股,享有股东的权力,公司作具体经营。浙江乌镇的开发可以提供成果的参考。

4. 珠海其他历史文化资源开发

珠海市历史资源较为分散,个体普遍较小,不易成为单独的景区。这些历史文化资源应该在保护的基础上,成为市民接受历史文化教育、文化休闲的载体和背包客探寻历史的对象。

5. 营销规划

珠海的人文历史类景点比较适合时间不长的文化休闲游,其市场的目标对象是常驻珠海周围城市圈(中国香港特区、中国澳门特区、广州)等地居民、本地市民、学生和已经在珠海的商务客人、过境游客和海滨游客等。通过适当的营销,吸引他们做历史人文旅游活动。

营销的主体是政府,营销的重点在于突出珠海历史人文重点资源,提升珠海人文历史资源的整体知名度,激发游客的好奇心,增强游客的体验。

(1) 市场营销策略

① 开拓重点市场,重点营销。针对大学城,依托学校网站、条幅,以政府的名义赞助学校活动、免费发放宣传资料,让在校师生了解珠海的历史。不定期邀请大学城同学组团来做社会调研和写生。利用学生群体的传播,开拓背包客市场。

针对珠海当地市民,可以在市内公共广告区发布公益广告,在小区等设立广告牌,广告牌上凸显珠海丰富的历史遗产。

针对外来商务游客,在飞机、火车、客车等交通工具上张贴珠海历史人文宣传广告或在机场、车站免费发放宣传手册。宣传手册要注意简洁清晰、方便游客携带。

② 区域组合与协作互促。珠海市的历史人文资源与相邻的中山、中国澳门地区、中国香港地区不可分割。需要做好区域协作,发挥联合优势,共同打造珠三角的人文历史形象,促进区域旅游经济圈的快速发展。组合优势不仅能够使各方面在系统运作中发挥自身优势,而且为网络中的合作区域提供强大的客源支持。

（2）形象定位

主题形象定位：岭南文化的代表地。

主题旅游品牌：领略岭南好风情,探寻开放发源地。

（3）旅游营销推广

① 大众媒体宣传。选择相关的、权威的大众媒体,组织形象传播攻势。在方法上,注意文字媒体与声像媒体的结合,形成立体效果；在手段上,注意硬性商业广告与软性新闻宣传的结合,产生整体形象传播效应。

充分利用媒体宣传珠海"岭南典范,人文荟萃"的旅游形象,可以从三方面着手：第一,邀请新闻媒体工作者乘船拍摄珠海历史人文的纪录片或撰写新闻稿,给广大游客全新的视觉效果。第二,珠海拥有大量清末古建筑,独具岭南艺术风格。邀请中央媒体宣传珠海,或通过各种渠道邀请大剧组或导演来珠海拍戏,承诺尽可能提供各种便利。第三,积极向各种权威杂志投稿,占领各个宣传版面。

在广东、福建、中国香港地区、中国澳门地区的晚报、晨报,如《广州日报》广告版、《南方都市报》周一C3叠商旅时代、《羊城晚报》旅游专版、《新报》专副版、《东方日报》旅游广告版,以及全国性的报纸做宣传。

② 其他媒体宣传。互联网。向国内主要网站,像中国旅游网、新浪网、中国广州旅游网等发布相应广告。精选部分珠海历史人文照片、文字材料或视频提供给中国旅游网,使中国旅游网在首页或国内游子频道首页提供网络广告宣传。

通信。可以和广州移动、联通公司签订合同,在旅游黄金季节向外来游客发送以宣传珠海历史人文为目的的短信,其内容可以为"岭南典范,人杰地灵"。

交通工具。利用地铁、公共汽车、出租汽车等交通工具进行广告宣传,在车票背面印制珠海历史人文或广告语,并注明具体地理位置与行车路线。

印刷品类广告。利用画册、信封、挂历、台历、邮票、明信片、纪念册、旅游手册、旅游指南等进行广告宣传。

③公共关系传播。拍摄电视专题系列片,全面介绍珠海悠久的历史和丰富人文故事。

借助与各类来珠海创作的艺术家联系,举办各种书法、绘画、摄影、雕刻等艺术研讨会或展览。

借助各行业协会的力量,组织旅行社、饭店、车船公司、旅游区、旅游商品商等,分别召开市场分析通报会,加强业内交流。

④节庆与大型活动。珠海每年举办的"珠海航展""元宵节民间艺术大巡游""汽车赛"大型活动在全国影响非常大。在节事活动期间刊登宣传广告,并与组织方联系,邀请组织者和节事活动参加人员免费参观珠海历史人文景点。

6. 珠海历史文化旅游开发保障措施

(1) 建立协调沟通机制,形成部门联动的工作格局

建立全市历史人文保护开发会议。旅游业是一个综合性产业,发展涉及服务产业、城市建设、文化文物和社会整体秩序等多个方面。为加强协调,统一力量,需要各有关部门大力支持历史文化旅游产业的发展,各负其责,协调一致,须建立起"大旅游"的发展格局,强化对旅游业发展各个环节、各个方面的管理,共同推进旅游产业的发展。

(2) 建立扶持激励机制,为产业发展提供政策保障

设立旅游产业发展基金,投入公共财政资金,制定旅游发展规划和市场战略,做好区域品牌形象构建、先期市场开发、项目包装策划、文物保护、市政基础设施建设等公共产品领域的公共管理和社会服务工作。

为促进社会各方力量发展旅游业,制定更加具有针对性的区域历史文化旅游业鼓励扶持政策,适当进行政策性倾斜,对重点文化旅游项目、特色旅游活动、创意旅游产品和对旅游产业发展作出杰出贡献的企业单位给予表彰和奖励。包括:在财政、税收、各种申报审批手续方面制定一系列优惠政策;对于开发和经营该市被企事业单位、居民占用的文保民居,给予申报手续等方面的支持和便利,鼓励社会资本进行开发;对手工艺创作室、民间手工艺人,提供旅游商品开发支持资金;对开发经营有特色的历史文化旅游服务设施,给予相应政策支持;对于策划销售本区特色深度游产品的旅行社,根据深度游产品的效益和知名度给予奖励,并提供交通、参观等方面的便利政策。

(3) 建立良性互动机制，聚集政府与社会的力量

建立"政府与社会"的良性互动机制，聚集政府与社会的各方力量。充分发挥政府宏观指导、监督、协调与服务的职能，在政策引导、规划控制、区域旅游品牌构建、基础设施建设、环境营造、规范市场等六大方面起主导作用，培育良好的旅游产业发展环境。在社会力量中，首先是积极培育企业的市场主体地位，鼓励支持企业参与，推动旅游企业向市场化、专业化方向发展，发挥市场在资源配置中的基础性作用，强调市场化运作，同时吸引社区居民、新闻媒介、社会团体、驻区企事业单位等众多力量的参与，形成历史人文旅游发展合力，最终形成"政府主导、部门联动、市场运作、社会参与"的科学发展模式。

（七）斗门区"岭南水乡"农业观光发展规划

1. 斗门农业观光产业发展前景分析

从整体看，斗门区自然环境美，农业休闲资源较为丰富，农业观光发展潜力巨大，对乡村休闲度假旅游者具有很大的旅游吸引力。其中，岭南水乡文化分值比较高，最具开发价值，因此，斗门农业观光适合发展岭南水乡民俗体验和农业观光旅游项目。

(1) 优势

较为丰富的水体旅游资源和良好的生态农业景观环境；

便利快捷的区域交通条件，农业观光的可进入性较好；

与黄杨山、金台寺形成集聚效应，依托温泉休闲品牌吸引高端客源，有利于构建独具特色的岭南水乡市场形象。

(2) 劣势

农业观光接待规模有限，精品项目稀少。农业观光特色是农业观光的亮点，它是通过游客对旅游产品的认知而形成的一种市场形象。缺乏旅游精品，是导致竞争力不强的根本原因。资源类型比较单一，仅限于自然生态旅游资源，人文资源较少且位置偏远。

旅游基础设施供给不足，旅游接待环境不容乐观。以莲江村为代表的农业观光接待村落旅游基础设施建设相对不足，主要表现在乡村环境不够优美和卫生条件不理想。此外，在旅游信息化提速的技术背景下，斗门区旅游信息网络化程度较低也是阻碍旅游接待规模化扩展的主要因素。

农业观光品牌建设滞后，尚未形成独具特色的农业观光形象体系。斗门农业观光没有明确的形象设计和形象传播，往往导致市场盲目、无序的发展。

(3) 机遇

区域交通一体化引发的乡村历史性机遇。

新农村建设的政策契机。新农村建设围绕农民增收、农业增效和城市功能区域定位问题，以统筹城乡经济社会协调发展，优化农村产业结构，实现人与自然和谐发展为任务。

(4) 威胁

脆弱的水体资源，如果在开发过程中没有协调好保护与开发的关系，则不可避免地会出现短期行为。

同业竞争日趋激烈。除珠海斗门区外，在广深珠农业观光市场辐射圈内已有很多农业观光在如火如荼地开展，它们必将成为斗门农业观光的竞争对手。而且大部分农业观光和休闲农业观光项目差异性不大，彼此替代性较强，一般都是农业观光、佳果名茶品尝、水上休闲、农业知识学习等。旅游项目趋同导致旅游功能近距离趋同，旅游功能缺乏独特完整性，旅游吸引力不强。

总之，斗门应充分利用其发展农业观光业的诸多优势，把握住其发展旅游业所面临的大好机遇，积极实现向农业观光业的跨越式发展。通过科学规划，精心设计，深入挖掘，形成自己的旅游特色，形成自身的竞争优势，就可能实现向农业观光业的成功转型，从而发挥旅游业的带动效应，为"社会主义新农村"建设提供有力支撑。

2. 市场定位

斗门农业观光发展定位于对岭南水乡民俗文化、对岭南特色古村落、对绿色生态环境，以及对现代观光农业具有浓厚兴趣和强烈向往的客源市场与旅游群体的发展；为此，应努力将斗门农业观光构建成集生态休闲娱乐、健康美食品尝、乡野旅游观光、绿色农家采摘、木屋度假别墅于一体的"最具代表性的岭南水乡休闲度假区"。

(1) 旅游客源市场分析

近年来，随着我国人民生活水平的提高，城市生活方式节奏的加快，旅游者的旅游消费观日渐成熟，人们开始不再追求花最少的钱、用最短的时间、玩尽可能多的景点这种浮光掠影、走马观花式的旅游，而是渴望身心彻底的放松与休闲的生活，或到风景秀丽的地方小住几天，或到远离城市喧嚣的乡村度假养生，或到大自然中与三五好友小酌相聚。有关专家指出：乡村度假需求从产生、发展到具备一定规模所需的时间并不长，我国在3~5年内可望形成具有一定规模的农业观光度假市场,这一市场的形成和扩展,将为旅游业创造出旺盛的需求。

本项目就是立足于乡村度假型的旅游市场,将传统的旅游和人们日常的生活度假相结合。利用有利的地理优势和区域的天然资源优势,向游客提供具有参与式的农业观光度假休闲服务。

(2)客源市场定位

以珠海市区为市场基础,以广深珠区域市场为核心,以珠江西岸区域市场为重要补充,争取中国香港、中国澳门入境游客为代表的国际市场,走远近结合、重点突破的道路。

① 近程客源市场。包括珠海、广州、深圳、中国澳门地区、中国香港地区等地区,其经济发达程度相对较高,本地区旅游业发展也有相当规模。居民对特色旅游和休闲旅游兴趣较大。地区居民出游次数较多,旅游意识强,旅游要求也比较高。

② 中程客源市场。指中山、江门、佛山、东莞地区距斗门车程一般在两三小时左右。该区域适于发展周末休闲市场。

③ 远程客源市场。指珠江西岸地区和长三角区域。前者经济水平相对落后,居民旅游购买力相对不足,后者距斗门区空间距离较远,需要在交通快捷一体化的基础上着力开发为一条独具特色的岭南水乡风情游支线。

(3)地域客源市场分析

根据前述乡村度假型旅游市场的战略定位和市场调研的情况,确定了此项目的客源市场选择的依据,并按照滚动发展的逻辑,将项目的发展和市场的拓展分为近、中、远三期。结合项目设计的产品及其发展态势,形成以下游客结构分析表。

表2-1 斗门农业观光区客源结构分析表

市场分级	游客结构			
近期一级市场 (核心市场、 重点市场)	从外地到珠海市旅游的国内游客	广州、深圳、珠海地区的城镇居民	珠海市的居民	斗门周边2小时车程内的城镇居民

续表

市场分级	游客结构			
中期二级市场（辅助市场）	从外地到本省旅游的游客	广东省内的城镇居民	来穗旅游的国际游客	国内外艺术家创作人群
远期三级市场（拓展市场）	东部沿海发达地区城市居民	京津冀经济圈城市居民	欧美、东亚国家及地区游客	

(4) 定位

① 总体定位：最具代表性的岭南水乡休闲度假区。

② 形象定位：岭南水乡、度假天堂。

③ 产品定位：绿色生态观光游、岭南水乡休闲度假。

④ 旅游宣传口号："浅山滨水，乡野休闲"；"碧水青山休闲乐，甘瓜硕果见岭南！""别城市喧哗，入室外净土，住岭南别墅，看田园风光"。

⑤ 目的地形象标示物：莲花。视觉形象标志：七彩莲花。餐饮形象标志：荷花宴。

⑥ 品牌联动机制：莲洲镇—莲江村—莲花池—荷花宴。

3. 发展目标与开发战略

(1) 定性目标

① 品牌形象。深入挖掘和包装斗门区最本质、最亮丽、最具特色的"岭南人家"与"园林生态农业"的旅游资源与元素，推出能集中展示岭南水乡交错布局水网、绿色生态果园、古朴厚重民居、品味高雅艺术、喜庆和谐民俗的旅游资源特色，以及印证珠海市明清、民国和当代发展脉络的岭南水乡文化游、民居民俗考察游、果园生态休闲游三大旅游产品，斗门区构建成集绿色农业生产、民俗旅游观光、岭南水乡生活体验、健康美食品尝为一体的"岭南水乡旅游胜地"。

② 产业定位。构建完整顺畅的旅游产业链，增加本村旅游产业附加值，提升旅游经济运行质量和综合效益。将特色农业观光产业培育成为带动珠海市产业结构调整和拉动斗门区生态农业、林业、加工业和服务业协调快速发展的国民经济支柱产业（根据国际公认标准，旅游产业对国内生产总值增加值直接贡献率超过8%）。

(2) 定量目标

根据旅游发展规律,一个旅游区的游客量发展常常呈现出初始发展阶段、快速发展阶段与平稳发展阶段三个发展周期。初始阶段发生在旅游区开始阶段,由于旅游业刚刚起步,旅游设施还不完善,旅游交通尚未跟上,加上知名度不够,因此其发展速度相对较慢。发展阶段则出现在旅游区已具备一定知名度,区内游憩娱乐设施也初具规模,且具有较强的接待能力,游客量会迅速增长而达到高潮。但这种情况持续一段时间后就会过渡到平稳阶段。根据上述理论,结合斗门区农业观光发展现状(需补充数据),我们保守预测,斗门区农业观光分阶段定量目标如表2-2所示。

表2-2 斗门区农业观光发展分阶段定量战略目标

统计指标 年份	游客人数/年 (万人)	人均消费/次 (元)	平均逗留时间 (天)	旅游综合收入 (亿元)
2010	280	150	0.5	4.06
2015	320	200	0.8	4.66
2020	360	250	1.4	5.28

(3) 产品开发原则

• 以资源为基础的原则

旅游产品开发必须以资源为基础,斗门区休闲旅游产品的开发必须充分利用其独具特色的山、水、习俗资源,在现有优势资源的基础上进行旅游产品的设计。

• 以市场需求为导向的原则

把握客源市场特征,针对不同地域、不同收入、不同年龄等细分市场,设计对应的旅游产品,突出产品的创新。重点瞄准四种人群(有钱、有闲、有房、有车)。此外,小资是现代休闲旅游市场的重要组成部分,产品的设计应突出体现小资情调。

• 多层次产品组合的原则

根据资源品位的高低与市场适宜程度的综合分析,细分出多层次、多级别的旅游产品,确保产品开发的合理性和适度规模。

●体验设计的原则

强调体验经济、参与性对旅游产品设计的意义和现实性,力求满足旅游者的两种期待心理(求补偿、求解脱)和旅游后的三种感觉(亲切感、自豪感和新鲜感)。

(4)总体战略思路

斗门农业观光产品的开发,必须根据旅游资源的分析评价,客源市场的分析预测,以及旅游产品的开发原则,围绕"山""水""莲"三大元素设计产品系列,挖掘区位的文化内涵,主打"岭南水乡休闲度假"旅游品牌,优化斗门农业观光发展格局,实施"213"战略。

① 面向两大市场。即面向珠海市场,将斗门农业观光建设成为珠海市民乡野旅游观光、农村生活体验、健康美食品尝、生态休闲娱乐的后花园;面向广深澳及其他周边中等以上城市市场,将斗门构建成为城市居民的生态农业示范基地、乡野观光度假乐园、岭南水乡文化体验重镇。

② 依托一个龙头。斗门农业观光开发要依托莲洲镇岭南水乡旅游开发项目为核心驱动力。目前莲洲已经成为斗门农业观光发展的主要接待区。农业观光整体推进后的莲洲旅游必将使斗门乃至珠海的游客数量大增。要树立起"游岭南水乡、品荷花莲藕盛宴、宿莲洲古居"的农业观光品牌,建设全国最具代表性的岭南民俗游品牌。

③ 建设三大核心旅游区。即岭南民俗度假区,位于莲江村晚清民居建筑群中。构建集餐饮、娱乐、休闲、婚庆、会议为一体的乡村休闲度假区。

水乡风情体验区,绿道四号线之灯笼沙至黄杨河段,打造集中体现水上婚嫁、水上运动休闲,展现岭南水乡风情、秀美山河的水乡风情体验区域。

观光采摘区,位于莲江村生态农业建设基地,构建集生产、科普、教育、培训、观光、休闲娱乐、会务活动为一体的现代农业园和生态农业示范基地。

4.空间规划与项目开发顺序

(1)功能区划分

斗门区农业观光规划以"近割远连"为核心理念统领全局,以"动静分离"为主导理念进行功能划分。

以"近割远连"为核心理念统领全局:

近割。度假区内的功能区划分既要合理、清晰,又要融合渗透,即乡村度假、水乡休闲、观光采摘各大功能区之间既分割明确又互相渗透。

远连。不仅保持度假区的核心区山水相连、形成环线交通,而且要使核心区与缓冲区和试验区之间文脉、交通贯通。更为重要的是,要使环湖路向外延伸,与县、市、省的主要干道相连。

以"动静分离"为主导理念进行功能划分:动态区域包括瓜果采摘园、水乡风情体验区、岭南文化广场等;静态区域包括岭南人家休闲度假区等地。

(2)功能区开发的时空规划

本规划将根据斗门农业观光区带的发展战略,综合考虑市场需求特征和未来变化趋势,根据突出重点、兼顾一般、预留远期开发用地的原则,明确斗门农业观光区带各个功能区的开发时间序列,以及在不同发展阶段各个功能区的优先等级,以保证旅游的有序、有效和可持续发展。

表2-3 斗门农业观光区空间布局划分

一级功能区	二级功能区	具体项目	规划思路
A 岭南民俗度假区			打造集餐饮、娱乐、休闲、度假、会议为一体的岭南民俗度假区
	A1 岭南人家	100个独具晚清风情的岭南民居住宿接待民俗户	建设成为一个集餐饮、住宿、休闲、娱乐功能为一体的特色民俗接待群
	A2 林间别墅区	8~10栋乡村木屋别墅	构建以"绿色、生态、自然、健康"为主题的乡村木屋别墅,建设成为集餐饮、会议、康体、住宿为一体的林间休闲会所群
B 水乡风情体验区			
	B1 综合服务区	接待管理处、卫生间、标志牌与解说服务处	主要负责旅游区的接待管理、综合服务
	B2 水上项目区	水上婚嫁演出、人工沙滩浴场、水上游船、水上运动中心、泥疗	着力树立"淡水休闲"的品牌形象

续表

一级功能区	二级功能区	具体项目	规划思路
	B3 特色娱乐区	射箭场、野营烧烤、白领休闲吧、滑翔基地、滑草场等	构建具有特色的娱乐项目区
	B4 素质拓展区	攀岩、高空悬降、高空断桥、信任背摔、逃生墙等	构筑"素质拓展"集中营
C 观光采摘区			
	C1 果园采摘区	荔枝园、香蕉园、莲藕采摘基地等	建设开放成熟的果园,利用参观、品尝、采摘、购买等一系列活动,满足旅游者的多种需求
	C2 生态体验园	开辟蔬菜种植园	通过为旅游者提供农业生产过程的体验,充分享受田园耕作乐趣

表2-4 功能区开发重点及时序安排

旅游功能区(项目)	近期	中期	远期
A 岭南民俗度假区			
A1 岭南人家	●		
A2 林间别墅区	■	●	
B 水乡风情体验区			
B1 接待管理区	●		
B2 水上项目区	●		
B3 特色娱乐区	■	●	
B4 素质拓展区	▲	■	●
C 观光采摘区			
C1 观光果园区	●		

续表

旅游功能区(项目)	近期	中期	远期
C2 生产体验园	■	●	
D 民风体验区——千年古槐	●		
E 其他			
四座中心停车场	●		
三座形象雕塑群	●		
岭南水乡文化广场	●		

注:●在本规划期内优先规划,重点开发;■在本规划期内组织规划,进行前期基础设施开发;▲在本规划期内进行开发论证,预留并保护资源。

5. 项目策划

(1) 莲江村千年古槐

位置:莲江村。

面积:300 平方米。

具体安排:该区域主要设有五组建筑:"文天祥雕像"、"圆形石拱门"、"千年古槐"、"千年古井"、"点将台戏楼"。

"文天祥雕像"。在莲江村村道右侧 5 米处,竖立一尊文天祥手持宝剑的立身雕像。雕像前右侧平卧一块古朴石碑,所有材质均采用当地特产的大理石、花岗石等材料。四周用铁栅栏维护,占地面积 15 平方米(长 5 米、宽 3 米)。碑文大致介绍文天祥的一生,并突出"伶仃洋保卫战"的典故。

"圆形石拱门"。现存建筑就地取材,高 2 米、宽 1.15 米,是当地比较有代表性的石门建筑。规划重建时,本着"修旧如旧"的原则保持其古朴风貌。门洞面积可以适当扩大至宽 1.5 米、高 2.5 米,在门楣的上方刻上横联"留取丹心"。

"千年古槐"。挖掘、包装村内的千年古槐一株,使之成为聚结旅游人气之所在。在中国传统历史文化中,大槐树历来都是忠孝和保媒的象征,故有大槐树是游子寻祖和"槐树为媒"的传说。因此,也留下了讴歌颂扬大槐树的歌曲。其中,最有代表性的就是电视剧同名主题曲《大槐树》。

"千年古井"。挖掘、包装村内的千年古井一口。据传,古井有数千年的历史,水质清洌,水源丰沛,水中含有人体需要的多种微量元素,饮用具有美容修身、强身健体的功效。在中国古代,常用"心如古井"来描述烈女守贞,后来强调官员的修养——"忍"字当头,波澜不惊。古井旁竖一块解说牌,刻上"千年古井",并放置一个水桶,可让游客自己从井里取水饮用。

"点兵台戏楼"。设计时,可以在原址上加固戏台,并搭建一个半开放的亭阁式戏楼。建筑平面呈凸字形,前台长8.7米、宽5.5米、高3米,台面离地1.65米。戏楼为单檐石砖瓦结构,由8根木柱作支架。后侧两边有厢,厢沿边设木栅栏,前台与后台之间用木板屏风隔开。后台长13米、宽3.3米,三侧用火砖围砌,后侧开有花窗。戏台基部四周用方形大石板围砌,牢固美观。前台地面铺设火砖,台面铺设木板,与地面架空,形成共鸣台腔。戏楼最前方的两根木柱上阴刻一副描述文天祥一生的长联,这副长联应邀请中国书画家协会的书法大师创作、撰写和刊刻。目前可以使用一副短联——"人生自古谁无死,留取丹心照汗青"暂时替代。戏楼主要演出与南宋历史剧和以文天祥为代表的爱国人士的典故有关的剧目与节目。演出开始的时间分别是:上午10:00,下午15:00。

(2) 三座门与四个停车场

① 三座门。在这三座门中,长育门为主大门,体现"庄重沉稳";共生门为莲江民俗村入口门,表现"阴柔和谐";宁寿门为村内分割门,展示"优雅精致"。由此,三座门的建造和取名完整概括了整个度假区的营建理念和经营宗旨:以宁静、和谐的心态追求竞合、共生的境界。

表2-5 莲江民俗村三座门特征

名称	位置	用途	体量(米)	风格	特征
长育门(G1)	莲江村村口	指示、标志	8×4	仿汉	庄重沉稳
共生门(G2)	莲江村西侧河道旁	引导游客	6×2	天然	阴柔和谐
宁寿门(G3)	莲江村民居与别墅区中间	分割功能区	3×3	园林	优雅精致

② 四个停车场。莲江村长育门内大、小型车停车场(P1、P2);在长育门北侧稍远处,分别修建一处大型车和小型车停车场。前者专门用于旅游团队大型车辆的停放;后者专门用于自驾车人士和其他非住宿游客小型车辆的停放。根据地形情况和每个大车车位面积(车位长10米、宽4米),停车场设计30个大车车位,总占地面积1 800~2 000平方米。由于每个小型车的

车位宽2.5米、长5米,因此,小型车停车场需要设计20个车位,总占地面积375~400平方米。

莲江镇水乡文化广场东、西停车场(P3、P4):

在距文化广场20米左右东西侧各建设一个中型停车场,设计容量为:小型车停车场需要设计20个车位,总占地面积375~400平方米。

表2-6 斗门区内四个拟建停车场特征

名称	位置	用途	车位数(个)	占地面积(平方米)
大型车停车场(P1)	莲江村长育门内	停放旅游大巴车	30	1 800~2 000
小型车停车场(P1)	同上	非住宿游客停车	20	375~400
水乡广场西侧停车场(P3)	莲洲镇水乡文化广场西侧20米	同上	同上	同上
水乡广场东侧停车场(P4)	莲洲镇水乡文化广场东侧20米	同上	同上	同上

(3)岭南民俗度假区(功能A区)

岭南民俗度假区是斗门农业观光住宿接待最集中的区域,其规划和建设必须走特色化道路,寻求细分市场的竞争优势,同时也要契合乡村度假的主题定位。因此,该区域的建筑特点和风格是低密度,高舒适度;小体量,大写意,求自然。

① 岭南人家接待区(功能A1区)

规划理念:热情、舒适、恬静、自然。

空间位置:莲江村晚清民居群落中。

产品定位:乡村特色休闲、民风雅居文化体验。

目标客户:普通休闲度假游客、乡村文化体验游客、会议休闲度假旅客。

总体规划思路:岭南人家规划建设成为一个集餐饮、住宿、会议、休闲、娱乐功能为一体的民俗户群落。保存现有晚清民居的古典民居风格,通过轻巧设计、便捷技术、人性化服务,以期达到统一形象、民主化管理、集团采购、一体化建设的市场目标。

② 林间别墅区（功能 A2 区）

空间位置：莲江村后山林场空地，依山而建。

规划理念：绿色、生态、自然、健康。

设计定位：乡野私密空间。

目标客户：休闲度假游客、私密消费群体。

总体规划思路：在莲江村北面山坡上，根据山体特点，依山而建 8～10 栋乡村度假别墅。这些别墅依山傍水，与周边山林环境融为一体，迎合了城市高消费人群追求绿色、生态、自然、健康的心理需求。置身其中，能够充分感受到返璞归真、回归自然的舒畅。

具体项目设计：单体别墅。使用天然绿色优质木材，依山而建 8～10 栋、单体、双层、低密度、乡村度假别墅。体量大小不等，占地面积在 150～240 平方米之间，高度 7～9 米，容积率 0.8。小体量别墅长 15 米、宽 10 米、高 7 米，占地面积 150 平方米左右；内设有一个套间，可容纳 4～5 人。大体量别墅长 15 米、宽 16 米、高 9 米，占地面积 240 平方米；内设一个套间，可容纳 8 人左右。每栋别墅后面都带有一处独立小型车库，与盘山路相连。

每栋别墅周边种植一些灌木加以装饰，同时，还要为每栋别墅赋予一个能够代表其特色的优雅名字。

林间茶亭。在山地的树林间零星布置 5～7 个休闲茶亭，为酒店和别墅客人提供一个以茶会友、体味人生的休憩场所。茶亭由三角形粗木支架支撑，尖顶覆盖山草。茶亭高 2.5～2.7 米，直径 3 米，亭内置石桌石凳或竹桌竹椅。外表粗朴，但格调高雅。

(4) 水乡风情体验区（功能 B 区）

① 水乡文化广场及综合接待管理区（功能 B1 区）。在莲洲镇中心开辟 1 000 平方米的广场用地，以三组雕塑群勾勒出岭南水乡的历史脉络和文化氛围。

在莲洲镇水乡文化广场北侧，设置接待管理区，主要是服务接待中心。无论是在区域方位上还是行使职能上，都处于中心地位。由此，可以为游客提供购物、租赁等服务，也可以引导游客分流，其目的为游客提供快捷、方便的服务。

该中心规划为一个两层仿古建筑，长 15 米、宽 18 米、高 9 米，占地面积 270 平方米。内设小卖部、租赁部、卫生间等设施。

② 水上项目区（功能 B2 区）。建议在黄杨河段，金台寺脚下交汇处的水域

宽广河段围造水上运动区。水面面积在200亩左右。以"岭南水乡"为主题,结合黄杨河景观带建设,通过对岭南典型地方民居建设及白藤湖水体景观的利用,强化水乡特色,构建河网密布的水乡风情环境;提高绿化率,完善道路、河湖沿岸和公园等的绿化与景观设计;通过白蕉水上体育项目的拓展与强化,带动水乡风情的观光旅游。新建支撑项目为东湖村渔家乐、鹤州北都市农庄。完善提升项目为白藤湖度假区、灯笼沙水乡、白藤湖皮划艇基地等。

莲花标志。在大面内侧较高处的中心位置,在坝体上型塑度假区的标志——莲花。该作品高4米,以枯水期在水面之上、丰水期淹没其1/4为佳。

并蒂莲雕塑。在水库南岸10米、东西线的中心处水面上,建造一座不锈钢并蒂莲雕塑。雕塑高3米,以枯水期在水面之上、丰水期淹没其1/3为佳。这样,就与坝体上的莲花标志相映成趣,遥相呼应。

莲花池。在水面东南角开辟出500~800平方米的水面,种植两三种类型的莲花。该处与宁寿门相互映衬,体现出中国古典园林风格。

垂钓区。在莲花池附近,专门开辟一片水域或一个小池塘作为垂钓区,供别墅区的客人前往垂钓。为丰富垂钓者的乐趣,可以考虑在池塘边架设一个木质栈桥。

沙滩排球。在水面南岸西南角,开辟一个沙滩排球场。根据国际排联最新规定(2002年),标准的比赛场地为16×8米,无障碍场区最小5米、最大6米,沙层厚约40厘米。那么,建造一个娱乐用沙滩排球场需占地面积128平方米。

野营烧烤。在沙滩排球场地西侧开辟野营烧烤营地,伴以民族风情表演。还可以租用当地农户帐篷、煤炭、铁丝网等供游客夜晚野营时在河边烧烤用,游客可以烧烤自己白天钓的鱼,或是向当地农户购买,附近出售烟花爆竹,供渲染野营的气氛用。

白领休闲吧。在黄杨山中一片较稀疏的白杨林中,培育草皮,林间可设临时座椅、美人靠等,可命名为情人林,林边修建一座风格别致的酒吧,供都市白领阶层在此休闲聚会、青年男女约会等。

滑翔基地。在陡坡处及山顶平缓地块设立滑翔区,与滑翔协会合作建立动力伞或滑翔训练基地,租借相关设备和训练人员,根据四季风力情况,开展动力伞、自由滑翔等空中运动。

滑草场。在较高处山坡择地建设一个人工滑草场,设立8~10条人工滑草道,长度为150~200米左右,总占地面积3 000平方米。同时,可以开发单人滑、情侣滑等多种形式的滑草运动。

③ 素质拓展区(功能B5区)。拓展训练是一种突破传统培训思维和模式要求的全新培训方式,所开课程独具创意,融思想性、教育性、挑战性、实用性和趣味性于一体。素质拓展训练可设项目有高空训练项目、地面和水上项目。

高空训练项目包括攀岩、天梯、空中断桥、空中单杠、荡木桥、绳网、丛林绳桥、依存共渡、吊索桥、速滑、速降、同心桥、缅甸桥、独木桥、悬崖峭壁、滑行道等。

地面和水上项目主要包括:四米墙、背摔台、荡木桥、模拟电网、有轨电车、相互依存、穿越弯桥、梅花桩、荡绳过河、独木桥、跨越高网、水上绳林、水中滑索、水上索链桥、水中漫步等。

规划地点位于黄杨山中开阔地带,范围800平方米。

(5) 观光采摘区(功能C区)

① 观光采摘区(功能C2区)。利用莲江村为代表的水果种植区大面积平缓、向阳的山地,开辟若干观光采摘区。它包括天然采摘和大棚采摘,总占地面积5 000~8 000平方米。大棚采摘将蔬菜瓜果合并在一起,种植南方热带地区新特品种。

建议构建荔枝园、香蕉园、莲藕采摘基地等采摘区带。形成春天郊游踏青,春花似雪;夏日避暑纳凉;金秋硕果累累。在果园内,建有凉亭,虽形式简朴,但也幽雅,使人忘却紧张的生活烦躁和喧嚣,回归到农村气息的大自然环境中,陶冶身心。利用参观、品尝、采摘、购买等一系列活动满足旅游者的多种需求。

② 生产体验园(功能C3区)。在观光采摘区附近,依托农业生态示范园内,开辟一个占地面积2 000~3 000平方米的蔬菜种植园。园中设置讲解牌,说明果蔬的名称、品种、生长条件、原产地等,在每种果蔬作物附近建造一条观测长廊,供游客在果蔬生长的不同阶段观看果蔬不同的特征,并在果蔬成熟期进行采摘等。在此,游客可以学习不同果蔬的栽培、灌溉、修剪、喷药、施肥等技术,在农户的指导下自己操作,并对自己栽培的农作物进行认管等。通过为旅游者提供农业生产过程的体验,使之充分享受田园耕作乐趣。

③ 乡野木屋(功能C3区)。在生态体验园附近,利用平缓山地集中建造8~10座乡野木屋,供野营住宿的恋人享用。

④ 采摘观光区栈桥(功能C3区)。建造一座连接采摘区和生态园的木栈桥。设计长10米,宽2米。建议由槐树木作为主要建筑材料。

⑤ 休憩小亭（功能 C3 区）。在观光采摘山路上，修建茅草亭，在其顶上用茅草覆盖，用木棍作支撑，种植一些藤本植物；或用葡萄架、四季梅架等搭成的简易凉棚。亭子内摆放木桌、木椅，或者是砌成的石桌、石椅，出售大碗茶和一些茶点，茶具为粗瓷大碗，泡茶水为山地泉水，供游客经历舟车劳顿后在此作短暂休息。

⑥ 岭南风格别墅群。远期可以考虑在乡野木屋西侧预留地上成片开发具有岭南风格的别墅群。遵循"一户一院一亩田""前七后三"的理念，每栋别墅为两层楼，自成一座院落，占地面积一亩，别墅前后按三七比例分割。利用充足的阳光，前院空地可以辟为菜园，种植主人喜欢的瓜果蔬菜。

6. 产品策划

(1) 乡野山水休闲度假系列产品

① 功能定位。依托莲洲镇周边比较丰富的青山、秀水及乡村特色资源，建设面向以广深珠市场，以商务、政务等都市白领的高消费人群的度假会议、娱乐休闲、踏青旅游、团队训练及素质教育为一体的乡野山村度假休闲基地。

② 产品建构。莲洲乡村休闲度假产品的建构，要以商务、政务等高层次消费者的需求为导向，注重度假区高品质的餐饮、休闲、娱乐等配套产品的开发与建造。以岭南人家民居和林间别墅群为核心，系统对斗门区农业观光的住宿、餐饮、景观等进行规划。

③ 具体产品。岭南人家，规划建设成为一个集餐饮、住宿、会议、休闲、娱乐功能为一体的民俗户群落。保存现有晚清民居的古典民居风格，通过轻巧设计、便捷技术、现代化管理理念，以期达到统一形象、民主化管理、集团采购、一体化建设的市场目标。在斗门区北部建设镇村两级乡村民俗旅游接待体系：将莲洲镇构建成为功能完善、产品健全的岭南乡村民俗旅游村镇；将莲江村、新农村、中心村、南海村等自然村建设成为特色鲜明的岭南农家乐、渔家乐产品体系。

项目简介：在房屋建筑、环境营造、活动设计等方面凸显岭南水乡的风情特色，努力做到朴素、自然、协调。加强基础建设，完善服务设施，在乡所在地设置旅游服务点，提供旅游咨询。重点扶持一到两家客栈的建设，引导当地居民发展农家乐。形成点与点之间的公共交通网络，在沿途设置营地，为游客提供观景休憩平台。同时加强对渔家乐休闲旅游的引导和规范管理，并积极开发水乡特色旅游产品，借助各种形之有效的方式，加强细分市场促销和形象宣传。

单体别墅。在莲江村北面山坡上,根据山体特点,依山而建8~10栋乡村度假别墅。这些别墅依山傍水,与周边山林环境融为一体,适合城市高消费人群追求绿色、生态、自然、健康的心理需求。置身其中,能够充分感受到返璞归真、回归自然的舒畅。每栋别墅周边种植一些灌木加以装饰,同时,还要为每一栋别墅赋予一个能够代表其特色的优雅名字。

林间茶亭。在山地的树林间零星布置5~7个休闲茶亭,为酒店和别墅客人提供一个以茶会友、体味人生的休憩场所。茶亭由三角形粗木支架支撑,尖顶覆盖山草。茶亭高2.5~2.7米,直径3米,亭内置石桌石凳或竹桌竹椅。外表粗朴,但格调高雅。

(2)乡野生态观光、体验、采摘系列产品

① 功能定位。以斗门区的自然山水资源和莲江村生态农业基础设施建设为基础,以特色采摘果园和生态农业体验园建设为核心,构建面向于各种农业交流团、考察团、大中城市市民和大中小学生的生态农业观光、农业生产体验、农业生产采摘等旅游系列产品。充分使游客了解生态农业知识、体验农民农村生活、享受农村乡土情趣、品尝农村特色产品等。

② 产品构建。莲洲生态观光、体验、采摘系列产品的构建,应包含游客在种植现场、科研现场、养殖现场的观摩,在培训中心的多媒体会议室接受培训和讲解,了解绿色、无公害标准化农业的流程,了解新品种、新技术和新设备的情况,启发游客对农业高科技的兴趣和认识。开发特色花卉瓜果蔬菜参观、学习栽培、修剪技术,体验采摘乐趣等旅游项目。

③ 具体产品。观光采摘体验之旅。观光采摘区的建设要依山而建,乡野气息浓厚,民风自然淳朴,通过规划形成富有特色的山地观光采摘园,以满足游客观光和采摘的需求,同时,也满足休闲和度假的需求。观光采摘区要在每种果蔬作物附近建造一条观测长廊,供游客在果蔬生长的不同阶段观看其不同的特征,并在果蔬成熟期进行采摘等。

岭南荔园项目介绍。选取三座规模以上的荔枝园加以创意开发,建造田园渔歌的休闲度假场所。庄园内建筑以别墅形式为主,同时建设特色餐厅。休闲娱乐中心、茶楼、会议中心、泛舟垂钓等配套服务设施。

农业生产体验之旅。根据当地农作物的生长条件和种植历史,开辟果园与蔬菜种植园。以农作物种植为基础,发展作物(比如荔枝)采集、加工、消费游客自己动手做(DIY)的体验农业模式。引导游客参与农耕活动、学习种植技术、农产品加工技术、参加农村娱乐活动及农业经营管理等活动。

(3)乡野山水娱乐、休闲、养身、涉水系列产品

① 功能定位。以黄杨河流域的自然山水资源为核心休闲娱乐产品区域,着力构建一个集娱乐、健身、益智、培训、教育为一体的水上休闲中心区。

② 产品打造。斗门水上运动中心,以涉水项目、儿童娱乐、特色娱乐、素质拓展等为主要功能分区,以人工沙滩、水上游船、观光游船、游憩、骑马、捕鱼、垂钓、野营烧烤、射箭场等为主要旅游项目来进行野山水娱乐、休闲、养身、涉水系列产品的构建。

③ 具体产品。涉水娱乐类:珠海地区缺乏淡水休闲之所,建议以水为核心,开发很多的涉水娱乐项目,诸如水上乐园、水上游船、垂钓园、竹筏体验、池塘放养等。

特色娱乐类:建造一个集野营烧烤、白领休闲吧、滑翔基地、度假区滑草场、攀岩、射箭场等项目为主题的斗门特色娱乐区,以突出自身特色,形成斗门水乡旅游产品的差异化,以吸引顾客,增加客源。

素质拓展类:素质拓展通过户外体验项目活动中的情境设置,使参加者充分体验所经历的各种情绪,尤其是负面情绪,从而深入了解自身(或团队)面临某一外界刺激时的心理反应与后果,进而学会控制、实现超越。主要是锻炼体力、毅力、心理素质,团队文化建设等素质拓展训练可设项目有:攀岩、高空悬降、高空断桥、雷区取水、信任背摔、合力行走、逃生墙等。

7. 旅游市场营销策划

(1)目标市场界定

① 入境客源市场开发重点。巩固稳定中国香港、中国澳门、中国台湾地区的客源市场,进一步提高中国香港地区和中国澳门地区游客来珠海旅游的比例;制定区域竞争合作战略,增加东南亚市场在珠海的市场份额;逐步渗透打入其他客源市场,扩大珠海的入境客源市场范围。

② 国内客源市场开发重点

巩固稳定广东省内市场,提高重游率;加强市场营销力度,提高湖南、广西、江西市场占有率;大力开拓上海、浙江、福建以及北京、上海市场;积极培育开发四川、湖北、重庆、贵州等机会市场;加强营销力度,增加北方市场份额;有目的地开发国内其他市场。

(2)市场营销细则

项目的特色定位于岭南水乡休闲度假游。在一级市场依托媒体和促销手

段进行宣传。宣传的主要手段采用传单和小册子,另外辅助的在地方报纸和广播媒体上进行推广。

　　景点两小时内车程区域是前期市场开拓的重点。在这个范围内要进行散发大量的宣传单,同时还要配以广泛的户外广告。宣传中反复强调景区与传统景区的差异,突出其生态、度假等特点,强化消费者的认知。

　　针对商务市场,一方面在各大宾馆处进行系列宣传,与宾馆合作在大厅和客房放置关于景区度假旅游的宣传册,并给予门票优惠;另一方面与当地的会展公司合作,多方寻求客源。

　　针对家庭游客和自驾游客户,可以在小区和一些大型企事业单位进行人员推销,推出有针对性的家庭套餐、自驾游套餐等。

　　赞助一些大型活动,利用大型活动的机会,迅速提高景区的知名度。同时与政府的旅游规划相协调,进行宣传促销时要发挥联合优势,树立整体形象,促进区域旅游经济圈的快速发展。

　　邀请在当地的知名人士,做景区的代言人。可以考虑针对不同时期的人气较旺者,分别在某段时间来代言景区,可以让景区借各时期知名人士的人气,长期保持高度的关注。

　　在互联网上建立相应的网站,公布景区的各项服务及价格,做到透明公开,使消费者能够放心消费。

　　(3) 旅游营销推广

　　① 大众媒体宣传。

　　应选择相关的、权威的大众媒体组织形象传播攻势。方法上,注意文字媒体与声像媒体的结合,形成立体效果;在手段上,注意硬性商业广告与软性新闻宣传的结合,产生整体形象传播效应。在主要客源地的电视台、广播电台适时播放专题节目。

　　② 其他媒体宣传

　　• 互联网络。一是要充分利用主要网站发布相应广告;二是要聘请专家完善现有邓庄园区网页。

　　• 交通工具。利用公共汽车、出租汽车、三轮车等交通工具进行广告宣传,在车票背面印制邓庄旅游形象物或广告语。

　　• 户外大型广告。在客流量相对集中的公共场所进行广告宣传,如在车站、高速公路入口、楼宇顶部设置广告牌。

● 印刷品类广告。利用画册、信封、挂历、台历、邮票、火花、明信片、纪念册、旅游手册、旅游指南等进行广告宣传。

③ 公共关系传播。选择一批特殊公众，不定期地向他们寄送宣传资料和最新消息，充分发挥他们的口头宣传作用，以树立农业观光的良好口碑。

邀请参观度假。对象：社会公众人物、著名运动员、有影响力的新闻媒体记者、专家学者、旅行社高级经理人员，等等。

借助各行业协会的力量，组织旅行社、饭店、车船公司、旅游区、旅游商品商等，分别召开市场分析通报会，加强业内交流。

④ 节庆与大型活动

表2-7 节庆活动一览表

活动	主要内容	宣传口号
礼品蔬菜交易会	展示各种礼品蔬菜、参观特色蔬菜生产、加工	买斗门蔬菜，送亲人健康
新春美食节	举办春节团圆宴会、元宵节大型灯展、民间文艺表演和焰火文艺晚会等	欢度祥和新春 体验绿色美食
元宵灯节	举办元宵节大型灯展	走进农村过新年
特色蔬菜种苗展销订货会	特色蔬菜种苗展示、销售，特色菜种植培训示范	种下希望，收获幸福
"多彩的五月、绿色的田园"系列活动	举办钓鱼比赛，"激情燃烧岁月"经典游戏	踏青赏花，农家休闲追求绿色时尚，拥抱绿色生活
少儿农业科普周	小学生农业知识大赛、小学生种植比赛、小学生有机耕种及园圃设计比赛	过绿色儿童节，做自然小主人
特色蔬菜展销会	特色蔬菜展示、交易	品尝太空蔬菜 品尝绿色果蔬
果蔬采摘节	组织蔬菜水果采摘、加工	当一天农家人到外婆家去做客
金色赏秋游系列活动	全国蔬菜博览会 瓜果蔬菜国画展 金秋赏月篝火晚会	送父母一生健康 金风徐来飘果香

8. 旅游系统改造提升工程

重点开展斗门旅游系统改造提升工程。

交通系统。开通中山、珠海市区至斗门旅游集散中心的旅游专线汽车,对现有的白藤湖码头进行绿化,营造水乡意境,改造提升景区道路,建设各大景区内部的仿生态游步道系统。

游客游览服务系统。门票背面印有游览简图、咨询、投诉、紧急救援电话。在游客中心设置电脑触摸屏与影视介绍,向游客提供导览和宣传资料,其中至少包括一种免费宣传品。提高导游服务质量,增加粤语导游、闽南话导游、外语等导游语种;增设语音导游。在停车场、出入口、售票处、购物场所、医疗点、卫生间、餐饮设施等位置,合理设置公共信息图形符号。

旅游安全服务和卫生系统。在水域、山道周围构建安全保护机构,有健全的安全保护制度,专职安全保护人员。设置安全护栏、水上拉网等危险地带防护措施。垃圾箱数量充足,布局合理,造型美观。提高三星级卫生间比例,改造现有卫生间,其内部要体现白帝城的文化氛围。卫生间的外观、造型、色彩与景观环境协调。

邮电服务系统。提供信函等基本邮政服务,且提供纪念戳、本地纪念封、明信片、纪念邮票等纪念服务。增设公用电话数量,公用电话亭及标志与环境相协调,标志美观、醒目。

旅游购物系统。对现有的道路摊贩进行整治,规定指定购物场所,加强质量、价格与售后管理。丰富具有本旅游景区特色旅游商品的数量与种类。

资源和环境的保护系统。区内输电、通信线路等全部采用地下隐蔽方式,加强区内景观、生态、文物、古建筑的保护。

夜间灯光亮化系统。采用多种类型的灯具对黄杨河道节点及黄杨山、金台寺内的亭台楼阁等建筑物进行细节表现,通过点线面的完美结合,用灯光还原景观的立体感和多层次感,完美地呈现古建筑韵味;以黄杨河道节点水面为夜景灯光布置重点,以面光源而非点光源照亮树木和桥梁,突出河道的整体感。运用水下灯使灯光效果柔美含蓄,夜间泛舟湖上的游客也能欣赏湖水的荡漾。

特色环境雾化系统。通过雾化设备将净化水的压力提升到70公斤/平方厘米后经超细微雾化喷头喷出,形成直径10微米的雾粒,营造金台寺、莲江村御笔庭的书画意境。细微的雾粒均匀地飘浮在空中,可吸收汽化热达到降温和增湿的效果。

第三篇
朝阳市旅游发展总体规划

一、项目背景

《朝阳市旅游发展总体规划》是受朝阳市旅游局委托，主要由北京第二外国语学院旅游管理学院承担编制工作。项目组长为张辉教授，执行组长为杜学副教授，主要参加人有张凌云、厉新建、郑红、唐开康等。

朝阳市自然旅游资源和人文旅游资源比较丰富，且近几年，辽宁省国内旅游市场蓬勃发展，但总体而言，明显存在旅游者接待人数基数较小，入境旅游比例微乎其微，海外游客消费水平明显偏低等问题，导致朝阳市总体旅游发展水平不高，亟须从整体上对朝阳市旅游发展进行分析和把握，并有针对性地进行相应规划，以指导朝阳市旅游的快速发展。本规划为朝阳市的旅游发展提出了基本方向、战略和相应措施。

二、项目分析

（一）旅游资源分析与评价

1. 区域特征

朝阳市位于辽宁省西部，属低山丘陵区，北与内蒙古自治区赤峰市及哲里盟接壤，南与辽宁省葫芦岛市及河北省秦皇岛市毗邻，东与辽宁省阜新市、锦州市为邻，西与河北省承德市、秦皇岛市交界。辖朝阳、建平、喀左三县，北票、凌源二市、双塔、龙城二区。全市总面积1.97万平方公里，总人口334.3万人，市中心城区面积36平方公里，人口35万人。境内有汉、蒙、满、回、朝鲜、锡伯等27个民族。

朝阳市是居于北温带大陆性季风气候区，四季分明，雨热同季。境内有大凌河、小凌河、青龙河、六股河、老哈河5大水系，主要的大、小河流48条，以及宫山嘴水库、马道子水库大中型水库7座，5大水系流经朝阳市，总长度2 278公里。

境内有6条铁路通过，铁路客货运输十分方便；朝阳市机场可起降中型客机，并辟有直达北京 广州、沈阳、大连、青岛、哈尔滨等城市的航线。

2. 旅游资源类型与特征

（1）人文资源

朝阳市这片神奇的土地上含有古代历史文化的痕迹：牛河梁红山文化遗址揭开了中华民族5 500年文明史的面纱；鸽子洞古人类遗址，留有人类祖先15万年前繁衍生息的足迹；早在2 000多年以前的西汉时期，这里就设置了郡县，前燕、后燕和北燕三朝曾在此设都近百年，是当时东北亚地区政治、经济和文化的中心……朝阳市的历史发展过程，就是中华文明发展的缩影，不仅如此，这里还有辽西名山凤凰山，众多的遗址、寺庙、佛塔、古道，以及独特的凌源皮影、朝阳秧歌等。其中国家级文物保护单位4处，省级文物保护单位33处，市级文物保护单位41处，所以，朝阳市的人文资源丰富深厚，品位高雅，这是祖先赋予朝阳人的宝贵资源。

（2）自然资源

朝阳市素有"世界古生物化石宝库"之称，是世界上第一只鸟起飞、第一朵花绽放的地方，鸟、鱼、植物化石等自然遗迹数量种属之多、年代之久为国内外所罕见，其中孔子鸟和中华龙鸟化石的出土，改写了鸟类进化史，引起世界瞩目。同时，境内还有凤凰山和大黑山两处国家森林公园，已通过国家林业局评审晋升为国家自然保护区的劈山沟自然保护区，四处省级森林公园和两处省级动物保护区。古生物文化特点突出，自然环境较好，是开展生态旅游的基础。

朝阳市的旅游资源根据国家《旅游资源分类、调查与评价》标准（GB/T 2260）进行分类，见表3-1。

表3-1　朝阳市旅游资源分类表

主类	亚类	基本类型	具体资源
A 地文景观	AA 综合自然旅游地	山丘型旅游地	朝阳市凤凰山国家森林公园、北票市大黑山国家森林公园、朝阳县劈山沟风景区、龙凤山朝阳洞自然风景区、凌源市大河北自然保护区、槐树洞省级自然保护区、楼子山自然保护区、青龙河自然保护区、金花山旅游度假区、双凤山
	AB 沉积与构造	矿点、矿脉与矿石积聚地	喀左县王子山紫砂、陶土矿
		生物化石点	四合屯化石产区、凌源大王杖子化石产地、上合首化石产地
	BD 泉	地热与温泉	凌源热水汤旅游度假区
C 生物景观	CA 树木	林地	人工沙棘林
	CD 野生动物栖息地	水生动物栖息地	小凌河中华鳖自然保护区
		陆地动物栖息地	罗福沟狩猎场
		鸟类栖息地	苍鹭自然保护区
E 遗址遗迹	EA 史前人类活动场所	人类活动遗址	牛河梁红山文化遗址、东山嘴文化祭祀遗址
		原始聚落遗址	鸽子洞古人类遗址、敖包山遗址
	EB 社会经济文化活动遗址遗迹	废弃寺庙	南公营子五大黄教寺院、精严禅寺
		废城与聚落遗迹	龙城遗址、丰下遗址、榆树林城址、张家营子城址、八家子城址、安杖子城址、黑城子城址、五连城址、北洞遗址、达拉甲城址、霍家地城址、松树嘴子城址
		长城遗迹	战国燕长城遗址、汉长城遗址
		废弃生产地	千米竖井

续表

主类	亚类	基本类型	具体资源
E 遗址遗迹	EB 社会经济文化活动遗址遗迹	康体游乐休闲度假地	桃花山庄、燕湖园
		宗教与祭祀活动场所	惠宁寺、万祥寺、天成观
		园林游憩区域	人民公园等市区公园
		文化活动场所	上河首古生物化石地质公园、朝阳市古生物化石博物馆、三燕化石馆、朝阳市博物馆
		建设工程与生产地	云蒙山农家旅游开发区、朝阳县孙家湾大枣园、建平县朱碌科镇——中国杂粮之乡、凌源花卉种植基地、凌源无公害蔬菜基地
		社会与商贸活动场所	凌源花卉交易市场
		动物与植物展示地	建平县青松岭千亩文冠果园
F 建筑与设施	FB 单体活动场馆	祭拜场馆	药王庙
	FC 景观建筑与附属型建筑	佛塔	大城子塔、八棱观塔、黄花滩塔、青峰塔
		石窟	千佛洞
		广场	各市、县城区广场
	FD 居住地与社区	特色街巷	朝阳市北大街
		名人故居与历史纪念建筑	尹湛纳希故居、尚志纪念馆
		特色店铺	朝阳市化石城、康家屯古石城
		特色市场	建平朱碌科小杂粮市场

续表

主类	亚类	基本类型	具体资源
F 建筑与设施	FE 归葬地	陵寝陵园	喀喇沁右翼王陵
		墓(群)	冯素弗家族墓、袁台子壁画墓、耶律仁先家族墓、鲜卑墓群、台吉万人坑、王坟山积石冢
	FF 交通建筑	桥	天盛号石拱桥
		港口渡口与码头	海港码头
		航空港	朝阳市机场
	FG 水工建筑	水库观光游憩区段	阎王鼻子水库、白石水库、龙潭水库、瓦房店水库、水泉沟水库
G 旅游商品	GA 地方旅游商品	菜品饮食	红烧元鱼、炒肉丝、缸炉烧饼、切糕等风味食品，杏仁小肚等副食品
		农林畜产品及制品	塔城陈醋
		传统手工产品与工艺品	双龙地毯、建平剪纸、喀左紫砂制品
H 人文活动	HA 人事记录	人物	燕将秦开,书画家张缙,蒙古族文学家尹湛那希,哲学家罗布难桑却丹,名将李光弼,革命先驱陈镜湖,抗联名将赵尚志,捉蒋英雄刘桂五
	HB 艺术	文艺团体	皮影戏表演团、朝阳县秧歌表演团
		文学艺术作品	《蒙古风俗鉴》《泣红亭》《敖本伦河的珍珠》
	HC 民间习俗	地方习俗与民间礼仪	蒙、满、朝鲜等26个少数民族习俗和风气
		特色服饰	蒙、满、朝鲜等26个少数民族服饰

3. 旅游资源评价

根据国家旅游资源评价赋分标准,对朝阳市旅游资源单体进行评价,具体分析见表3-2。

表 3-2 朝阳市旅游资源评分表

序号	旅游资源名称	观赏游憩使用价值（30分）	历史文化科学艺术价值（25分）	珍稀奇特程度（15分）	规模、丰度与几率（10分）	完整性（5分）	知名度和影响力（10分）	适游期或使用范围（5分）	环境保护与环境安全（-5~+3）	总分	级别
1	四合屯白垩纪鸟类公园	23.0	24.0	14.0	8.0	5.0	10.0	4.0	3.0	91.0	五
2	牛河梁红山文化遗址公园	24.0	25.0	15.0	7.0	4.0	10.0	3.0	2.0	90.0	五
3	朝阳市北大街	26.0	23.5	13.0	8.5	4.0	8.0	5.0	2.0	90.0	五
4	凤凰山国家森林公园	26.5	22.0	11.0	9.0	4.0	8.0	4.0	3.0	87.5	四
5	大黑山国家级森林公园	23.0	23.5	13.5	7.0	4.0	8.0	4.5	3.0	85.0	四
6	上河首古生物化石地质公园	20.0	24.0	13.0	7.5	4.5	7.0	5.0	3.0	84.0	四
7	龙凤山朝阳洞自然风景区	22.5	18.0	8.0	8.0	5.0	6.0	5.0	3.0	75.5	四
8	劈山沟自然保护区	21.0	20.0	8.0	8.0	4.0	6.0	4.5	3.0	74.5	三
9	大河北自然保护区	21.0	20.0	8.0	8.0	4.5	6.0	4.0	3.0	74.5	三
10	朝阳市古生物化石博物馆	17.0	22.0	12.0	5.0	3.5	6.0	4.0	3.0	74.5	三
11	三燕化石馆	17.0	22.0	11.5	5.0	3.5	6.0	4.0	3.0	74.0	三
12	战国燕长城遗址	16.0	22.5	13.0	6.0	1.5	8.0	4.0	0	71.0	三
13	朝阳市化石城	17.0	21.0	9.5	7.0	6.0	5.5	5.0	0	71.0	三

续表

序号	旅游资源名称	观赏游憩使用价值(30分)	历史文化科学艺术价值(25分)	珍稀奇特程度(15分)	规模、丰度与几率(10分)	完整性(5分)	知名度和影响力(10分)	适游期或使用范围(5分)	环境保护与环境安全(-5~+3)	总分	级别
14	阎王鼻子水库风景区	19.0	19.5	8.0	7.5	6.5	5.0	3.0	2.0	70.5	三
15	槐树洞森林公园	20.5	18.0	8.0	6.5	6.5	4.5	4.0	2.0	70	三
16	青风岭自然保护区	19.5	18.0	7.5	6.5	6.5	4.5	4.0	2.5	69.0	三
17	凌源热水汤	21.0	17.0	6.5	6.0	6.0	6.0	5.0	1.0	68.5	三
18	楼子山自然保护区	19.5	18.0	6.5	6.5	6.5	4.5	4.0	2.0	67.5	三
19	小凌河中华鳖自然保护区	19.5	17.0	6.0	6.0	6.0	4.5	4.0	2.5	65.5	三
20	青龙河上游生态自然保护区	19.5	17.5	6.0	6.0	6.0	4.5	4.0	2.5	65.5	三
21	东山嘴红山文化祭祀遗址	16.0	22.5	12.0	4.5	4.0	6.0	4.0	0.0	65.0	三
22	朝阳市博物馆	18.5	20.0	6.5	5.0	5.5	4.5	5.0		65.0	三
23	白石水库	19.0	17.5	6.0	6.0	6.0	4.5	4.0	1.0	64.0	三
24	桃花山庄	18.0	18.5	6.0	4.0	6.5	4.5	4.0	2.0	63.5	三
25	惠宁寺	17.0	17.5	6.0	6.5	5.5	4.0	5.0	1.0	62.5	三
26	天成观	17.5	17.0	6.0	6.5	5.5	4.0	5.0	0	61.5	三
27	鸽子洞古人类遗址	16.0	20.5	11.5	3.5	2.5	6.0	3.5	-2	61.5	三
28	万祥寺	18.5	16.5	5.0	5.5	5.5	4.5	3.5	1.5	60.5	三
29	云蒙山农家旅游开发区	19.5	14.0	4.0	7.0	6.5	4.0	4.0	1.5	60.5	三

175

续表

序号	旅游资源名称	观赏游憩使用价值(30分)	历史文化科学艺术价值(25分)	珍稀奇特程度(15分)	规模、丰度与几率(10分)	完整性(5分)	知名度和影响力(10分)	适游期或使用范围(5分)	环境保护与环境安全(-5~+3)	总分	级别
30	燕湖园	18.5	15.0	4.0	6.5	6.5	4.0	3.5	2.0	60.5	三
31	尹湛纳希故居	14.5	17.5	7.0	5.0	5.5	3.5	5.0	0.5	58.5	二
32	台吉万人坑	13.0	19.5	8.0	5.5	3.0	3.0	5.0	1.0	58.0	二
33	千佛洞	15.0	15.5	4.0	4.0	5.5	4.5	5.0	1.5	56.0	二
34	凌源大王杖子化石产地	11.0	18.0	6.5	5.0	5.5	5.5	3.5	0.5	55.5	二
35	上合首化石产地	11.0	18.0	6.5	5.0	5.5	5.5	3.5	0.5	55.5	二
36	袁台子壁画墓	15.5	17.0	5.5	3.0	2.5	4.0	4.0	-0.5	51.0	二
37	冯素弗家族墓	15.0	17.0	5.5	3.0	2.5	4.0	4.0	-0.5	50.5	二
38	耶律仁先家族墓	15.0	17.0	5.5	3.0	2.5	4.0	4.0	-0.5	50.5	二
39	康家屯古石城	11.0	18.0	6.0	5.0	3.5	3.0	2.5	0.5	49.5	二
40	大城子塔	13.5	16.0	4.5	2.5	3.5	4.0	4.0	1.0	49.0	二
41	八棱观塔	13.5	16.0	4.5	2.5	3.5	4.0	4.0	1.0	49.0	二
42	喀喇沁右翼王陵鲜卑墓群	13.5	16.0	6.0	5.5	1.0	3.5	3.5	-1.5	47.5	二
43	罗福沟狩猎场	16.5	9.0	4.5	6.5	4.5	4.0	2.5	-0.5	47.0	二
44	金花山	14.5	9.0	4.5	5.5	4.5	2.5	4.0	1.5	46.0	二
45	孙家湾大枣园	15.5	12.0	4.0	4.0	3.5	3.5	4.0	-0.5	46.0	二
46	天盛号石拱桥	14.5	14.0	5.0	2.5	3.5	3.5	4.0	-1.0	46.0	二
47	尚志纪念馆	11.0	13.5	4.5	3.5	4.0	3.0	5.0	1.0	45.5	二
48	丰下遗址	9.0	18.0	8.5	1.5	2.5	4.0	3.0	-1.5	45.0	二

续表

序号	旅游资源名称	观赏游憩使用价值(30分)	历史文化科学艺术价值(25分)	珍稀奇特程度(15分)	规模、丰度与几率(10分)	完整性(5分)	知名度和影响力(10分)	适游期或使用范围(5分)	环境保护与环境安全(-5~+3)	总分	级别
49	敖包山遗址	9.0	18.0	8.5	1.5	2.5	4.0	3.0	-1.5	45.0	二
50	汉长城遗址	9.0	18.0	8.5	1.5	2.5	5.0	2.0	-1.5	45.0	二
51	黄花滩塔	11.5	13.5	4.5	2.0	3.5	3.0	4.0	0	42	一
52	青峰塔	11.5	13.5	4.5	2.0	3.5	3.0	4.0	0	42	一
53	文冠果园	12.5	13.5	5.5	3.0	2.0	2.0	1.0	1.5	41	一
54	八家子城址	8.0	16.5	8.0	1.5	2.0	3.5	2.0	-1.5	40	一
55	千米竖井	8.0	16.5	8.0	1.5	2.0	3.5	2.0	-1.5	40.0	一
56	龙潭水库	13.5	9.0	3.0	4.0	3.5	2.0	3.0	1.5	38.5	一
57	双凤山	12.5	9.0	3.0	3.0	3.5	1.5	4.0	1.5	38.0	一
58	张家营子城址	6.0	16.0	7.5	1.5	1.5	2.5	2.5	-0.5	37.0	一
59	安杖子城址	6.0	16.0	7.5	1.5	1.5	2.5	2.5	-0.5	37.0	一
60	黑城子城址	6.0	15.5	7.5	1.5	1.5	2.5	2.5	-0.5	36.5	一
61	五连城城址	6.0	15.5	7.0	1.5	1.5	2.5	2.5	-0.5	36.0	一
62	北洞遗址	6.0	15.5	7.0	1.5	1.5	2.5	2.5	-0.5	36.0	一
63	达拉甲城址	6.0	15.5	7.0	1.5	1.5	2.5	2.5	-0.5	36.0	一
64	霍家地城址	6.0	15.5	7.0	1.5	1.5	2.5	2.5	-1.5	35.0	一
65	松树嘴子城址	6.0	15.5	7.0	1.5	1.5	2.5	2.5	-1.5	35.0	一
66	凌源花卉种植基地	10.0	6.0	2.0	4.5	2.0	1.0	2.0	1.5	29.0	一
67	凌源无公害蔬菜基地	9.0	6.5	2.0	4.5	2.0	1.0	2.0	1.5	28.5	一

根据对旅游资源单体的评价，得出该单体旅游资源共有综合因子评价赋分值。依据旅游资源单体评价总分，将其分为五级，从高级到低级为：

五级旅游资源,得分值域≥90分。

四级旅游资源,得分值域≥75~89分。

三级旅游资源,得分值域≥60~74分。

二级旅游资源,得分值域≥45~59分。

一级旅游资源,得分值域≥30~44分。

另有,未获等级旅游资源,得分≤29分。

其中,五级旅游资源称为"特品级旅游资源";四级、三级旅游资源通称为"优良级旅游资源";二级、一级旅游资源通称为"普通级旅游资源"。

根据国家标准,得分值域在90分以上的单体旅游资源为特品级旅游资源,这类资源为垄断性资源,是朝阳市开展旅游业的先导产品,以此带动该市旅游业的发展。

表3-3 朝阳市特品级旅游资源分类表

资源名称	级别	优势	劣势
四合屯白垩纪鸟类公园	五	世界上第一只鸟起飞的地方,第一朵花绽放的地方,被公认为"回答鸟类起源与演化问题的最完美的地点",在国内外有绝对的垄断性	观赏、游览、参与性不强;客源市场狭窄
		知名度高,在国内外已形成较大影响	
		具有突出的科研价值	
牛河梁红山文化遗址公园	五	红山文化大型坛、庙、冢遗址的发现,为中华民族五千年文明史提供了实物证据,将中华民族文明史向前推进了1 000多年	开发程度低,缺乏必要的旅游条件;保护工作相对较差
		国家级文物保护单位,正积极申报世界历史遗产,在国内外有一定的影响	
		规模庞大,文物内涵丰富	
		中华民族又一个祭祖圣地	
		在即将建设的北京——承德——四平高速公路附近,交通便捷,可进入性强	

续表

资源名称	级别	优势	劣势
朝阳市北大街	五	以"三燕三塔"为特色,是三燕故宫福德之地,佛祖舍利供奉之所	受城市发展建设的影响明显,三燕和宗教文化色彩较淡,文化载体的保护有待加强
		历史文化深厚,具有典型的三燕文化地域特色	
		知名度高,景点聚集,拥有北塔、南塔、关帝庙等一批国家、省、市级文物保护单位	
		地处朝阳市区,具有游览、购物、娱乐多种功能	

这三个特品级"三古"(化石考古、古文明、古都)文化旅游资源,将成为朝阳市"北方民族融合的窗口——三燕古都""凝固的鸟类世界——四合屯白垩纪鸟类公园""五千年前中华文明的曙光——牛河梁红山文化遗址公园"三个旅游精品开发的资源基础。

朝阳市特品级资源和全国著名的同类资源相比,在规模、质量方面仍有显著的独特之处,并通过比较,可以指导产品的开发过程中采取差异化战略,突出自身优势,弥补自己的不足。

表3-4 四合屯白垩纪鸟类公园和同类资源比较表

名称	特点	优势	劣势
四合屯白垩纪鸟类公园	集科研、游览、体验、娱乐为一体	全世界独一无二的鸟类化石馆,位于第一只鸟起飞之地	鸟类化石至今并不为绝大多数人关注,种类较单一
自贡恐龙博物馆	完整地介绍恐龙的演化和分类	世界三大恐龙博物馆之一,为世界研究恐龙的演化提供了丰富的、关键性的原始资料	静态参观,参与娱乐性差

续表

名称	特点	优势	劣势
常州中华恐龙园	融博物展示、科普教育、观光游览、娱乐休闲于一体的旅游主题公园	迄今为止国内收藏展示中国系列恐龙化石最为集中的专题博物馆,高科技娱乐项目多样	常州是非化石产区,缺乏实地载体
中国地质博物馆	全国性地质学类博物馆	内容丰富,包含矿产、各类生物化石、奇石等,地质标本数量最多	数量虽多,但专业性不强,缺乏突出的亮点

表3-5 红山文化遗址和同类资源比较表

名称	地理位置	优势	劣势
红山文化遗址	辽宁省朝阳市	坛、庙、冢遗址并存,为中华民族五千年文明史提供了实物证据。"女神庙"是东亚考古序列第一个被确认的公共建筑,中国最早祭祀祖先的公共场所	无指定的祭祀对象,现基本无影响
黄帝陵	陕西省黄陵县	祭祀历史悠久,中华民族认同的祖先,影响巨大,现已为国家级别最高祭祀大典	祭祀礼仪落后,辅助项目缺乏
炎帝陵	湖南省炎陵县	祭祀历史悠久,中华民族认同的祖先,影响巨大	地理位置偏僻,辅助项目缺乏
妈祖庙	福州湄洲岛	在港、澳、台及海外华侨范围内影响巨大,祭祀历史悠久,至今在国内唯一被公祭的女性	受地域范围的限制,不能产生全国效应

根据国家标准,得分值域在75~89分之间的旅游资源为四级旅游资源。这些资源特点鲜明,环境优越,是区域旅游产品的重要组成部分。

表3-6 朝阳市四级旅游资源分类表

资源名称	级别	优势	劣势
凤凰山国家级森林公园	四	以东北第一佛教名山和三塔、四寺著称关外	缺乏第一寺载体;缺乏主题生态线路;缺乏水景
		以奇峰、峭壁、岫潆、松涛、沧海、化石为特点	
		集森林、风景和古迹为一体	
		辽西名山,朝阳市最大的旅游景点	
		位于朝阳市东郊,交通便捷	
		接待、基础设施完备,已形成较大的规模和影响	
北票大黑山国家级森林公园	四	以"清幽""野趣"为特色,集"雄、奇、险、秀、幽、旷"六种自然形象于一体	缺乏市场宣传,知名度不高;环境保护欠缺,滥捕乱猎、滥砍盗伐情况仍时有发生
		动植物种类多样,其中国家重点二级保护野生植物8种,国家珍贵树木2种;国家一级重点保护野生动物4种,二级41种	
		温泉资源丰富,并含有多种对人体有益的矿物质和微量元素,建有杏花山庄度假村和矿泉疗养院,集旅游度假、会议、餐饮、洗浴、温泉疗养等各种功能于一体	
		有国道305线从公园穿过,交通便利,通信发达	
		大黑山鹿场生产的鹿茸、鹿胎、鹿鞭、鹿茸酒、鹿血酒、鹿鞭酒系列高档营养滋补佳品 在辽、蒙、冀等地久负盛名	
龙凤山朝阳洞自然风景区	四	以古柏抱岩、云雾锁洞、曲径通古为特色,聚黄山胜景之魂	知名度不高,市场影响力欠缺;缺少水源,景区灵气不足;接待设施尚处空白
		岩洞多达70余个,其中双狮洞散落有4 700年左右的红山文化与夏家店文化之间的中间型文化遗存	
		省级森林公园,森林覆盖率高,植被种类多样,树木造型优美	
		和周边的鸽子洞遗址、楼子山自然保护区距离较近,可以形成规模效益	

这三个四级"三山"(凤凰山、大黑山、龙凤山)生态旅游资源,将是朝阳市开发"东北第一佛教名山——凤凰山""东北探险第一山——大黑山""中国第一洞穴寺庙群——龙凤山"三个旅游精品的资源基础。

朝阳市作为继"辽宁金三角旅游热线"之后辽宁推出的又一黄金线路——"辽西旅游热线"中的一个重要目的地,其自身的资源与线上的锦州、葫芦岛、阜新和盘锦四个地级市相比,存在着一定的共性,但更多的是差异。在对朝阳市旅游资源进行的评价和整合过程中,只有找出自身的资源特色,才能进行针对性地开发,最大可能地增长游客的停留时间,同时更好地和周边地区的资源互补,促进整个地区旅游业的发展。

表3-7　辽西各地级市旅游资源比较一览表

地区	代表景点	特色	优势	劣势
朝阳市	四合屯白垩纪鸟类公园	古文化和自然资源的有机结合	世界上第一只鸟起飞的地方,是鸟类化石最具代表性的地方;红山文化中祭祀、墓葬的中心,是中华民族祭祖的圣地;三燕文化独具特色;森林资源丰富,拥有两个国家级森林公园	优势资源未得到较好的开发,旅游项目较少,旅游资源知名度低;景区普遍缺少水资源
	牛河梁红山文化遗址			
	朝阳市北大街			
	凤凰山国家级森林公园			
	大黑山国家级森林公园			
葫芦岛市	兴海湾	海滨文化突出	驰名中外的水上长城;"第二北戴河"兴城;宜人的气候,海产品丰富,适宜度假旅游;中国东北的西大门,为山海关外第一市,是辽西旅游热线的始点	文物古迹缺乏载体,风景名胜资源品位不高
	九门口长城			
	首山国家森林公园			
	碣石宫			
	莲花山圣水寺			

续表

地区	代表景点	特色	优势	劣势
锦州市	医巫闾山风景区	景观种类丰富，品位较高，人文景观和海滨景观突出	医巫闾山为东北三大名山之首，被封为中国五大镇山之一，清朝五代皇帝都曾到此；北镇庙是中国五大镇山庙中唯一保存完好的山神庙；佛堂石窟被誉为中国北方石窟造像艺术宝库；笔架山"天桥"，堪称天下一绝；东邻沈阳、南接渤海，地理位置优越，交通便捷	旅游发展相对缓慢，海滨资源利用欠缺
	北镇神祠			
	万佛堂石窟			
	笔架山风景区			
	辽沈战役纪念馆			
盘锦市	双台子河口国家级重要湿地	湿地生态景观突出	世界罕见、亚洲最大的芦苇荡；有辽宁省"八大自然奇观"和"五十佳景"之一的红海滩；珍稀野生动物繁多，具"鹤乡"之名；盛产"天下第一鲜"的文蛤，全国著名的文蛤繁殖、出口基地	资源类型较少，知名度不高，精品旅游产品尚未成熟
	双台子河口国家自然保护区			
	二界沟蛤蜊岗子			
	辽河口文化			
阜新市	玉龙古村	辽西佛教中心	距今7 600多年前的古人类文化遗址——查海古人类遗址，被誉为"中华第一村"；藏传佛教黄教的东方文化中心——海棠山摩崖造像；被誉为绿色长城的沙漠绿洲——章古台人工樟子松林；"天下奇沟"——大青沟自然保护区，沙山、碧水、森林堪称东北一绝	旅游开发程度和知名度低
	大清沟水库旅游景区			
	瑞应寺			
	海棠山国家森林公园			
	章古台人工樟子松林			

总的来看，辽西旅游路线以葫芦岛作为辽西旅游热线的始点，延伸至锦州、阜新、盘锦、朝阳四市，以历史古迹、生态旅游和奇特景观为特色。

相对辽西其他地级市而言，朝阳市的旅游资源特点是古文化突出，在古生物化石方面，虽然锦州、阜新都有一定的化石资源，但其历史价值、种类等无法和朝阳市相提并论；在远古文化方面，阜新有距今7 600多年前的古人类文化遗址——查海古人类遗址,被誉为"中华第一村",是史前新石器时代早期阶段聚落址,但牛河梁作为史前人类的祭祀、墓葬地,出土的文物更加丰富,其中红山女神的出土,更加具备祭祀的基础条件。同时,朝阳市作为三燕故都,其三燕文化资源在辽西,甚至全国都是独一无二的。但在其他历史文物资源方面,锦州在整个地区非常突出,朝阳市并没有太多优势可言。

同时,朝阳市森林资源在整个地区最为丰富,不管是规模还是质量都具有优势,是辽西开发生态旅游的重要组成部分,能较好地弥补其他地区旅游资源的不足。

所以,朝阳市在资源的开发中,应站在区域旅游发展的角度,突出其古文化和森林资源,和其他地区进行资源互利互补。

(二)旅游市场分析

1. 辽宁省国内旅游市场发展情况

近几年,辽宁省国内旅游市场蓬勃发展。据统计,2002年,该省接待国内旅游者6 305万人次,比2011年增长26.5%;国内旅游收入397.6亿元人民币,比2001年增长44.9%。

表3-8 2002年辽宁省接待国内旅游者数量统计

(单位:万人次)

国内旅游人数	过夜旅游者		一日游旅游者		本省旅游者		外省旅游者	
	人数	比重(%)	人数	比重(%)	人数	比重(%)	人数	比重(%)
6 305	4 456	70.7	1 849	29.3	2 932	46.5	3 373	53.5

资料来源:《2003辽宁省旅游统计年鉴》。

辽宁省国内旅游市场的特点表现为"四多":即本省游客多、市镇游客多、邻近省(市区)游客多、经济发达地区游客多。

表3-9 辽宁省国内游客构成

(单位:万人次)

年度 客源地	2000年		2001年		2002年	
	人数	比重(%)	人数	比重(%)	人数	比重(%)
本省游客	1 752	41.1	2 372	47.6	2 932	46.5
外省游客	2 511	58.9	2 612	52.4	3 373	53.5

续表

年度 客源地	2000 年		2001 年		2002 年	
	人数	比重(%)	人数	比重(%)	人数	比重(%)
北京	364	14.5	444	17.0	560	16.6
天津	183	7.3	170	6.5	263	7.8
河北	166	6.6	165	6.3	189	5.6
内蒙古	103	4.1	94	3.6	142	4.2
吉林	253	10.1	230	8.8	260	7.7
黑龙江	234	9.3	248	9.5	287	8.5
山东	183	7.3	246	9.4	341	10.1
上海	196	7.8	185	7.1	310	9.2
江苏	75	3.0	91	3.5	148	4.4
浙江	90	3.6	81	3.1	118	3.5
广东	136	5.4	125	4.8	159	4.7
福建	78	3.1	57	2.2	115	3.4
河南	75	3.0	55	2.1	78	2.3
其他	374	14.9	421	16.1	405	12.0

资料来源:《2003 辽宁省旅游统计年鉴》。

抽样调查结果显示:

按性别划分,男性占游客总数的 60.6%,女性占 39.4%。

按年龄划分:依次为 25～44 岁(占 55.4%)、45～64 岁(占 21.3%)、15～24 岁(占 18.3%)、其他为 5.0%。

按旅游目的划分:依次为休闲、观光、度假(36.9%)、商务(18.4%)、探亲访友(14.3%)、会议(11.07%)、文化、科技、体育交流(4.3%)、健康疗养(3.8%),其他为 11.5%。

其中本省游客中,休闲、观光、度假 43.4%、探亲访友 13.5%、商务 12.3%、会议 10.6%、文体科交流 3.6%、健康疗养 3.4%,其他 13.2%。

外省游客中,休闲、观光、度假 31.1%、商务 23.8%、探亲访友 15.1%、会议 11.5%、文体科交流 4.8%、健康疗养 4.2%,其他 8.6%。

按旅游方式划分:依次为个人与亲友结伴出行(47.8%)、单位组织(24.3%)、旅行社组织(7.6%)(注:此比例与前面统计数字有较大差异),其他为 20.3%。

国内游客旅游消费购成依次为:购物 27.2%、餐饮(16.2%)、长途交通(16.1%)、住宿(15.2%)、游览(8.0%)、旅行社服务(4.0%)、娱乐(1.7%)、市内交通(2.6%),其他为 7.0%。

国内游客人均花费 630.58 元,其中购物 172 元、餐饮 102 元、长途交通 101 元,住宿 95 元、游览 50 元、旅行社服务 25 元、娱乐 23 元、市内交通 16 元,其他 46.58 元。

过夜游客人均花费 825 元,人均天花费 301 元;一日游游客人均花费 162 元。

国内游客最感兴趣的旅游活动依次为自然风光(23.5%)、名胜古迹(17.8%)、城市风光(17.7%)、特色餐饮(12.8%)、民族风情(7.5%)、购物(7.4%)、人造景观(5.6%)、节庆活动(4.7%)、文体活动(3.0%)。不同年龄、不同性别、不同职业的游客所感兴趣的活动不尽相同。譬如女性游客中 10.5% 的人对购物感兴趣,男性则仅有 5.3% 的人对购物感兴趣;年长者对名胜古迹感兴趣的偏多;儿童对文体活动和节庆活动的喜好偏大;教育工作者对民族风情感兴趣的较多。

根据省旅游局作的相关预测,未来辽宁省旅游市场的分布如下表。

表3-10 辽宁省国内旅游市场近、中、远期预测

年度 客源地	2002		2005		2010		2020	
	万人次	比重(%)	万人次	比重(%)	万人次	比重(%)	万人次	比重(%)
本省游客	2 932	46.5	3 400	46.0	4 550	45.5	8 087	45.0
外省游客	3 373	53.5	4 000	54.0	5 450	54.5	9 883	55.0

续表

客源地	年度	2002		2005		2010		2020	
		万人次	比重(%)	万人次	比重(%)	万人次	比重(%)	万人次	比重(%)
华北	北京	560	16.6	640	16	708	13	889	9
	天津	263	7.8	320	8	380	7	592	6
	河北	189	5.6	240	6	327	6	592	6
	内蒙古	142	4.2	160	4	218	4	296	3
	山西	64	1.9	80	2	109	2	198	2
东北	黑龙江	288	8.5	320	8	436	8	692	7
	吉林	260	7.7	320	8	380	7	592	6
华东	山东	340	10.1	400	10	490	9	790	8
	上海	310	9.2	360	9	436	8	692	7
	江苏	150	4.5	200	5	109	5	494	5
	浙江	118	3.5	160	4	218	5	395	4
华南	广东	158	4.7	200	5	109	5	494	5
	福建	115	3.4	120	3	164	3	296	3
	河南	78	2.3	120	3	164	3	296	3
	其他	337	10.0	360	9	872	16	2 372	24

资料来源:《2003辽宁省旅游统计年鉴》。

从上图可以看到,辽宁未来市场中以北京为核心的华北市场仍是辽宁省最大的市场;华东四省市(上海、山东、江苏、浙江)是中国经济发展最快的地区,也是辽宁省重点客源市场之一;东北由于地缘关系,旅辽游客也将持续增加;由广东、福建为核心组成的华南市场由于南北产品的差异性,将是辽宁努力发展的市场。

2.朝阳市现有客源市场情况

(1)旅游客源增长特征

由于旅游业还处于初始发展阶段,即目的地生命周期的介绍期,朝阳市2004年接待国内旅游者130万人次,接待海外旅游者仅1 111人次,旅游总收入为7.04亿元,相当于当地当年国内生产总值152亿元的4.7%。旅游者接待人数基数较小,随着像四合屯白垩纪鸟类公园、红山文化遗址公园等一批旅游精品的形成,在客源增长方面将会表现为激增式数量扩张特征。

(2) 旅游市场分布特征

朝阳市主体旅游市场为国内市场,入境旅游比例微乎其微,但随着本市外向型经济和高品位旅游资源的开发,在中远期海外商务、文化交流、休闲度假等入境旅游者数量预计将有较大增长,特别是华侨市场,将会是朝阳市旅游客源市场的重要组成部分,但国内旅游客源在未来该市旅游发展中将长期处于主导地位。

朝阳市国内旅游客源构成中,目前以本省旅游者为主,以外省旅游者为辅。主要客源地依次为朝阳市和沈阳,市场半径在2个小时车程以内。外省旅游者接待北京和天津客源比较集中,但市场规模较小。综合分析得出以下结论,朝阳市国内旅游主导市场处于初期发育阶段,市场半径较小,市场规模不大,外省市场分布过于分散。

在海外旅游客源构成中,以外国人为主,占海外游客总接待量的86%,其中韩、日近距离国家又占主要份额,美、德等欧美经济发达国家旅游者也占一定份额,其他主要客源国包括俄罗斯、澳大利亚、加拿大和新加坡;中国香港、中国澳门、中国台湾旅游者占本大项总接待量的14%,占较大份额。综合分析得出以下结论:海外和中国部分地区客源总量较小(2004年仅1 111人次),地缘、血缘关系成为朝阳市海外和中国部分地区客源的主要纽带,海外经济发达国家和中国部分地区旅游市场的潜力尚待挖掘。

朝阳市未来旅游市场开发重点:一是扩大本省旅游市场范围,在确保沈阳等地市场的同时,加大对周边地区如盘锦、阜新等地区的宣传;二是确定国内分级旅游市场,明确北京、天津、上海等客源地为省外旅游市场促销重点目标;三是确定海外和中国部分地区分级旅游市场,明确韩、日、中国香港、中国澳门、中国台湾为海外市场促销重点目标。

(3) 旅游动机与消费行为特征

旅游者来朝阳市旅游动机按比重排列依次为:探亲访友、观光度假、商务、会议、文化科技体育交流、健康疗养及其他。旅游者动机与朝阳市目前单一的旅游产品结构基本相符,多数探亲访友、商务、会议等游客并非由该市旅游吸引物所直接吸引,而只是在探亲访友和参加商务、会议活动之余,顺便进行参观游览。凤凰山既是国家级森林公园,又是国家3A级旅游区,资源品位较高,但目前客源市场只限于本地市民的宗教活动,景区收入绝大部分来源于门票,致使景区无法进一步发展,原因在于朝阳市旅游目的地概念尚未形成,作为一个景区无法吸引远距离游客。

目前来朝阳市的国内旅游者人均花费为542元,海外游客人均花费约为531美元。国家旅游局"2002年国内旅游抽样调查"显示,国内游客人均花费441.8元,其中城镇居民出游人均花费为739.7元。"2002年入境旅游者花费抽样调查"显示,来华入境过夜旅游者在中国境内人均消费854.55美元。据辽宁省旅游局统计,2002年本省入境旅游者人均消费为600美元。综合分析可见,目前来朝阳市的国内游客消费水平较高,这与目前休闲、度假、商务、会议等高档次游客比例大有关系。但海外游客消费水平明显偏低,其原因主要是适于海外游客的旅游吸引物和消费场所尚未形成,导致海外游客停留时间短,花费较少。开启旅游消费闸门所亟待解决的问题是,通过开发四合屯白垩纪鸟类公园、牛河梁红山文化遗址公园、凤凰山东北第一佛教名山等旅游精品,以化石专项旅游、宗教祭祀旅游、观光度假旅游、生态探险旅游等吸引各种消费层次的游客,既能满足国内游客又能适应海外游客,并延长游客的停留天数,长期稳定地增加旅游经营收入。

(三)朝阳市旅游发展"SWOT"分析

面对旅游未来前景和未来市场的需求特点,只有对当前朝阳市旅游资源、市场、竞争、经营和经济环境进行综合分析,找出主要的优势、劣势、机遇和威胁,才能应对未来的发展与变化。

(1) 优势

① 区位条件优越。朝阳市地处辽宁省西部,东北与辽西旅游热线的起点葫芦岛市相接,东南与新兴旅游热点城市相邻,西部与河北省接界,这些相对发达的旅游地区将会为朝阳市的旅游业起到一定的拉动作用。

同时,作为一个旅游目的地和主要客源市场之间的距离与方便的交通,是这个旅游目的地发展的基本条件。从地理位置看,朝阳市位于我国京津沈旅游客源区域内,距北京500多公里,距天津400多公里,距沈阳150多公里,距大连200多公里,这几个城市是我国国内旅游的重要客源市场,所以构建"北京后花园"概念朝阳市有距离优势。

② 资源丰富且品位高。朝阳市历史悠久,人文荟萃,自然风光秀丽、多样,

从产品开发的角度来看,奇异独特的自然景观同特定的人文景观融为一体,可以开发出富有地域特点、满足游客多种需求的旅游产品,为朝阳市旅游的跨越式发展打下良好的基础。

从人文资源来看,这里留有人类祖先15万年前繁衍生息的足迹鸽子洞古人类遗址,揭开了中华民族5 000年前文明史面纱的牛河梁红山文化遗址,独特的三燕文化,东北佛教源流地凤凰山,众多的遗址、寺庙、佛塔、古道,以及独特的凌源皮影、朝阳秧歌等。在这些旅游资源中拥有国家级文物保护单位4处,省级文物保护单位33处,市级文物保护单位41处,所以,朝阳市的人文资源丰富深厚,品位高雅,在全国同级市县处于领先地位。

从自然资源来看,朝阳市素有"世界古生物化石宝库"之称,是世界上第一只鸟起飞、第一朵花绽放的地方,鸟、鱼、植物化石等自然遗迹数量种属之多、年代之久为国内外所罕见,其中孔子鸟和中华龙鸟化石的出土,改写了鸟类起源与进化史,引起世界瞩目。同时,境内还有凤凰山和大黑山两处国家森林公园,已通过国家林业局评审晋升为国家自然保护区的劈山沟自然保护区,四处省级森林公园和两处省级动物保护区。

所以,朝阳市的旅游资源不仅有本色、自然的特点,还可以设计出较多体验和参与性的特色旅游产品,为朝阳市发展成为一个特色旅游热点目的地创造了条件。

(2)劣势

① 欠缺独特目的地形象。根据对客源市场的调查,第一次来华游客的首选目的地是北京、上海和西安;第二次旅游的目的地是长江乘船旅游、桂林、西藏。对欧洲旅行社调查结果显示,游客可能不会第三次来华旅游。在国内旅游市场上,朝阳市市场的知名度低,在旅游市场上还缺乏清晰而独特的统一目的地形象,旅游业还处于起步阶段,而周边地区的竞争对手如盘锦等城市则已采取势头强劲的营销战略,确立了清晰的目的地形象和品牌定位。

② 接待能力薄弱。朝阳市旅游业起步较晚,尚未形成足够的旅游接待能力。在住宿方面,全市共有星级旅游饭店9座,其中三星级1座,二星级3座,一星级5座。

在旅行社方面,到2002年年底,共有旅行社7家,全部为国内旅行社,朝阳市旅行社与国内大的旅游批发商还没有建立起长期战略同盟关系。这些因素的存在使朝阳市难以吸引国内旅游批发商的兴趣,朝阳市的旅游设施以及旅游接待体系如果不能按照旅游需要建设,就很难占领潜在的国内旅游市场。

在旅游资源开发方面,虽然对各主要旅游景点做了可行性研究报告或考察报告,但都没有进行具体的旅游开发规划,处于一种格局尚不明朗的阶段,对优势旅游资源尚未进行具体的主题开发。

在人力资源开发上,旅游各类企业对游客服务标准不高,多数员工服务技能和外语能力有限;管理和经营能力欠缺,多数旅游企业管理者对国内旅游市场的发展缺乏必要的了解;朝阳市高级旅游人才稀缺,专业人才不足,将对朝阳市旅游业未来发展产生严重的制约。

在旅游对经济和文化的影响层面,旅游市场不稳定;季节性强;游客平均停留天数少;平均消费水平低;市内相关部门和行业对旅游发展的经济意义和社会意义的认识有待进一步提高。所有这些问题如果不能得到有效解决,将会对朝阳市未来旅游业的发展产生不利的影响。

(3)机遇

朝阳市目前存在的问题对该市旅游业的发展构成了严峻的考验。在这种情况下,朝阳市应认清旅游发展的形势,把握机遇,使该市的旅游发展迈上一个新台阶。朝阳市旅游发展面临的新机遇主要表现在以下几个方面:

① 政策支持。在这方面,朝阳市政府在经济结构调整上,提出大力提升农业产业化经营水平,大力增强工业竞争力,大力促进第三产业全面繁荣,并提出要充分利用史前圣地、三燕古都、古生物化石宝库等资源,大力发展旅游业,培育新的经济增长点。这一战略的实施与政策配套,将为朝阳市未来旅游业的发展提供良好的政策支持与制度设计。

② 独特的目标与市场形象。在市场与产品的开发上,准确定位朝阳市极具竞争力的旅游资源,并充分利用,使之区别于我国北方其他旅游目的地,规划提出了"东北佛教圣地、中华文明关外摇篮和世界化石旅游王国"这一朝阳市旅游发展的战略目标和市场形象定位,为提升朝阳市旅游市场竞争力,并为明显区别于其他旅游目的地提供了良好的品牌标志,也符合我国国内旅游发展的需求方向。

③ 区域合作已初步形成。首先,充分抓住国内区域合作的机遇,加强与外部市场和企业的合作,特别是与辽西各市的合作,只有辽西成为了一个知名的区域旅游目的地,朝阳市的旅游才有可能得到健康的发展区域支撑;其次,充分把握2008年奥运会在北京举办的机遇,提升朝阳市在国际旅游市场上的知名

度,力争将来奥运火炬在中华民族5 000年前文明起源地——牛河梁红山文化遗址点燃,增强红山文化在中国香港、中国澳门、中国台湾及华侨市场中的影响。

(4) 威胁

① 东北各地区竞争激烈。在整个东北地区,冰雪、避暑、森林、草原、湿地生态等资源丰富,其中哈尔滨、沈阳、大连、长春等城市已形成东北旅游热点,且在竞争中不断发展完善,是东北旅游发展的领军地区。

辽宁省内旅游热点是以沈阳、大连、丹东为核心的辽宁金三角旅游路线,即大连—(鞍山)—沈阳—(本溪)—丹东—大连,该线集中了辽宁省大多现有旅游精品。到辽宁旅游的海外游客97%,国内游客82%,都集中到这个"金三角",是辽宁旅游发展的核心区域。2004年各大旅行社同时推出了辽宁辽西旅游热线,将葫芦岛作为辽西旅游热线的始点,包括锦州、阜新、盘锦、葫芦岛、朝阳五市,以历史古迹、生态旅游和奇特景观为代表,显示出巨大的发展潜力。

辽西各市如盘锦等地都已经做出旅游发展规划,近几年旅游业发展迅速,已形成一定的规模,现有影响力比朝阳市大。在旅游资源方面,辽西锦州、葫芦岛市地处沿海,资源丰富,品位较高,市场分流趋势明显。目前,朝阳市旅游产品开发方面尚未形成大体量、高质量的旅游景区和景点,特别是鸟化石、红山文化、三燕文化没有得到相应地开发,而这些资源是朝阳市旅游发展的根本所在。

② 资源的易损性。朝阳市旅游发展依托红山文化遗址、鸟化石等稀缺资源,一旦这些资源保护不力,将会造成无法挽回的损失。所以,在旅游开发中,如何正确处理旅游开发与人文、生态环境保护之间的关系,使朝阳市的旅游发展既能保证旅游产业高产出的经济效益,又能对其所依赖的人文和生态环境进行有效的保护,不仅需要在规划中详加考虑,更重要的是在景区经营管理过程中如何有效利用。

三、项目核心思路

(一) 指导思想与发展战略

1. 指导思想

以朝阳市市委七届五次会议提出"大力提升农业产业化经营水平、大力增强工业竞争实力、大力促进第三产业全面繁荣"的经济发展战略为契机,以"努力发展特色文化、精品文化,搞活文化市场,培育文化产业,建设'文化朝阳'"为导向,坚持大旅游、大市场、大产业的发展方向,以"东北佛教圣地、中华文明关外摇篮和世界化石旅游王国"为旅游目的地的总体形象和最终发展目标,萃取三古文化之精华,凝聚自然山水之灵气,发掘东北佛教之源流,锻造佛教、文化、生态旅游精品,带动旅游业发展成为朝阳市国民经济新的增长点,进而成为国民经济的支柱产业。

2. 发展战略

(1)政府组织协调、市场主导战略

《辽宁省旅游业"十五"计划》明确提出实施政府组织协调、以市场需求为主导的大旅游发展战略。为了确保旅游业的顺利开展,政府旅游主管部门要明确朝阳市旅游发展的目标旅游市场,并根据其需求结构和特点,通过旅游规划、旅游产业政策、法律手段和行政手段,强化对旅游业的统一规划、合理组织和有效协调,确保朝阳市旅游发展战略目标的实现。

(2)跨越式发展战略

多年来,党中央经常强调提出振兴东北老工业基地,为朝阳市开发文化、生态、服务等可再生资源,探索和建立新兴旅游产业,促进该市经济产业结构优化调整和本地国民经济的可持续发展指明了方向。辽宁省委、省政府明确提出要建立旅游大省,并要求旅游业实现跨越式发展。朝阳市旅游发展起步较晚,旅游产品、特别是标志性产品极其匮乏,但是却拥有开发旅游精品所必需的优良级甚至特品级旅游资源,以及广大的佛教、文化和生态旅游客源市场,具备实现跨跃式发展的旅游资源和客源条件。再通过统筹规划、有序开发、配套建设,朝阳市有望借助奥运契机在较短时期内发展成为特色文化和体验生态旅游热点目的地的跨越式发展。

(3)可持续发展战略

可持续发展作为一种人类社会经济发展观,其精髓在于既满足当代人的需求,又不危及后代人的需要。坚持旅游可持续发展战略,要求在旅游规划中科学处理人与经济发展、环境保护之间的协调关系,即以旅游资源利用的可持续为前提,以旅游经济的可持续发展为手段,以旅游地社会的可持续进步为目的,使旅游地社会、旅游经济与旅游资源保持协调发展,为朝阳市社会经济的可持续发展作出贡献。

(4) 奥运经济战略

借助靠近北京的区位优势,通过北京奥运平台传播朝阳市旅游目的地的形象,把该市独特的"三古文化"与北京奥运"人文主题"相融合,把凤凰山国家森林公园等自然生态储备与北京奥运"绿色主题"相联系,力争推出 1～2 个大型奥运旅游项目,通过奥运平台把朝阳市特色文化和生态体验旅游精品推向全国乃至全球市场,使朝阳市融入北京奥运经济圈。辽宁朝阳市与北京朝阳区缔结的友好关系,为朝阳市旅游奥运经济战略的实施提供了一个难得的现实途径。

(5) 旅游精品战略

朝阳市拥有世界唯一、全国独有的特品级文化旅游资源和丰富的优良级森林生态旅游资源,从而为该市开发特色文化和生态旅游精品,启动并发展具有后发优势的旅游经济产业提供了独特的资源基础,这种特有资源基础对于全国乃至世界范围内的旅游目的地来说都是十分难得的。旅游精品战略,就是依托朝阳市优良乃至特品级旅游资源,开发具有国际、国内和区域竞争力的旅游精品,并带动相关旅游资源的开发,形成烘托统一目的地形象的旅游产品系列,促进朝阳市旅游业的快速启动和全面发展。

(二) 发展定位与目标

1. 旅游发展定位

(1) 城市旅游发展地位

朝阳城市定位。国家级历史文化名城,全国优秀旅游城市,朝阳市经济、政治、贸易、交通、信息、文化中心,朝阳市旅游发展中的旅游集散中心、食宿接待中心、旅游信息中心、商贸会展中心、娱乐购物中心。

(2) 区域旅游形象定位

世界鸟化石科研中心、中国祭祀女性祖先的唯一场所、东北佛教圣地、三燕古都、东北探险胜地。

(3) 旅游产业定位

朝阳市的特色产业,促进对外开放、提升生活质量的先导产业。

旅游业作为服务业的重要组成部分,将成为该市新的经济增长点,成为全市国民经济的支柱产业之一。

(4) 特色旅游线路定位

古生物化石之旅、中华文明探源之旅、红山女神祭祖之旅、东北第一佛教名山朝圣之旅、红色之旅、绿色之旅、探险之旅、避暑度假之旅。

2. 旅游发展目标

表 3-11 朝阳市阶段发展目标

时间段	目标	形象	支撑景点
近期 (2005—2010年)	三古文化之都	初步确立东北佛教圣地、中华文明关外摇篮、世界化石旅游王国形象	四合屯白垩纪鸟类公园、牛河梁红山文化遗址公园、东北第一佛教名山凤凰山
中期 (2010—2015年)	生态旅游乐园	基本确立东北佛教圣地、中华文明关外摇篮、世界化石旅游王国形象	三燕古都、四合屯白垩纪鸟类公园、牛河梁红山文化遗址公园、东北第一佛教名山凤凰山、东北探险第一山大黑山
远期 (2016—2020)年	三古文化之都、生态旅游乐园	最终确立东北佛教圣地、中华文明关外摇篮、世界化石旅游王国形象	三燕古都、四合屯白垩纪鸟类公园、牛河梁红山文化遗址公园、东北第一佛教名山凤凰山、东北探险第一山大黑山、中国第一洞穴寺庙群龙凤山

(1) 阶段目标

① 近期目标(2005—2010年)。围绕"三古文化之都"发展目标,建设四合屯白垩纪鸟类公园、牛河梁红山文化遗址公园、东北第一佛教名山三个精品旅游景点,形成古生物化石之旅、中华文明探源之旅、红山女神祭祖之旅、东北第一佛教名山朝圣之旅、红色之旅五条特色旅游线路,启动三燕佛教文化节、中华女祖公祭大典、中华龙鸟国际化石节三大主题旅游活动,初步确立"东北佛教圣地、中华文明关外摇篮、世界化石旅游王国"目的地形象。

旅游业充分发挥全市国民经济新的增长点作用,旅游业对国内生产总值的贡献率由目前的4.7%提高到5.5%,成为国民经济新的增长点和先导产业。

② 中期目标(2010—2015年)。围绕"生态旅游乐园"的发展目标,新增三燕古都和大黑山两个精品旅游景点,新增绿色之旅、探险之旅两条特色旅游线路,扩大三燕佛教文化节、中华女祖公祭大典、中华龙鸟国际化石节三大主题旅游活动的影响,基本确立"东北佛教圣地、中华文明关外摇篮、世界化石旅游王国"目的地形象。

旅游业开始发挥在全市国民经济中支柱产业的作用,旅游业对国内生产总值的贡献率达6.5%,由国民经济先导产业向支柱产业过渡。

③ 远期(2016—2020年)。实现建设"三古文化之都、生态旅游乐园"的发展战略目标,形成三个重点旅游片区、六大精品旅游景点、八大特色旅游线路和三大主题旅游活动,最终确立"东北佛教圣地、中华文明关外摇篮、世界化石旅游王国"目的地形象。全市旅游业进入持续完善期,与国际完全接轨,进入集约化、效益型、生态型产业阶段,旅游业对国内生产总值的贡献率达8%,成为国民经济重要支柱产业之一。

(2) 旅游产业发展指标

在朝阳市旅游业的发展现状基础上和中国旅游业发展大背景下,根据国家旅游局《中国旅游业发展"十五"计划和2015年、2020年远景目标(纲要)》和《辽宁省"十五"旅游业发展规划(纲要)》精神,以及《朝阳市2005年政府工作报告》和《朝阳市旅游业"十一五"发展计划》关于全市"十一五"期间国民经济平均发展速度保持在15.5%左右、旅游业平均发展速度不低于全市平均水平的要求进行测算,2011—2015年按9%、2016—2020年按8%的旅游接待人数平均发展速度估算,特制定朝阳市旅游业发展指标体系如表3-12所示。

表3-12 朝阳市旅游发展指标

规划期末年	2004(实绩)	2010	2015	2020
入境游客(人次)	1 111	5 000	15 000	30 000
年增长率(%)	需旅游局提供	29	25	15
旅游外汇收入(万美元)	59	300	1 050	2 400
年增长率(%)	需旅游局提供	31	28	18
国内游客(万人次)	130	320.5	500.5	723
年增长率(%)	需旅游局提供	16	9	8
国内旅游收入(亿元)	7.04	19.8	35.0	57.6
年增长率(%)	需旅游局提供	19	12	10
游客总数(万人次)	130.1	320.5	500.5	723.0
年增长率(%)	需旅游局提供	16	9	9

续表

规划期末年	2004(实绩)	2010	2015	2020
旅游总收入(亿元)	7.08	20.0	36.0	60.0
年增长率(%)	需旅游局提供	19	13	11
对国内生产总值贡献率(%)	4.7	5.5	6.5	8.0

① 旅游接待人数指标。

• 入境旅游接待人数

规划近期末(2010年),年均增长29%,入境旅游人数为5 000人次。

规划中期末(2015年),年均增长25%,入境旅游人数为15 000人次。

规划中期末(2020年),年均增长15%,入境旅游人数为30 000人次。

• 国内旅游接待人数

规划近期末(2010年),年均增长16%,国内旅游接待人数为320万人次。

规划中期末(2015年),年均增长9%,国内旅游接待人数为500万人次。

规划中期末(2020年),年均增长8%,国内旅游接待人数为720万人次。

• 旅游接待总人数

规划近期末(2010年),年均增长16%,国内旅游接待人数为320.5万人次。

规划中期末(2015年),年均增长9%,国内旅游接待人数为500.5万人次。

规划中期末(2020年),年均增长9%,国内旅游接待人数为723万人次。

② 旅游收入指标

• 入境旅游外汇收入

规划近期末(2010年),年均增长31%,入境旅游收入300万美元。

规划中期末(2015年),年均增长28%,入境旅游收入1 050万美元。

规划中期末(2020年),年均增长18%,入境旅游收入2 400万美元。

• 国内旅游收入

规划近期末(2010年),年均增长19%,国内旅游收入19.8亿元。

规划中期末(2015年),年均增长12%,国内旅游收入35亿元。

规划中期末(2020年),年均增长10%,国内旅游收入57.6亿元。

- 旅游总收入

规划近期末(2010年),年均增长19%,旅游总收入为20亿元,对国内生产总值的贡献率为5.5%。

规划中期末(2015年),年均增长13%,旅游总收入为36亿元,对国内生产总值的贡献率为6.5%。

规划远期末(2020年),年均增长11%,旅游总收入为60亿元,对国内生产总值的贡献率为8%。

(三)旅游空间布局

1. 旅游空间发展动力机制

对朝阳市的旅游发展进行空间动力学分析,本规划认为,朝阳市作为一个大区域,应建立下列旅游空间动力机制:"城市核心集聚,沿路发散延伸,三大片区辐射增长",通过延伸、辐射、扩散、联合等一系列空间动力的共同作用,构建朝阳旅游发展的区域空间结构。

城市核心集聚。是指朝阳市区的旅游服务中心。随着城市和旅游业的发展,市区在旅游服务方面的功能将大大加强,而且更多的旅游景区也将纳入都市旅游核的范围,旅游产业链将以市区为核心,进行有序的梯度分工合作,产业相关度将大大增强,实现旅游业结构性的调整与优化,形成城市集聚核。

沿路发散延伸。朝阳市位于京津唐城市群与辽沈城市群辐射的中间地带,陆路十分发达,应以发散状的京四、锦朝、京沈等高速公路为依托,向西延伸至内蒙古的赤峰、河北的承德、秦皇岛市及首都北京等;向东延伸至辽西城市锦州、阜新、盘锦、葫芦岛等,实现大区域旅游联合发展。朝阳旅游要注重"借力",即借助沈阳、大连、丹东所形成的辽宁旅游黄金三角带,整合沿线旅游资源,形成资源互补,借以提升朝阳市旅游市场在辽宁省的地位。

三大片区辐射增长。从资源的分布上说,朝阳南北中分布着三大极具发展潜力的旅游板块。以朝阳市区"三燕"文化联合北京故宫、沈阳故宫等景区,带动朝阳融入中国古都旅游圈,提升旅游品位;以考古文化旅游片区联合锦州、阜新和内蒙古,实行跨省区旅游合作,将红山文化旅游区作为朝阳向河北省辐射的过渡地带,溯源市区"三燕"文化区的"古"脉,进一步强化朝阳乃至辽宁省"古(沈阳、朝阳)洋(大连)结合"的旅游形象。

三大片区形成朝阳旅游的"古文化"脉络,从白垩纪鸟类化石考古到中华古文明曙光,继而到三燕古都文化,使朝阳市的三大旅游片区在时间上按历史渊源连贯起来。

2. 空间结构

根据旅游资源分布特点和代表性的旅游产品,朝阳市旅游空间结构可概括为:"一个中心,三个亮点,三个片区",见下面三个表。

表 3-13　一个中心

名称	主要功能
朝阳市区旅游服务中心	旅游集散
	食宿接待
	旅游信息传播
	商贸会展
	娱乐购物

表 3-14　三个亮点

名称	位置	资源
凤凰山东北第一佛教名山	朝阳市东郊	东北佛教源流地,东北第一佛教名山
牛河梁红山文化	凌源市	举世瞩目的红山文化,中国文化渊源
四合屯白垩纪鸟类公园	北票市	中华龙鸟、孔子鸟、满洲龟等世界级珍稀古生物化石

表 3-15　三个片区

具体分区	区域范围	主要资源	功能	资源特色
三燕佛教文化片区	朝阳市市区朝阳县	朝阳市北大街;凤凰山国家森林公园;上河首古生物化石地质公园;劈山沟自然保护区;槐树洞森林公园;云蒙山农家旅游开发区;燕山湖景区	休闲观光宗教娱乐购物	访古探幽;自然本色,历史与自然的完美结合

续表

具体分区	区域范围	主要资源	功能	资源特色
考古文化旅游片区	北票市	四合屯白垩纪鸟类公园;大黑山国家级森林公园;白石水库;桃花山庄;龙潭水库	科研观光探险度假疗养	鸟类起飞的胜地;探险旅游的天堂;另类艺术的基地
红山文化旅游片区	喀左县凌源市建平县	牛河梁红山文化遗址;龙凤山朝阳洞自然保护区;热水汤旅游度假区;大河北自然保护区;楼子山自然保护区	祭祀科研度假观光疗养	中华文明起源地之一,探幽度假的佳地

3. 空间发展战略

(1) 市区旅游服务中心

①空间格局。包括市区的旅游集散中心、食宿接待中心、旅游信息中心、商贸会展中心、娱乐购物中心五大二级功能区。

②功能定位。朝阳旅游管理中心、商贸旅游区、三燕文化旅游区。

③规划思路。近期内将本区建成朝阳旅游的集散中心;作为一个新兴的旅游城市,朝阳旅游基础设施不完善,旅游功能不健全,所以本区强调旅游管理功能,为构建优秀旅游城市奠定坚实的基础。同时,本区还强调商务、休闲、娱乐等功能,彰显朝阳"三燕故都、佛教旅游圣地"的文化形象。

(2) 凤凰山国家森林公园

①位置。朝阳市东郊。

②规划思路。秉承史载东北第一寺佛教源流,再现1 660多年前龙翔佛寺风采,颂扬关外西天取经第一高僧昙无竭高功大德,浓缩东北佛教历史文化。规划以三燕东北佛教源流为脉络,以三塔五寺(恢复三燕龙翔佛寺等胜迹)为载体,以佛教文化为中心,以沧海变森林生态景观为基础,把凤凰山构建成为东北第一佛教名山。

(3) 牛河梁红山文化遗址公园

①位置。朝阳市西南凌源市、喀左县和建平县。

②规划思路。延承四合屯白垩纪鸟类化石考古文化脉络,延伸到朝阳市区三燕佛教文化,将朝阳的"古"脉能够在时空上连贯起来。规划将把牛河梁红山文化遗址建成具有全球华人影响力的祭祖圣地,与南方妈祖庙、中原炎黄帝陵形成遥相呼应的中国祭祖黄金线。

(4)四合屯白垩纪鸟类公园

①位置。朝阳北票市。

②规划思路。朝阳鸟化石资源独特性强,资源价值高,规划利用博物馆把这种独特的资源变成旅游产品,特别强调摆脱传统博物馆的展览模式,将展示、科普教育、观光游览、娱乐休闲融为一体,构建世界上独一无二的鸟化石主题公园,树立本片区乃至整个朝阳市的旅游形象。

(5)三燕佛教文化片区

①空间格局。以朝阳市区为核心,向南北辐射,各旅游景点呈放射线状分布。

②功能定位。全市旅游业发展的支撑品牌;展示全市旅游形象;旅游管理和接待中心;三燕佛教文化观光与考察。

③规划思路。利用举世瞩目的"三燕"考古遗址,充分挖掘朝阳市的旅游内涵,重塑朝阳市佛教文化旅游形象,提升旅游品位,并以此带动周边原有旅游景区的发展,辐射自然休闲旅游。

(6)红山文化旅游片区

①空间格局。以牛河梁红山文化旅游区、龙凤山自然保护区、凌源热水汤为亮点,各景区呈散点分布。

②功能定位。红山文化为全市旅游业发展的主打品牌;融祭祖、观光、度假为一体。

③规划思路。以牛河梁红山文化的唯一性,及其在世界上的独特地位,构建朝阳旅游的另一主打品牌——牛河梁红山文化旅游区,中国文化渊源,朝阳旅游"古"脉的承接阶段。开发完善本功能区原有的度假休闲功能,丰富旅游功能,延长游客停留时间。

(7)考古文化旅游片区

①空间格局。以四合屯、大黑山为支撑,白石水库、桃花山庄为点缀,形成环状旅游带。

②功能定位。全市旅游业发展的主打品牌;鸟类溯源;化石观赏;探险旅游。

③规划思路。依托鸟化石资源的独特性,构建朝阳旅游的主打品牌——四合屯白垩纪鸟类公园,朝阳旅游"古"脉的开端,结合大黑山森林公园的生态旅游产品,形成多样化的旅游形象,带动周边景区的发展。

4. 开发时序

根据各旅游功能区现有开发程度及开发潜力、市场需求程度、资源价值以及空间联系的紧密程度,确定各景区开发时序如下。

表3-16 旅游景区开发时序及重点安排

区别 \ 安排期别	近期	中期	远期
1. 市区旅游服务中心			
①旅游集散中心	●		
②食宿接待中心	■	●	
③旅游信息中心	●		
④商贸会展中心	▲	■	●
⑤娱乐购物中心	■	●	
2. 三燕佛教文化片区			
①朝阳市北大街	●		
②凤凰山国家森林公园	●		
③上河首古生物化石地质公园	■	●	
④劈山沟自然保护区	■	●	
⑤槐树洞森林公园	●		
⑥云蒙山农家旅游开发区	●		
⑦燕山湖景区	■	●	
3. 考古文化旅游片区			
①四合屯白垩纪鸟类公园	●		
②大黑山国家级森林公园	■	●	

202

续表

期别\区别	近期	中期	远期
③白石水库	■	●	
④桃花山庄	■	●	
4.红山文化旅游片区			
①牛梁河红山文化遗址	●		
②龙凤山朝阳洞自然保护区	●		
③热水汤旅游度假区	■	●	
④大河北自然保护区	■	●	
⑤楼子山自然保护区	▲	■	●

注：●在本规划期内优先规划，重点开发；■在本规划期内组织规划，进行前期基础设施开发或局部开发；▲在本规划期内进行开发论证，预留并保护资源。

（四）旅游产品规划与开发

1. 产品开发原则

（1）精品优先，重点建设原则

不合理的旅游项目会破坏旅游资源，无助于旅游业的可持续发展。旅游精品的优先开发建设可以使旅游投入集中到优势资源，避免低层次和小规模的无序开发，同时，旅游精品是艺术、文化和市场高度结合的产物，基本上反映出市场的需求，利用以点带线的规律，带动整个旅游地区旅游业的协调发展。

（2）市场概念与旅游产品统一原则

产品的开发对于目的地旅游经济的发展至关重要，而创造概念、树立形象是前提。在旅游开发中应在市场概念指导下进行相关产品开发，对于朝阳市的旅游开发，这里的概念不仅指目的地形象概念"东北佛教圣地、中华文明关外摇篮、世界化石旅游王国"，还包括借用诸如"世界第一只鸟飞起的地方"、"世界第一朵花绽放的地方"、"中华文明的曙光"等已有一定社会影响且具有市场号召力的概念，围绕这些市场概念，开发相应的旅游产品，将大大有利于缩短产品进入市场的时间。

(3) 景观生态规划原则

景观生态规划是通过规划设计，向游客提供环境优美、生态舒适、人类与自然和谐相处的可持续发展模式，强调在保护和发展中建立中长期的景观均衡发展。在产品设计过程中，景观生态原则不仅要求保持自然景观的完整性，还要保持传统文化的继承性。

(4) 概念性衍生原则

旅游开发可以分为资源性开发和概念性衍生开发。前者主要包括旅游景区内相关项目开发与设施建设；后者主要是指利用市场概念开发一些能直接推动目的地旅游发展的节事活动，具体展开参见旅游产品开发方案。

2. 三燕佛教文化片区产品开发

(1) 规划范围

包括朝阳市市区和朝阳县所辖范围。

(2) 基本定位

性质定位：古都文化、佛教文化与森林景观的完美结合；以三燕历史与佛教文化等人文景观为主导，辅以市区外的自然风光，参与性较强的农家乐，形成休闲观光、宗教探源为主题的旅游区，树立朝阳市历史文化名城、佛教旅游圣地和全市旅游接待中心形象。

形象定位：三燕古都，东北佛教源流地，龙（城）凤（凤凰山）呈祥。

(3) 精品旅游景点规划

① 北方民族融合的窗口——三燕古都。

三燕皇城景观。公元342年，前燕王在"柳城之北、龙山之西"建都为龙城，号称"龙都"。十六国时期前燕、后燕、北燕立国88年期间，龙城为三燕都城达52年之久。前燕慕容儁时，三燕成为中国北方最为强大的政权，形成了南与东晋对峙，北与前秦抗衡的争霸局面，而龙城也成为东北政治、经济、军事、文化和佛教中心。

朝阳市作为都城虽然历史较短，但在历史中朝阳市作为塞外辽西之地，由于地理位置处于中原通往东北的古代交通要衢，历史民族活动方面处于中原汉族与东北各少数民族互相交流及融合发展的纽带地区，所以三燕文化具有多民族的特点，是中国北方民族融合历史的窗口。在三燕不断拓展疆土的同时，百姓开疆拓土，发展经济，使得燕国经济空前繁荣。所以，三燕文化是中原文化、少数民族文化、佛教文化的融合体，表现出"兼容并蓄，开拓进取"的精神，这种精神不仅会激发出朝阳人民的自豪感,让朝阳更加积极地融入到现代化的建设中,而且三燕文化作为特定时期的文化,有较强的时空差异性和地域特色,对外地游客也将拥有较强的吸引力。

• 规划思路。规划将以三燕故都皇城宫门遗址为载体,在此基础上,充分挖掘各种与三燕文化相关的文化内涵,把该景点建设成为独特的三燕文化展示区,以此展示地域特色,服务于城市的建设发展。

• 规划项目。三燕文化浮雕展。在三燕故都皇城宫门遗址周围,围绕遗址建设1 600米的大型浮雕,具体描绘三燕古城当时的盛景,燕王南征北战的场景,龙腾苑的建筑格局,使燕都建筑群、东北第一皇家园林以及三燕历史人物通过间接形式再现。

皇城内宫遗址(第三地点)保护游览设计。遗址位于朝阳北塔东南300米,是三燕文化最直接、具体的表现。遗址包括大型夯土城门墩台、石砌门道、向南北两侧延伸的石子大路、砖路和东西两侧的城墙。遗址应该就地保护,并开辟为游览考察区,在遗址中设计适当道路,以供游客行走游览,配以现代科技的解说系统,向游客详细地讲解龙城的发展历史和建筑格局。

步行街改造。将步行街两边的建筑统一为三燕时代的建筑风格,和北大街构成连续的时空走廊,使浓厚的文化氛围唤起游客们无限的遐思。把步行街建设成集购物、休闲、娱乐、游览、文化于一体的商业风景街,成为反映朝阳市作为三燕文化的重要组成部分。

建设三燕文化馆。建设位置选择在步行街之中。通过朝阳现有的皮影、二人转、评书、民间舞蹈等经过一定的艺术加工来表现三燕文化特点,表演素材经过三燕历史演进,演员的衣着应富有三燕特点。

建设三燕艺术文化走廊。建设位置选择在步行街之中。展示以往艺术家反映三燕文化的作品,以及传统民间艺术包括书法、绘画、摄影、雕塑、文学、剪纸、皮影等与三燕文化相关或极具朝阳特色的作品。

② 三燕三塔景观。根据勘探和调查结果,朝阳北塔是在东晋时期三燕宫殿的基础上建立起来的,北魏时期孝庄皇太后首先在此利用三燕宫殿柱础,修建了"思燕佛图",隋文帝时又在思燕佛图的基础上修建砖塔,唐朝进行维修。辽代于重熙年间进行大规模维修。在隋、唐塔外面包砌一层辽砖,因此,现在称北塔为三燕、北魏、隋、唐、辽"五世同堂"的关外第一塔。天宫中出土了一千多件辽代佛教文物。其中灌顶玻璃瓶、鎏金银塔、金塔、经塔、舍利子等文物,都是稀

世珍宝,其中佛祖真身舍利子的发现具有重大的佛教意义。

- **规划思路**

舍利子的发现说明佛教在朝阳历史发展过程中的重要影响和作用,在朝阳旅游发展中,借助舍利子深厚的佛教文化,开展系列佛教观光和祭祀活动。

- **规划项目**

完善三塔。朝阳享有三塔之城的美誉,城内三塔,遥遥相对,并通过一定的视线走廊,构成独特塔城风貌,但现存只有南北两塔,为了恢复"三燕三塔"的胜景,建议在辽代东塔塔基的基础上,恢复东塔的原貌。

沿北大街建立展示佛教历史的建筑,分为三燕、北魏、隋朝、唐朝、辽代、清初六个历史主题,各个主题配以不同历史时期的建筑风格,说明不同历史时期佛教在朝阳乃至东北地区的发展状态。

佛教人物馆。建造一座东晋风格的展览馆,制作昙无竭、僧诠、昙弘、昙无成、昙顺五位三燕时期佛教高僧的蜡像,通过这些蜡像讲述五位高僧的传奇。北燕冯跋太平廿一年(公元420年),朝阳的佛教高僧释昙无竭(又名法勇)率徒弟僧猛、昙朗等25人赴天竺取经,成为我国历史上最早西行求法僧人之一,早于唐玄奘207年。

佛教浮雕。北塔象征一部沧桑的历史,是"思燕佛图"的旧址,在北塔广场立一座浮雕,讲述北魏文成帝皇后冯氏对北魏佛教兴盛的巨大贡献,可以根据史书记载在浮雕上展示"思燕佛图"的原貌,以及北魏高僧慧豫等游学诵经、救苦济贫的故事,隋代建宝安寺塔和珍藏佛祖真身舍利的情形。

佛教艺术展示厅。建一座辽代风格的佛教艺术展示厅,表示辽代北方佛教的发达昌盛,和朝阳在其中的重要地位。展示厅中,采用朝阳传统的石雕、木雕等工艺,陈列辽代在朝阳建造的塔寺的模型,采用多样的形式展示佛教音乐、绘画艺术、佛教名僧、杰出人物、佛教经典、佛教法器等。

于每年农历四月初八佛祖诞辰纪念日前后组织三燕佛教文化节。适当地在关帝庙请高僧恢复传统的宗教文化,形成市区内较有影响的宗教集散地。活动期间举行中国佛教音乐和舞蹈表演,组织珍藏佛教文物展和中国佛教文化摄影展等。

佛教文化交流中心。建清代风格的佛教文化交流中心,朝阳是藏传佛教"东藏"的中心和东北亚佛教的源流地,深入挖掘东北佛教文化的理念,以"东藏佛教"为主题,建立佛教文化交流中心。

③ 北大街历史长廊景观。朝阳北大街平房区是朝阳老城区的主要街区。在这一范围内,地上和地下都保存有丰富的文物古迹。地下有丰富的历史遗迹;地上保存有全国唯一"五世同堂"的北塔、辽代东塔塔基、东北最大的藏传佛教传统建筑佑顺寺,还有关帝庙、宝公馆、祖师庙等。这些现存文物反映出朝阳市延续的佛教文化历史,是三燕文化的延伸和发展。

- 规划思路

北大街两旁基本上集中了朝阳市所有现存的古迹,是了解朝阳人文历史发展的载体,规划主要通过对现有古迹的保护和对环境的美化,把北大街构建成为展现朝阳独特的人文历史的场所,集参观、休闲、娱乐于一体,成为东北古街的典范。

- 项目建设

民居古建筑修缮保护。由于以前的城建出现了大量破坏性建设,街区内房屋修缮管理、使用和物业管理的无序状态导致了破坏性使用和更新,街区所具有的历史与文化价值在逐步衰退和流失。对现有的古建筑确定拟挂牌历史建筑保护单位的挂牌工作,有示范、有代表性的修复历史建筑,与北塔、关帝庙、佑顺寺等重要文物保护单位形成较好的连贯性。

休闲娱乐中心的建设。南塔周围空间较大,绿化建设基础较好,形成游客休憩场所,提供相应的娱乐设施服务。主要表现为两个方面:建设朝阳市民间文化休闲中心。分别表演凌源的皮影、朝阳县的秧歌、双塔区的古筝,展现北票的书法、建平的剪纸、喀左的楹联。建设朝阳小吃城,如凌源小吃、喀左小吃等。

④ 凤凰山国家森林公园。凤凰山国家森林公园,除了良好的动植物资源外,还以三燕佛教史迹、沧海化石为特点,规划以三燕东北佛教源流为脉络,以三塔五寺为载体,以佛教文化为中心,以沧海森林生态景观为基础,把凤凰山构建成为东北第一佛教名山。

由于在本规划进行的同时,凤凰山的详细规划也在进行,此处不赘。

(4) 基础产品规划

① 上河首古生物化石地质公园。上河首村是举世瞩目的晚中生代热河生物群的经典地区,是朝阳市古生物化石集中区,在此建立的朝阳市古生物地质公园属全面展示晚中生代"热河生物群"化石和自然风景的综合性地质公园。

- 规划建议

上河首地质公园应突出在全国的化石博物馆中化石数量最多、种类最全、层次最多、密度最大、科研价值最高的特点,成为中国研究、展现古生物化石的基地。

此项目正在建设中,考虑到同地区产品差异性的战略,避免区域范围内的激烈竞争,建议上河首古生物化石地质公园要明显地和四合屯区别开,此处应全面地展现古生物化石群,成为古生物化石的百科全书,而四合屯反映的是鸟类的起源与演变过程。具体区别见产品规划中的四合屯白垩纪鸟类公园。

② 尚志故居。抗日英雄赵尚志,出生于朝阳县尚志乡,1925年加入中国共产党,曾任东北抗日联军总司令兼抗日联军第三军军长。1942年由于叛徒出卖而牺牲。规划将尚志故居建设成为朝阳市红色旅游精品景点。

• 规划目标

以省级爱国主义和党史教育基地尚志纪念馆为核心,整合尚志故居、革命文物和文史资料等资源,建设国内著名的红色旅游景点。

• 规划建议

完善和大力推进尚志纪念馆、尚志墓、尚志老宅、尚志柳等红色景观的建设,形成集纪念、研究、展示、教育与保护等多功能于一体的先烈故居红色景点。

依托爱国主义教育基地和党史教育基地,定期举办爱国主义、党史和抗日战争的专题教育活动和专题展览。

③ 阎王鼻子水库。该水库为国家大二型水利枢纽工程,库区内水域宽阔,气势宏大,宛如高峡出平湖。整个景区以水取胜,融山体景观、人文景观为一体,是本地居民观光、娱乐、休闲的胜地。

• 规划建议

由于之前已由辽宁省林业勘测设计院编制完成了《阎王鼻子水库旅游资源开发总体规划》,在此只对景区建设提两点建议:

首先不予建设科普馆,虽然水库是国家大二型水利枢纽工程,但并不具有代表性,并与景区本身的环境不协调。其次注意对环境的保护,重点建设休闲度假设施,适度建设多种娱乐项目。

④ 槐树洞森林公园。槐树洞风景区的开发历史悠久,气候宜人、山石林立,奇形怪状,泉水清凉可口,现已成为在朝阳市较有影响的度假区。

• 规划目标

景区应根据现有的设施及自然条件,发展成为朝阳市居民休闲度假的森林度假区。

- 规划项目

科学规划住宿设施。景区的建设应尽量减少对环境的破坏,住宿可采用林中住宿,如林中木屋、野营帐篷等,服务于特殊的顾客。同时,利用附近的村民房屋,建立林区乡村住宿,规划居住条件好、易于管理、卫生条件好的村中居民进行接待,带动当地的经济发展。

丰富旅游项目。旅游项目应多样,可以建设林区高尔夫球场地,开展林区跑马、林内滑雪、森林浴、林内漫步、森林观光等活动。

提供多样化服务。对于家庭休闲和年轻人组团休闲的游客,划分一定区域,采取一定的措施,满足其采集野菜、动植物标本的需求,提供野炊、烧烤、野餐场所和配套服务。

⑤ 清风岭省级自然保护区。清风岭省级自然保护区是朝阳市南部一块面积较大的原始天然次森林,是朝阳市开展生态旅游的重要组成部分,其地理位置靠近辽西旅游线的起点葫芦岛市,能较好地与该地的旅游资源进行互补。

- 规划目标

清风岭省级自然保护区在发展过程中,应定位于衔接葫芦岛市和朝阳市的旅游景区、朝阳南部的生态基地和辽宁省猛禽观察基地。

- 规划项目

景区内鸟兽种类繁多,具备森林观鸟的基础条件,在缓冲区内可适当地建立观鸟、观察猛兽生息的基地,选择位置时应充分考虑对动物的保护。

建立生物博物馆、展览室,展示景区内的主要野生动植物情况,气候地质条件等内容,使游客了解到更多的自然知识。

利用景区优越的地理位置,可适当地建立度假疗养院,或在森林中建摇床、宿营点等供人休养的设施。

景区开发以生态旅游为主,在管理上应制定生态旅游指南,对旅游给生态环境带来的影响进行监测。

⑥ 云蒙山农家旅游开发区。该开发区位于朝阳市附近,开展农家乐的各种条件较好。

- 规划目标

整个开发区应发展成为档次较高、功能齐全、管理较规范的农家旅游区。

- 规划项目

形成采摘园。果园可以是综合性观光农业区中的一个组成部分,景区以现有的苹果、梨树为基础,继续种植水蜜桃等北方果树,形成果树的多样性,使景区在春、夏、秋三季可以赏花、摘果、品果。

菜园中应主要种植新奇、野生蔬菜品种,并设置温棚、温室种植反季节蔬菜,给游人以耳目一新的感觉。游人到此,除了解到蔬菜生产的有关知识外,还可以品尝到平日少见的新鲜蔬菜。

生产区可全面长期开放,展示区内仅布置有代表性的作物生产场地,安排专人讲解、示范。游人还可动手参加生产,体验劳动的辛勤与丰收的喜悦,并获得相关的农业知识。

在中心景区附近,选择合适场地,布置由竹、木、石等材料做成的少儿游戏设施,如滚筒、滚木、攀爬架等,形成乡村气息浓厚的少儿嬉戏场所。

⑦ 苍鹭自然保护区。苍鹭自然保护区自然地理条件优越,气候宜人,森林资源丰富,整个环境极利于苍鹭的生长繁殖,所以苍鹭数量众多。

• 规划目标

保护区应发展为苍鹭科研繁殖基地。

• 规划项目

从发展角度看,苍鹭自然保护区面临的首要问题是自然生态环境的保护,适宜的生态环境是苍鹭生存和发展的基本条件。所以,保护区应进一步加大对环境的绿化,保护好现有的环境。

确定保护区的范围,进行相应的功能分区,核心区内应严格控制当地居民及游客进入。

在保护的前提下,适当从事一些季节性的旅游,可在试验区内开展观鸟活动。

建立科技声光展宣传教室,对外开放,以科技成果、科普教育等声像、图片展等形式详细介绍苍鹭相关的情况。

⑧ 小凌河自然保护区。小凌河水质清新、温度适宜、饵料丰富,河流多河湾、浅滩、溶洞和坑穴,为中华鳖提供了良好的生活环境。

• 规划目标

小凌河现在是专门保护中华鳖的省级自然保护区,规划将把景区发展成为以观察中华鳖生活、品尝中华鳖的基地。

• 规划项目

做好核心区内中华鳖的保护工作,应以保护为主,适度发展旅游。

建设中华鳖展示馆,向游客开放,介绍中华鳖的相关情况,也是研究中华鳖的基地。

进行适当捕捞,向游客提供中华鳖相关食品。

3. 红山文化旅游片区产品规划

(1) 规划范围

包括喀左县、凌源市、建平县全境。

(2) 基本定位

性质定位。本区以红山文化为文脉,以龙凤山洞穴寺庙群为特点,以楼子山、大河北自然景观为地脉,塑造身披生态绿衣的红山女神,建设成为以祭祀、洞穴佛教探奇、生态观光、温泉度假为主题的旅游区,树立中华文明之源、中华女祖故乡的形象。

形象定位。红山女神——中华民族共同的母亲;中国第一洞穴寺庙群——龙凤山;中华文明之源——玉龙的故乡。

功能定位。红山文化为全市旅游业发展的主打品牌;融祭祖、文明探源、洞穴佛寺观光、温泉度假于一体。

(3) 规划思路

以牛河梁中华文明曙光的独特性,型塑朝阳旅游的又一主打品牌——牛河梁红山文化旅游片区;开发完善本功能区原有的度假休闲功能,挖掘自然洞穴佛教寺庙文化,丰富旅游功能,延长游客驻留时间。

(4) 精品旅游景点规划

① 红山文化遗址公园。五千年前中华文明的曙光——牛河梁红山文化遗址公园。

牛河梁红山文化遗址是1981年文物普查时发现的。现已发现距今约5 500年前的大型祭坛、女神庙、积石冢和"金字塔"式建筑。遗址内涵丰富,出土文物精美绝伦、世所罕见。这一重大发现把中华文明史提前了1 000多年,使三皇五帝的传说变为真实,甚至被称为"东方文明的新曙光"。牛河梁红山文化遗址是可与埃及金字塔、印度亨觉达罗古文明相媲美的世界性发现,该遗址为国家级重点文物保护单位,现已申报世界文化遗产。

红山文化时代正是三皇五帝传说时代。据史料记载,传说中的"抟土造人"、"炼石补天"的女娲和"师蜘蛛而结网"的伏羲结为夫妻,游于东海而居。牛梁河遗址发现了女神庙、大祭台、并出土了女神头像,东山嘴红山文化遗址又出土了两只小型孕妇像,这些都验证了女娲"抟土造人"的传说。炎帝和黄帝也曾大战河北板泉之野,黄帝还定居于河北涿鹿,五帝之一的颛顼统辖于北方冀幽之地(今辽西青龙河),帝喾亦活动于北方,这些都说明三皇五帝传说时代的先民曾居住于北方,重大活动也在北方。正如北京大学著名考古学家苏秉琦所说,"黄帝时代的活动中心,只有红山文化时空与之相应",牛河梁女神是"红山人的祖先,也就是中华民族的共祖"。这个结论在某种程度上确认了红山文化就是中华文明的起源,红山女神是中华民族的共祖。

几千年来,中华民族一直把自己视为"龙的传人",但这一说法始终缺乏有力证据。著名考古学家郭大顺认为,龙的演化历程与中国文明、国家、民族的起源、发展息息相关,故几千年来龙一直被视为中华民族的象征,也证实了古往今来中华民族对龙的崇拜,并视自己为"龙的传人"。玉猪龙的出土,不仅找到了龙的雏形,而且为中华民族是龙的传人找到了证据。

专家现有对红山文化考古研究的结论可以用于旅游开发的有以下几点:

专家较一致的意见:红山文化是中华文明的曙光。

苏秉琦:"黄帝时代的活动中心,只有红山文化时空与之相应",牛河梁女神是"红山人的祖先,也就是中华民族的共祖"。

郭大顺:龙的演化历程与中国文明、国家、民族的起源、发展息息相关,故几千年来龙一直被视为中华民族的象征,也证实了古往今来中华民族对龙的崇拜,并视自己为"龙的传人"。

李恭笃:这些无底筒形(陶器)多出土于红山文化的墓地和祭祀遗址,可见它是专门为随葬和祭祀活动烧制的。

这些结论在考古学界还存在一定的分歧,但在旅游开发过程中,注重对现有研究结论的合理利用。

女神头像并不是实体,也没有具体的人物形象,所以作为有祭祖传统的中华民族来说,并没有太多的说服力,需要塑造一个典型的母系氏族的女性代表,或由出土文物的某些东西来证实确实有一位女性于此领导而产生了著名的红山文化,或红山女神是否就是传说中的女娲,有待于专家的论证。

• 规划思路

由于遗址本身资源的特殊性,与黄帝陵、炎帝陵等相比,红山女神的历史更为久远,且为女性;与妈祖庙相比,红山女神是中华民族共同的母亲,超越地域和民族,影响力将会更大。中华母亲的地位将使整个景区产生无与伦比的震撼力和影响力,规划将把牛河梁红山文化遗址建成和黄帝陵、炎帝陵相提并论的祭祀场所,且为具有全球华人影响力的祭祀母亲的场所。

结合2008年北京奥运中人文奥运主题,争取奥运火炬在此点燃或成为火炬传递的一站。红山女神作为中华民族共同的母亲,玉猪龙作为中华龙图腾的最初雏形,红山文化作为中华文明的曙光,对中华民族的发展具有重要的意义,把红山女神和奥运主题中的人文主题联系起来,有利于扩大北京奥运的社会影响力,特别是在中国香港、中国澳门、中国台湾同胞和海外华侨中的影响。

● 规划项目

①祭祀基地。红山文化庙、坛、冢的布局是按着伏羲先天八卦的卦位和太极曲线分布的,所以整个牛河梁红山文化开发区所有景观应按照太极曲线来分布,庙、坛、冢等的建设应还原其原来的卦位。

龙图腾神道。玉猪龙作为龙的实物雏形,对龙文化的发展起决定性作用。神道建设从正门入口处开始,从现在的龙表按时代发展的反向顺序逐步延伸到玉猪龙,在神道两边展现龙形状的发展和延续,并营造肃穆的氛围,展现龙文化的历史发展过程,使游客逐步走进历史,走进远古文化。

在原址恢复女神庙,作为祭祀的中心,于每年的七夕节组织每年一度的中华女神祭奠周大型活动,进行女神公祭,力争把祭祀女神作为国家级的祭祀活动。

女神祭奠周要配套一些文化活动,诸如大型歌舞表演,讲述三皇五帝时代的一些传说和活动;朝阳民间艺术展示,如有名的卷轴画、寿材彩绘、墓葬壁画,以及堪称稀世珍品的百寿图等民间绘画等。

②科考基地。积石冢保护棚。牛河梁遗址的二号、十三号、十六号积石冢原址,这三处积石冢是牛河梁遗址中较典型的,建保护棚可供游人参观。

牛河梁遗址陈列馆。展示红山文化的概况和出土的文物,采用现代化的解说系统。遗址作为科考基地,游客通常对此兴趣不大,必须转化为大众普遍能接受的产品。可以运用光电技术,对坛、庙、冢结构及出土文物进行详细描述,展示史前人们的生活环境和生活方式,增加人们对祖先生活的了解。

③红山文化村。营造远古祖先生活环境。在文化村表演当初人们的居住状况、生产方式、狩猎活动、节庆活动,还可以开展使前来祭祖的人进行参与的活动,体验和回归5 000年前新石器时代人类的生活环境。

建半地穴式或地上式草房,有居住房、陶器作坊、玉器作坊、石器作坊等,为游客创造可参与到制造陶器、石器的过程,也可以借此开发旅游商品,开发出具有红山文化特色的各种陶器、石器,以及玉猪龙类似的玉器。

耕作是上古时期生活的主要内容,建一座"古农园",展示数千年的农耕文化和民间民俗文化。

②龙凤山省级自然保护区。中国第一洞穴寺庙群——龙凤山。

喀左县龙凤山省级自然保护区,以古柏抱岩、云雾锁洞、曲径通古为特色。岩洞多达70余个,富有文化内涵和神秘色彩。双狮洞散落有4 700余年前红山文化与夏家店文化之间的中间型文化遗存;洋箱洞冬暖夏凉,步入其中有奇妙响声;蛤蟆嘴洞洞中套洞,似人在蛤蟆嘴中。

• 规划思路

规划与楼子山省级自然保护区、鸽子洞文化遗址进行资源整合,建设史前文化、佛教文化、自然奇景和洞窟探奇交相辉映的风景名胜区,成为国家4A级旅游区。

• 规划项目

①打造中国第一洞穴寺庙群。据历史记载,我国最初把佛置于洞中,洞即成庙,这种洞庙合一反映了最早的佛教形式,而龙凤山中的洞穴洞洞有佛,洞洞朝阳,能反映出最原始的寺庙形式。龙凤山的洞穴全部源自天然,没有任何人工雕刻的痕迹,和云冈石窟、龙门石窟、大足石刻这类大型的人工雕刻相比,龙凤山贵在本然,贴近自然,但仍能使人感受到浓厚的佛教文明。同时,洞穴的相关传说使人觉得这些洞穴神秘难测,如建立在朝阳洞内外的天台寺;冬暖夏凉、步入其中有奇妙响声的洋箱洞;洞中套洞、似人在蛤蟆嘴中的蛤蟆洞等。总之,在洞穴寺庙群的设计中,突出原始、天然、神秘的特点。

②建立我国独特的洞穴生活、探奇、体验的基地。在核心旅游区以外,选择一定的洞穴,规划将这些洞穴整体开发,建立独特的洞穴生活、探奇、体验基地。条件适合的洞穴建成穴居土著旅馆,开展穴居野营活动,或开展洞穴探险、探奇旅游,举办洞穴求生、洞穴探宝等活动,丰富洞穴旅游产品。

③开发洞穴探险。选择地形合适的洞穴开展探险旅游,利用高科技,将电脑游戏中的游戏场景、主题复制到洞穴中,例如设立迷宫、怪物、魔法等,力求做到真切,使游客尤其是青少年游客体会到不同于电脑游戏的真实感和刺激感。

④十八盘碑文诗词镌刻走廊。在朝阳洞的游览过程中,不少游客在此留下一些咏诵朝阳洞的诗词碑文,聘请书法家题写,将这些诗词镌刻在奇石上,沿十

八盘放置,形成碑刻走廊,增强人文气息。

⑤与楼子山、鸽子洞联合构建成为以自然景观为形、宗教文化为魂的国家4A级休闲观光旅游区。鸽子洞是我国旧石器时代中期遗址中最晚的一处。楼子山省级自然保护区具有桂林之秀,天然楼山大佛、烽火连城、猫头鹰形象逼真,自然景观较好,可以在此开展生态旅游,进行踏青、夏令营、赏秋等活动。

⑥注重对整体文脉和生态景观的保护。对天台寺前的两棵天然古柏应及时拯救,洞穴应维持现状,适时适量开发。

(5)基础旅游产品规划

①凌源市热水汤旅游度假区。该旅游度假区为全国八大名泉之一,医疗、保健效果明显,且地理位置较好。

• 规划目标

规划建成以温泉疗养、度假、会议为特色的省级旅游度假区。

• 具体项目

由于景区已作相关的项目开发规划,在此只作三点补充:

以大众化度假产品为出发点。由于热水汤度假区自然资源环境条件一般,其近距离主要市场——辽西经济欠发达,开发度假旅游产品要以主要目标市场的现状为基础,争取做到度假旅游产品价格适中,环境适宜,设施适当,服务优良。初期以周末度假为起点形式,之后以旅游度假地为圆心,逐步向外扩展。

注重开发儿童旅游产品。现代度假旅游游客大多以家庭为基本单位,家庭化已成为当今度假旅游发展的一个重要趋势,在我国度假旅游中家庭化表现得尤为突出。一个度假区能留住儿童,就等于为其父母提供了良好的度假环境。因此,在度假旅游产品设计时,要考虑儿童的消费需求,适当增加一些儿童游乐设施,如儿童游乐城、图书室、托管所、科技馆、环保知识库等。

度假区的洗浴类型较少,增加室内室外水疗,特别是室外水疗,让游客泡汤的同时,能够贴近和融入到自然,一览周围的田园风光,真山真水的优美环境和完善的度假设施,使游客实现真正的放松。增添药浴,满足各种保健的需要,同时,利用传统的中医理疗,进行相应的服务项目设计。

②陈镜湖烈士纪念馆。中共早期党员陈镜湖,1901年出生于建平县富山乡哈巴沁南井村,1923年加入中国共产党,是热察绥地区党组织早期领导人之一,曾与李大钊一起工作。曾任内蒙古特委书记,帮助冯玉祥组建察哈尔省抗日同盟军。1933年5月12日遭遇伏击牺牲,年仅32岁。

- 规划目标

位于建平县博物馆一楼大厅的陈镜湖烈士纪念馆,目前被列为辽宁省重点爱国主义教育基地。展厅面积300多平方米,主要陈列关于陈镜湖生平经历的图片和资料,其中各类图片100多幅。规划把该景点建设成为朝阳市红色旅游线路上的重要党史景点。

- 规划项目

增加多媒体展示设备,收集、制作和播发关于陈镜湖烈士的多媒体作品。

以陈镜湖烈士为主线,开设中国共产党早期革命活动专题展厅。

与叶柏寿镇勿台沟村的陈镜湖烈士纪念碑和烈士墓串联成陈镜湖烈士缅怀之旅,进行地方党史教育。

③ 大河北自然保护区。该保护区拥有国内罕见的红石峰峦,全国最大的野生核桃楸(二级保护)林地,红石叠嶂,野果飘香,金蛇盘石,堪称国内一流自然佳景和生态奇观。

- 规划目标

规划把景区建设成为集消闲度假、观光旅游、科考探险为一体的国家级森林公园。

- 规划项目

功能分区。根据景区的特点,可将景区分为登山游览景区,包括登山沿线独具特色的红石峰峦等;科研观光景区,包括尚未开发的原始森林带;健身游乐景区,适当开发滑雪场、森林历险区等娱乐项目;服务管理区,安排相应的基础接待设施。

开发野外生存游等探险游。景区内野果遍地,不但可以进行林副产品采摘、野果野菜采摘品尝,也为开展野外求生活动提供了较好的条件,可以安排一定的路线行程,专门开发野外生存游等探险旅游产品。

景区的地形较适合发展林家夏令营等活动。同时开发一定的科普教育产品,包括自然知识、生活知识等方面教育,如植物识别、标本采集等,

开展"大河北野核桃楸采摘节及山货交易大会"等回归自然的旅游活动,邀请专家前来考察论证,加大景区的影响力。

④ 南哨紫砂陶瓷工业园。喀左县生产的紫砂制品在国内外都有一定的影响,素有"南宜兴、北喀左"之名,其中茶具、酒具、花盆、壁画等产品轻便易带,是具有浓郁的地方特色旅游商品。

- 规划目标

规划把工业园建成一个具有地方特色的手工业旅游基地,集游览、观摩、娱乐、交易为一体的工业园区。

- 规划项目

对于大型的紫砂生产厂,向游人开放,配备专门的讲解员向游客讲解紫砂产品的生产过程。并可由相关人员指导,游客亲手参与制作,加工为成型产品给予顾客,让游客亲自体验制作陶瓷的快乐。

针对游客的特殊需求,提供相应的服务。制作游客的头像,或根据游客提供的相片制作出特殊的产品,这样不但能增强对游客的吸引力,而且还能扩大产品的种类。

⑤ 天成观古建筑群。天成观修建于康熙六年(1667年),是一座典型的道教建筑,具有显著北方古建筑的特征,现为省级文物保护单位。

- 规划目标

规划将把景区发展成为朝阳市最具影响力的道教场所。

- 规划项目

经300多年的沧桑变化,保存至今的有中轴线上二进院和东跨院内60余间建筑,建筑群规模较大,但缺乏相应的修护,雕饰和彩绘剥落严重,需要加大保护的力度。

开展与道教相关的活动,举办朝阳市道教文化节,加大景区的影响。景区道教文化色彩不浓,应进一步挖掘道教内涵,减少阴府等场景的布置。

⑥ 燕长城古文化遗址。燕秦长城建于公元前311年至前279年之间,在建平县张家湾南山至蛤蟆沟北梁之间,至今还保留着长7公里、宽约2米、高1米左右的城墙遗址,其中烧锅营子乡化匠沟村北山上的一段保存得最好,石砌结构仍清晰可见。

- 规划目标

鉴于燕长城的历史价值,规划对燕长城遗址加以全面保护,适度开展旅游业,把燕长城建设成为集科研、爱国主义教育为一体的景区。

- 规划项目

在保护好烧锅营子乡化匠沟村北山上的一段长城遗址的同时,可以适时地将连接这段长城的部分遗址进行恢复,供游客登临。

建设一座燕长城展览馆,用微缩景观进行展示,展现燕长城的雄姿和特点。

建设燕长城博物馆。作为燕文化的一部分，应收集沿线出土文物，进行集中展示，介绍燕国的边域和当时的形势。

⑦ 千亩文冠果园。建平县青松岭千亩文冠果园，是国内引进朝鲜文冠果最大的种植园，以树旺、花盛、药用价值高为特色。

• 规划目标

规划建设特色生态观光旅游区。

• 规划项目

每年5月份是文冠果的开花时节，近千亩文冠果林鲜花漫野，蔚为壮观，极具观赏价值，建议每年5月份举行"文冠果花观赏节"；8月份举行文冠果采摘品尝节。

文官果树林四周青山环抱，是较好的野营欢聚场所，果树之间有近两米多的间距，这些空间可以安置帐篷，让游客亲身体验旷野的自然清香。

⑧ 凌源皮影。由于影人用驴皮雕制，所以又被称为驴皮影。凌源皮影表演惟妙惟肖，配以粗犷豪放、高亢圆润、富有浓郁乡土气息的声腔音乐，深受广大群众的欢迎。

• 规划目标

凌源皮影不仅是一种珍贵的口头遗产，而且作为一种具有地方特色的剧种，成为游客前往朝阳旅游必不可少的一项活动。规划建成地方特色民俗旅游项目。

• 规划项目

建设皮影剧院。作为一种民间艺术，皮影通常下乡表演，但在凌源市区没有固定的正式表演场所，这须在凌源市区或在朝阳市区建设皮影剧院，作为游客活动的一项重要内容。

建设凌源市皮影博物馆，作为一种较有影响的地方艺术，凌源皮影具有诸多特点，但现有的展示过于简陋，与皮影艺术的价值不相称，应该从凌源皮影的起源、发展历程、皮影艺术家、皮影剧本等方面进行详尽的展示，增加游客对皮影的了解，也是对文物的保护。

4. 考古文化旅游片区产品开发

（1）规划范围

考古文化旅游片区主要包括北票市。

（2）基本定位

性质定位。以化石为主要吸引点，以山林野趣为特色的国家级森林公园为补充,成为世界一流的鸟类化石科考、展示、游乐、参观基地。

形象定位。第一只鸟飞起的地方;第一朵花绽放的地方;东北探险第一山。

功能定位。全市旅游业发展的支撑品牌;鸟类溯源;探险旅游。

市场定位。主要吸引国际鸟类和化石研究与爱好者;国内远程中青年考古爱好者;周边市区的有车族、青年探险者。

(3) 规划思路

依托以鸟类为典型特征的丰富化石资源,构建朝阳旅游的主打品牌——四合屯白垩纪鸟类公园,结合大黑山森林公园的生态旅游产品,形成多样性的旅游形象,带动周边景区的发展。

(4) 精品旅游景点规划

①凝固的鸟类世界——四合屯白垩纪鸟类公园。四合屯是世界闻名的中生代古生物化石宝库。从20世纪80年代开始,在这里先后发现了被誉为20世纪最伟大发现之一的"长毛的恐龙"——中华龙鸟和世界罕见的孔子鸟、满洲龟等一批世界级珍稀古生物化石,保存下来的主要是距今1.25亿年至1.45亿年间即晚侏罗至早白垩纪时期的动植物化石。作为第一只鸟的发源地,四合屯国家级自然保护区具有巨大的市场号召力。

• 规划思路

建立一座融博物馆展示、科普教育、观光游览、娱乐休闲于一体的世界上独一无二的白垩纪鸟类公园,详尽地展示鸟类的起源与演进过程,反映鸟类的进化过程和环境的关系,从而体现出人与自然的关系,激发人们热爱自然、保护自然的热情,揭示人类必须保护生态、保护环境这一深刻主题。

表3-17 四合屯白垩纪鸟类公园和上河首古生物化石地质公园比较表

景区	级别	特色	年代	优势	劣势
上河首古生物化石地质公园	国家级地质公园	种类齐全	白垩纪早期九佛堂组	生物种类全、位置好、规模大	特点不鲜明
四合屯白垩纪鸟类公园	国家级自然保护区	第一只鸟起飞地	白垩纪早期义县组	鸟类化石,独一无二	相对地理位置较差

● 规划项目

①公园可分为五部分。第一部分着重介绍与鸟类进化相关的基础知识,如生物进化、化石、地质年代、鸟类的演化与分类等。第二部分主要介绍四合屯的鸟类化石。第三部分是鸟类化石的发掘现场。第四部分再现白垩纪早期自然环境中鸟类的发展过程和生活状况。第五部分为游乐园。四合屯受地理位置的限制,这部分将放在白石水库,并可借此带动白石水库的进一步发展。

②公园在展示鸟类化石、鸟类标本的同时,重点挖掘鸟类主题游乐内容。在建设中应区别于传统意义的博物馆,利用声光电等高科技手段,把鸟类进化过程做活,通过规模化开发的能力把项目建成鲜活的、令人耳目一新的乐园。展览中遵循"科技支撑、规模效应、环境先行"的宗旨,用高科技声、光、电,以及影视成像、卡通动画、网络游戏、科技制作等手段,突破传统地质公园或化石博物馆"静态展现"观念。

③在第四部分再现白垩纪古生态环境。以生物演变史为背景,重点突出鸟类从恐龙——中华龙鸟——原始祖鸟——孔子鸟——真鸟的发展历程,揭示人类必须保护生态、保护环境这一深刻主题;运用瀑布、山岩、海洋、丛林、洞窟等仿真空间,再现白垩纪年代特有的生存环境,由此构筑各展厅独特的艺术氛围。

④模拟考古区。在四合屯周边选择较好的质地层,让游客参与考古实践。

⑤游乐园主要为参观娱乐活动。借助白石水库的水资源,以游乐项目"恐龙与鸟"等将声光电等影视特效、多媒体网络等现代技术用于静态动物展示,加以飞天蹦极、夏日雪橇、穿越白垩纪、动感电影、高空滑索、潜水艇、横空出世等大型游乐项目,以吸引更多人的参与。

⑥可以制造一批仿真始祖鸟、中华龙鸟等,这些仿造品应该形象嘶叫、唱歌等,它们的动作受电动装置控制,开园期间,把它们放在园区各处活动,也可和游客接触,同时可利用高科技制造出中华龙鸟、孔子鸟等,并配备当时它们所食的食物,让游客喂食。

⑦在白石水库建设配套餐饮、休闲、住宿的相应设施,提供一条龙服务。

2. 东北探险第一山——大黑山森林公园。该公园是一处以"清幽""野趣"为特色,集"雄、奇、险、秀、幽、旷"六种自然形象于一体,以自然景观为主的山岳型森林公园。

● 规划思路

公园以奇石、怪峰、绿嶂、花果、温泉为特色,和国家级自然保护区的劈山沟自然保护区共同建造以登山、攀岩、抱石、赏石、温泉疗养和中药保健为主要功能的东北探险旅游第一山、原始森林猎奇探险区,成为年轻人极限运动的乐园。

- 规划项目

①在不同季节推出不同的生态旅游产品。保护区内天然林丰富,植被多样。不同季节推出不同旅游项目,如春季推出杜鹃花节;夏季推出森林植被与动物考察;秋季推出观叶游,冬季推出野生动物考察游。

②根据地势和资源,突出探险项目。大黑山属于罕见的落石、堆石景观区,加上良好的动植物条件、气候条件,适于开展象形奇石观光和野外攀岩、森林定向越野、原始生存体验、险滩漂流,以及徒步和观鸟等探险活动。

- 野外攀岩被称为"岩壁上的芭蕾",其魅力在于亲近自然,触摸岩石的质感。开展野外攀岩项目要求山体险峻、耸立突兀、山体稳固。攀岩点要配备全套攀岩设施,如安全带、安全头盔、护具、上升器等,安排专业人员进行现场指导。
- 森林定向越野运动是参加者利用地图和指北针,自选行进路线,但必须依次通过各个检查点的一种越野赛跑运动。定向运动是国际上普遍开展的一种群众性体育活动,是智力与体力并重的运动,它能使人们在运动中加强团队精神、合作协调、锻炼在体力智力受到压力时迅速做出反应和果断决定的能力,充分享受征服大自然的快乐。这种运动适合各个阶层、各个年龄段的人群,例如学生、上班族、家庭等,也可作为一项广交朋友的社交性体育项目。所以应该通过各种宣传方式,向社会各界推出各种不同主题的定向越野活动,吸引各阶层的游客,扩大市场范围,以推动这种活动的开展。
- 险滩漂流。选择适宜的河段开展险滩漂流项目,建设漂流区,在起点和终点设置码头、卫生间、休息亭台、餐饮服务点等。
- 开展象形奇石观光游,要充分考察大黑山的地形,设计出最合理的线路,使游客在"不走回头路"的情况下,能够欣赏到景区最壮美的奇观。
- 因为森林探险旅游对地形有一定的特殊要求,同时也要保证游客的人身安全,所以开展这些项目之前首先要选准地形,选择适合开展项目的地点和线路,沿途设置必要的标志性小品或休息亭,以防迷路,并扫除所有可能造成游客伤亡的障碍。

③每年暑假期间组织"原始森林猎奇探险"的活动,让参与者体验丛林中自由跋涉的经历和乐趣,期间组织多样的活动,如攀岩——岩降比赛,森林定向越

野,原始生存体验,定向寻宝运动、溯溪等,以此吸引更多的探险旅游者,在东北地区产生影响。

• 在这种产品推向市场的初期,可与一些定点单位(如学校)合作,推出夏令营活动,以打开市场。

• 开展徒步穿越探险活动,景区要为参与者提供一些基本设施,如帐篷、炊事用品、海拔表、指南针、温度计、地图等,可以在这些设施上做文章,例如帐篷要避免形式单一,除采用旅游帐篷外,深入挖掘地方特色,设计出具有鲜卑族或蒙古族特色的帐篷形式。

• 在"原始森林探险"线路的沿途设立野营地、野营场、烧烤点、供水点、青年旅馆等设施。

④在景区最险峻的地形中举行原始森林越野挑战赛,至今中国在这方面的体育赛事很少,景区在发展过程中可以借助类似的比赛提高自身的知名度。

⑤观鸟旅游是软探险旅游,比较接近生态旅游,大黑山自然保护区鸟类有52科295种,其中国家一级重点保护鸟类4种,二级41种,可以说这里就是森林观鸟爱好者的天堂。

⑥中老年中药采集游。景区保护区内野生中药用植物有189种,留出一定的区域为前来公园度假、山庄度假的游客开展中药采集活动,或专门为老年游客开辟特殊的"中药采集游",并出售景区生产的保健药品。

⑦景区应充分完善现有的度假村和疗养院等设施,开发度假康疗产品。

• 利用现有的"杏花山庄"度假村和矿泉疗养院,完善其硬件设施和服务,将度假和疗养相结合,开发特色度假康疗产品。丰富温泉馆的多样性,如建造日式的、中国传统的温泉馆等,突出特色。建造美食街、咖啡馆、茶楼等配套服务设施,完善度假产品。

• 提供多样化的服务,开发不同主题的疗养保健产品,如音乐歌舞养生保健、药膳食疗养生保健等。

• 完善现有的鹿系列产品,利用大黑山丰富的植物、草药资源,开发生态美食。

(5)基础旅游产品规划

① 白石水库该水库地处朝阳、阜新、锦州三市相交中心地带,交通便利,地理环境优越。水库规模居辽宁第三位,辽西首位,且库区内植物丰富,物种繁多,具备发展度假游的基本条件,所以景区在未来的发展中,形成"白石衬美景、

水库拖平峡"的意境,以突出度假村的区位优势和资源特色。

- 规划目标

规划将景区和燕湖园相结合,发展成为3A级景区。

- 规划项目

把整个景区划分为休憩小住区、娱乐消遣区、水上乐园、湖畔野营区、森林旅游区。

现有的观礼台可以一览全景,周围环境优美,视野开阔,可适当种植草坪,摘种葡萄观赏园,修建凉亭,形成较好的休闲区。

现在的旅游项目较为单一、平常,没有太大的吸引力,根据库区的自然条件,可以开展索道牵引滑水、沙滩排球、沙滩足球、水渠漂流、湖滨餐馆、摩托快艇、山地野营等较为新奇的项目。

② 桃花山风景区。桃花山庄风景区,以景园生态化、艺术自然化、旅游个性化为特点,是一个别具风格的度假旅游区。

- 规划目标

规划把桃花山庄建设成为朝阳市高端市场服务的生态旅游示范区和休闲胜地。

- 规划项目

虽然山庄建筑风格独特,布局巧妙,但其主题不是太鲜明,客源市场没有定位,没能就相应的客人提供对应的产品。应将景区建设成为一个放松心情、体验特殊意境的生态休闲胜地,区别于度假地或度假区。山庄客源应针对高端市场,以白领休闲娱乐为主,同时开发一定的婚庆市场。

山庄的建筑特色和服务人员的穿着接近于南方的少数民族,山庄应利用地域差异,适当推出南方不同少数民族的节日、风俗礼仪、特色菜肴,吸引客人的重复消费。

现有住宿设施落后,远不能满足休闲的需要。山庄可以采用两种策略,一是以"土"制胜,整个景区布置成古时的客栈,不用一切现有的设施设备,为游客创造一个另类的空间;一是"外土内洋",里面装修应符合现代人的需要,舒适享受。

现有娱乐设施单一,无法延长客人停留时间,应开发出独特的项目来吸引客人,如利用就地拾材、生火做饭的特点,让客人参与做饭;山庄可以招聘一些能棋琴唱跳的员工,为前来的客人提供所需的娱乐服务;山庄种植大量的鲜蔬,客人亲自采摘等。

现有住宿房间过少,山庄应继续拓展,但应保持一定的格调,建设与众不同的建筑和设施。

③ 燕湖园。它是为纪念因修建白石水库,18 651名北票人告别家园,迁徙到全国9省76县而建,是全国首家为纪念移民而建的园林。

• 规划目标

规划将燕湖园和白石水库相结合,形成自然和人文景观的融合休闲观光区。

• 规划建议

更深一步挖掘移民文化。景区在现有体现移民特点的基础上,还应继续挖掘移民文化,开发"移民文化节"或"移民祭祖"等类型的活动,为移民提供一个重新团聚的场所和机会。继续追踪报道移民的生活现状。

在景区内建立移民之前的地形和建筑微缩景观,为移民提供回味历史的场景。

④ 惠宁寺。该寺北据官山,南映大凌河,左临牤牛河,右环凉水河,环境优美,为佳境胜地。惠宁寺距今近260年历史,至今保存基本完好,是东北现存规模最大的喇嘛庙,为辽宁省重点文物保护单位。由于惠宁寺地处白石水库淹没区内,所以为确保安全,省政府已将该寺就近移址搬迁。由于搬迁的很多不确定因素,这里只针对文物的保护做几点说明:

• 一般寺庙所在地都为风水宝地,现有惠宁寺靠山环河,环境优美,为不改变惠宁寺的地理特征,并考虑游客对寺庙幽静环境的心理观赏需要,应选择相似的环境进行重建,留足开阔的佛事活动和游览空间。

• 以"修旧如旧"的原则进行重建,利用现代技术全方位地把现存建筑搬迁过去,包括一砖一瓦,名木古树。

⑤ 台吉南山万人坑。北票市台吉煤矿的"日伪统治时期北票煤矿死难矿工纪念馆",即"万人坑",记录着日本侵略者从1931年到1945年掠夺中国煤炭资源,残害中国人民的历史铁证,是一处特殊的爱国主义教育基地。

• 规划目标

建成省级爱国主义教育基地和抗日战争纪念地。

• 规划项目

纪念馆缺少必要的资金进行维护,特别是尸骨的防腐处理,历史现场的保护不仅关系到旅游的发展,更重要的是保存了历史的真实记录。

纪念馆中应详细介绍当时的历史背景,矿工被惨遭杀害的详细情况,提供更多的历史照片、图片等,使游客走入到历史中去。

建立多媒体日本侵华警世馆,放映日本侵华、掠华和中国军民抗日等历史纪录片和电影、录像等,警世日本侵华给中国带来历史性灾难,纪念中国抗日战争的伟大胜利。

在纪念馆和中国矿工纪念碑广场,定期举办各种爱国主义纪念活动。

⑥尹湛纳希故居。尹湛纳希素有蒙古族曹雪芹之称,是世界著名的清代文学家,给后人留下了《一层楼》《泣红亭》等不朽之作。尹湛纳希的故居和墓葬都在这里,是旅游者深层次了解少数民族文化、祭奠少数民族作家的地方。

- 规划目标

建成中国文学名人纪念馆。

- 规划项目

故居是尹湛纳希生前的居所,除了要保持原有风貌、作家之前使用过的文物之外,重点要介绍作家的作品,使游客认识、了解少数民族文学,所以故居应布置一间陈列室,深入介绍作家生前的作品、内含的思想等知识。

用传统画把尹湛纳希生前的大事勾勒出来,使游人更加详尽地了解作家生平。

注重故居的绿化,应当多种植高大的树木。

5. 近期经济效益评估

(1)市区及三燕佛教文化片区近期效益评估

①功能区容量。三燕佛教文化片区与市区旅游服务中心共享一个同心圆地理区域,因此,将二者合并进行近期的经济效益评估,包括朝阳市区和朝阳县。本区是朝阳市旅游管理中心,同时也是本市旅游交通集散、餐饮、文娱和购物中心,且兼具三燕文化、佛教文化、生态观光与休闲度假等功能。预计本区近期旅游接待量可达朝阳市同期旅游接待总量的50%,到2010年年接待量应为160万人次。按每年240天可游览天数计算,日均接待量为6 667人;按50%住宿游客比例、住宿游客平均停留1.5夜次、饭店住宿率70%计算,共需旅游住宿床位7 100张;预测社会饭店和现有将能满足其中50%的需要,规划新增其中50%的供给,共3 550张床位,按标准间统一计算,需新建旅游饭店客房1 800间。

近期期末预测,年新增一日游游客为40万人次,人均消费200元;新增过夜游客40万人次,平均停留1.5夜,人均消费1 000元,人均天消费667元。

② 经济效益评估。市区旅游服务中心经济效益评估见表3-18。

表3-18 市区旅游服务中心经济效益评估

重点建设时间	2005年年中至2007年年中	建设周期(年)	2
建设用地面积(公顷)	33	建设用地容量(人/公顷)	100
新建星级饭店建筑面积及造价	3 000元×126 000平方米=37 800万元	新建旅游配套设施面积及造价	2 000元×41 600平方米=8 320万元
总投资匡算(万元)	46 120		
年均经营收入(万元)	48 022	其中住宿:667元×240天×2 500人=40 020万元 其中非住宿:200元×240天×1 667人=8 002万元	
年均经营成本(万元)	48 022×0.5=24 011	折旧(万元)	46 120×0.05=2 306
营业所得税	21 705×0.33=7 163	年均净利润	14 542
投资利润率(%)	37	投资利税率(%)	47
投资回收期(年)	3		

注:本表根据国家旅游局《旅游规划通则》所推荐的旅游规划指标,仅对近期新增旅游接待设施(星级饭店及其配套文化娱乐设施)投资经济效益进行评估,而不包括其他城市建设投资。

(2) 考古文化旅游区近期效益评估

① 功能区容量。考古文化旅游片区是朝阳市旅游主打品牌区之一,是规划近期开发的重点功能区。预计本区近期旅游接待量可达朝阳市同期旅游接待总量的25%,到2010年年接待量预计为80万人次。按每年210天可游览天数计算,日均接待量为3 333人;按50%住宿游客比例、住宿游客平均停留1.5夜次、饭店住宿率70%计算,共需旅游住宿床位3 571张;预测社会饭店和现有将能满足其中50%的需要,规划新增其中50%的供给,共1 790张床位,按标准间统一计算,需新建旅游饭店客房900间。

近期期末预测,年新增一日游游客为20万人次,人均消费200元;新增过夜游客20万人次,平均停留1.5夜,人均消费900元,人均天消费600元。

② 经济效益评估。考古文化旅游片区经济效益评估见表3-19。

表3-19 考古文化旅游片区经济效益评估

重点建设时间	2005年年中至2007年年中	建设周期(年)	2
建设用地面积(公顷)	19	建设用地容量(人/公顷)	100人
新建星级饭店建筑面积及造价	3 000元×63 000平方米=18 900万元	新建旅游配套设施面积及造价	2 000元×20 790平方米=4 158万元
总投资匡算(万元)		23 058	
年均经营收入(万元)	22 003	其中住宿:210天×1 429人×600元=18 005万元 其中非住宿:210天×952人×200元=3 998万元	
年均经营成本(万元)	0.5×22 003=11 002	折旧(万元)	0.05×46 120=2 306
营业所得税(万元)	0.33×9 848=3 250	年均净利润(万元)	6 598
投资利润率(%)	34	投资利税率(%)	43
投资回收期	3		

注:本表根据国家旅游局《旅游规划通则》所推荐的旅游规划指标,仅对近期新增旅游接待设施(星级饭店及其配套文化娱乐设施)投资经济效益进行评估,而不包括其他城市建设投资。

(3)红山文化旅游区近期效益评估

① 功能区容量。红山文化片区为朝阳市旅游发展的主打品牌区之一,是规划近期开发的重点功能区。预计本区近期旅游接待量可达该市同期旅游接待总量的25%,到2010年年接待量预计为80万人次。按每年210天可游览天数计算,日均接待量为3333人;按50%住宿游客比例、住宿游客平均停留1.5夜次、饭店住宿率70%计算,共需旅游住宿床位3 571张;预测社会饭店和现有将能满足其中50%的需要,规划新增其中50%的供给,共1 790张床位,按标准间统一计算,需新建旅游饭店客房900间。

近期期末预测,年新增一日游游客为20万人次,人均消费200元;新增过夜游客20万人次,平均停留1.5夜,人均消费900元,人均天消费600元。

② 经济效益评估。考古文化旅游片区经济效益评估见表3-20。

表 3-20 红山文化旅游片区经济效益评估

重点建设时间	2005 年年中至 2007 年年中	建设周期(年)	2
建设用地面积(公顷)	19	建设用地容量(人/公顷)	100
新建星级饭店建筑面积及造价	3 000 元×63 000 平方米=18 900 万元	新建旅游配套设施面积及造价	20 790 平方米×2 000 元=4 158 万元
总投资匡算(万元)		23 058	
年均经营收入(万元)	22 003	其中住宿:210 天×1 429 人×600 元=18 005 万元 其中非住宿:210 天×952 人×200 元=3 998 万元	
年均经营成本(万元)	0.5×22 003=11 002	折旧(万元)	46 120 万元×0.05=2 306
营业所得税(万元)	0.33×9 848=3 250	年均净利润(万元)	6 598
投资利润率(%)	34	投资利税率	43
投资回收期(年)	3		

注:本表根据国家旅游局《旅游规划通则》所推荐的旅游规划指标,仅对近期新增旅游接待设施(星级饭店及其配套文化娱乐设施)投资经济效益进行评估,而不包括其他城市建设投资。

6. 旅游线路设计

朝阳市依托多类型、多层次的旅游资源和景点,利用便利的交通,可在三大主题旅游区的基础上,针对不同的客源群体,在不同时段推出多种旅游路线。

(1)古生物化石之旅

市区—朝阳古生物化石博物馆—三燕化石馆—上河首古生物化石地质公园—四合屯白垩纪鸟类公园—凌源大王杖子化石产地—市区。

(2)中华文明探源之旅

市区—牛河梁红山文化遗址—东山嘴红山文化祭祀遗址—鸽子洞遗址—龙凤山省级自然保护区。

(3)红山女神祭祖之旅

市区—牛河梁红山文化遗址—中华女祖公祭大典—市区。

(4)东北第一佛教名山朝圣之旅

市区—北大街三燕三塔—东北第一山凤凰山—东北第一寺龙翔佛寺—东北佛教历史文化长廊—昙无竭西游宫市区—市区。

(5)红色之旅

市区—朝阳市博物馆—台吉万人坑—尚志故居—陈镜湖烈士纪念馆—市区。

(6)绿色之旅

朝阳市区—凤凰山国家级森林公园—劈山沟自然保护区—槐树洞森林公园—云蒙山农家旅游开发区—阎王鼻子水库风景区—燕山湖景区—朝阳市区。

北票市—大黑山国家级森林公园—白石水库—桃花山庄—龙潭水库—北票市。

喀左县—龙凤山朝阳洞自然保护区—楼子山自然保护区—大河北自然保护区—凌源市。

(7)探险之旅

市区—凤凰山国家级森林公园—大黑山国家级森林公园—劈山沟自然保护区—大河北自然保护区—凌源。

(8)避暑度假之旅

市区—凤凰山国家森林公园—桃花山庄—大黑山国家森林公园—槐树洞森林公园—云蒙山农家旅游开发区—凌源热水汤—凌源市。

(9)辽西文物古迹之旅

北京—朝阳市区(北大街三燕三塔)—凤凰山(三塔五寺)—牛梁河红山文化遗址—阜新查海遗址—沈阳。

北京—葫芦岛(九门口长城、碣石宫遗址)—锦州(笔架山、北镇庙、医巫闾山)—朝阳市区(北大街、凤凰山、牛梁河遗址)—沈阳。

(五)旅游节庆活动策划

朝阳市旅游资源类型多样,具有较强的地域特色。依托特色资源,举办丰富多彩的旅游节庆活动,"以节造势",可以迅速提高朝阳市的知名度,树立城市的良好形象,丰富参与性旅游产品,形成多个旅游高峰,延长旅游旺季,营造投资环境,丰富本地居民的文化生活,促进地区经济的发展。旅游节庆活动要从各级政府主办逐步向政府创导、部门参与、社会支持、市场运作的方向转变,充分发挥节庆活动的多种功能。

1. 现有节庆活动

表 3-21 现有节庆活动

县/市	名称	创办时间	举办时间	说明
朝阳市	元宵节大型秧歌展演	2002	2月	由市文化部承办
朝阳市	"凌河之夏"文化艺术节	2002	7月	由朝阳市委、市政府主办,历时23天
朝阳县	大枣节	2005	9月	由孙家湾大枣协会主办,展示大枣及深加工产品展览,招商引资
北票市	辣椒节	2001	9月	以辣椒交易为主题,举行大型文艺演出
建平县	民间艺术节及"肉羊节"	1990	10月	建平县肉羊是优势农产品
喀左县	广场文化艺术节	2002		由喀左县政府主办
凌源市	金秋广场文化艺术节	2002	10月	由凌源市政府主办

由于朝阳市旅游业相对滞后,各市县所举办的活动,局限于区域内部的交流,缺乏显著的地域特色,且节期过于集中,难以有效拉动旅游业的发展,但很多文化节庆活动可以作为未来旅游节庆的雏形,加以发展,起到树立城市形象、形成多个旅游高峰、延长旅游旺季的作用。

2. 新设计的旅游节庆活动

表 3-22 新设计旅游节庆活动

市/县	名称	举办时间	说明
朝阳市	三燕佛教文化节	农历四月上旬(约公历5月)	建议由朝阳市政府主办,全面反映三燕文化和佛教文化
朝阳县	闹元宵秧歌狂欢节	农历正月中旬(约阳历2月)	由现元宵节大型秧歌展演演变而成,在秧歌之乡朝阳县举办

续表

市/县	名称	举办时间	说明
北票市	中华龙鸟国际化石节	4月	第一只鸟飞起的地方,世界上回答鸟类起源与演进问题最完美的地点
凌源市	中华女祖公祭大典	农历七月初（约阳历8月）	牛梁河红山文化遗址是东亚最早的公共祭祀场所
凌源市	中国民间皮影艺术节	6月	凌源于1996年被文化部命名为"中国民间皮影艺术之乡"
喀左县	北方紫砂文化艺术节	9月	喀左是北方紫砂制作中心

3. 三大主题旅游活动策划

（1）三燕佛教文化节

① 活动目的。突出朝阳市"三燕故都"的形象,全面反映三燕文化,构筑现代人"兼容并蓄,开拓进取"的精神支柱,同时有效地增加旅游活动,延长旅游时间,提高旅游整体收益水平。

② 组织机构。

- 主办单位:朝阳市人民政府。
- 承办单位:朝阳市旅游局、文化局、经贸局和佛教协会。
- 举办时间:每年农历4月上旬。
- 活动主题:北方民族融合的窗口,东北佛教文化的源流。
- 活动内容策划:

➢ 开幕庆典

时间:农历四月初一。

地点:北大街。

参加人员:相关领导、历史界、文化界、演出人员、媒体记者。

内容:

- 开幕式。市领导出席并宣布文化节开幕;专家介绍朝阳"三燕故都"的历史。

- 歌舞演出。邀请演艺名人、当地文艺团体参加,举办成集现代歌舞、民间歌舞、地方特色文艺表演(如:双塔区的古筝、朝阳县的秧歌等)和佛教音乐于一体的文艺演出活动,并调动游客参与到活动中去,形成互动。以"动"、"静"结合的形式,展示三燕文化是北方少数民族文化、中原文化和佛教文化的融合体,并借此展现中华多元文化的魅力。
- 焰火庆典。将焰火晚会分为礼花弹燃放、高空礼花燃放和组合燃放三个部分,并与歌舞演出融为一体,将演出推向高潮,且通过电视直播。

➢三燕文化学术研讨会

时间:农历四月初二。

地址:人民会堂。

研讨会以"三燕文化在中国古文化中的地位和作用"为主议题,以"三燕文化溯源"、"鲜卑族对中、西文化吸收的历史"和"东北佛教源流"为分议题,从考古、宗教、建筑、美术、思想等不同角度来探讨"三燕文化"。

➢地方名优特产展销会

时间:农历四月初三至初五。

地址:北大街。

内容:主要倡导日用食品入市,如:红烧元鱼、炒肉丝、缸炉烧饼、切糕等风味食品;杏仁小肚等副食品;塔城陈醋。对参展商品要求绿色无公害、新颖而独特、优质而多样,并邀请市外一些食品企业参展。

➢民间艺术展览会

地址:北大街。

时间:农历四月初六至初八。

内容:以"挖掘民间艺术瑰宝、展现民间艺术风采、交流民间艺术成果、培育民间艺术市场"为宗旨,通过展出反映"三燕文化"的实物,全面、系统、完整地反映"三燕文化"。

展览会分为传统手工产品与工艺品、艺术和少数民族特色服饰三大部分,主要展销的民间艺术品有:双龙地毯、建平剪纸、喀左紫砂制品、凌源皮影、北票书法、皮影表演、各种文学艺术作品,等等。

➢"佛祖舍利之光"佛祖诞辰纪念日

地址:北塔广场。

时间:农历四月初八。

内容：由知名大法师(如中国佛教学会会长一城大师)主持典礼,进行"心愿卡"活动的捐助仪式;举办佛教音乐会,集佛教音乐、佛教舞蹈和少林功夫于一体,且要兼顾汉语系佛教、藏语系佛教和巴利语系佛教的音乐,演出人员以僧人为主。音乐会分为"太平盛世"、"风调雨顺"和"国泰民安"三大部分。

➢佛祖舍利降福巡展月

时间：农历四月初九至五月初九。

地址：凤凰山(拟复建的龙翔佛寺)

内容：瞻仰舍利活动：由著名法师主持,活动分为全体肃立、向佛祖行三问讯礼和唱佛宝歌三大仪式。祈福活动：法师、弟子和信众共同瞻仰参拜佛祖,诵经祈福,祈祷国泰民安,世界和平;并开辟祈平安、祈健康法会,信徒随各法师祈福。签名活动：活动主题既要符合佛教教义,又要根据具体情况确定每年不同侧重点的主题。建议第一届的主题为"消除灾难,维护世界和平"。

➢东北第一佛教名山朝圣之旅

时间：农历四月初十至十一。

内容：组织高僧、法师、信徒及专家学者体验佛教文化之旅：市区—北大街三燕三塔—东北第一山凤凰山—东北第一寺龙翔佛寺—东北佛教历史文化长廊—县无竭西游宫市区—市区。

➢闭幕式

时间：农历四月十二。

召开酒会,有关领导介绍活动成果,宣布活动圆满闭幕。

(2)中华龙鸟国际化石节

① 活动目的。四合屯是世界上回答鸟类起源和演化问题最完美的地点,通过举办这样的活动,可以使人类更好地了解鸟类的演变进化过程,反映鸟类的进化过程和环境的关系,从而揭示人和自然和谐发展这一主题。

② 组织机构。

• 主办单位：朝阳市人民政府。

• 承办单位：朝阳市旅游局、文化局和古生物保护协会。

③ 举办时间：每年4月1至7日。

1996年10月,中国地质博物馆馆长季强在《中国地质》期刊上将在四合屯出土距今1.3亿年前中生代白垩纪时期的"长毛的恐龙"正式命名为"中华龙鸟"。1997年4月,美国费城自然科学院组成的国际权威古生物学专家代表团首次在中国境外的美国费城自然科学院召开新闻发布会,认定"中华龙鸟"的发现是20世纪最重要的科学发现之一,有力地支持了鸟类起源于小型兽脚类恐龙的理论。同时,4月还是我国全国性和多数地方性爱鸟周的举办月。

④ 活动主题。展示龙鸟故乡形象,国际鸟类起源与演进研究成果交流,古生物化石展览。

⑤ 内容策划。

➤ 开幕式

时间:4月1日。

地点:北票市。

参加人员:政府领导、专家学者、演艺名人、媒体记者。

内容:

政府领导出席并致辞;

介绍本地主要鸟类化石,以及活动的意义;

介绍我国古生物学者在古鸟类研究方面的成果;

"保护环境,保护生态"宣誓仪式和签名活动。

➤ 学术研讨会

时间:4月2至3日。

内容:以"鸟类起源与演进"为主题,以报告世界古鸟类研究成果为主要内容,邀请世界各地的鸟类专家前来学术演讲。报告会可分为"鸟类和鸟类飞行起源"、"早期鸟类的演化"、"生态环境对鸟类生存的重要意义"和"鸟类归巢学说"等专项议题。

➤ 古生物化石展

时间:4月1至6日。

内容:以"认识化石、交流化石、收藏化石"为主题,以普及化石知识,鉴赏和保护化石为目的。该活动可分为三大部分:古生物化石展览、化石收藏交流会和化石拍卖会。邀请全国著名的化石收藏机构和个人展示化石收藏品,介绍收藏化石的经验,并在遵守国家相关规定的前提下进行化石拍卖。

➤ 古生物化石之旅

时间:4月1至6日。

内容:组织专家学者、化石收藏家和旅游者进行专门的古生物化石之旅:朝阳化石城—三燕化石馆—辽宁省古生物化石博物馆—四合屯化石群国家自然保护区—凌源大王仗子化石产地,让众专家亲临挖掘现场,进一步增长化石知识。

➢闭幕式

时间:4月7日。

召开酒会,有关领导介绍活动成果,宣布活动圆满闭幕。

(3)中华女祖公祭大典

① 活动目的。促进红山文化的国际传播,促进红山文化遗址的保护、研究与开发,提升朝阳市旅游活动的文化品位,增加参与性旅游产品,优化旅游产品结构。

② 组织机构。

- 主办单位:省级人民政府主管部门和国际性华人民间组织。
- 承办单位:朝阳人民政府。

③ 举办时间。每年农历七月初七至十四。

④ 活动主题。拜祭中华女性共祖,感受中华文明曙光。

⑤ 活动内容

➢开幕式

时间:农历七夕。

在我国,农历七月初七之夜是七夕节,又称"乞巧节"或"女儿节",是中国传统节日中女性最重视的日子。七夕坐看天上织女与牛郎相会是民间习俗。织女是美丽聪明、心灵手巧的仙女,凡间的妇女便在这一天晚上向她乞求智慧、巧艺和美满姻缘。

红山女神是迄今出土的中华民族最早的女性祖先神像,据考证可能还是中华女祖女娲的化身,因此将这一天确定为红山女神公祭日,是中国历史考古、民间传说和旅游活动策划的最佳结合点。

地址:牛河梁红山文化遗址。

内容:

主办单位领导或省级以上嘉宾致辞,并宣布公祭大典开幕;

大型歌舞表演:集远古祭祀乐舞和现代歌舞于一体,融历史积淀和时代活力于一体,以古筝曲《红山魂》作为重头戏,邀请演艺界名人和大型歌舞团参加;

篝火晚会:以演艺界名人、游客为主要参加人员,积极调动游客的参与性,表演仿古文化歌舞。

➢ 祭祀庆典

时间：农历七月初八。

内容：由于红山女神是中华民族的共祖，而且，牛梁河红山文化遗址是至今发现的整个东亚地区最早的祭祀祖先的公祭祀建筑，所以，有必要对女神进行公祭，并将其举办成全国最大的公祭大典之一。祭祀大典分为全体肃立、鸣放礼炮（34响，代表全国34个省、市、自治区、特别行政区）、奏乐、主祭就位、陪祭就位、主祭上香、献爵奠酒（主祭人举爵行奠酒礼）、敬献花篮、恭读祭文（由专职播音员宣读）、三鞠躬礼、乐舞告祭、典礼告成。并设祭祀乐曲，用当地特色乐器演奏。

➢ 红山文化研讨会

时间：农历七月初九。

内容：研讨会主要分为红山文化的研究成果和研究展望两大部分，并分别以"红山文化在中国古文化中的地位和作用"和"红山文化与中华文明的关系"作为主题，邀请海内外的红山文化专家进行探讨。

➢ 远古文化生活体验

时间：农历七月初九至初十。

地址：红山文化村。

参加人员：游客、演职人员。

内容：营造远古红山祖先的生活环境，由专门的演员表演当初人们的生产方式、狩猎活动和祭祀活动等，并调动游客参与其中，如夜宿半地穴式古居，夜间模拟狩猎，学习制作红山玉器、石器和陶器等，使他们体验到新石器时代人类的生活方式。

➢ 中华文明探源之旅

时间：农历七月初九至初十。

组织活动参加者进行中华文明探源之旅：朝阳市博物馆—牛河梁红山文化遗址—东山嘴红山文化祭祀遗址—鸽子洞遗址—龙凤山自然保护区。

➢ 经贸洽谈会

时间：农历七月初九至初十。

内容：以"弘扬红山文化，发展地方经济"为主题，以"让红山走向世界，让世界了解红山"为宗旨，邀请国内外著名的投资商参加红山文化保护、研究与开发。

➤闭幕式

时间:农历七月十一。

举行闭幕式,有关领导介绍活动成果,宣布活动圆满闭幕。

4. 其他节庆活动策划

(1) 闹元宵秧歌狂欢节

朝阳县的大秧歌,不仅是朝阳人民非常喜爱的节日文化艺术形式,也是民族、民间舞蹈艺术的宝藏。朝阳县秧歌的群众基础深厚,每年参加秧歌表演的群众达数万之众,且在秧歌节上,频获大奖,于1996年被辽宁省文化厅命名为"辽宁省群众文化(秧歌)活动基地"。2002年由市文化局承办的元宵节大型秧歌展演《万马奔腾》取得了良好的社会效益。朝阳县应当利用好秧歌,实施"秧歌搭台,经贸唱戏"的战略拉动地方经济。活动期间进行多类型的秧歌文艺表演、比赛、秧歌理论研究座谈会等活动。

(2) 中国民间皮影艺术节

1996年文化部命名凌源市为"中国民间皮影艺术之乡",正式确认了凌源皮影在全国皮影界的重要地位。皮影作为民间口头文化遗产,举办类似的文化节有助于文化遗产的保护、继承和发展。

(3) 北方紫砂文化艺术节

喀左县生产的紫砂制品在国内外都有一定的影响,素有"南宜兴、北喀左"之名,其中茶具、酒具、花盆、壁画等产品是具有浓郁地方特色的旅游商品。艺术节在南哨紫砂陶瓷工业园中举行,集展销、娱乐参与、经贸于一体,主要活动有:喀左紫砂制品博览会、游客制作竞赛、短期紫砂制作培训班、紫砂展销会、经贸洽谈会等。

(六) 旅游市场营销规划

1. 市场定位

依据朝阳市"三古文化之都、生态旅游乐园"的发展目标和"东北佛教圣地、中华文明关外摇篮、世界化石旅游王国"目的地的形象定位,结合国内外旅游市场需求的容量、特点与发展趋势,并基于朝阳市丰富独特的旅游资源,朝阳市旅游发展的主要客源市场应按照辽宁省内、东北地区主要城市、环渤海经济圈内城市、东部沿海发达城市、国外市场的顺序依次延伸。

(1) 国内主导市场

一级市场:东北市场。该市场以沈阳、长春、哈尔滨为客流枢纽中心,覆盖包括辽宁省的14个地市,以及延吉、吉林、大庆、牡丹江、齐齐哈尔等工业城市。以沈阳为中心,由浪漫之都大连、钢都鞍山、煤都抚顺、煤铁之城本溪、煤电之城阜新、石油之城盘锦、轻纺之城丹东、化纤之城辽阳和粮食煤炭基地铁岭构成的省内城市群,又是本市场的核心。

一级国内市场是中国传统的重工业基地,又是目前国内重点发展的工业城市经济圈之一,具有大密度的工矿企业和从业人口。三省居民收入水平近几年提高很快,其人均国内生产总值均排在全国前15位,其中沈阳和哈尔滨2003年人均可支配收入超过1万元。朝阳市开发东北旅游市场的有利因素是距离近,交通方便,交通费用较低,大众化市场基数较大。其不利因素存在产品雷同现象,如东北三省很多地级市都在开发冬季冰雪旅游,夏季避暑旅游产品。朝阳市进一步挖掘周边旅游市场的关键是,突出自身旅游产品特色,提高产品质量。

该市场的主要消费群体可细分为:城市居民节假日和周末度假休闲旅游群体,工矿企业奖励旅游群体,工矿企业会议旅游群体,政府和企业的公务与商务旅游群体、学生修学旅游群体、宗教文化旅游群体等。

二级市场:环渤海经济圈内大中城市。北京是辽宁最大的市场,占省市旅辽游客的16%,加上天津、河北环渤海城市,约占外省客源的30%。朝阳市场环渤海经济圈内市场的开发以北京、天津为客流枢纽中心,覆盖京津唐大都市经济圈。该经济圈已形成以高新技术产业、电子、汽车、机械制造业为主导的产业集群,并对河北、山东、山西及内蒙古产生强大的向心引力和辐射力。尤其是北京和天津,应该成为近期重点开发的市场,而朝阳市从中长期来看,也应建成"北京后花园"。北京集中了最多数量的外企员工(25万),北京有大量的白领阶层(外企白领12万),他们从事于信息技术业或工作在文化、艺术、体育界,北京还有许多富有的商界人士,以及外国驻华使节、跨国公司驻华人员,这些人多是旅游市场上的高消费群体。2003年,北京市和天津人均国内生产总值均超过3 000美元,(其他国家的发展经验表明,当一个国家或一个城市的人均国内生产总值超过3 000美元,即进入消费结构巨变期)。2003年北京城镇居民人均可支配收入13 882.9元,人均消费性支出11 123.8元,天津城市城镇居民家庭人均可支配收入为10 313元,人均消费性支出为7 868元。北京与天津近几年来消费结构变化明显,生存性消费比重下降,享受性和发展性比重上升,在经历了从"吃"转向"用"之后,又开始从"用"转向住房、汽车消费和旅游、文化消费。随着城镇居民消费恩格尔系数连年下降,旅游支出持续增加。现在旅游者对旅游价格的敏感程度降低,旅游产品的组合、产品和服务的创新成为市场竞争的关键。

对环渤海经济圈内的旅游者来说,朝阳市属近距离的目的地,会议旅游、商务旅游,以及自驾车休闲度假旅游将会成为前往朝阳旅游的主要形式。

二级市场内具有大量现实和潜在的高素质生态、休闲、求知、探险、度假、考古等旅游者,可细分为:高知生态旅游、考古求知文化旅游消费群体,外资、合资和高新技术企业白领旅游消费群体,自驾车家庭旅游消费群体,高校青年学生旅游消费群体,中小学生爱国主义教育专项旅游,都市居民节假日和周末休闲度假消费群体,中央部委和全国性行业组织的会议旅游消费群体,外国驻京使馆、领事馆和大公司办事处官员及商务代表旅游消费群体等。

三级市场:东部沿海经济发达城市。该市场以上海、广州为客流枢纽中心,市场覆盖长三角经济圈和珠江三角洲经济圈。

长江三角洲包括:上海市、浙江省的杭州、嘉兴、湖州、绍兴、宁波、舟山6个城市;江苏省的南京、镇江、常州、无锡、苏州、扬州、南通、泰州8个城市,共计15个市和99 700平方公里的面积,合计人口7 446万。长江三角洲是全国城市化水平最高的地区,也是经济最活跃的地区,是国内最重要的旅游客源地之一,江浙沪三省市每年出游人数1亿多,旅游支出超过600亿元。开发长三角市场以上海为龙头。上海是中国最大的商业城市,居民收入水平高,2003年城市居民家庭人均年可支配收入达14 867元,居全国榜首。调查显示,上海98.5%的白领家庭的金融资产(包括银行储蓄、有价证券、现金、储蓄性保险等)在30万元以上。上海白领正在或试图过一种高品位的闲暇生活,读书看报、听音乐、上网浏览、外出旅游是最受白领欢迎的休闲方式。上海人外出旅游比较讲究实际,花多少钱,能看多少景点都要精打细算。据调查分析,上海旅游市场的突出特点是:市民选择更加理性,更加重视旅游的休闲性,自主意识更强。许多市民不再执著于几条热线,在时间上采用错位出游,以避开旅游高峰。而朝阳市高品位文化观光游、生态休闲旅游,非旅游热点地区的特色与之需求相吻合。

珠三角是中国市场化及国际化程度最高的大都市经济圈。珠江东岸形成了以深圳、东莞、惠州为主的电子信息产业群,西岸形成了以广州、佛山、珠海为主的电器产业群,这里聚集着中国大量知名的高新技术企业和世界知名大企业。对广东及珠三角市民来说,朝阳市远距离的目的地,交通费用高,是不利因素。但珠三角地区居民出游普遍舍得花费,只要他们认为目的地的产品确实有吸引力。对珠江三角洲的市场开拓,还可延伸到中国香港和中国澳门这两个特区。

三级市场是目前国内旅游需求最旺盛的地区,而朝阳市中华龙鸟发源地、红山文化遗址、北国山川风光休闲产品对该市场较为成熟的旅游者具有很大的吸引力。该市场可细分为:企业家和高级管理人员休闲度假消费群体、高收入家庭避暑休闲消费群体、高知考古求知群体、青年探险旅游消费群体、企业奖励旅游消费群体、商务及会议旅游消费群体等。

(2) 海外重要市场

据国家统计局确认,2004年我国共接待入境旅游者1.09亿人次,比2003年增长18.96%。主要分布如表3-23所示。

表3-23 2002年我国入境游客组成结构表

来华游客	外国人	中国香港同胞	中国澳门同胞	中国台湾同胞
数量(万人次)	1 693.25	6 653.89	2 188.16	368.53
增长率(%)	48.49	13.22	16.66	34.90

数据来源:国家旅游局。

2004年,各洲入境旅游外国人数与2003年及2002年相比均有两位数增长。16个主要客源国的入境人数与2002年相比,除菲律宾增幅低于一成外,其余15个国家均实现两位数增长。

2004年,全国旅游外汇收入累计为257.39亿美元,比2003年增长47.87%;比2002年增长26.26%。其中:过夜旅游者在华花费为231.41亿美元,占全国旅游外汇收入的89.91%;一日游游客在华花费为25.97亿美元,占10.09%。

辽宁省国际客源市场可以划分为东北亚、中国港澳台地区、东南亚、北美、西欧和大洋洲等市场。在这些市场中,东北亚(日、韩、俄、朝)距离辽宁最近,交通便利,占旅辽国际游客总量的70%。其中以日、韩两国比重最大。目前日、韩在旅辽国际市场中分列第一位和第二位。

经过多年的发展,辽宁省入境旅游市场基本形成了三级市场格局。日本和韩国是辽宁省一级客源市场,中国台湾、香港、澳门地区为二级客源市场,东南亚、俄罗斯、欧美为三级客源市场。辽宁省近、中、远期主要入境客源市场情况预测如下表。

表3-24 辽宁省近、中、远期主要入境客源市场情况预测

(单位:万人次)

国别/地区	2002年	2005年	2010年	2020年
全省总量	93	120	240	430
日本	32	40	80	124
韩国	27.9	39	76	124
中国台湾省	8.2	14	30	50
中国香港、中国澳门地区	5.3	6	14	32
东南亚	3.9	6	12	30
俄罗斯	3.4	6	10	30
北美	2.9	5	10	20
西欧	2.6	4	10	20

数据来源:《2003年辽宁旅游统计年鉴》。

根据辽宁省海外客源市场构成和近年朝阳市接待入境游客的组成,朝阳未来的入境市场如下:

一级市场:日本、韩国。其中日本是世界经济强国,也是中国传统的第一大旅游客源国。韩国是世界上经济发展速度最快的国家之一,近年来迅速崛起为中国第二大旅游客源国。中国辽宁省朝阳市距日韩市场较近,并具有对该市场强烈吸引力的生态、考古旅游资源,加之近年来中国辽宁省与日韩文化、经济与旅游交流活动不断增加,因而该市场具备开发成本市一级海外市场的条件。该市场可细分为:生态观光旅游消费群体、考古旅游消费群体、宗教文化旅游消费群体、中日战争历史遗址考察群体、商务旅游消费群体和民间文化交流旅游消费群体等。

二级市场:中国香港、中国澳门、中国台湾地区。

中国香港、中国澳门、中国台湾地区是中国内地入境旅游具有血缘关系的重要客源市场。中国这三个地区地处中国南部,在自然景观和气候等方面与

具有北国自然环境特征的朝阳市存在巨大差异。这些地区的旅游者重视血缘联系、重视宗教文化、更看重中华文明起源,而朝阳市的红山文化与龙鸟化石这些展现中华文明的起源与生物演变的旅游资源,对中国这三个地区旅游者会有很大的吸引力。该市场可以细分为:休闲度假消费群体、考古观光消费群体、宗教文化旅游消费群体、商务考察与经贸会展旅游消费群体等。

三级市场:欧美经济发达生态敏感国家。欧美经济发达国家是中国重要的海外客源市场,近年来呈持续增长态势。2002年,美国、英国、加拿大、法国和德国均进入我国前20大客源国之列,且全部保持了两位数以上的高增长率。经济发达国家的旅游者具有较高的消费能力和丰富的旅游经验,倾向于探索新的旅游目的地,追求自然生态环境良好的旅游经历。其主要细分市场为古化石科学考察消费群体、探险旅游消费群体、中华文明起源考察消费群体等。

根据未来旅游市场的需求特点、朝阳旅游资源的结构和分布,各区的目标客源市场预测如表3-25所示。

表3-25 旅游资源与目标群体对应表

区别	区域范围	主要景点	功能	主要目标市场
三燕文化旅游片区	朝阳市区 朝阳县	朝阳市北大街;凤凰山国家森林公园;上河首古生物化石地质公园;劈山沟自然保护区;槐树洞森林公园;云蒙山农家旅游开发区;燕山湖景区	休闲、观光、宗教、娱乐、购物	朝阳市市内游客;周边城市休闲度假游客;宗教文化游客;考古与科考专项旅游游客
考古文化旅游片区	北票市	四合屯白垩纪鸟类公园;大黑山国家级森林公园;白石水库;桃花山庄	科研、观光、探险、度假、疗养	考古与科考专项旅游游客;大中小学生修学旅游游客;休闲度假游客
红山文化旅游片区	喀左县 凌源市 建平县	牛梁河红山文化遗址;龙凤山朝阳洞自然保护区;热水汤旅游度假区;大河北自然保护区;楼子山自然保护区	祭祀、科研、度假、观光、疗养	国内与中国港澳台地区文化寻源祭祀游客;国际文化考察游客;休闲度假游客;探险游客;大中小学生修学旅游游客

旅游产品的丰富性以及旅游需求的多样性决定了旅游市场将会纵深细化,一种产品只能满足部分游客的需要,在深入分析资源和总体市场的情况下,确定潜在市场的具体范围,对旅游的市场营销才会有的放矢。朝阳旅游产品的特点决定该市的旅游发展将以以下市场为主:

表 3-26 旅游市场细分

市场	主要景点	细分市场
化石爱好者	上河首古生物化石地质公园、四合屯白垩纪鸟类公园、凌源大王杖子化石产地、上合首化石产地	化石商人、研究人员、都市文化人
文化探寻者	牛河梁红山文化遗址、东山嘴红山文化祭祀遗址、三燕文化	海外华侨、都市文化人、青年学生、公司白领
宗教旅游者	凤凰山国家森林公园、朝阳北大街、龙凤山朝阳洞	佛教信仰者、佛教研究者、佛教文化爱好者
探险运动者	大黑山国家级森林公园、劈山沟自然保护区、龙凤山省级自然保护区	中青年、企事业单位团体旅游、国外背包旅游者
家庭休闲度假者	凌源热水汤、槐树洞森林公园、云蒙山农家旅游开发区	周边城市居民

化石爱好者。化石以其内涵的丰富性、稀缺性、独有的观赏和收藏价值而被现代高层次人士钟爱,并引起广泛的兴趣。考古研究人员出于职业需要,作为化石的探索者,属其必然,也正是经过这批研究人员的艰辛努力,朝阳化石才引起世界的关注,他们是化石爱好者市场中最稳定的组成部分。化石的收藏价值注定化石将流向市场成为交易商品,化石商人是化石流通的执行者,虽然朝阳化石丰富多样,但在市场上并没有太大的影响,借助旅游的发展,朝阳化石的名声将大幅扩大,这批人士不但盘活朝阳的化石商品,还将促进朝阳市的经济。原生态的、富有内涵的东西也都是文化人所追求的,鉴赏化石不仅可以增长知识,还可以陶冶情操,所以这批人士将是朝阳化石之旅的重要组成部分,也是朝阳旅游向大众旅游发展最关键的群体。

文化探寻者。寻古是对古代文明的探访，也是对游客精神的洗礼。海外华侨的思乡之情往往通过寻根问祖来表达，每年对黄帝、炎帝的祭祀活动吸引着众多海外华侨，红山女神的祭祀在中华民族对共同祖先的缅怀，海外华侨将是朝阳市旅游发展的重要海外市场；都市文化人、公司白领是城市居民中的高收入者，他们具有巨大的消费能力，对文化的追求也是永无止境的，朝阳丰富的文物和多样的文化将满足他们的需求；青年学生消费能力有限，但具有较强的旅游欲望，随着市场的进一步成熟，学生消费能力进一步提高，红山文化、三燕文化将促进他们的文化观光。

宗教旅游者。东北地区佛教文化繁荣，存在大量佛教信仰者，作为东北地区最早并久负盛名的佛教名山，凤凰山吸引着大量东北地区的香客。同时，作为史载东北地区最早建立佛教寺庙的佛教名城，朝阳市拥有三燕、北魏、隋、唐、辽"五代同堂"、供奉佛祖真身舍利、号称东北第一佛塔的北塔，以及历朝历代大量的佛寺、佛塔古建遗存，从而可以吸引一批佛教研究者和佛教文化爱好者。

探险运动者。探险旅游在西方得到蓬勃发展之后，逐渐被很多中国人所接受，特别是青少年群体。亲近自然、感受自然、挑战自然、战胜自我是青少年甚至中年人喜欢越野挑战的动力，国外的背包旅游者同样如此。拓展训练近几年在北京、上海、深圳等大城市较为流行，被很多外企、大型国有企业所接受，成为企事业单位塑造员工品性的重要组成部分，朝阳旅游发展过程中，充分发挥自身的优势资源，应尽早地争夺这方面的客源。

家庭休闲度假者。合家旅游者中，中年人（35~44岁组）的比例最大。家庭度假者通常为了开阔孩子眼界，增长他们的见识，喜欢选择文化底蕴厚重的目的地。在决定去哪里旅游时，孩子或主妇的意见往往更起作用。在家庭度假市场，还有一个细分群体——双薪无子女家庭，即丁克家庭。这部分消费者更具备外出旅游的条件，旅游消费的模式比较新潮，喜欢到少有人去的地方或喜欢探索性的旅行。

目前，朝阳市的度假类旅游供给主要是满足本地居民周末休闲度假，对于度假市场尤其是中远程的真正意义的度假市场，缺乏专门的产品。因此，有必要开发适合家庭度假旅游者的旅游产品，如改善交通，方便散客进出与流动；将幽静的环境与特色景点有机相连；建设综合性的集食宿、娱乐、购物于一体的度假地，以期在度假市场有所突破。

2. 市场营销总体战略

辽宁省游客接待次数和收入近年来均保持持续发展的态势,旅游者对辽宁的旅游兴趣日益增长。为了更大地获取来辽游客的市场份额,进一步刺激游客的旅游行为,成功地对潜在旅游者选择朝阳作为旅游目的地产生有效影响,必须采取比竞争者更有效的方式进行旅游营销活动,从而获得竞争优势。为达到以上目标应采取的营销战略包括以下几点:

(1)树立与朝阳市相符的旅游形象,通过独特的包装和媒介将形象推向目标市场,传达朝阳旅游产品独特的定位和吸引力。

(2)针对不同的目标市场开发适销对路的产品。新的旅游产品应以提供新颖难忘的旅游经历为主,提供独特经验。

(3)协作市场营销。这种协作包括两方面的内容:一是朝阳市政府和旅游企业间的合作;二是朝阳市和邻近区域的联合营销。

(4)扩展新的营销手段和促销方式,并确保其有效性;充分利用互联网技术,为旅游营销手段注入新的活力。

(5)提高营销预算,应采取多元化融资方式。

(6)组建实施营销战略的专门机构,负责对营销信息的收集、分析、管理以及制订和监督营销计划,同时注重朝阳市整体营销的协调性和一致性。

3. 入境市场开发与营销策略

(1)入境目标市场

以日本、韩国为主体,以中国香港、中国澳门和中国台湾地区为重点,积极拓展欧美市场。

(2)入境市场营销策略

① 旅游产品营销策略

● 产品适销对路、优化产品

日、韩两国由于与中国地缘、文化、宗教、民风民俗等方面的联系较为密切,对古老的中华文明有很强的认同感。所以,开发日韩市场要注重对中国传统文化的体现。而且,日本的修学旅游和未婚女青年市场是近年来崛起的两大细分市场,据此,结合朝阳本地的旅游资源,可以开发专题性颇强的特色旅游,如购物旅游。

中国香港、中国澳门、中国台湾市场对中华文明有强烈的认同感,对历史文物古迹类产品兴趣较大。因此,开发祭祀、化石、三燕文化、特色节庆等旅游产品是开发该市场的关键。

由于文化的差异性和西方游客的偏好,欧美市场的开发要注意民俗旅游、特色节庆以及商务会展旅游等的产品开发。

旅游产品项目的特色性是吸引游客的一个重要因素。开发"土"、"特"、"奇"的产品项目是抓住入境旅游市场的关键,如学做当地的各种风味食品,做一天农民,学做剪纸、刺绣等。

- 整治环境、改善环境

优美、高质的环境是旅游业发展中必不可少的环节,也是未来旅游业取胜的法宝。环境作为最重要的旅游资源,大做环保文章,实施"蓝天工程"、"碧水工程"、"青山工程",并对外宣传、引资,以此扩大影响,形成轰动效应。

② 旅游促销策略

- 内引外联

内引外联,就是在促销资金受限的前提下,在努力扩大外联的同时,要加大省内国内的联合力度,以降低营销成本。

内引方面,与大连、上海、北京等口岸城市协作,借其外联和交通渠道及其所分流的客源,加强工作力度;与国内各大旅行社建立战略合作关系,将旅游产品纳入其线路组合,充分利用国际旅行社的销售渠道和网络。

外联方面,积极参加国际国内重要旅游产品交易会、博览会,加强与海外大旅行批发商、旅行社和旅游宣传媒体,以及驻外使领馆、友好城市的联系和交往,把宣传促销工作做到客源市场的源头;将国内外一些社团领袖、旅行批发商、新闻记者请进来,通过他们传递信息。

- 改进现有的对外宣传方式

鉴于中西文化的差异,所以必须改进现有的对外宣传方式。按照东亚和西方人的思维方式推出旅游宣传品,做到图文并茂;针对欧美游客追新求异的偏好,应在宣传品上多加一些奇特景观的介绍;在旅游信息网上增加各语种的宣传。

③ 旅游销售渠道策略——拓宽渠道。建立稳定的旅游合作伙伴关系,在日、韩、美、德等主要客源国逐步设立朝阳市旅游的对外促销窗口;做好海外批发商、新闻记者的接待工作;采取"以外引外"的策略,引入外资饭店、外资旅行社,借用外国旅游企业引入海外客源。

4. 国内市场开发与营销策略

(1) 国内目标市场

以东三省为主,环渤海经济圈内大中城市为重点,逐步培育东南部沿海经济发达城市。

(2) 国内市场营销策略

① 旅游产品策略

• 2005—2010 年,根据朝阳市旅游业发展的战略布局,集中精力建设四合屯白垩纪鸟类公园、牛河梁红山文化遗址公园、东北第一佛教名山三个精品旅游景点,形成古生物化石之旅、中华文明探源之旅、红山女神祭祖之旅、东北第一佛教名山朝圣之旅、红色之旅五条特色旅游线路,启动三燕佛教文化节、中华女祖公祭大典、中华龙鸟国际化石节三大主题旅游活动。

• 2011—2015 年,完成三燕古都和大黑山两个精品旅游景点的建设,新增绿色之旅、探险之旅两条特色旅游线路。

• 2016—2020 年,形成三个重点旅游片区、六大精品旅游景点、八大特色旅游线路和三大主题旅游活动,并不断充实内涵,改革形式,延长旅游目的地的生命周期。

② 旅游促销策略

• 区域合作、市场共享。发挥环渤海、辽宁中部城市、内蒙古大漠三大旅游市场交汇处这一区位优势,把握良好的交通条件,利用朝阳与周边地区在旅游资源上的互补性,加快区域联动、优势互补、资源共享等步伐。朝阳以古文化和自然资源有机结合为特色;葫芦岛以海滨文化突出;锦州以人文景观见长;盘锦以湿地生态景观取胜,而阜新市则为辽西的佛教中心,这五个地区资源特色各异,互补性强,共同构成了"辽西旅游热线"。因此,在进行宣传促销时,一定要发挥联合优势,共同营造良好的环境。这不但能发挥出自身的水平,而且为网络中的合作区域提供强大的客源支持。

• 多种促销手段并用

➢ 大众传媒

大众传媒是一种传统的营销渠道,精心挑选一些发行量大、旅游者经常接触的报纸杂志,如《中国旅游报》《华东旅游报》《旅游世界》杂志等,电视电台等持续作宣传推广。

> 互联网

互联网具有大众传媒无法比拟的优势。在未来的营销工作中,应充分利用互联网优势,尽快全面接轨辽宁省旅游信息网,甚至建立朝阳旅游信息网。另外,还应利用大众传媒,大力宣传旅游信息网的网址,以使读者方便地找到并充分利用。

> 行政渠道

通过行政官员在其参加各类会议及接待工作时予以涉及,尤其是邀请和利用领导人前来考察旅游,以此扩大影响力。这是中国国情所决定的一种特殊的且具有特殊功效的促销方式。

> 节庆活动

通过举办节庆活动,可以提高朝阳市的知名度。

③ 价格导向策略

灵活运用价格策略可使、淡季不淡。适当调整旅游价格,可以占领旅游市场更多的份额。

• 2005—2010 年

> 针对旅游产品的星期变化,推出周末价和平常价,平常价应为周末价的8折;

> 针对旅游产品的季节变化,推出淡季价和旺季价,其中淡季价应为旺季价的6~8折,这样可以在淡季时吸引会议团、展销会和文化艺术节等,以便增加淡季的旅游活力;

> 吸引本地游客参与市内旅游,推出本地居民持身份证旅游,旺季可享受门票价格7折优惠,淡季门票的5折优惠。

• 2011—2015 年,随着旅游区景点的不断完善,游客会继续增加,这时应采取优质优价政策、限制每日游客数量,维护景区环境,延长游客的驻留时间,从数量扩张向质量提高方向发展。

• 2016—2020 年,增强旅游活力,加大宣传力度,进一步吸引游客,增加消费强度,提升综合效益。

5. 旅游总体形象定位

(1) 主体认知形象

旅游地形象定位是旅游地设计和传播的前提与核心。它决定旅游目的地能否把目标市场潜在客源市场吸引为现实旅游者。那些在旅游者心目中具有强烈美好印象的旅游目的地,才能吸引更多的旅游者。所以,树立生动鲜明的旅游地形象是旅游目的地的一项重要战略任务。

基于朝阳市独特的三燕佛教文化、珍稀的古生物化石、中华文明起源遗址和天然的生态储备等资源优势,根据资源与市场匹配、供求相适应的总体原则,朝阳市旅游业总体形象定位为:

东北佛教圣地·中华文明关外摇篮·世界化石旅游王国

(2) 附属认知形象

龙翔佛寺——史载东北第一寺。

凤凰山——东北建寺最早的佛教名山。

昙无竭——关外西天取经第一高僧。

四合屯——中华龙鸟的故乡。

红山女神——中华民族最早的女性祖先神像。

红山玉猪龙——中华龙图腾最早的实物雏形。

(3) 旅游形象具体化

① 旅游主题口号

辽宁朝阳——文明之源·化石王国。

辽宁朝阳——生命与文明奇迹的摇篮。

三燕文化——北方民族融合的窗口。

朝阳凤凰山——东北第一佛教名山。

第一只鸟起飞的地方,第一朵花绽放的地方。

中华龙鸟故乡,世界化石王国。

红山女神的故乡,中华文明的曙光。

世界最大的野生观鸟谷。

中国第一洞穴寺庙群。

② 旅游标志物

根据三大旅游片区资源特色,以双塔(三燕佛教文化区北塔和南塔)双龙(红山文化旅游区玉猪龙和考古文化旅游区龙鸟化石)作为形象标志物,以"朝阳市旅游"为文字标志,设计一套朝阳市旅游形象标准宣传图片。图片要有强烈的视觉冲击效果,既能代表本市的典型旅游资源,同时也寓意该市旅游业腾飞的景象。

③ 旅游宣传标准色

主要设计三种颜色，即：

红色。既代表太阳，又与"红山"相吻合，象征朝阳市经济腾飞。

黄色。代表金凤凰，并与金色佛像相吻合，蕴含九凤朝阳，社会和谐。

绿色。代表绿色生态，并与"龙鸟"生命起源吻合，隐喻旅游可持续发展。

6. 旅游营销方案

(1) 营销方针

① 滚动促销。每年启动两个市场，每启动一个市场，持续三年跟进，形成叠加促销之势。五年内覆盖主要的目标市场，第六年起开始第二轮的叠加促销，以此滚动。

② 整体宣传。朝阳市旅游宣传应与全省总体形象宣传相结合，形成全省旅游宣传的整体合力。该市旅游、经贸、文化、城建等各相关部门之间以及各县市之间要密切配合，相互协调，形成全方位、多侧面的旅游宣传力量。

③ 政企联动。政府部门的整体旅游形象宣传，应与旅游企业的旅游产品营销实现合理分工，有机联动，形成多层次、多渠道的旅游宣传促销合力。

④ 直分结合。面对旅游者的直接营销和通过分渠道的间接营销相互结合，形成立体营销的复合效应。

(2) 营销途径选择

① 大众媒体宣传。应选择相关的、权威的媒体组织形象传播攻势。方法上，注意文字媒体和声像媒体的结合，形成立体效果；手段上，注意硬性商业广告和软性新闻宣传的结合，产生整体形象传播效应。

• 报纸杂志。选择主要客源地受众面积较广的报纸，如《北京晚报》《北京青年报》《新京报》，天津的《今晚报》等，进行旅游整体形象宣传。

针对国内一些专业旅游类报纸杂志，如《中国旅游报》《华东旅游报》《旅行者》等，要根据旅游季节变化，有针对性地推出朝阳市旅游专版。

• 电视电台。根据电视台广播电台不同的覆盖面，推出相应的旅游形象宣传。邀请中央或省市电视台、广播电台拍摄以朝阳市为外景地，以民间传说、燕国历史、王老凿抗日、尹湛纳希等为题材的专题片。

② 公共关系推广

• 邀请参观度假。对象：社会公众人物、著名运动员、有影响力的新闻媒体记者、专家学者、旅行社高级经理人员等；

●借助各行业协会的力量,组织旅行社、饭店、车船公司、旅游区、旅游商品商等,分别召开市场分析通报会,加强业内交流;

●选择一批特殊公众,不定期地向他们寄送宣传资料和最新消息,充分发挥他们的口头宣传作用,以树立朝阳旅游业的良好口碑。

③ 旅游节庆活动。具体内容见旅游节庆活动策划。

④ 市场促销活动

●有针对性地参加国内外以及区域性的旅游展销会、博览会,整体上展示朝阳市旅游形象;

●聘请文艺界名流担任朝阳旅游形象大使,借助其人格魅力和艺术才华宣传、传播朝阳旅游形象;

●采取旅游专列、专车巡回散发旅游宣传品,演出和展览等方式宣传朝阳旅游形象;

●根据不同客源市场的消费取向,重点传播、推广分体形象,以分体形象提升整体形象。

⑤ 间接推广。通过与旅游区无直接关系,或采取中立态度的信息发布会,间接影响旅游者对朝阳市旅游形象的认知。如:将朝阳市的"中华龙鸟"、"第一棵植物"、"第一朵花"搬上中小学的教科书,并借此扩大朝阳市的知名度;邀请国内外著名学者和作家撰写有助于提高本地知名度的著作、小说或游记文学;编撰出版口头文学(民间传说、神话传说),并通过书刊、网络等形式加以传播;选择国内外(旅游资源相似或差异性很大的、目标客源集中的知名旅游城市)结为友好城市,进行长期合作,并进行经济、文化和旅游交流。通过结为友好城市,在其范围内间接推广朝阳市旅游形象,吸引目标客源。

同时,利用捆绑战略在目标市场上推广朝阳市的整体形象;利用朝阳市现有的资源,建立爱国主义教育基地,届时联络党、团、工、青、妇等组织,利用每年的暑假或"九一八"纪念日等对相关对象进行爱国主义教育。

(七)旅游服务设施规划

1. 旅游交通专项规划

朝阳市位于辽宁省西部,北与内蒙古自治区赤峰市及哲里盟接壤,南与辽宁省葫芦岛市及河北省秦皇岛市毗邻,东与辽宁省阜新市、锦州市为邻,西与河北省承德市、秦皇岛市交界。朝阳市地处冀、蒙、辽三省区交界地带,东连辽宁中部城市群,西接京津唐地区,北依内蒙古腹地,南临渤海之滨。朝阳市现已形成公路、铁路、航空三位一体立体交通运输网络。公路以贯通关内外的大动脉101国道为轴心,以9条国省干线为骨架,朝锦高速公路的开通,缩短了朝阳市和周边大城市之间的距离;境内有6条铁路通过,可直达北京、沈阳、大连、丹东、承德、赤峰等城市;朝阳市机场可起降中型客机,这些都为朝阳市旅游业的发展提供了良好的基础。

(1)近期阶段

现阶段朝阳市区通往所辖各市县的道路交通,基本上能满足朝阳市旅游近期开发的需求,但现有或待开发的景区、景点可进入性较差。近期阶段朝阳市内部公路的建设工作,将围绕对接京四、锦朝、朝赤高速这一战略任务展开,重点建设朝阳市考古文化旅游通道。同时,围绕具有旅游客源集散功能的朝阳市区,建设朝阳市与各县(县级市)的各旅游交通支线;围绕近期重点开发的三燕佛教文化片区、红山文化旅游片区和考古文化旅游片区,建立朝阳市区集散中心与东北第一佛教名山凤凰山精品景点、凌源市集散次中心与牛河梁红山文化遗址公园精品景点、北票市集散次中心与四合屯白垩纪鸟类公园精品景点之间的旅游专用公路及交通配套设施。

(2)中期阶段

随着中期各旅游景区、景点的建设,进一步提升朝阳市区旅游客运集散中心和凌源市、北票市两个旅游客运集散次中心的客源集散与枢纽功能,优先建设凌源市集散次中心与中国第一洞穴寺庙群龙凤山精品景点、北票市集散次中心与东北探险第一山大黑山精品景点之间的旅游专用公路及交通配套设施。

(3)远期阶段

建立覆盖面广、多样化的旅游交通网络,规划恢复朝阳机场的客运功能,并对机场进行扩建,开辟直通北京、天津、沈阳等客源枢纽城市的定期航班航线和不定期包机航线。重视传统客运工具——铁路旅游客运的作用,加快通往各客源地铁路支线的建设和完善。建立市区中心服务区与三个旅游功能片区的高效旅游客运通道,并实现三个旅游片区之间以及各个片区内部各景区、景点旅游线路的畅通连接,为古生物化石之旅、中华文明探源之旅、红山女神祭祖之旅、东北第一佛教名山朝圣之旅、红色之旅、绿色之旅、探险之旅、避暑度假之旅等朝阳市八大特色旅游线路的开发奠定良好的交通网络基础。

2. 旅游饭店专项规划

（1）旅游饭店的发展目标

饭店是旅游发展的支柱，是旅游经济效益的重要来源。朝阳市应建立既有高档次的星级饭店，又有方便舒适、清洁卫生的中小型旅馆的多层次旅游饭店体系，其设施应与朝阳市旅游资源的开发、旅游业的发展相配套，结构布局合理。以中低档为主，注意社会旅馆的更新改造和监督管理，提高其管理和服务水平；星级饭店的建设和改造要尽量采用绿色饭店标准，这样即符合生态旅游乐园的旅游发展目标，又符合饭店业未来的发展趋势。

各旅游功能片区饭店的建设规模，应与各功能区的旅游性质、接待规模及所体现的文化内涵相适应，尽可能从建筑式样、结构及内外装饰上，体现各旅游功能区的特色。

星级旅游饭店的建设布局与规模受本规划控制，其床位数占各规划期总需求量的25%。非星级饭店根据饭店床位需求预测值实行总量控制和规范化管理。

星级饭店客房总量规划依据：

- 近、中、远期旅游人数分别为321万人次、501万人次、723万人次。
- 旅游者50%为过夜旅游者。
- 旅游者平均停留天数在近、中、远期分别达到1.5夜、2.0夜、3.0夜。
- 按全年可游览天数225天，床位利用率为70%。
- 计算公式：

$$床位需求量 = \frac{年旅游接待人数 \times 旅游者平均停留天数}{全年可游览天数 \times 床位平均利用率}$$

- 规划指标：

近期饭店床位需求量为：15 300张。

中期饭店床位需求量为：31 800张。

远期饭店床位需求量为：68 900张。

（2）旅游饭店分期规划

① 近期阶段饭店规划。2004年朝阳市有星级饭店11家，其中四星级1家，三星级2家，二星级6家，一星级2家，拥有床位1 350张。此外，还拥有220多家社会饭店和旅馆。近期重点对市内及各所辖市县的现有饭店进行装修改造和软件提升，增加涉外旅游饭店和星级旅游饭店的数量。朝阳市区作为全市旅游服务中心应建设一家五星级商务饭店。

表 3-27　朝阳市旅游饭店近期建设布局与规模控制

规划期	景区	床位数	性质	级别
近期	市区旅游服务中心三燕佛教文化片区	1 800	商务、度假、综合	五、四、三、二、一星级
	考古文化旅游片区	900	商务、度假、综合	五、四、三、二、一星级
	红山文化片区	900	商务、度假、综合	五、四、三、二、一星级
	星级饭店控制规模	3 600	商务、度假、综合	五、四、三、二、一星级
	社会旅馆控制规模	11 700	综合	非星级
	饭店总规模	15 300	商务、度假、综合	星级与非星级比例为 24:76

② 中期阶段饭店规划。红山文化旅游片区和考古文化旅游片区各新建五星级旅游饭店一座，接待国内外考古、认祖归宗等高消费旅游者。各主要旅游片区形成由高星级到低星级，继而到社会旅馆的金字塔形的档次结构，内部功能完善，外部装潢与环境协调的旅游住宿接待系统。各生态休闲度假旅游景区（点）基本建成生态型、民俗型、农家型和宿营地型特色生态住宿设施。

表 3-28　朝阳市旅游饭店中期建设布局与规模控制

规划期	景区	床位数	性质	级别
中期	市区旅游服务中心三燕佛教文化片区	4 000	商务、度假、综合	五、四、三、二、一星级
	考古文化旅游片区	2 000	商务、度假、综合	五、四、三、二、一星级
	红山文化片区	2 000	商务、度假、综合	五、四、三、二、一星级
	星级饭店控制规模	8 000	商务、度假、综合	五、四、三、二、一星级
	社会旅馆控制规模	23 800	综合	非星级
	饭店总规模	31 800	商务、度假、综合	星级与非星级比例为 25:75

③ 远期阶段饭店规划

远期要形成朝阳市特色品牌住宿模式，建设纯生态绿色饭店、地方文化主题饭店等特种住宿设施。饭店住宿设施能源基本实现绿色化、清洁化。

表 3-29 朝阳市旅游饭店远期建设布局与规模控制

规划期	景区	床位数	性质	级别
中期	市区旅游服务中心三燕佛教文化片区	8 600	商务、度假、综合	五、四、三、二、一星级
	考古文化旅游片区	4 300	商务、度假、综合	五、四、三、二、一星级
	红山文化片区	4 300	商务、度假、综合	五、四、三、二、一星级
	星级饭店控制规模	17 200	商务、度假、综合	五、四、三、二、一星级
	社会旅馆控制规模	51 700	综合	非星级
	饭店总规模	68 900	商务、度假、综合	星级与非星级比例为 25∶75

3. 旅行社专项规划

旅行社是旅游业的重要组成部分，是旅游资源与旅游者之间的纽带，是旅游市场的重要媒介，是一个地区旅游业发展水平的主要标志。朝阳市应充分发挥旅行社的客源组织和服务功能，加强旅行社在主要客源市场的宣传促销功能，宣传朝阳市的旅游目的地形象，最终确立朝阳市在主要市场上的旅游目的地形象。

（1）近期阶段

2004 年朝阳市仅有 13 家旅行社，全部为市属国内旅行社。针对这种现状，朝阳市近期重点是引入国内知名旅行社品牌，采用独资、合资、特许经营等手段，创办新旅行社或改造现有旅行社，并拓宽旅游产品的销售渠道。积极推进旅行社技术手段改造，促进现代电子网络技术与旅行社传统业务的结合，实现旅行社对外的通信联络、市场营销电子化。实现本地旅行社与国内、国际知名旅行社的接轨，以便更好地开展多方面的合作。

在主要客源市场设立本地旅行社的门市部或代表处，负责招揽客源。同时要加强旅行社专业人员的选择和培养，加强对导游人员的监督和管理。

（2）中期阶段

与国内外知名旅行社集团合作，在朝阳市建立合资旅行社集团或连锁经营旅行社，规划建设电子经营网络，实现网上招徕、组团、调配、接待等，组织异地客源的跨地区、跨国界流动，由近及远，进一步向市内外开放、省内外开放、国内外开放，真正成为旅游业的龙头产业。

鼓励组建专业化的旅行社，开辟专门的客源市场，加强对客源市场的需求研究，针对不同地区、不同季节、不同群体的旅游者，开发和推销多类型、多档次、多元化的旅游线路与产品，满足不同层次旅游者的需求，扩大朝阳市旅行社的客源。

(3) 远期阶段

顺应我国旅行社分工体系调整的大方向，积极推进大型旅行社集团化、中型旅行社专业化和小型旅行社网络化，规模较大的旅行社通过合并、兼并或其他方式重组，形成一定数量人、财、物一体化的紧密型旅行社集团，成为旅行批发商，实现规模经济；中型旅行社开发和经营专项、特色旅游产品，实现专业化经营，以最大限度地满足特定细分市场旅游者的需求；小型旅行社成为大中型旅行社的代理商和门市部，形成全市大中小相结合、批发与零售相配套的旅行社网络结构。

4. 旅游餐饮专项规划

餐饮业作为朝阳市良好旅游服务的组成部分，应将其纳入旅游质量管理系统，使餐饮业朝规范化方向发展。本着精致化、特色化、多样化、生态化的原则，严格遵守《食品安全法》来开发和制作各色菜肴，改进环境卫生；在城区和各景区发展快餐和小吃业，结合各种节庆活动和文化娱乐活动开发餐饮产品。

餐饮应以朝阳市地方特色菜为主，尽可能利用朝阳市的现有餐饮资源优势，开发特色菜肴、特色小吃、特色饮品等，并逐渐形成品牌产品。

(1) 风味食品

朝阳的菜品并不太为人所知，但在历史的发展过程中形成了一批具有地方风味的民间传统佳肴，如炒肉丝、红烧元鱼。朝阳小吃品种丰富、鲜香可口，较有名的有酥脆麻花、赵家豆腐脑、缸炉烧饼、切糕等。

朝阳风味食品的推出不仅可以极大地丰富游客的旅游活动，还可以促进朝阳市的餐饮业。规划建议将龙城酒家和南园酒家设立为旅游定点餐厅。同时，朝阳市本地出产的各种杂粮，开发制作加工成各种小吃，如二米饭、杏仁粥。力争将朝阳的风味食品发展成为朝阳市旅游发展中的一个重要品牌。

(2) 饮品系列(类)

朝阳的杏仁露、沙棘饮品具有鲜明的特点，应当对现有产品进行深度开发、包装改进及规范化生产，推出有本地特色、质优价廉的杏仁饮品和沙棘饮品，满足旅游者的需求,发展地方产业。

5. 旅游纪念品专项规划

规划开发特色鲜明、种类齐全的旅游纪念品,使旅游购物成为旅游收入的重要组成部分。旅游商品开发必须遵循六大原则,即市场导向原则、特色原则、美学原则、就地原则、时尚原则和系列化原则。就地取材,突出地方特色,强化旅游商品的扩散效应;要充分利用本地的材料和各种资源(历史的、人文的),开发生产各种旅游用品、旅游纪念品;销售形式多样化,旅游商品要多品种、系列化、高中低档合理配套。强化旅游商品的研制与开发力度;政府应加强对旅游商品的扶持,力争本地旅游商品创名牌、保品牌。

结合朝阳市的具体情况,朝阳市旅游商品开发应该包括土特产系列、工艺品系列、文化艺术品系列。

表3-30 朝阳市旅游商品系列

系列	产品	产址
收藏品	化石	主要在北票、朝阳县和凌源市
饮品加工类	饮料加工品(杏仁露、沙棘饮品)	建平、喀左
	山野菜	朝阳市全境
	杂粮	建平
工艺品	剪纸	建平
	紫砂工艺品	喀左
	手工纯羊毛毯	喀左
	刺绣	朝阳县
文化艺术品	邮品系列(主要为朝阳市风光与民族风情明信片)	朝阳市全境
	音像制品系列(反映朝阳市历史文化、民族风情和特色产品等的录像或激光压缩视盘,即"VCD")	朝阳市全境
	书籍系列(有关红山文化、古生物化石及三燕文化的书籍)	朝阳市全境

朝阳市旅游纪念品应以化石为核心产品，而由于化石具有极高的科研价值、观赏价值，同时又极端稀缺，因此，化石旅游纪念品的开发与经营必须遵循国家有关法律法规，并实行严格的专业鉴定和定点销售制度。规划建立朝阳市化石旅游纪念品鉴定中心，负责化石纪念品的鉴定、分类与定价；建立化石旅游纪念品定点商店，专营化石纪念品，以利于规范化经营与管理。同时，对化石旅游纪念品市场进行严格的行业监管，禁止假化石纪念品的出现影响地区形象。

旅游工艺品通常是品质上乘、独具特色的旅游纪念品，朝阳市的紫砂工艺品、手工纯羊毛毯、刺绣工艺一流，应在市区分别建设紫砂工艺品、手工纯羊毛毯购物中心。开设刺绣、剪纸等民间艺术作坊，发展民间艺术，丰富旅游商品品种。

6. 文化娱乐专项规划

朝阳市有优秀的传统文化，在文化娱乐开发中应充分挖掘本市拥有的传统文化，通过旅游活动向各地旅游者展示和宣传，既增加旅游项目，延长旅游者的停留时间，又可以通过发展旅游业，传承和弘扬民间的文化艺术。同时也要开发现代的多种形式的娱乐活动，吸引不同的旅游者参与。在特定时间要举办一些旅游节庆活动，形成多种形式的文化娱乐活动。

朝阳市传统的文化娱乐活动，可通过安排不同主题的表演活动，同时也可每年定期举办朝阳市民间艺术节来集中展示。朝阳市现有可开发的传统表演项目如下：

（1）秧歌表演

朝阳秧歌表演历史悠久，各种节日是民间舞蹈得以展示的机会，其中尤以春节为最。朝阳县的大秧歌，不仅是朝阳市人民非常喜欢的节日文化艺术形式，也是瑰丽多姿的民族、民间舞蹈艺术的宝藏。朝阳1996年被省文化厅命名为"辽宁省群众文化（秧歌）活动基地"。之后，朝阳县开展秧歌活动的理论研究，进行秧歌伴奏音乐的收集整理工作。2000年出版理论专著《朝阳秧歌大观》被中国文学艺术工作联合会、中国民间文艺家协会评为首届"中国民间艺术山花奖·著作奖"类三等奖。

（2）皮影

皮影戏艺术是朝阳市艺术宝库中的瑰宝之一，从传入至今，已有数百年的历史。随着时代的发展，皮影艺术也在不断革新。照明、颜色、影窗、音响等多用现代化手段,表演操作也花样翻新,增加了许多细腻表演手法,大大地增强了皮影艺术的表现力和感染力。

朝阳市应收集、整理并陈列全国著名的皮影作品,为游客讲解、演示皮影的表演艺术,定时演出不同剧目的皮影戏。定期召开皮影艺术研讨会和组织全国性的皮影艺术节,弘扬我国的民间皮影艺术。

(3) 刺绣

通过民间艺术节现场展示朝阳市的刺绣工艺。

市区内建设和完善各类博物馆、美术馆、体育馆、图书馆、影剧院、歌舞剧院等文化艺术设施,使之成为高雅文化艺术的展示窗口。适应中外游人多样化的文化娱乐需要,特别是夜生活的需要,还应配套建设各种档次和风格的表演性、参与性、自娱性、消遣性文化娱乐场所,如茶馆、酒吧、餐吧、歌厅、迪厅、温泉洗浴中心等。

各景区建立文艺表演队,安排秧歌、皮影和地方戏等节目,为旅游区夜生活增添文娱内容。旅游黄金周和重大节庆期间,由市旅游局组织各景区文艺演出队举办广场宣传演出和彩车游行宣传活动,通过多彩的文娱活动广泛推介旅游产品和线路。

第四篇
大兴安岭地区旅游业发展总体规划

一、项目背景

《大兴安岭地区旅游业发展总体规划》是受大兴安岭政府委托，主要由北京第二外国语学院旅游管理学院承担编制工作。由张辉教授担任组长，主要参加人有邹统钎、顾素梅、李华伟、杜学等。

大兴安岭地区是典型的独木支撑型产业格局。随着国家天然林保护工程的实施，产业结构发生重大调整，原主导产业开始衰退，新的替代产业尚未形成。而该地区自然资源十分丰富，生态环境比较优越，少数民族风情相对突出，非常适合大力发展旅游业。虽然大兴安岭地区目前的旅游业发展存在一些问题，但通过对该地区旅游业发展进行整体分析和把握，并提出应对之策，可以全面提升该地区的旅游业发展。本规划为大兴安岭地区的旅游发展提出了基本方向、战略和措施。

二、项目分析

(一) 生态环境分析

1. 现状

大气环境质量较好，总体上低于国家环境空气质量二级标准，水资源极为丰富，水质状况良好，森林覆盖率达 75.16%。环境质量具体表现(据 1998 年统计)为：

全区二氧化硫每小时平均浓度值为0.50毫克/立方米,超标率为0,二氧化硫日均浓度范围在0.013~0.218毫克/立方米之间。

全区氮氧化物每小时平均浓度范围为0.005~0.213毫克/立方米,氮氧化物日均浓度范围在0.005~0.019毫克/立方米之间。

全区总悬浮颗粒物每小时平均浓度范围为0.10~3.39毫克/立方米,日均浓度范围为0.10~1.45毫克/立方米。

全区流域面积大于100平方公里的河流有100多条。全区径流总量168亿立方米。北部黑龙江水系和南部的嫩江水系均符合国家二级地面水环境质量要求。

地区现有林地面积62 420平方公里,草原面积167.7平方公里,沼泽面积400万亩。

全区区域环境噪声等效声级值平均水平范围为46~72dB(A),县区区域环境噪声平均值Leq为56.4dB,L10为59.8dB,L50为51.2dB,L90为46.9dB,标准偏差平均值为7.47dB。地区城市功能区噪声污染较轻,噪声水平较低。

2. 问题

主要环境问题是冬季取暖期煤烟型污染较重,主要水系部分河段有污染。环境污染具体表现(据1998年统计)如下:

大气环境问题。大气环境在取暖期超标,主要是以总悬浮微粒为代表的煤烟型污染,1998年1月份全区超标率达60%,漠河超标率达67%。

水环境污染特征。主要为有机污染及悬浮物污染。丰水期时高锰酸盐指数超标率最高时达100%,最大值为12.58mg/L。北部黑龙江水系主要因采金船活动和地表径流量的影响,使水中悬浮物(SS)含量过高,最高时为7.19mg/L,高锰酸盐指数最高时为3.14mg/L,其他项目在水环境质量一级标准以下。南部嫩江水系因丰水期受地面径流量的影响,使高锰酸盐指数自然本底较高,水环境质量在Ⅰ~Ⅲ级之间。人类活动排放的污水未经处理排放入河或直接散放,也对高锰酸盐指数的增高有影响,其主要污染物是化学耗氧量(COD)。本地区湿地面积缩小,水土流失呈发展趋势,目前全区水土流失治理率仅为23%。

目前,全区工业废水、废气排放,工业固体废物排放的相关指标为:

- 1998年全区烟尘排放量4 742吨,烟尘去除量34 981吨,烟尘去除率为88%。
- 废气中二氧化硫排放量3 125吨,燃料燃烧废气处理率为89.2%。

- 全区工业废水排放量 4 446.15 万吨，工业废水处理量 3 013.07 万吨，工业废水处理回用量 140.00 万吨，工业废水处理率为 65.7%。
- 全区工业废水排放达标量 589.19 万吨，工业废水排放达标率 13.2%，废水中主要污染物化学耗氧量排放量 2 259.37 吨，悬浮物排放量 3 472.22 吨。
- 全区固体废物产生量为 129 779 吨，全区固体废物综合利用量为 48 775 吨，固体废物综合利用率为 37.5%。
- 城市噪声状况。加格达奇区交通噪声污染已相当严重，交通噪声来源于机动车辆的排气噪声和鸣号噪声，最高峰值达 102.1 分贝，等效声级加权算术平均值超过国家标准 6.6 分贝，噪声超过国家标准的路段占监测路段的 93.2%，声级达 70 分贝（A）以上。

3. 全区生态环境与国家相关标准比较

（1）大气环境对比

表 4-1 大气环境对比表（一）

浓度单位：毫克/立方米（标准状态）

污染物名称		国家大气环境质量标准 （GB3095-1996）中二级标准	全区监测结果
	SO_2	1 小时平均浓度限值 0.50	0.013~0.397
		日平均浓度限值 0.15	0.013~0.218
	NO_X	1 小时平均浓度限值 0.15	0.005~0.213
		日平均浓度限值 0.10	0.005~0.109
	TSP	1 小时平均浓度限值 —	0.10~3.39
		日平均浓度限值 0.30	0.10~1.23

说明：

① 从表中可见，全区 SO_2 每小时平均浓度值低于国家大气环境质量二级标准，超标率为 0。SO_2 日平均浓度值除 1 月超标率为 6.7% 外，其他全部低于国家大气环境质量二级标准。

② 全区 NO_X 每小时平均浓度值范围中，最大值 0.213 毫克/立方米出现在 1 月的漠河县西林吉镇，超标率为 2% 外，其他全部低于国家大气环境质量二级

标准。全区 NO_X 日平均浓度值除漠河的西林吉镇超标率为10%外,其他全部低于国家大气环境质量二级标准。

③ 全区 TSP 日平均浓度值,加格达奇区 1、3、9、11 月均有不同程度的超标现象,以 1 月 60%超标率为最高。漠河仅 1 月有超标,达 1.23 mg/m^3,超标率为67%。

表 4-2 大气环境对比表(二)

项目\级别	大气指数分级标准		全区监测结果
	I(清洁)	II(较清洁)	
SO_2	0.33	1	0.296 1
NO_X	0.50	1	0.452 9
TSP	0.50	1	1.480 5
P	1.33	3	2.229 5

表二数据说明,全区大气环境质量低于国家大气环境质量二级标准。

(2)水环境对比

表 4-3 水环境对比表

单位:mg/L

项目\分类	地面水环境质量标准			全区监测结果			
				嫩江水系		黑龙江水系	
	I 类	II 类	III 类	南瓮河大桥断面	甘河加格达奇段(全年度)	呼玛河新华渡口断面	额木尔河大林河下断面
PH	6.5~8.5			7.14	6.8~7.3	6.54	6.80
总铜 ≤	0.01以下	1.0(渔0.01)	1.0(渔0.01)	0.005 9	0.005	0.01	0.01
总锌 ≤	0.05	1.0(渔0.1)	1.0(渔0.1)	0.010		0.07	0.028

续表

	地面水环境质量标准			全区监测结果			
				嫩江水系		黑龙江水系	
分类 项目	Ⅰ类	Ⅱ类	Ⅲ类	南瓮河 大桥断面	甘河 加格达奇段 （全年度）	呼玛河 新华渡口 断面	额木尔河 大林河 下断面
硝酸盐 （以N计）≤	10以下	10	20	1.862	0.14~0.19	2.44	0.11
亚硝酸盐 （以N计）≤	0.06	0.1	0.15	0.003	0.003	0.003	0.003
非离子氨 （氨氮）≤	0.02	0.02	0.02		0.013~ 0.394	1.48	1.32
高锰酸盐 指数 ≤	2	4	6	5.25	1.38~ 22.55	8.93	7.92
溶解氧 ≥	饱和率 90%	6	5	8.27	6.38~ 10.19	9.13	9.41
生化需氧量 （BOD5）≤	3以下	3	4	1.31		2.09	2.13
总砷 ≤	0.05	0.05	0.05	0.006	0.002~ 0.008	0.009	0.025
总汞 ≤	0.000 05	0.000 5	0.000 1	0.000 05		0.000 05	0.000 05
总镉 ≤	0.001	0.005	0.005	0.001		0.001	0.001
总铅 ≤	0.01	0.05	0.05	0.001		0.005	0.01
总大肠菌群 （个/L）≤			10 000		20~16 000		
悬浮物 ≤		15		7.1	4~91.50	53.7	12.0
铬（六价）≤	0.01	0.05	0.05		0.002~ 0.008		

说明：

① 嫩江水系如甘河、南翁河等以高锰酸盐指数污染指标为主,丰水期超标率达100%,而甘河枯期各项指标全部符合国家地面水环境质量标准,无一超标出现。

② 黑龙江水系以悬浮物和高锰酸盐指数为主,高锰酸盐指数在丰水期超标率也达100%。悬浮物超标倍数在呼玛河新华渡口断面达3.58倍,在宽河公路附近则高达8.74倍。

（3）噪声环境对比

表4-4 噪声环境对比表

单位:dB(A)

国家规定标准		全区监测结果		
		区域环境噪声等效声级值平均水平范围	全地区合计(Leq)	加区合计(Leq)
道路交通噪声	55(夜间)70(昼间)	67.5~76.6(加区)	70.0	73.5
区域环境噪声控制值	55	46~72	56.4	

说明：

① 从县区区域环境噪声等效声级值平均水平范围看,最高是呼玛县,为72 dB(A),其次是塔河县,达55.5 dB(A),这两个县超过了控制值55 dB(A)。漠河县和加区未超过控制值。

② 在监测区域的总人口中有65.4%的人口处在55 dB(A)以下的环境中;在监测的总面积中有67.5%的面积暴露在55 dB(A)以下的环境中;在监测的路段总长(22 165米)中,有93.2%的路段暴露在70dB(A)以上的环境中,最高值达76.6 dB(A),超过国家等效声级第4类昼间标准6.6dB(A)。

③ 加区市区内交通干线的噪声监测时间为7:00~19:00时。

表4-5 等效声级对比

LAeq:dB

类别	国家标准城市区域环境噪声标准		三县一区监测结果	
	昼间	夜间	昼间	夜间
0	50	40		
1	55	45	47~59	33~40
2	60	50	43~55	33~42
3	65	55	45~56	34~55
4	70	55	60~71	33~51

说明：

a. 1类区在1998年普查的9个居民文教区,昼间除塔河县超标4dB(A)外,其余均符合标准,夜间则全部符合标准。

b. 2类区和3类区在1998年的监测中,监测值昼夜均未出现超标,噪声环境较好。

c. 4类区除塔河县昼间达71 dB(A),超标1 dB(A)外,其余均符合标准。

（4）工业方面相关指标对比

表4-6 工业废水处理、工业废水排放达标和工业固体废物综合利用指标对比表

单位:%

项目\地区	1998年全国工业	1998年县及县以上工业	北京市工业	大兴安岭地区工业
工业废水处理率	87.2	88.2	93.5	65.7
工业废水排放达标率	65.3	67	70.7	13.2
工业固体废物综合利用率	45.6(1999年)	51.7	76.8	37.6

说明：

① 从表中可见,大兴安岭地区工业废水处理率低于同年全国水平21.5个百分点,工业废水排放达标率低于全国水平51.2个百分点,工业固体废物综合

利用率低于全国1999年水平8个百分点。

② 大兴安岭地区工业废水排放量为4 446.15万吨,主要为采金废水。工业废水中主要污染物是悬浮物(SS)和化学耗氧量(COD),悬浮物排放量为2 259.37(吨),化学耗氧量排放量为3 472.22(吨)。

③ 大兴安岭地区工业固体废物排放量为129 779(吨),构成主要是粉煤灰和炉渣,分别为67 194(吨)和55 364(吨),占全区工业固体废物排放总量的94%。

(二)旅游发展现状分析

1. 总体条件

大兴安岭是祖国最北部边疆,地处黑龙江省西北部,西南与内蒙古自治区接壤。位于东经121°12′~127°00′,北纬50°10′~53°33′。东西最宽直径为450公里,南北最长直径为500公里。大兴安岭地势西高东低,主脉局部地区较陡峭,多数山体浑圆,岭北以低山、丘陵为主,海拔多在500~700米之间,少数山峰在1 000米以上,最高山峰为伊勒呼里山脉的大白山,海拔高度为1528米。

大兴安岭的气候变化较大,温差悬殊,有"岭积千秋雪,花飞六月霜","早春午夏晚秋天,半夜入冬五更寒"之说。大兴安岭北部夏季平均温度为15℃~17℃,中部地区为17℃~19℃,南部地区为18℃~20℃;冬季气温多在摄氏零下30℃以下,年平均气温为零下3.5℃。无霜期为80~110天,年平均降水量为400~500毫米,属寒温带大陆性季风气候。

全区共有地表河流500余条,其中流域面积1 000平方公里以上的有28条,较著名的有呼玛河、额木尔河、盘古河、多布库尔河、南瓮河、古里河等。南瓮河是嫩江源头,洛古河是黑龙江的源头。

境内铁路运营里程912公里,公路总里程14 885公里(含林业专用公路干线),通车里程3 361公里,与111国道衔接。区内有加格达奇、塔河两个防火机场以及若干个机降点。移动通信、无线寻呼等多形式、多层次通信传输网络覆盖全地区。

(1)行政区概况

全区总面积8.46万平方公里,跨两个行政区。属黑龙江省行政区的面积为6.66万平方公里,占78.72%;属于内蒙古自治区行政区的面积为1.8万平方公里,占21.28%。北为黑龙江上中游水域,与俄罗斯隔江相望;东南与黑龙江省黑河市、嫩江县接壤;西南与内蒙古自治区鄂伦春族自治旗毗邻;西北与内蒙古自治区额尔古纳左旗为界。区内以界江主航道中心线划分的边境线全长791.5公里,1988年国务院批准了漠河兴安为国家一类口岸。大兴安岭行政公署和大兴安岭林业集团公司(林管局)所在地加格达奇,距首都北京2 131公里(铁路),距省城哈尔滨719.5公里(铁路)。下辖三县四区,即呼玛县、塔河县、漠河县、加格达奇区、松岭区、新林区和呼中区。

(2) 资源赋存

"巍巍兴安岭,积翠大森林"是对大兴安岭的真实写照。大兴安岭地区的森林覆盖率为75.16%,林木蓄积量达5.87亿立方米,占黑龙江总蓄积量的26.6%,占全国的7.8%。

大兴安岭的矿产蕴藏量十分丰富,尤以盛产黄金闻名,素有"金镶边"之称。清朝康熙皇帝御旨开辟的嫩江至漠河32处驿站,因光绪三十二(1906年)年大兴安岭采金业崛起,被称为"黄金之路"。

"锦鳞在水,香菌在林,珍禽在天,奇兽在山"是对万顷林海中繁衍的野生动植物的生动写照。据普查资料显示,在大兴安岭地区,野生植物计有92科,371属,966种(野生经济植物525种)。其中药用植物有黄芪、沙参、百合、断肠草、元胡、龙胆、紫苑、杜香、兴安杜鹃等85科,192属,600余种;食用植物有越橘、稠李、东方草莓、都柿、蕨菜、薇菜、黄花菜、草蘑、油蘑、木耳、猴头、橘梗等42种。

野生动物中鸟类16目,40科,250种,其中冬候鸟有朱顶雀、灰喜鹊等11种;留鸟有黑嘴松鸡、花尾榛鸡等46种;旅鸟有大天鹅、花脸鸭等45种。兽类有6目,16科,56种,其中国家一级保护动物有紫貂、貂熊等,Ⅱ类保护动物有棕熊、猞猁、马鹿、驼鹿、雪兔等。鱼类有大马哈鱼、细鳞鱼、哲罗鱼、鳇鱼、黑龙江鲤等17科,84种。

(3) 经济基础

2000年实现国内生产总值初步预计为42.6亿元,5年年均增长超过8%;2000年全区城镇居民储蓄存款余额52.2亿元,城镇居民人均可支配收入4 140元,农民人均纯收入2 650元。城镇恩格尔系数为38.7%。社会消费品零售总额实现15.3亿元。

大兴安岭地区是典型的独木支撑型产业格局。随着国家天然林保护工程的实施,产业结构发生重大调整,原主导产业开始衰退,新的替代产业尚未形成。木材采运产值由1995年的12.4亿元下降到2000年的7.4亿元左右。三次产业的比重由1995年的7.0:56.4:36.6调整到2000年的12.4:44.4:43.2。

(4) 民族

全区分布有22个民族,比较有特色的少数民族是鄂温克族和鄂伦春族,其中尤以鄂伦春族更为突出,主要集中在十八站和白银纳。白银纳现仍有一定数量的保持传统生活方式的猎民。

2. 旅游业发展现状

大兴安岭有丰富的旅游资源,据地区旅游局资料显示共有6类,34种,86处。另据黑龙江省旅游局和黑龙江省计委资料显示,有各级旅游资源64处,在全省名列前茅。其中,漠河北极、呼中国家自然保护区、界江、白银纳鄂伦春族风情等具有较高的开发价值和开发前景。

1997年初,漠河县政府投入30万元,用于旅游区建设。1998年实施天然林保护工程后,国家投入资金1 200万元用于森林旅游项目建设,银行贷款匹配资金和地方政府及个人投入达6 000多万元。

大兴安岭地区现有国内旅行社3家、国际旅行社1家、涉外旅游定点宾馆饭店5家、较大规模的宾馆饭店30余家、具有较大接待能力的旅游景区2个。据统计,2000年共接待各类游客3.2万人次,其中国内游客3.16万人次,海外过夜旅游者420人次,海外一日游旅游者364人次,全区旅游收入1 267万元。

3. 旅游资源竞争力分析

(1) 资源总体评价:神奇天象、本态自然、神秘民族、迤逦界江、林海雪原

● 自然资源优于人文资源,以"神州北极"、森林、界江、冰雪、狩猎等资源最为突出。

● 自然资源中以野生动物栖息地、森林、风景河段等为主;人文资源以民族风情、古人类遗址、观景村落等为主。

● 拥有大量适宜发展观光旅游、生态旅游、度假旅游的资源。

● 漠河县与呼中区的资源赋存优势明显,分别以自然地理与原始森林为代表。

总之,大兴安岭地区拥有漠河神州北极及呼中国家自然保护区等垄断性资源,但多数为次重量级的资源;自然资源较人文资源丰富,适于发展观光旅游、生态旅游、度假旅游等。

(2) 大兴安岭主体旅游资源的竞争分析

① 基于辐射区域的竞争比较

表 4-7 辐射区域旅游资源竞争比较表

类型	资源代表	竞争对手	优势	劣势
冰雪旅游资源	呼中自然保护区和黑龙江上冰雪	亚布力滑雪场、二龙山滑雪场、北大湖滑雪场、长白山滑雪场、净月潭滑雪场等著名滑雪场	自然降雪丰富，雪期长，可降低人工降雪成本，并利于打时间差	地理位置偏远，易被哈尔滨、吉林等地截留
			可运用概念替换——"体验严寒北极，请到最北漠河"	高寒气温制约开发
			与"神州北极"、"黑龙江源头"等概念组合开发，可成独特"卖点"	缺乏宣传促销，游客认知度低
			全国最大冰河	设施落后，开发程度低
			黑龙江开江气势磅礴	竞争对手中有多个为首批 4A 级旅游区（点）
狩猎旅游资源	尚没有大型狩猎场	玉泉狩猎场：依托优秀旅游城市——阿城市，是亚洲最大封闭式狩猎场	鄂伦春族是以狩猎见长的民族，尚有多户专业猎户	远离主要客源市场，交通便捷性不高
		桃山狩猎场：位于铁力市，是我国首家对外开放的狩猎场	野生动物资源非常丰富，相关养殖基地众多	
		大庆狩猎场：我国唯一国际水禽狩猎场	森林覆盖率高，风光优美，狩猎有良好依托	开发程度低，市场影响小
		胜山狩猎场：位于重要边境城市黑河市		

续表

类型	资源代表	竞争对手	优势	劣势
森林旅游资源	呼中寒温带针叶林生态系统国家自然保护区、北极村国家森林公园、金山樟子松母树林森林公园、西林吉镇和新林镇城中原始森林	竞争对手众多且强大：长白山、小兴安岭、威虎山国家森林公园、火山口国家森林公园等	呼中自然保护区是我国最大的寒温带针叶林生态系统，有国际保护意义	交通距离较远，便捷程度低
				林相单一，依托山体多低山、丘陵，乏"险、奇、雄"
			大兴安岭开发前真实缩影，真正原始森林	
			"火中逃生的原始森林"	"五·六"森林火灾对潜在旅游者有负面认知影响
			野生动植物资源非常丰富，集中了大兴安岭地区主要高峰，大白山为全地区最高峰	缺乏对森林旅游的认知，发展起点低，速度慢
			醉林、老头林、古木名树等景观独特，呼玛河发源地，风光优美，有暗河及天然喷泉；积雪期长	竞争对手或是国家首批4A级旅游区，或依托优秀旅游城市，或资源集群组合较好，开发早且已成规模
			依托"神州北极"和"黑龙江源头"两大卖点	
北极村及白昼等	漠河北极村、白昼、北极光、最北一家等	垄断性资源，可能的竞争对手是我国其他三个地理极点	"天南地北"的传统理念易于树立"找北目的地"的定位	相对国内主要客源地地理距离较远，交通便捷性尚需大力改进
			天象奇观最佳观测点，独特的地理位置，属于国内垄断性资源	知名度较高，但美誉度低，内涵不足

续表

类型	资源代表	竞争对手	优势	劣势
湿地资源	南瓮河自然保护区（即将成为国家级湿地保护区）等	向海、扎龙自然保护区等	湿地面积为全省之最；南瓮河自然保护区为嫩江源头特殊生态保护区	交通条件差；知名度不高，无独特的吸引优势
人文资源	漠河老沟河古人类文化遗址、十八站古石器时代遗址、呼玛河抗俄遗址、漠河古城岛等	阿城市金国都城遗址、牡丹江唐代渤海国遗址	有"神州北极"等垄断性资源的带动	文物价值与旅游价值都不高
漂流河段	黑龙江源头——北极村段、开库康——依西肯段、鸥浦——三卡段；呼玛河呼中保护区源头段、塔河段；多布库尔河松岭段、古里段等	沾河漂流、金山屯大森林探险漂流等	有(真正原始森林真正纯净之水)林中山水、黑龙江源头、中国第三大江等三大卖点	缺乏区内客源基础，也缺乏开发经营以及运作经验，开发程度较低

② 基于市场的旅游资源竞争分析

• 目标客源市场（如北京、上海、广州、天津等）周边几乎都有森林公园或自然保护区，产生客源的近距离吸纳，大兴安岭不具有空间优势；

• 远离主要客源地，且旅游大交通不发达，在与客源产生地为中心的辐射圈层内的生态旅游目的地资源相比，大兴安岭地区不具有时间优势；

• 具有与重要客源地周边的森林公园或自然保护区相异的寒温带生态系统，且因开发程度较低，相对完整地保持了自然的生态环境。

(三) 旅游人力资源分析

1. 人力资源现状

1998年全区总人口为539 916人，人口密度为每平方公里6.4人。全区总人口中有22个民族。1998年全区从业人员为182 980人，其中从事批发、零售贸易、餐饮业及房地产业有3 454人，占全区第三产业从业人员的9.25%。现有旅游从业人员主要分布在地级和县级旅游局(含各局所属的旅行社在内),以及 30 余家宾馆饭店和少数景区和景点。例如大兴安岭地区旅游局在编人员有 6 名,漠河县旅游局在编人员有 10 名,均包含所属旅行社人员统计在内。从教育层次看,人员素质参差不齐,旅游行政管理机构人员以大中专学历为主,旅游企业从业人员以高中、中专和初中学历为主。各类服务及导游人员以公开招聘为主,上岗前一般经过 1 个月左右岗前培训或 1~2 个月的实习。目前有正式导游证的导游人员在漠河县仅有 2 名。地区及县级旅游局一般均无专门的旅游培训计划和培训经费。旅游旺季时,导游人员的培训靠突击方式,临时请有正式导游证的人员充当培训教师来解决培训问题。

2. 目前存在的主要问题

(1)较高层次旅游管理人才稀缺。现有旅游行政管理部门主管工作量大,加之人手少,使旅游市场开发、宣传、促销、行业管理受到很大的限制。

(2)旅游经费缺乏和对旅游教育投入的不足。旅游教育经费投入不足已影响到旅游教育培训工作的开展,包括培训计划的制订、实施和最终落实。当前各级旅游行政管理部门没有建立起专门用于旅游教育培训的固定资金来源。

3. 大兴安岭地区旅游人力资源预测

根据世界旅游组织专家的测算,旅游资源丰富的第三世界国家,每增加 3 万美元的旅游收入,将增加 2 个直接就业机会和 5 个间接就业机会,结合本规划对 2005—2015 年旅游收入的预测为依据,规划组测算的大兴安岭地区未来旅游人力资源需求情况如表 4-8 所示。

表 4-8 旅游人力资源需求量预测表

年份 就业人数	2005	2010	2015
直接就业	567	3 946	11 923
间接就业	1 418	9 866	29 808
合计	1 985	13 812	41 731

(四)旅游接待服务设施分析

1. 交通

大兴安岭旅游交通目前以铁路为主,铁路网可沟通哈尔滨、齐齐哈尔、沈阳、天津、北京等主要客源城市与加格达奇、漠河、呼中等主要旅游目的地。全区所有公路中,二级公路占总里程 0.32%,三级公路占 11.1%,四级公路占 88.17%,等外公路占 0.41%,硬化路面仅占 0.4%。本区黑龙江河段上设有码头泊位 21 个,客运航线沟通漠河、呼玛两县,经黑河可直达佳木斯市,全年完成水上客运量 5 000 人次。1999 年全区共完成社会客运量 601 万人次,其中铁路客运量为 505 万人次,占社会客运总量的 84%;公路客运量为 69 万人次,占社会客运总量的 16%。可见,本区客运交通方式比例严重失调,公路网络质量低下,难以适应旅游业大发展的需要。

2. 邮电

邮政与电信网络覆盖各乡、镇、林场及部分村屯。1998 年,全区邮路总长达 2 957 公里,程控交换总容量 15 万门,长途线路达 5 620 条,移动电话网络基本覆盖了主要的旅游城镇,可办理各种国际邮件和通信业务。县级以上城镇及重点旅游区通讯条件良好。

3. 住宿

大兴安岭地区旅游住宿设施较为薄弱,目前尚无高星级饭店,以北山宾馆、北极宾馆为代表的少数三星级或同等档次的饭店集中在加格达奇和西林吉。此外,还有少量特色度假别墅分布在漠河北极村和加格达奇兴安湖度假区等旅游景区。除涉外饭店内部餐厅以外,本区餐饮设施在建筑风格、内外装潢、菜肴风味与文化氛围等方面均低于全国平均水平。总体来看,本区住宿与餐饮设施存在档次低、数量少、规模小、布局与结构失调等问题,制约着旅游业的进一步发展。

4. 旅行社

本区旅行社主要集中于加格达奇和漠河县。受产品单一、季节性强和政企合一管理体制等因素的影响,这些旅行社主要接待一些主动上门的旅游业务,旅行社的产品开发、对外招徕和市场促销业务亟待加强。

5. 旅游购物品

大兴安岭共有集贸市场 51 个,各类专业批发市场 7 个。加格达奇是本地区商品集散和流通中心,地区百货大楼、林田大厦、中央商城和林都商贸城等大型综合性购物中心多集中于此。对旅游者具有一定吸引力的商品主要有:天然绿色食品(野菜、真菌、浆果、干果等)、药材(党参、黄芪、灵芝等)、黄金制品(首饰、工艺品等)、木制品(玩具和工艺品)、民族工艺品(鄂伦春族桦皮与兽皮工艺品)、保健饮品(北芪茶、红豆饮料、果酒)以及边贸精品(俄罗斯高档皮装、小器具等)等。

6. 文化娱乐

本地区共有文艺表演团7个,文化馆4个,艺术馆1个,主要文艺节目有现代歌舞、话剧和鄂伦春民族歌舞。加格达奇是本地区文化艺术和娱乐中心,除以上高雅文化艺术团体和设施主要集中于此之外,加格达奇地区还有100多处大众化文化娱乐场所,主要休闲娱乐项目有自娱性歌舞、游戏、洗浴等。现存主要问题表现为:缺乏旅游城市的文化娱乐标志性建筑,欠缺吸引旅游者留宿所必备的丰富多彩的夜生活娱乐项目,尚无编排出适合旅游者观赏的鄂伦春民族文艺演出精品节目。

(五)大兴安岭发展旅游业的SWOT分析

1. 优势:独特的区位、纯净的自然、特殊的民俗

大兴安岭的林相单一,但其最大优势在于森林规模宏大。冰雪的特征也表现在覆盖面大,积雪厚,积雪期长。

● 独特的地理区位。中国的最北点。

● 纯净的自然环境。大兴安岭地区森林覆盖率达75.16%,占全国林木蓄积量的7.8%。大兴安岭工业性的污染程度非常低,水体、空气等环境因素非常接近自然本态。

● 丰富的自然降雪。降雪量大,降雪期长。使本地区的积雪日可达160天,是我国积雪日最长的地区。在冰雪旅游项目上,大兴安岭可以与哈尔滨等著名景区打时间差战术,在每年11月前,2月后争夺冰雪旅游者。

● 特殊的民族风情。传统的"一匹马、一杆枪"的鄂伦春族生活方式,尤其是他们判断野兽踪迹的准确力惊人,是我国典型的狩猎民族。尽管现在大多鄂伦春族人已经定居,但是还有一定数量的传统猎户。

2. 劣势:交通滞后、远离客源地

● 落后的内外交通。大兴安岭地区有直达北京等地的列车,但总体而言,对外交通的数量和质量都不符合旅游业发展的要求,尤其是没有航空交通。内部交通也差强人意。虽然现有公路里程14 885公里,但是对于相当于一个浙江省的行政区域而言显然是不够的。内部交通的路面质量明显不符合地区经济发展的要求,也不符合发展旅游业的要求。

● 薄弱的区域经济基础。可采资源危机、经济危困的"两危"问题,天然林保护工程的实施使地区的"木头经济"损失严重。由此而导致的森林工人下岗,下游企业停产、破产,固定资产闲置等问题将严重影响区域经济的发展能力。在"独木支撑"的林业经济中,旅游业的发展需要地区高层给予更多关注和更多重视。

- 离长江三角洲地区、珠江三角洲地区、京津地区等国内旅游主要客源地距离较远。

3. 机遇:生态旅游成为时尚;天保工程和西部大开发提供契机

21世纪生态旅游将成为重要的旅游潮流,大兴安岭所具有的未经过度开发的森林风光、河流、界江等生态旅游资源潜力将会得到充分体现。在可预测的时期内,生态旅游将成为获得自然经历的有效方式,出游人数将大大增加。高山探险旅游、深谷旅游、偏远地区旅游、会议/奖励旅游、教育/科研旅游、体育活动等将成为旅游热点。

我国已经成功地发展成为文化观光的旅游目的地,下一步将致力于推动度假、滑雪、医疗/疗养以及生态旅游等旅游产品开发。为此,国家旅游局将主要在西南和东北建设一批具有国际水准的生态旅游区,在国内增设国家旅游度假区,构建新的旅游经济增长点。

国家新出台的节假日制度以及其他一些关于加快旅游业发展政策,将进一步刺激国内旅游的发展。铁道部实施的列车提速、朝发夕至等交通便民措施,将使中短途旅游更为方便。漠河国家级口岸的建设开发将带动边境旅游进一步发展。

大兴安岭地区实施天然林保护工程后,必然面临产业结构的调整,将为本地旅游发展带来新机遇。旅游业将是林产工业萎缩后,林业经济向林区经济转变的理想替代产业。黑河—大兴安岭旅游区是省旅游局"十五"规划期间重点构建的旅游集合圈,为此也将得到上级更多的支持。

鉴于大兴安岭地区的实际情况,应该积极争取进入中央政府西部大开发大名单(并极有可能被列入名单),以获得中央政府制定的西部大开发的相关政策和资金方面的支持,这对大兴安岭地区国民经济、尤其是旅游产业交通瓶颈的解决将起到举足轻重的作用。

4. 威胁:长春—哈尔滨一带冰雪森林旅游目的地的截留

威胁主要来自于其他类似旅游地的竞争。环哈尔滨地区开发的冰雪旅游产品对大兴安岭地区构成巨大威胁。这些地区借区位优势具有强大的客源截留能力。目前东北及黑龙江省各地开发旅游已成热点,大兴安岭周边已建立和完善了亚布力、镜泊湖、五大连池等旅游度假区,开发了太阳岛、东北虎林园、桃山、玉泉山、连环湖、扎龙、兴凯湖等100多个景区(点),推出哈尔滨冰雪节、中国黑龙江国际滑雪节、牡丹江镜泊湖金秋节、齐齐哈尔观鹤节、伊春小兴安岭森林节等旅游节庆活动,上述观光、度假及节庆产品已经在国内形成一定规模和较高市场知名度。此外,吉林省也开发了相当多的冰雪、森林旅游产品,它们将是大兴安岭强有力的竞争对手。

(六)旅游市场分析及预测

1. 旅游市场的简要分析

(1)旅游市场基本情况分析

① 接待总量。每年的接待量基数极低,增长幅度大。

② 客源地分布。国内旅游者是绝对的市场主体,其中,来自黑龙江省和东北地区其他城市的旅游者数量约占50%,其余旅游者中以沿海发达地区旅游者居多,中西部地区旅游者数量极少。

境外旅游者只占所有旅游者中不到2%的份额,主要来自中国香港、中国台湾及东南亚、日本、韩国,欧美客人数量较少。

绝大部分旅游者在进入本区之前曾经到过黑龙江省的其他旅游区,大部分是从哈尔滨或齐齐哈尔中转而来。

③ 旅游动机。国内旅游者中绝大部分是商务、公务旅游者或探亲访友旅游者,专门的观光旅游者不超过10%,以南方经济发达地区的客源居多。境外旅游者以考察或合作项目为主,专门到大兴安岭进行观光旅游的客人较少。

④ 出游方式。目前通过旅行社组织的团队旅游者或零散旅游者的数量较少,绝大部分旅游者的出游活动没有通过旅行社,已出现旅行社由于客源不足而终止营业的情况。

⑤ 淡旺季分布。本区5—10月客源量较大,其中6—9月为旅游旺季。

⑥ 旅游者停留时间。旅游景点的停留时间普遍较短;在旅游目的地的停留时间也普遍较短,平均2天左右。

⑦ 边贸旅游发展情况。本区的中俄边贸旅游虽逐年发展,但未成规模。

(2)旅游市场目前存在的主要问题

在旅游市场上的主要问题包括:

- 缺乏一个特点鲜明、有吸引力的旅游地整体形象;
- 市场仅仅处于初级起步阶段,无法吸引较大规模的旅游者;

- 在国内外旅游市场知名度都较低;
- 没有进行过系统的促销活动和针对目标市场进行开发。

2. 客源市场预测

(1)国内外旅游业发展趋势及旅游者需求变化分析

① 世界旅游业正处于稳定发展期。目前世界范围内国际旅游者增长最快的地区是东亚和太平洋地区,1985年到1999年间该地区份额由9.5%增加到14.6%,年均增长速度达8.43%,中国正好位于这一地区,这意味着按照目前的发展势头,中国将从这一迅速增长的市场中获益,并将带动国内旅游地,特别是一些产品替代性强的新兴旅游目的地的发展。类似于大兴安岭这样的新兴旅游地将会得到良好的发展机会。

② 国内旅游持续迅速发展。从20世纪80年代中期开始,我国国内旅游业开始活跃起来,到90年代,在国家政策的鼓励下得到了迅速的发展,目前呈现出数量持续稳定增长、收入大幅提高的发展态势,已经成为城乡居民新兴的消费领域和扩大内需的重要力量。到2000年,我国国内旅游人数达到了7.44亿人次,已形成世界上人数最多的国内旅游市场。从1999年起,国家增加法定假日,加上对两个双休日的灵活调整,形成了国内旅游的"黄金周",极大地激发了国内居民的旅游热情,推动了旅游业及相关行业的发展。从长远看,假日旅游将刺激国内旅游的继续增长,促进旅游产品的多元化发展和产品结构调整,森林旅游和度假旅游产品等大兴安岭未来的重点开发产品将会得到深入开发及完善。

③ 大兴安岭未来的国际客源目标市场发展迅速。2000年,在我国所有的入境旅游客源国中,位于东北亚的日本和韩国占据了第一和第二的位置,分别向中国输送了186万和99万人次的旅游者。从国际区域旅游市场的现状和发展趋势来看,东北亚和东南亚是亚洲最大的出境旅游市场,随着日、韩经济的恢复,预计该区域各种方式的旅游活动在2001年到2005年之间将会有明显增长。例如,据预测,2005年日本的出境旅游者将会达2 500万人次;2020年将达1.415亿人次,成为仅次于德国的第二大出境市场;东南亚国家市场如新加坡、马来西亚、菲律宾等也一直稳定增长。周边国家旅游市场不断上升的发展趋势为中国入境旅游的发展创造了良好条件。东北亚的日本和韩国在地理距离上和黑龙江(大兴安岭)较近,而东南亚国家在自然环境方面同黑龙江(大兴安岭)有较大的差异性,是本区接待这些地区旅游者的重要基础。

④ 生态旅游在全球范围内的兴起。目前,生态旅游已经成为发达国家旅游市场中一个方兴未艾的重要产品。在我国对生态旅游的需求同样很大,城市生活的局限增加了国人对自然的向往,对生态的强烈需求。在生态旅游的过程中,观光旅游、度假旅游、疗养旅游、探险旅游都可以作为重要的产品类型包容进去,这些产品类型都将是大兴安岭旅游业发展的重点。开发生态旅游产品的一个重要优点是不受季节限制,一年四季都可以开展相对应的生态旅游项目。森林旅游是大众化生态旅游产品的重要组成部分,目前国际上大部分生态旅游产品都以森林旅游的形式出现。

⑤ 国内旅游类型将出现转变。国内旅游市场即将出现的重大转变,给大兴安岭未来旅游业的发展带来了良好机遇。假如我国目前的假期进一步延长,经济的持续发展,居民旅游消费观念的转变,将会促成旅游需求发生重要变化,度假将会成为家庭的生活要素,度假市场将会真正发展起来(而非目前短途的城市郊区的周末度假),长途、多天(7~14天)的度假模式将会在中国逐渐发展起来。大兴安岭拥有适合开展森林度假及滑雪度假的良好资源条件,发展潜力巨大。

(2) 对本区旅游接待的预测

根据以下依据和方法,规划组对大兴安岭地区 2005 年、2010 年和 2015 年的旅游接待基本数据进行了预测。

① 按照国外和我国其他地区旅游业发展的经验,在基数较小的情况下,可实现旅游人数和旅游收入较高年增长;随着规模的扩大,虽可实现较高的年绝对增加值,但年增长率会趋于降低。

② 在旅游业发展初期,各种旅游业发展条件还不成熟,预计客源的增长速度会较低。到了中期,由于交通条件得到改善,进出大兴安岭较为方便;基本形成了食、住、行、游、购、娱的综合旅游接待运行体系;旅游线路开发初见成效,形成一批在国内旅游市场较有影响的精品线路;大兴安岭旅游品牌经过初期的宣传培育得到建立,具有较高的知名度。因此,可以在较短时期内迅速扩大旅游产业的规模,旅游人数和旅游收入呈现跳跃式增长。

③ 根据黑龙江省旅游业发展"十五"计划和 2015 年、2020 年远景目标纲要的预测,黑龙江省内旅游市场旅游人数和旅游收入可以年均 10% ~ 15% 的速度递增,到 2005 年可达到 3 500 万 ~ 4 000 万人次,只要有 1% 或 2% 的游客能将行程延伸到大兴安岭地区,都将会使该地区旅游接待出现量的飞跃。

④ 根据1998年和1999年国内旅游抽样调查资料,每次出游的人均花费分别为697.3元和614.8元,其中约30%用于城市间交通费,可以预测到大兴安岭的每个游客平均花费约为400元。

⑤ 根据国内旅游收入的统计情况,我国国内游客的人均花费每年大约增长10%左右,因此,在预测中,同接待人数相应的收入增长幅度会大一些。

⑥ 根据大兴安岭地区2000年旅游接待的基数(旅游人数为3.2万人次、旅游收入为1 267万元),规划组最终得出表4-9作为规划期旅游收入及人数的预测值。

表4-9 规划组预测的旅游接待人数和收入指标

年份 指标	2005	2010	2015
旅游人数(万人次)	14	80	150
增长速度(%)	34.3	41.7	13.4
旅游收入(亿元)	0.74	5.15	15.56
增长速度(%)	42.3	47.4	24.7
大兴安岭地区国内生产总值(亿元)	63.25	88.64	124.28
占地区国内生产总值的比重(%)	1.17	5.81	12.52

注:旅游收入为国际旅游收入和国内旅游收入的加总,其中,国际旅游收入约占10%。

大兴安岭地区的国内生产总值数字系根据地区计委《大兴安岭地区国民经济和社会发展"十五"计划纲要(讨论稿)》中的相关数字计算。

(七)投入产出分析

1. 旅游投资项目

根据规划组对大兴安岭地区旅游产品、设施的设计,为提高规划实施中的可操作性,对该地区内的重点旅游投资项目列表4-10如下。

表4-10 旅游基础设施投资项目

序号	项目名称	建设规模	起止时间	总投资(万元)
1	塔河至漠河	57公里二级白色路面	2001—2005年	14 250
2	西林吉镇至漠河乡	87公里三级白色路面		17 400
3	漠河铁路客运站	二级客站标准		105
4	加格达奇至哈尔滨	森林消防机场		待定
5	加格达奇至漠河	森林消防机场		待定
五年累计			近期	31 755
6	漠河长途客车站	中小型	2006—2010年	500
7	加格达奇至塔河	259公里二级白色路面		64 750
8	塔河至呼玛	140公里三级白色路面		28 000
9	林海至呼中	106公里三级白色路面		21 200
10	兴安镇至洛古河	200公里三级白色路面		40 000
11	白银纳至三合站	18公里三级白色路面		3 600
12	呼中至呼源	205公里三级白色路面		41 000
五年累计			中期	199 050
13	加格达奇至卧都河大桥	137公里二级白色路面	2011—2015年	34 250
14	加格达奇机场	4C级		10 000
15	漠河机场	3C级中小型		8 000
五年累计				52 250
合计				283 055

表 4-11 大兴安岭地区重点旅游建设项目表

(单位:万元)

序号	项目名称	建设规模及内容	建设地点	2001—2015 年分阶段投资		
				近期	中期	远期
漠河旅游区						
一、北极村原始风貌复原项目						
1	景区大门	大门、停车场及村内旅游交通工具	北极村	55		
2	村内道路	原木护栏及沙石路面	北极村	45		
3	北极村改造	民居改造、建筑物拆迁等	北极村	2 500	1 500	
4	北极第一家	半径200平方米的保护区及花草栽种	北极村	25		
5	乡政府办公区改造	包括北极村标志碑、古水井等	北极村	160		
6	其他设施	餐馆、纪念品商店、邮局改造等	北极村	200		
二、"七星"广场改扩建项目						
7	"七星"广场	0.5公顷广场及北极标志物的重建	北极村	180		
8	滨江大堤	从"最北第一家"至"北陲第一哨"	北极村	1 200		
9	野生罂粟园	野生植物园、寒温带特色花卉园圃	北极村	60		
三、中国北极文化苑建设项目						
10	北极天象馆	气象站、天文观测站、极地天文图像展厅等		300		
11	中俄风情苑	中国东北少数民族风情园、俄罗斯风情园等			300	
12	元宝山森林游	森林迷宫、森林采摘、森林浴、蹦极等		1 200		
13	元宝山滑雪场	占地900公顷			300	
14	狩猎场				200	
15	十里长湖水上乐园	水上娱乐、冬季冰上活动		75		

续表

序号	项目名称	建设规模及内容	建设地点	2001—2015 年分阶段投资		
				近期	中期	远期
16	国家森林公园	森林康复中心(包括气功养生、药浴等)			900	
四、其他建设项目						
17	北极村至洛古河观光游	中小型游艇、码头、皮划艇等	北极村	200		
18	北极村至古城岛观光游	中小型游艇、码头			200	
19	采金博物馆	博物馆及旅游纪念品商店	胭脂沟	80		
20	中俄边境史陈列馆、雅克萨之战纪念碑		兴安镇		70	
21	兴安口岸永久性码头	1 000 立方米	兴安镇		900	
22	"五·六"火灾教育馆	改扩建及增添音像展示设备	西林吉	150		
23	城镇建设	主要街区、建筑物外装修、街头雕塑小品等	西林吉	700		
五、旅游接待设施建设项目						
24	豪华空调中巴、大巴		西林吉	500		
25	游乐场	游泳、桑拿、按摩、游艺、康乐等	西林吉	1 800		
26	二星级饭店	250 张床位	北极村	2 500		
27	三星级饭店	300 张床位	西林吉	5 250		
28	三星级饭店	250 张床位	北极村		4 375	
29	四星级饭店	300 张床位	西林吉		9 000	
30	二星级饭店	600 张床位	洛古河			6 000
31	三星级饭店	600 张床位	兴安镇			10 700

续表

序号	项目名称	建设规模及内容	建设地点	2001—2015 年分阶段投资		
				近期	中期	远期
32	合计			17 180	17 745	16 700
呼玛旅游区						
1	鄂伦春度假村	民族风情园、撮罗子度假乐园区、民族体育竞技场等	白银纳乡呼玛河畔	350	350	
2	民族博物馆	改建	白银纳乡	300		
3	民族狩猎场	包括文化区和狩猎区等	白银纳			300
4	画山仙境游览区	游船、龙舟、划艇、码头等	金山乡	400		
5	瑶池仙景度假乐园	森林小木屋、凉亭、游乐场、野生花苑、柳园等	金山乡		150	
6	呼玛河漂流	森林小木屋、钓鱼台、凉亭、划艇、码头等	呼玛河大桥度假村	200		
	游艇	中小型		500	840	
6	二星级饭店	250 张床位	呼玛	2 500		
7	三星级饭店	250 张床位	呼玛		4 375	
	合计			4 250	5 715	300
呼中旅游区						
1	原始森林科普馆	3 000 平方米	呼中保护区	200		
2	野生动物观测站		呼中保护区	600	200	
3	野营度假区	小木屋、凉亭、钓鱼台等	呼中保护区		120	
4	别墅式度假区	400 床位,五星级	呼中保护区			20 000
5	蘑菇山石林景区	管理站、景区大门、停车场等		50		
6	二星级饭店	250 张床位	呼中	2 000		
7	三星级饭店	300 张床位	呼中		5 250	

续表

序号	项目名称	建设规模及内容	建设地点	2001—2015年分阶段投资		
				近期	中期	远期
	合计			2 850	5 570	20 000
加格达奇						
1	会展中心（四星级标准）	包括住宿、会议、绿色及土特产品展示、标本馆等设施	加格达奇	7 000	3 400	
2	古里绿色度假区	人工纪念树栽植、特色野味、动物养殖基地、野生动物园等	古里林场	450		300
3	北山公园	博物馆、雕塑园等	加格达奇	400		
4	南翁河森林湿地自然保护区	野营度假、科普教育、观鸟、漂流等	松岭区	4 200	800	
5	旅游汽车公司	中高档车辆及停车场等设施	加格达奇	800		
6	火车站改造		加格达奇	600		
7	三星级饭店	300张床位(2家)	加格达奇	5 250		
8	五星级饭店	300张床位	加格达奇		15 000	
	合计			18 700	19 200	300
	四大功能区总计			42 980	48 230	37 300

2. 经济社会影响分析

(1) 投入产出分析

投入产出分析采用收益/成本比率测算方法。即按照旅游规划收入减去没有规划情况下旅游收入的差额与规划投入的费用相比较的方法。其中,规划收入详见本规划中前面的内容,没有规划的旅游收入按年均增长7%(当地国民生产总值的增长速度)来测算。规划投入的项目及费用详见本篇表4-11,市场促销费用近期按年均100万元计算,中期按年均200万元计算,远期按年均300万元计算。

表4-12 大兴安岭地区2001—2015年旅游净收入表

年份	规划收入(万元)	自然增长收入(万元)	旅游净收入(万元)
2001	1 805	1 355.69	
2002	2 568	1 450.59	
2003	3 654	1 552.13	
2004	5 200	1 660.78	
2005	7 400	1 777.03	
五年累计	20 627	7 796.22	128 30.78
2006	10 909	1 901.43	
2007	16 081	2 034.53	
2008	23 703	2 176.94	
2009	34 939	2 329.33	
2010	51 500	2 492.38	
五年累计	137 132	10 934.61	126 197.39
2011	64 349	2 666.85	
2012	80 244	2 853.53	
2013	100 064	3 053.27	
2014	124 779	3 267	
2015	155 600	3 495.69	
五年累计	525 036	15 336.34	509 699.66

表 4-13 大兴安岭地区旅游业 2001—2015 年收益/成本比率测算表

	总计	2001—2005 年	2006—2010 年	2011—2015 年
预计净收入(万元)	648 727.83	12 830.78	126 197.39	509 699.66
新增成本(万元)	132 410	43 480	50 130	38 800
其中:景点住宿设施等	111 410	42 980	49 130	37 300
市场促销	3 000	500	1 000	1 500
收益/成本比率(%)	4.9	0.30	2.57	13.14

由以上数据我们可以得出以下结论:

在规划期内旅游投入与产出之比平均为 4.83。其中:

①由于规划的前五年为产业投入期,所以这一阶段产出仅相当于实际投入的 30%。

②随着时间的推移,产业规模的扩大,投入与产出的比例发生了根本性变化。即在规划中期,由规划所带来的增量收入相当于在此期间实际投入的 2.57 倍。

③到规划末期,前期的投入发挥出更大的产出效应(投入产出比为 13.14),大兴安岭地区旅游业已完全步入持续、健康、稳定的发展道路。

(2)净现金效益量分析

净现金效益量分析采用规划期内的旅游净现金收入扣除经营费用、固定资产折旧、所得税等项后,计算出规划期内的税后净利润,并以此测算投资回收期、投资利润率、投资利税率等主要经济效益指标。其中,经营费用按现金收入的 50% 计算,固定资产形成率按投资总额的 95% 计,以 20 年为折旧期限,期末残值设定为 5%,所得税率为 33%。

表 4-14 大兴安岭地区旅游业 2001—2015 年净现金效益量表

(单位:万元)

项目	2001—2005 年	2006—2010 年	2011—2015 年	合计
净现金收入	12 830.78	126 197.39	509 699.66	648 727.83
经营费用	6 415.39	63 098.70	254 849.83	324 363.92

续表

项目	2001—2005 年	2006—2010 年	2011—2015 年	合计
折旧	9 670.5	21 174.75	29 567.25	60 412.5
税前利润	−3 255.11	41 923.94	225 282.58	263 951.41
所得税	0	13 834.90	74 343.25	88 178.55
税后净利	0	28 089.04	150 939.33	179 028.37

由以上数据我们可以测算出以下经济效益指标(规划期内):
① 静态投资回收期约为 13 年。
② 年平均投资利润率为 10%。
③ 年平均投资利税率为 15%(未包括营业税)。

(3) 敏感度分析

由于市场受多种变量因素的影响,从而在不同程度上加大了对未来预测的难度和投资的风险程度,为了进一步提高投资决策的科学性,现对上述投资方案进行敏感度分析。

表 4−15　旅游投资敏感度分析

自然状态	自然状态概率	投资方案年效益(万元)	期望效益(万元)
(1)	(2)	(3)	(2)×(3)=(4)
形势看好	0.7	16 709	11 255
形势转差	0.3	11 338	3 401
	1.0		14 656
形势看好	0.6	15 515	10 860
形势转差	0.4	10 741	3 222
	1.0		14 082
形势看好	0.5	14 322	8 593
形势转差	0.5	10 741	3 222
	1.0		11 815

(4) 社会环境影响分析

大兴安岭地区旅游产业的发展对当地经济社会的影响是全方位、长期性的。除产业投资所带来当地经济的发展外，其社会环境影响还具体体现在：

① 形象的提升、交通状况的改善。通过旅游带动当地其他产业的发展，促进了地方形象的提升，改善了地方交通状况。

② 就业人数的增加。地区旅游产业的发展，不仅会直接产生新的工作岗位和就业机会，而且使地区实施"天保工程"的转产分流人员真正实现"安居乐业"。根据旅游业发展的一般规律，由旅游直接就业促成的间接就业人数的比例通常为1:5，最高可达1:20。据此估算，2005年、2010年、2015年大兴安岭地区旅游直接就业人员将分别为567人次、3 946人次、11 923人次，间接就业人员最高将分别达11 340人次、78 920人次、238 460人次，旅游产业综合效益将充分显现。

③ 历史文化的保护。我国许多地区发展旅游业的实践证明，旅游业的良性发展不仅不会造成（人文）环境的破坏，相反，还会在更大范围、更高层次上实现对地方民俗和文化的保护与利用。规划中对鄂伦春族民族文化资源的开发和利用，便集中体现出这一点。值得一提的是，大兴安岭人粗犷、豪放和坚毅的性格同样会作为一种独特的区域文化而得到发展。

④ 环境的综合整治与保护。大兴安岭地区拥有大森林、大冰雪、大界江等高品位的资源及得天独厚的区位优势，地区旅游业的发展不仅是简单地适应世界旅游业发展的一般规律和一般趋势，它还向人们传送着环保和生态的理念，并通过资源开发和游人参与实现森林旅游、生态旅游、康体旅游。大兴安岭地区广袤的土地和一望无际的森林本身就是生态的体现。

三、项目核心思路

（一）总体发展战略

1. 产业定位：从先导产业到支柱产业

1996年黑龙江省委省政府明确指出，黑龙江发展旅游业要搞好特色旅游资源开发。并且将旅游业定位为第三产业的重点产业及对外开放的先导产业。《黑龙江省国民经济和社会发展计划和2010年远景目标纲要》中也明确指出："重点搞好冬季冰雪旅游、夏季风光避暑旅游、森林狩猎旅游和跨国商务旅游的开发建设。办好亚布力、镜泊湖、五大连池3个旅游度假区。逐步将黑龙江建成以冬季冰雪旅游和夏季避暑旅游为主题,包括各种特种旅游的多功能,多品种,具有现代国际水准的特色旅游地区。"同时,省委省政府决定"把旅游业作为全省支柱产业和新兴的经济增长点来发展。"

《大兴安岭地区国民经济和社会发展"十五"计划纲要》中把旅游业定位为对外开放的先导产业。2000年全区经济工作会议上大兴安岭地区行署又强调要发展特色旅游,决定迅速确定旅游业的支柱产业地位,将旅游业作为全区产业结构调整的重点,列为"十二大支柱产业"之一。将旅游业作为大兴安岭地区经济的支柱是实施"天保工程"的必然结果;"天保工程"的实施将进一步优化生态环境,为旅游业的发展奠定坚实的资源基础。

从实践层面看,目前旅游业的基础还比较薄弱,要使旅游业成为大兴安岭的支柱产业,大兴安岭的旅游发展必须走超常发展的道路,必须走从精品导入,迅速扩大规模的道路。由于旅游产业是一个关联性很强的产业,通过发展旅游业可以先期带动许多其他产业的发展("旅游搭台,经贸唱戏");大兴安岭地区的旅游业现有的基础较为薄弱,而旅游是社会经济发展水平提升后人们的必然选择,更加之大兴安岭的旅游资源符合旅游崇尚自然、倡导生态的趋势,因此,大兴安岭的旅游业必将以快于其他产业的速度发展,在较短时间内成为地区国民经济新的增长点;再经过5年左右时间的发展,夯实了基础以后,旅游产业无论是接待人数还是旅游收入都将在地区国民经济中取得举足轻重的地位,真正成为支柱产业。由此看来,大兴安岭地区旅游产业肯定要经历从对外开放的先导产业、新经济增长点,继而到地区国民经济的支柱产业的过程。

近期(2001—2005年):从先导产业到新经济增长点,到2005年,接待旅游人数达14万,旅游收入达0.74亿元,占国内生产总值的1.17%。

中期(2006—2010年):从新经济增长点到支柱产业,到2010年,接待旅游人数达80万,旅游收入达5.15亿元,占国内生产总值的5.81%。

远期(2010—2015年):旅游业进一步发展壮大,成为大兴安岭的前三大支柱产业之一。到2015年,接待旅游人数达150万人次,旅游收入达15.56亿元,占国内生产总值的12.52%。

2. 地域分工:中国的北极、黑龙江的源头

要塑造"大北极"概念,用"神州北极"这一品牌带动整个大兴安岭地区的旅游业发展。漠河作为中国的北极是全国独一无二的,具有无可替代的地位。要在"极"上做文章,挖掘中国北极(53°33′)、中国寒极(极端温度零下59.6℃)、

极光、极昼、极夜、中国最北的口岸(漠河口岸)、最北的哨所(中华北陲第一哨)。北极光节要发展成为黑龙江省的旅游节日,并且把北极观光游建设成为黑龙江省的拳头产品。

虽然大兴安岭面对区位交通约束和强大的竞争压力,但在省内的定位上有两点是无可争议的:洛古河是黑龙江的源头;呼玛境内的鸥浦至三卡是黑龙江风景最优美的河段。界江和口岸具有一定的优势。洛古河要整合到"神州北极"品牌中来发展,而呼玛界江游的发展关键是开发沿江景点,延长游客停留时间,增强自组团的能力,提高旅游收入。

结合黑龙江省发展边贸游的大形势,加快完善兴安口岸,大力发展边贸游。应该以北极为中心发展北极—界江—俄罗斯游,完善漠河—加林达—斯科沃罗季诺—腾达以及漠河—涅留恩格里旅游线路。

3. *旅游地功能类型:观光度假的目的地、边贸旅游的中转站、黑河旅游的延伸点*

旅游业的进一步发展需要大兴安岭发展成为目的地型旅游地为主,中转型和延伸型旅游地为辅的旅游地。

偏远的地理位置与丰富资源禀赋决定了大兴安岭应该发展成为目的地型旅游地。呼中和漠河是大兴安岭地区资源赋存最优的地区,适合开发度假旅游产品和以度假地为中心的短途观光产品。两地有可以满足夏冬两季旅游需求的资源。要加紧开展冬季冰雪项目的考察论证工作,将呼中国家自然保护区建设成为国家级旅游度假区。

中转型旅游地的定位主要是针对口岸地区发展边贸旅游的需要而定的。以口岸为依托的边贸旅游的开展将受交通改善程度的制约。要将改善至口岸的小交通置于一个重要位置。随着边境旅游的进一步搞活、免签制度的推广,甚至诸如第三地参团免签等措施的实行,口岸的发展前景将会更好。

从近期看,呼玛是黑河旅游的延伸。呼玛作为延伸型旅游地的定位需要维持一段时间。"借势发展"是呼玛近期的战略选择,但是需要呼玛加强景区(点)的建设和管理,以便真正"借势"而有所"发展",将到黑河旅游的游客吸引到呼玛。

4. *战略布局:以加格达奇为客流集散与服务中心,以北极村为龙头,重点开发"一极一区一江",包装北极观光、界江巡游、民族风情、冰雪运动、森林旅游、边贸旅游*

加格达奇作为大兴安岭地区的首府,主要起客流集散作用,重点发展交通、住宿及短线观光、周末度假旅游产品。保证客人"进得来,散得开,出得去"。

北极村作为龙头的关键,是要用"神州北极"这一品牌带动界江风光游及呼中科考避暑度假旅游。北极村要构建"T"字形大构架,村南村北形成两种景观:村北要保持雪橇、木刻楞等以白、绿、黑、灰为主色调的原汁原味的边陲乡村特色;村南采取商业化程度较高的建筑方式与风格。村北是吸引中心、观光中心,而村南是利润中心、娱乐中心;村外要大力发展大型群体性娱乐活动场所。

旅游景点开发重点抓好"一极一区一江",包装六大旅游产品。一极一区一江是指:神州北极、呼中自然保护区、中俄界江。六大旅游产品是指:

- 北极观光:包括以北极为主题的观光及节庆活动。
- 界江巡游:包括从黑龙江源头的洛古河到北极村的漂流,以及从鸥浦到三卡的呼玛段巡游。
- 民族风情:包括鄂伦春族、鄂温克族、达斡尔族等少数民族风土人情特种旅游。
- 冰雪运动:滑雪、溜冰、冰上捕鱼等。
- 森林旅游:呼中保护区的森林科考、观光度假以及大兴安岭"五·六"特大森林火灾警示教育等活动。
- 边贸旅游:依托国家级口岸,加大组团力度,发展边贸旅游。

5. **发展的指导方针**:政府主导、适度超前、交通先行、精品导入、规模跟进、可持续发展

(1) 政府主导

政府主导型发展战略是旅游发展后进地区实施赶超的重要保证,也是我国旅游业"九五"期间的经验总结。政府主导战略的实施首先需要政府决策部门转变观念。首先是要转变对发展旅游业作用的认识。发展旅游业对地方国民经济具有广泛的带动作用,可以增加地方财政收入,但后进地区政府首先要看到发展旅游业对地区人民收入、就业等的作用。在这些地区往往要经历从"富民"到"富地方"的演进过程。

其次是要转变对政府主导范围的认识。政府主导不是要回到计划经济时代,不是政府主投、也不是政府主干。政府需要做的是协调各个部门之间关系,进行引导性的投资,制定引导性的政策,加强整体形象的推广,通过旅游规划、旅游法规等的制定,约束、规范旅游开发建设和旅游市场竞争等行为。政府主导型战略实际上是指政府主导、市场操作、企业运作、社会参与的战略。

要完成资源优势向经济优势的转变必须有资本的支持。大兴安岭发展旅游业必须坚持多渠道融资战略，坚持"谁投资、谁开发、谁受益"的原则，坚持"资金筹集、资金使用、资金收益"捆绑式的投资机制，最大限度地筹集各种资金，用资本启动开发、带动市场、推动规模，从而达到以资本促开发、开放，以开发、开放全面带动经济社会的发展。要积极探讨通过资本市场来筹集旅游发展所需要的资金。密切注意资本市场上的各类资源。努力争取获得国家旅游局的旅游国债资金，以及其他国内外各种可能的资金投入。

（2）适度超前

超前发展意味着要政策倾斜。大兴安岭地区的政府部门应该考虑从五个方面支持旅游业的发展：一是在思想观念、发展思路和管理方式上，从过去的事业型向产业型转变，真正把旅游业作为一个产业而非当做是接待事业来发展；二是坚持适度超前，增加投入，对旅游业实行倾斜政策；三是支持旅游业配套设施建设；四是对外资旅游项目放宽限制；五是支持旅游教育的发展。

在财税投资方面的支持政策。一是在安置待业人员，重点旅游企业利用贷款，旅行社利税返还，旅游资源开发经营奖励等各方面给予优惠。二是增加旅游事业开发资金的投入，用于旅游宣传、旅游从业人员培训，建立旅游企业周转金。三是为旅游业提供信息和财务服务，争取省地税局对旅游业税收方面的支持。四是就主干公路辐射的旅游路建设，争取省交通厅进行投资补贴。

（3）交通先行

交通是大兴安岭旅游发展最致命的弱点。主要表现在：

- 与主要客源地的直达铁路交通及航空交通几乎是空白。
- 内部公路网络欠发达，路面质量差。

而目前大兴安岭的旅游业要成为支柱产业必须发展大众旅游，追求规模效益。要使客流成规模，交通是根本保证。交通瓶颈不突破，旅游业成为支柱产业根本没有希望。要保证使旅游业成为大兴安岭的支柱产业这一目标，必须要做到以下几点：

- 围绕加格达奇、北极村、呼玛界江、呼中保护区建立强大的内部旅游公路交通网络。
- 增加加格达奇、漠河到重大城市的直达列车。
- 在加格达奇建民航机场，利用现有林业机场发展区内小型客机民航运输。

(4) 精品导入、规模跟进

包装神州北极游和呼玛界江游两条精品旅游线路，跻身黑龙江省的精品线路，进一步成为国线。

精品创声誉，规模出效益。大兴安岭旅游要以"北极观光"作为精品导入市场，在国内市场上创立声誉。在此基础上推进旅游规模的发展。没有规模难以产生效益，出效益的关键是从官商旅游向平民旅游发展，大力建设群众性观光旅游项目。

漠河北极村观光、呼玛界江观光等已有一定的发展基础，比较容易在近期做出规模，形成市场影响；而从长远发展来看，国内度假将会在比较短的时间内形成潮流，并且可能从大城市周边向偏远地区的"真山、真水、真空气"的度假转移，呼中原始森林、清澈幽雅的呼玛河恰好可以满足这种市场需求；作为大兴安岭发展旅游具有独特竞争力的北极光/白昼天象、鄂伦春族狩猎、龙江源头、呼中科考、大白山探险等特色旅游资源，可以发展特种旅游。

(5) 可持续发展战略

大兴安岭是高度依赖自然生态和社会文化生态的旅游目的地。无论是呼中国家自然保护区，还是北极村乃至洛古河村；无论是"唯一未被污染的大江"，还是鄂伦春族的狩猎民俗文化，都需要可持续发展战略。为此，需要坚持经济效益、社会效益和环境效益相统一的原则，需要做到：

- 先规划后开发。
- 开发主体、资源依托当地化。即：建筑风格当地化、建筑材料当地化、文化背景当地化、受益主体当地化。
- 加强环境监测和保护，强化承载力约束。
- 维持旅游市场正常秩序，规范市场竞争，保证产业的可持续发展。

6. 发展次序

首先重点发展交通、建设景点，然后发展配套设施；近期漠河北极，中期呼玛界江，远期呼中自然保护区。近期大兴安岭旅游发展的重中之重是改善交通与建设景点，提高大兴安岭地区的可进入性与可观赏性。然后是发展配套的娱乐、住宿、餐饮、购物等设施。

从现实状况和发展需要来看，近三五年大兴安岭旅游发展的重点是漠河，尤其是要将神州北极建设成为国家的精品旅游区（线路）。

呼玛是大兴安岭旅游中期发展的重点。其主要目标是界江游、鄂伦春族风情游,将其建设成为黑龙江的旅游热线。主要对策包括:开发沿江的旅游景点(画山);发展游船业务;扩大同黑河的合作,提高界江游的客流量;加快从呼玛到白银纳的陆路旅游线路的建设(开发民族风情旅游项目),使陆路与水路构成旅游环线。

呼中自然保护区作为未来发展的重点,其发展目标是建设成为国家级旅游度假区。

(二)可持续发展理念

1. 可持续发展的指导思想

(1)实施可持续发展

① 总体指导思想。依托大兴安岭本地资源,以环境、社会、经济效益为中心,以市场需求为导向,在充分发挥资源、生态、地缘优势,在保护生态的前提下,通过旅游体制、旅游环境及科技的创新,走出一条在保护中发展旅游业,在发展中保护环境的生态旅游发展之路。坚持生态保护与污染防治并重,突出重点领域和重点旅游区域,切实保障大兴安岭地区环境质量,全面促进社会、经济和环境的可持续发展。

② 基本原则。生态的可持续性指发展要与对基本生态进程、生物的多样性和生物资源的维护协调一致;社会和文化的可持续性指发展要提高人民对其生活的控制能力,这一能力的提高要与人们的文化和价值观相协调,并维护和增强社区的个性;经济的可持续性指发展能取得经济效益,资源能得到有效的管理,以便能造福子孙后代。

(2)地区政府应采取的对策

表 4-16 旅游可持续发展的政府对策

对策/措施	建议要点
调减木材产量,推进生态公益林的建设,加强森林资源的管护	划分商品林经营区和生态保护区(禁伐区和一般生态保护区),分别确定其经营管理体制和发展模式
	对一般生态保护区采取封、造、抚并举,乔、灌、草结合等多种措施,调整采伐方式,进行适度的择伐及抚育间伐
	强化和量化目标责任制,强化对森林消长变化动态的监测与评价工作

续表

对策/措施	建议要点
建立各级政府可持续发展的考核目标	环境质量考核纳入领导的负责制和年度执法检查,并作为领导工作的主要内容和任务,针对存在的问题进行适当调控
建立环保教育项目	通过各种媒介宣传有关旅游开发规划和旅游活动方面的内容
	广泛印制、分发旅游宣传册(单)
	组织旅游知识竞赛
	制定和实施公众旅游教育计划
建立景区景点环境卫生和安全保障体系	可采用小型分散的原则,分设不同规模的小型污水处理厂站,做到污水就地处理达标
	沿景区道路和主要景点要配合休憩点设立垃圾箱,鼓励游人把带进山用过的废弃物带到山下集中处理
	各保护区或景区的供热应采用集中供暖方式
	加强旅游景区景点如白银纳乡、古里林场以及城镇公厕的建设,并按中档标准进行建设,派专人负责整理打扫。通过兴建生化塘或氧化塘对粪便进行处理,或通过管道排放到封闭化粪池,并定期使用排污车排污
推行旅游建设项目环境影响评估合格制度和环境审计制度	建立健全严格、科学的评定旅游环境影响和环境质量的考核指标体系
	对新建旅游项目进行严格规范,从立项、开工、到竣工、经营都必须有环保部门监督检查
	制定土地利用控制规划,合理协调和处理各方面的关系,合理调整土地利用,限制和缩小违反景区特征的土地利用形式
实施经济调控	对企业用于防治污染或综合利用"三废"项目的资金,金融部门可予以优先贷款、低息贷款甚至贴息贷款;对环境治理不佳的企业予以高息贷款或不予贷款的决定
	在旅游资源的开发利用、旅游服务设施的建设中,可尝试推行保证金制度,凡是对环境可能造成影响的新建、扩建和改建项目,由环保部门按该项目总投资的一定比例收取保证金,待该项目竣工完成并验收合格后,保证金全部返还,而且给予表彰和奖励。否则,不返还保证金,并予一定的处罚

续表

对策/措施	建议要点
实施经济调控	在有关旅游活动项目中向游客推行类似保证金性质的押金,可在游客进入某类旅游景区前,要求每人预先交纳一定数额的押金,如果游客离开景区时能将废弃物带回,所付押金则如数退还
	逐步推行环境污染责任保险制度:由排污单位向当地保险公司交纳一定数量的环境污染和破坏的保险金。出现污染和破坏环境的情况,排污单位可向保险公司申请赔偿和污染治理金。责任保险金依据污染的种类、排污量大小、排污造成的损失程度等因素制定
	开展对排污许可证发放率、污染治理设施运行率、排污费征收率、三废综合利用率等指标的考核
强化行政监管	制定和公布环境污染限期治理名单
	对来自企业的各种污染进行总量控制,制定达标排放目标、规定排放量和超标源限期削减量
	积极支持致力于环保的企业及行为,包括改善空气和水的质量、再利用废物、消除噪声、使用有环保经验的员工等
	组织相关培训:对旅行社等旅游企业进行生态旅游和特种旅游的专业培训;选派旅游企业和旅游管理部门领导到国内外考察生态旅游的范例;邀请专家培训生态旅游或特种旅游培训者;建立本区生态旅游服务中心和培训中心

2. 可持续发展的区域分异

(1) 加格达奇与西林吉的城镇地区

① 环保工作指导思想。继续大力实施"绿色、蓝天、碧水、洁净、宁静"五项工程,突出城镇环境综合整治,打好治理城镇低空大气环境污染的战役,提高城镇环境质量。

② 环保对策。

表4-17 加格达奇与西林吉城镇环保措施

主要措施	实施要点
改变供暖系统,减少烟尘污染	进一步发展集中供热,特别是漠河县西林吉镇,以及北极村等重要旅游景区的供热工程的建立和发展
	积极兴建燃气化工程,提高重点城镇燃气普及率,改变能源结构,以煤气、天然气、沼气、电能和太阳能来代替燃煤
控制噪声,改善城市声音环境质量	控制机动车排气噪声,强制安装噪声频率低的汽车喇叭
	控制重点路段车流量,设立禁鸣标志,减少鸣笛次数
	进一步改善城镇道路的质量和数量,利用树林的散射和吸声作用,减轻交通噪声污染
绿化、美化环境	搞好城镇的绿色规划设计,做好绿化隔离带工作
	提高加格达奇区、漠河县西林吉镇、呼中县城等的公共绿化面积
	充分利用适合当地环境的植物如樟子松、偃松等,力求其绿色和花季较长,观赏性强
防止工业废水污染,加强水质监测	实施排放水污染的总量控制,制定并落实上述两大水系水质保护措施,提高饮用水水源地的水质达标率
	强化废水处理设施的运行管理,尤其要加强对全区采金废水的处理率
	对工业废水污染的防治要与节水和污水资源化相结合,实现达标排放

(2) 漠河旅游区

① 旅游环境治理目标。要求经过近中期的治理,各项环境指标在保持现有水平的基础上,能有新的升级。

② 环保对策与建议

表4-18　漠河主要景区环保措施

主要治理景区	环保对策	建议要点
北极村及洛古河等旅游景区	加强对景区环境容量与游客规模的检测和控制,科学把握旅游开发限度	要划分高密度开发区与低密度开发区。高密度区开发群众性旅游项目,创造规模效益;低密度开发区要重视环境承载力的约束
		采用季节性票价办法调节游客数量
		限制停车场、停车座位数或采用车辆发证的办法限制进入某区域的交通工具数量
		确定特定时间内允许进入旅游目的地的最多人数
	景区景点要积极采用现代科技手段,减少污染和提高处理垃圾的能力	采用物理或化学手段处理"三废",最大限度地使用太阳能、水能、风能和其他可以利用的能源,并不断提高能源效能
	规范旅游安全事故报告制度和处理程序	举办大型旅游活动,如北极光节时,应预先制定疏导旅游者和预防突发事件的应急方案,及时做好突发事件中游人的救治工作
胭脂沟为中心的淘金旅游区	加强水质监测和对污染源的监督管理	对主要污染源要分期分批治理,确定污染物控制总量
		重点治理采金业,控制采金废水排放量
		对额木尔河进行水质控制,防止水质下降,保持二级地面水标准
	环保部门应加强对该区水环境质量的评估、治理措施的效果评判和各项治理水污染措施的监督实施	凡发现有污染项目未治理或未达到环保标准的要限期治理、改造,逾期达不到规定要求的,必须坚决实行关、停、并、转
		强化治理水污染设施的安装、运行;环保目标的量化和具体落实;排污费的收取等

(3) 呼中旅游区

① 总体原则。严格保护,统一管理,合理开发,永续利用。

② 环保对策与建议

表4-19 呼中旅游区环保措施

主要措施	建议要点
分区分级建立不同层次的保护体系	根据每个保护区的对象、任务和保护等级,提出和制定相应的保护与管理条例、实施细则和实施措施与方案
实施生态旅游环保的教育与管理	要求生态旅游管理者重视生态旅游资源普查与科学评价;确立合理、科学的生态旅游发展规划和实施方案;传递有关生态旅游与生态旅游环保的信息;对生态旅游经营者实行生态旅游经营资质审查和认证
	要求生态旅游经营者对旅游者进行生态旅游环境教育,制定生态旅游服务规划;制作生态旅游科学解说系统;利用经济手段调节生态旅游者的流量与流向;宣传文明游客行为规范
	要求对生态旅游者进行生态旅游环保的教育和引导
	自然保护区应建立健全森防组织,完善护林防火防灾的监测、预警和消防体系,并做好保护区森林虫害、鼠害防治规划;建立和采纳科学实用的废污处理方法

(4) 呼玛旅游区

① 总体要求。制订有关本地区详细的社会文化保护计划,以便切实保护本地的社会文化遗产,鼓励当地鄂伦春民积极参与鄂伦春旅游景区的规划、建设和经营管理。

② 环保对策与建议

表4-20 呼玛旅游区环保措施

主要措施	建议要点
挖掘民族传统文化	对鄂伦春族的历史、音乐、舞蹈、风俗、传统服饰与手工艺制品,如桦树皮制品系列、饮食(如手把肉)、传统节目、传统狩猎生活方式,以及在野外搭的撮罗子窝铺等进行挖掘、保留、提炼和开发
	建立示范村、示范户,向游人展示鄂伦春民族的生活和习俗,包括萨满宗教、传统婚嫁节庆等活动

续表

主要措施	建议要点
尊重鄂伦春族的价值观、经济发展模式和传统的生活方式	在景区景点的布置、设施布局、企业设置等方面征求他们的意见,尽量从当地居民的角度出发,体现特色
	设计体现当地建筑风格的旅馆和其他旅游设施
	利用鄂伦春族文化资源,设计旅游产品和项目
对国家规定实行许可制度的旅游项目等实行严格的安全检查,并履行有关审批制度	制定《龙江小三峡、八十里湾黑龙江段界江游管理条例》(附实施细则)、《关于呼玛河漂流管理的若干规定》等
	制定《关于山野采摘采集活动有关条例的规定》,并严格按规定执行
制定专项措施,对狩猎旅游加以规范	限定狩猎方式
	划定狩猎的范围
	控制持证猎户数量
	限定狩猎的时间或季节
	控制可狩猎动物的范围,如种类、性别、生长年限

(三)旅游人力资源开发

1. 总体目标

培养和建立起一支门类齐全、从业人员知识层次结构合理、比例适当,具有较高素质、敬业爱岗、创新实干、业务能力强、服务水平高的旅游专业人才队伍;培养一支懂经营、会管理、善于开发市场,在市场竞争中求生存、求发展的企业领导干部队伍,以及适应市场、精通专业的业务骨干队伍。从长远发展看,要按照国际化要求,努力造就具备现代化旅游经营意识、外语水平高,有能力积极参与国际市场竞争的行业队伍。

2. 具体措施

(1)启动和实施旅游教育培训工程。通过制定旅游人才培养总体规划,对人才培训和管理进行分级分类,尽快建立起统一的培训计划、培训制度和考核体系。

（2）建立统一的岗位技术等级标准和职务职责规范。逐步实行从业人员具有本岗位要求的学历、岗位资格证书、技术等级证书、岗位培训合格证书等相结合的规范化上岗制度。

（3）建立健全旅游教育管理体制，积极开展多元化、多渠道、多层次、多规格、多形式、开放式的旅游教育培训模式，形成由政府、企业、社会和个人多层面共同参与的旅游教育培训管理体制，并逐步形成短期、中期和长期相结合，高级、中级和初级不同层次的旅游培训网络。

（4）制定吸引人才的配套政策和措施，不定期地大胆引进和聘请各种类型、各种层次的急需旅游专业人才，加强与地区内外旅游院校、旅游专家和旅游企业的人才交流，不断充实和优化人才队伍，形成引进人才的良好机制。

（5）结合旅游行业管理和发展的需要，建立有关旅游信息、咨询、旅游研究管理指导与服务机构，成立旅游人才交流开发中心，建立对旅游系统各类管理人员、导游人员和专业骨干人员的资料库或人才库，建立对紧缺人才的需求、流动和培训的备案制度。

（6）在培训方式上，应根据不同时期本地区旅游业发展的需要，不定期和有针对性地对各行各业旅游从业人员分期或分批进行培训。当前本地区急需两类不同层次的人才，一是高层次旅游专业人员，二是基础层次的旅游工作人员，在培训方式上可采用下列方式：

① 高层次的旅游景区景点的规划设计人才、旅游度假区管理人才、旅游星级饭店的住宿与餐饮管理人才等，以送到高等院校和科研机构进行培养为主。

② 旅行社管理人才可送到大旅行社，通过实习逐渐熟悉业务。

③ 对于需求量最大的一般旅游工作、导游工作和服务人员则可以在本区培训。

④ 采取"走出去"和"请进来"的方法，组织各种学习或实习团队到本地区内外效益好的旅游景区或旅游企业学习取经。

⑤ 争取创造条件邀请国内外旅游界知名专家学者和实业家到大兴安岭地区讲学，举办不定期的短期研讨班、培训班，请他们介绍国内外最先进的旅游管理模式和规范化的服务方式。

⑥ 聘请旅游业专家做本地区的旅游顾问，提供各类旅游管理、旅游规划开发等方面的咨询服务。

（四）旅游空间布局

大兴安岭旅游业应构建"一个旅游集散地、三大旅游区"的发展格局。加格达奇作为大兴安岭的旅游集散地和周末度假区（含松岭区）。漠河作为神州北极观光及特种旅游区。呼中、新林区作为原始森林度假科考旅游区。呼玛县、塔河县作为界江及鄂伦春族特种旅游区。

1. 旅游集散地及周末度假区

区域范围：加格达奇区、松岭区。

功能定位：地区旅游集散地与周末旅游度假区。

主要客源：中转停留旅游者、商务会议旅游者及本区与临近县域居民。

发展建议：

（1）交通方面：进得来，散得开；进得快，散得快

- 空中交通：加紧协调并争取在"十五"前期解决直升机场及航线开通，远期建成民航机场。
- 铁路交通：争取开通更多主要旅游客源地至大兴安岭的旅游专列，并对区内铁路交通能力进行优化；改善车站设施，进行周围环境整治。
- 公路交通：完成至松岭的公路，提高邻近区域公路等级。

（2）在接待设施和服务体系建设上：立足集散地功能定位

- 建设复合功能的大型会展中心，满足旅游节庆等需要。
- 改善、增加旅游接待设施并提高其档次和服务标准。
- 完善城市功能区划，建立城市休闲游憩区（街）。
- 完善旅游购物设施和城市解说系统。

（3）在旅游产品开发方面：面向一日游和周末度假休闲市场

- 改善城市中心到兴安湖度假村的交通，以及度假村内的建筑、设计和管理水准，在完善其游览功能的同时，进一步完善诸如住宿、娱乐等方面的功能；加强度假村内的绿化规划、建设。
- 配合"生态旅游林城"的城市定位，分期开发古里和南瓮河生态旅游资源。
- 古里旅游度假区基本发展原则：以城市周末度假休闲市场为目标，分期分区建设，正确处理"名利"关系，淡化门票收入，着眼延伸消费。
- 中远期开发建设南瓮河国家级自然保护区等生态旅游资源，积极申报国家生态旅游示范区。

● 借鄂伦春自治旗的"嘎仙洞"（国家重点文物）、阿里河"森林小火车"等资源，开发面向中转旅游者、商务旅游者的旅游产品。

(4) 建设分期（具体参见第五章）

● 近期启动北山公园建设项目，兴建国际会展中心的国际商务会馆和动植物标本馆项目，开发建设古里绿色度假区的人工林绿色度假村与多布库尔河漂流项目。

● 中期续建北山公园建设项目、开工兴建国际会展中心的国际展览中心项目；开始建设南瓮河森林湿地自然保护区项目。

● 远期建设古里绿色度假区的大兴安岭野生动物园建设项目；继续开发建设南瓮河森林湿地自然保护区项目。

2. 三大旅游区

规划拟将大兴安岭划分为三大旅游区：神州北极观光及特种旅游区、原始森林度假科考旅游区和界江及鄂伦春族特种旅游区。各个旅游区内可以形成若干个旅游片区。

(1) 神州北极观光及特种旅游区

区域范围：漠河县。

功能定位：神州北极观光旅游及淘金旅游、森林防火教育等特种旅游目的地。

主要客源：主要接待国内游客，积极拓展国内远程旅游市场和国际市场。

发展建议：

① 交通方面：突破公路、优化铁路、策划航空

● 优先解决西林吉至北极村公路交通，将漠河车站至镇中心区的道路建成迎宾道；建设联结呼中区的公路，联动发展，提升吸引力。

● 优化加格达奇至漠河段铁路运营能力，缩短两地运行时间；改善漠河火车站及车站广场。

● 充分利用现有机降点等设施，协调解决航空交通，缩短进入的时间。

② 基本构架：一个中心、一个龙头

● 西林吉镇建成该区游客集散中心。

● 北极村旅游片区遵循"T"字形分区，发展为推进的龙头。

③ 产品建设方面：观光优先、特种跟进；平衡季节、淡化冲击；充实内涵，拓展消费

- 大力发展特殊地理点观光、界江观光、特殊天象观光、龙江源观光等观光旅游,积极开展森林防火教育、度假旅游、乡村旅游、边境旅游、古战场凭吊等特种旅游。
- 通过软体旅游产品的开发,冬季旅游产品的完善,降低旅游的季节性;通过增加弹性旅游供给,平衡旅游供求的冲击性矛盾。
- 参照中国优秀旅游城市的创建要求,将西林吉镇建设成为"北陲旅游名城";
- 按《旅游区(点)质量等级划分与评定》的相应标准,建设北极村旅游片区,突出乡土特色及生态性,充实该片区的内涵,提升旅游经济带动作用;
- 加强对居民和旅游者的环保意识教育,尤其要注意发展旅游对黑龙江水体污染的监测、评估等工作,制定有效的措施。

④ 建设分期〔具体参见本篇(五)旅游项目、产品与线路规划〕

- 近期进行七星广场(即现篝火晚会用广场)的改扩建项目建设,启动北极村原始风貌复原项目和中国北极文化苑建设项目。
- 中期续建北极村原始风貌复原项目,建设中国北极文化苑项目中的中俄风情园。
- 远期建设中国北极文化苑项目中的元宝山滑雪场、十里长湖水上旅游项目与狩猎场。

(2)界江及鄂伦春族特种旅游区

区域范围:呼玛县、塔河县。

功能定位:界江观光及漂流旅游、狩猎旅游、鄂伦春族风情等旅游的目的地。

主要客源:国内客源及国际狩猎客源。

发展建议:

① 交通方面:发展水陆交通,形成旅游环线

- 实施替代战略,以优良的交通工具缓解不完善的道路状况。
- 构成水陆交通环线:三合至呼玛的水路交通和呼玛至白银纳的陆路交通。

② 增强旅游吸引力:充分挖掘鄂伦春族风情底蕴,大力发展特色狩猎旅游

- 加快对鄂伦春族历史、民族风俗等人文资源的挖掘、包装和宣传;提高鄂伦春族文化馆的档次,有必要建成鄂伦春族博物馆。

- 大力扶持,积极帮助改进桦树皮工艺品生产;抢救鄂伦春族其他手工艺品的生产技能。
- 利用白银纳鄂伦春族乡和十八站的鄂伦春族狩猎传统,发展特色狩猎旅游,并使鄂伦春族居民从发展旅游业中真正受益,以保证专业猎户这一稀缺资源的延续性。

③ 强化界江游消费的截留能力:重点建设画山景区,提高游船创收能力
- 加快加强画山景区的开发,将其建成界江旅游必停的旅游点,以及呼玛等近县域居民的周末休闲度假地。
- 组建游船公司,加强游船管理,提升游船档次,增加游船服务功能,提高游船创利能力。

④ 建设分期〔具体参见本篇(五)旅游项目、产品与线路规划〕
- 近期建设鄂伦春族博物馆项目,画山仙境景区,开工建设鄂伦春度假村的撮罗子度假乐园等。
- 中期建设鄂伦春度假村的民族体育竞技场等。
- 远期建设鄂伦春族狩猎场项目。

(3) 原始森林度假科考旅游区

区域范围:呼中区、新林区。

功能定位:生态旅游示范区、国家级山地型旅游度假区、森林科考目的地。

客源定位:国内市场、国际市场

发展建议:

① 交通方面
- 空中交通:根据度假区的高档次定位,大力发展直升机交通。
- 铁路交通:优化配置林海——碧水段铁路的运营能力,争取开通加格达奇至呼中的直通旅游专列。
- 公路交通:优先建设漠河至呼中的联结公路,联动发展,提升本区的吸引力;度假区内交通要严格控制占地规模,强调生态性。

② 基本原则:突出环保性、强调本地化
- 增强保护区周围居民的环保意识和生态可持续发展意识;严格控制危及景观质量的用地项目,包括公路建设、护坡工程等;限制旅游硬件设施建设的数量和规模。
- 科学确定景区的合理容量,有效控制进入景区的旅游者人数;通过适当

的选址并建设，形成旅游观景台，并引导游客活动，减少对环境的影响；除非由于自然繁殖影响保护区内的生态平衡，一般不宜开展狩猎活动。

● 正确认识旅游经历质量、旅游者人数、旅游花费，以及旅游区衰退与繁荣之间的关系。

③ 基本项目：度假、培训、科考基地

● 旅游度假区。旅游度假设施建设选址要适当、符合生态保护的要求，注意节能性、生态性、用材本地化、环境协调性、环境保护性等。

● 生态旅游培训基地。通过市场方式运作，提高我国生态旅游经销商、导游人员、管理人员以及发展生态旅游地域政府官员的生态发展意识。

● 科考基地。充分利用本区丰富的动植物资源以及多样性的生态系统，多渠道进行全面而深入的科考研究。

④ 建设分期

● 近期开始建设原始生态度假村项目的生态休闲区部分等。

● 中期建设原始生态度假村项目的野营度假区部分。

● 远期建设原始生态度假村项目中的欧式别墅度假区。

（五）旅游项目、产品与线路规划

目前，大兴安岭旅游业尚处于发展的初期阶段，产品主要是北极观光，结构单一，层次较低。为充分发挥大兴安岭的后发优势，规划组将本着统筹安排、重点开发；主题鲜明、特色突出；抓住核心、构建精品以及可持续开发等原则进行系统规划。

1. **主体项目策划**

（1）主体项目策划目标

① 龙头带动作用。对重点旅游区的主体资源进行优化配置，形成各旅游区主体产品组合和整个地区精品线路编排的核心，发挥龙头带动作用。

② 开发可操作性。通过主体项目策划，细化对资源优化配置的具体要求，凸显产品竞争优势和整体产品形象，从而明确资源开发的方向和重点。

③ 布局均衡合理。主体项目具有政策支持、资源利用和资金投入的导向性，规划力求通过均衡合理地布局主体项目，实现大兴安岭地区旅游业的全面发展。

(2) 主体项目策划方案

① 北极村风景区工程

• 北极村原始风貌复原项目

位置:漠河乡北极村。

面积:约1 600公顷。

主要建设内容如下:

➢大门:仿木刻楞屋顶"介"字形圆木结构。

➢停车场:入口处设机动车停车场,50个泊位。

➢交通工具:配置马拉雪橇、马车、电瓶车用于村内客运。

➢村内道路:原木护栏,砂石路面。主干道红线宽8.5米,次干道红线宽6.5米。

➢民居:通江路以北区域全部恢复木刻楞建筑原貌。总量控制在820栋(每栋按5间计算,下同)以内,其中800栋为现居民住宅,20栋为预留指标。

➢家庭旅馆:部分家庭设立出租客房。

➢最北一家:以最北第一家为中心划定半径200米保护区,种植草坪或低矮观赏植物,以保持其相对独立性,增强僻远的视觉效果。

➢乡政府办公区:改造为木刻楞建筑,总量控制30栋以内,其中10栋为行政用房,20栋为接待用房,以此增强其旅游管理和接待功能。

➢"北极村"标志碑:名人题字,手工雕刻,仿古处理。

➢古水井:更名为"北极古井",建北极古井纪念亭,设解说牌。

➢其他设施:配套建设餐馆、纪念品商店、邮局、日用品商店等。

• 七星广场改扩建项目

位置:黑龙江北极村右岸。

面积:约5 000公顷。

主要建设内容如下:

➢七星广场:现北极村江边舞池扩建为占地约0.5公顷七星广场,并与待建的滨江大道构成"T"字形结构。根据天圆地方的中国传统建筑理念,七星广场设计为正方形,广场中央设计圆形表演舞台,象征天、地、人的和谐统一,并与广场南、北耸立的北斗七星和北极星标志融为一体。广场建成后,将成为北极村景区的庆典活动中心,并成为沟通北极村与拟建的中国北极文化苑的中轴点。

➢北极标志物:七星广场南部设置北斗七星标志物,北部设置北极星,使之遥相呼应,强化北极村中国北极的特殊地理位置和游客身处中国最北端意识。标志物由白钢钢管串联或支撑代表北斗星、北极星的灯光球体。周围配置音乐水幕,营造极光、极昼的神秘色彩。

➢滨江大道:以七星广场为中心,在北极村至中俄会话馆之间建设约3公里的滨江大道,红线宽6米,西侧绿化带10米,占地约4.8公顷。沿途配置园林、雕刻小品以及亭台、游廊等。

➢通江路:从北极村口到七星广场建设南北向的通江路与滨江大道构成"T"字形构架,路北为全木刻楞建筑古民居区,路南为商务娱乐区。路宽20米,禁止机动车通行。

➢野生罂粟园:规划为重点保护的特种野生植物园,配套建设寒温带特色花卉园圃,建立灌木围栏,设置步行游览道,建设茶馆、棋牌室、山野风味餐馆、宿营帐篷等小型休闲娱乐设施。

● 中国北极文化苑建设项目

位置:漠河乡北极村东南3.5公里处,黑龙江右岸至元宝山。

面积:约2 400公顷。

主要建设内容如下:

➢北极天象馆:规划占地1公顷,建气象站,天文观测站,极地天象图文展厅,极地天象影视展厅等。

➢中俄风情苑:占地约600公顷,在黑龙江与北极村河之间布局,分别建俄罗斯风情园,东北少数民族风情苑,欧式度假别墅区等。开辟雪雕、冰雕、冰上赛车、冰上高尔夫趣味型/比赛型活动场地。

➢元宝山滑雪场:占地约900公顷,范围包括元宝山制高点向西至头道沟,向北至北极村河。建设初、中级雪道各两条,滑竿式拖牵索道1~2条,配套建设餐馆、滑雪用具租售商店、滑雪学校、医疗救护站,建筑面积约2 000平方米等。

为解决元宝山的冬夏季节性问题,考虑开发元宝山下的"十里长湖水上旅游中心"。

➢狩猎场:占地约1 500公顷,选址在31、32、37林班。建全封闭式围栏,简易游猎道路,狩猎木屋,动物饲养场,以及管理接待站。狩猎物为放养性的鹿、狍子、雪兔等食草动物。

②呼玛界江鄂伦春族风情区工程

• 画山风景区建设项目

位置:呼玛县金山乡黑龙江右岸。

面积:约3 000公顷。

主要建设内容如下:

➤画山仙境游览区:范围包括画山半岛及半岛季节性河道右岸纵深1公里风景山地,分布有黑龙江画山"天门"、"天门阵"、"瑶池仙境"等江岸山崖奇观,以及水塘、草原、野花、垂柳、牛羊和谐共生的半岛牧歌风光。规划开挖疏通季节河道,在下游修建橡胶坝,提高并控制其水位,营造外侧龙江翻滚,内侧瑶池风平浪静,岛上与世隔绝的"天上人间"浪漫情调。景区入口处绝壁上雕刻名人题词"画山天门";画山半岛登岸处树立"瑶池仙境"碑刻,人工湖沿岸最佳观景点设立"天门阵"碑刻。

➤瑶池仙景度假乐园:占地约2 500公顷,按瑶池神话传说和中国古代传统规制修建集住宿与吸引物功能于一身的度假宫殿,永久性床位控制在200个以内,以增强度假宫的吸引物功能。旺季住宿需求通过临时帐篷解决。

• 鄂伦春族博物馆改建项目

位置:呼玛县白银纳乡白银纳村。

建筑面积:2 000平方米。

主要建设内容如下:

➤图文及音像展厅:建筑面积500平方米。

➤实物展厅:建筑面积500平方米。

➤工艺制作演示厅:建筑面积300平方米。

➤民族歌舞表演厅:建筑面积700平方米。

• 鄂伦春度假村建设项目

位置:呼玛县白银纳乡白银纳村呼玛河畔。

面积:约3.8公顷。

主要建设内容如下:

➤鄂伦春民族风情园:占地约2 000平方米,按传统鄂伦春村落微缩设计,再现鄂伦春民族生产、生活、文化、信仰和民俗,点缀以相应的生产、生活实物展品,进行各种民族歌舞表演、邀请游客参与。

➤撮罗子度假乐园:占地约6 000平方米,其中永久度假建筑区3 000平方米,临时度假野营地3 000平方米。永久性度假别墅20栋,内外装潢按撮罗子风格处理,内部配置少量必需的现代化生活设施,分标准间和三人间。野营地配置桦木皮、兽皮撮罗子等临时度假用房。

➤鄂伦春民族体育竞技场:占地约4公顷,其中跑马场2公顷;射箭场1公顷,15靶位;射击场1公顷,15靶位。

• 鄂伦春民族狩猎场建设项目

位置:呼玛县白银纳乡境内呼玛河东段以北、东山地林区。

面积:占地约14 000公顷。

主要建设内容如下:

➤鄂伦春狩猎文化考察区:占地约11 500公顷,为禁猎区。但游客可跟随经政府批准的鄂伦春专业猎户进入该区,考察鄂伦春民族狩猎习俗。

➤鄂伦春民族狩猎区:呼玛河东段以北、以东5公里范围内约2 500公顷辟为封闭式、放养性狩猎场,占狩猎场总面积的18%。规划建设围猎场(400公顷),自然放养狩猎场(2 000公顷),冷水鱼垂钓基地(包括渔船码头、沿河钓台、2公里垂钓河段及电瓶船、桦皮船等渔猎工具),动物饲养场(100公顷)。配套建设鄂伦春狩猎俱乐部会馆,可与鄂伦春度假村合并建设,建筑面积5 000平方米。饲养和狩猎品种以适宜在当地繁殖的棕熊、驼鹿、狍子、雪兔、飞龙、七彩山鸡、大马哈鱼、哲罗鱼等为主。

③ 呼中山地度假区工程

• 原始生态度假村建设项目

位置:呼中自然保护区1号公路42公里处,呼玛河畔。

面积:占地约9公顷。

主要建设内容如下:

➤欧式别墅度假区:占地约8公顷,别墅采用东、北欧式木结构建筑风格,20栋,400个床位,五星级标准,掩映于参天古木之间,静听潺潺流水之声。可择地建人工湖泊,满足亲水性需求。在此度假区东侧可以规划登山路线。中心位置建设管理与接待中心,配套建设网球场、游泳馆、漂流河段、高尔夫练习场等休闲设施。

➤野营度假区：占地约1公顷，规划林间单体木屋，10栋，30个床位。帐篷基座30处。中心位置集中设置餐饮、水上游乐和卫生设施。突出绿色生态和野趣。

➤生态休闲区：在上述两区内及其之间建设寒温带森林动植物博物馆，开辟桦皮船漂流河段、野钓台、野生动植物考察线路及观测站等，并可将保护区内的瞭望塔开发成纵览保护区莽莽林海、巍巍大白山气势的观景点。

④ 加格达奇旅游服务中心工程

• 旅游城市形象建设项目

➤北山公园：占地222公顷，以铁道兵纪念碑为中心，以大兴安岭开发为主线，建设大兴安岭历史博物馆（3 000平方米）、名人蜡像馆（1 000平方米）、重大历史事件雕塑园（占地1公顷）等主题吸引物，使之成为游客了解大兴安岭开发历史与现代建设成就和凭吊开发先烈的历史纪念风景地。

➤国际会展中心：以世纪广场为中心，建设国际商务会馆、国际展览中心、大兴安岭动植物标本馆。其中，国际商务会馆按四星级饭店规格设计，200个客房，300个床位，100套写字间，建筑面积约24 000平方米；国际展览中心，设大型展厅1个、中型展厅2个、小型多功能厅8个，标准展位2 000个，建筑面积约30 000平方米；动植物标本馆包括猛兽标本馆、食草动物标本馆、珍禽馆、植物馆等，建筑面积约10 000平方米。

• 古里绿色度假区建设项目

位置：加林局古里现代化、机械化人工林场。

面积：占地约67 000公顷。

主要建设内容如下：

➤人工林绿色度假村：古里林场接待站改造二星级饭店客房50间，100个床位。以林场人工湖为中心，分散布局单体异型度假木屋30栋，90个床位，建筑面积4 000平方米。场部增强旅游管理与接待功能。

➤大兴安岭野生动物园：占地约1 000公顷，建成中国知名野生动物园，以大兴安岭特有动物为特色，包括猛兽园、珍禽园、冷水鱼湖等，配套购置园内观光电瓶车。

➤多布库尔河漂流河段：多布库尔河中段，在大黑山林场附近大桥下游配套购置橡皮船,冷水鱼垂钓电瓶船或手划船。
- 南瓮河森林湿地自然保护区项目

➢野营度假小区:占地面积约50公顷,设帐篷基座30座,可供游人在夏季开展野营活动,既可以观赏参天古树,又可以流连于南瓮河畔,划船垂钓于连环湖中。

➢森林湿地景观科普教育小区:突出寒温带森林沼泽湿地的科普知识教育主题,开辟游路10公里。游路两侧为各种不同的森林沼泽湿地景观,主要有"连环湖"、"月亮泡"、"老头林"以及珍稀水禽和植物。

➢观鸟、漂流和垂钓小区:将试验区内的砍都河下游作为漂流和垂钓小区,河流两岸风景秀丽,在每年6—8月可以开展漂流活动。漂流河段东南侧为垂钓区,此河段河弯稳水区比比皆是,并有连环湖分布两侧,亦可观赏珍稀水禽等。

➢积极申报国家生态旅游示范区。

2. 旅游产品开发方案

(1)旅游产品定位

以中国北极、界江鄂伦春族风情、寒温带原始森林为核心资源,序列开发中国北极观光游、界江鄂伦春族风情特种旅游、原始森林度假旅游三个核心产品。

①近期重点开发中国北极观光产品。

②中、远期重点开发界江鄂伦春族风情特种旅游和原始森林度假旅游产品。

(2)旅游产品开发目标

围绕中国北极观光游这一核心产品,设计北极村观光、北极光节等支撑性产品系列,以及漠河口岸边贸旅游、洛古河黑龙江探源、"五·六"火灾警示馆等辅助性产品系列。以此强化中国北极观光游的产品特色,继而形成全国著名的精品线路。

围绕界江鄂伦春族风情特种旅游这一核心产品,设计界江风光游、鄂伦春族风情特种旅游、呼玛口岸边贸游等支撑性产品系列,以及金山樟子松母树林公园、画山景区观光游及呼玛河度假游等辅助性产品系列。以此强化界江鄂伦春族风情游的风光风情交相辉映的产品特色,继而形成区别于黑龙江沿岸其他景区的精品线路。

围绕原始森林度假旅游这一核心产品,设计原始森林度假村、冷水鱼野钓区等支撑性产品系列,以及野生动物观测台、蘑菇山石林公园等辅助性产品系列。以此强化其原始森林风貌保持最完好、生态系统最和谐的度假产品特色,继而形成全国著名的精品线路。

(3) 旅游产品分期开发方案

① 中国北极观光游。

本产品列为近期开发重点,主要包括北极村风景区、北极旅游节、漠河北极村旅游区、金沟淘金旅游区、漠河口岸边贸旅游区、黑龙江源头游览区,规划建设具体景点和项目见表 4-21。

② 界江鄂伦春族风情特种旅游。本产品列为近期开发次重点,中期开发重点,主要包括大界江风光游览区、鄂伦春风情与狩猎文化旅游区、呼玛河度假旅游区。开发方案见表 4-22。

③ 原始森林度假旅游。本产品近期只做前期开发,中、远期进行重点建设,主要包括原始森林度假区、野生动植物观测站和苍山蘑菇山石林景区。详见表 4-23。

④ 城市观光与近郊度假旅游。本产品近期开发人工林生态度假与水上漂流项目,中期建成具有大兴安岭特色、全国知名的野生动物园。详见表 4-24。

表 4-21 中国北极观光游产品开发方案

名称	性质	游览内容/活动	开发时序	位置
北极村风景区	支撑性产品	北极村村落风貌	近、中期	漠河县漠河乡北极村
		七星广场	近期	
		中国北极文化苑	近期	
		最北一家	近期	
		古水井	近期	
		野生罂粟园	近期	
		七星山	中、远期	
		中国北极标志物	近期	
		中国北极军事基地	近、中期	

续表

名称	性质	游览内容/活动	开发时序	位置
夏至北极旅游节	支撑性产品	节期：夏至前后1~2周	近、中、远期	加格达奇，西林吉，北极村
		开幕式和闭幕式：加格达奇		
		极昼观象活动：北极村七星广场		
		狂欢活动：西林吉		
		经贸活动：加格达奇、西林吉		
		节庆活动：文艺演出		
漠河北极城旅游区	支撑性产品	灾后新城风貌	近期	西林吉
		交通、食宿、购物、娱乐中心	近、中期	
		大兴安岭"五·六"火灾警示馆	近期	
		松苑	已建成	
金沟淘金旅游区	辅助性产品	漠河金矿遗址	近期	漠河乡金沟林场
		李金镛祠堂	近期	
		观摩或参与机械、手工采金活动	近期	
		妓女坟	中期	
漠河口岸旅游区	辅助性产品	漠河口岸大楼	已建成	兴安镇漠河口岸
		漠河口岸码头	近期	
		中俄商贸街	中期	
		西林吉——漠河口岸——加林达奇——腾达边境旅游	近期	
		雅克萨古战场遗址	现存	
黑龙江源头游览区	辅助性产品	洛古河村落风貌	现有	漠河乡洛古河村
		洛古河黑龙江探源	近期	
		洛古河——北极村漂流	近期	
		洛古河旧石器遗址	现有	

表4-22 界江鄂伦春族风情特种旅游产品开发方案

名称	性质	游览内容/活动	开发时序	地点
大界江风光游览区	支撑性产品	界江览胜:三合站——江湾;呼玛县——黑河沿途景观:吴八老岛、冒烟山、画山、八十里大湾、阎王鼻子、佛指山等	近期	黑龙江呼玛县江段
		画山景区:险山,秀水,茂林,繁花,度假	近、中期	
		边贸旅游:口岸观光,购物	中、远期	
		参观或参与界江破冰捕鱼	近期	
鄂伦春族风情特种旅游	支撑性产品	鄂伦春族民俗博物馆	近期	呼玛县白银纳乡
		鄂伦春族风情园	中期	
		鄂伦春民族狩猎场		
		鄂伦春族篝火节(6月8日)	近、中、远期	
		当一天鄂伦春人		
		与鄂伦春族猎人为伴		
		跟鄂伦春人学艺		
金山樟子松母树林国家森林公园	辅助性产品	森林沐浴	近期	呼玛县金山林场
		森林度假		
		森林野炊		

表4-23 原始森林度假旅游产品开发方案

名称	性质	游览内容/活动	开发时序	地点
原始森林度假区	支撑性产品	野生动植物考察	现有	呼中自然保护区
		寒温带森林动植物博物馆	近期	
		野生动物观测站	近期	
		3号路野生动植物考察线		
		醉林、侏儒林、旱地莲花等特有林地景观	现有	
		野营度假区	中期	
		欧式别墅度假区	远期	

续表

名称	性质	游览内容/活动	开发时序	地点
蘑菇山石林景区	辅助性产品	中国最北石林景区	近期	呼中区苍山林场
		石磨、石兽和石城堡象形石林景观		
		情侣松景观		
		野生动物观测		

表4-24 城市观光与近郊度假旅游产品开发方案

名称	性质	游览内容/活动	开发时序	地点
城市观光	支撑性产品	加格达奇市容市貌	现有	加格达奇
		北山公园	近、中期	
		世纪广场、国际会展中心	近、中期	
		大兴安岭绿色食品交易市场	现有	
		加格达奇百货大楼	现有	
		兴安湖度假村	现有	
古里林场	支撑性产品	古里绿色度假区	近期	加林局古里/大黑山
		大兴安岭野生动物园	远期	
		多布库尔河漂流	近期	
		大黑山射击靶场	中期	
鄂伦春旗游览点	辅助性产品	嘎仙洞	现有	内蒙古鄂伦春自治旗
		鄂伦春民族博物馆		
		森林小火车		

3. 旅游线路规划

(1) 旅游线路发展目标

规划期末,大兴安岭将形成旅游精品线路特色突出,国家级、省级、区级、县级结构合理,观光、专项、度假兼备,春、夏、秋、冬四季互补的旅游线路网,能够满足旅游者对大众化、多元化、个性化不同类型旅游线路的需求。

（2）旅游线路设计

① 国家级精品线路

- 中国北极观光游：京津——哈尔滨——加格达奇——漠河——北极村。
- 近期推介重点：该线以哈尔滨为全国客源汇集中心，沿京哈铁路或航空线直接或中转抵达大兴安岭，区内停留3~6夜，主要观赏加格达奇市容、漠河北极城、北极村和参加北极旅游节、漠河口岸边贸旅游等活动。

② 省级线路

- 界江鄂伦春族风情特种旅游线：京津——哈尔滨——加格达奇——白银纳——呼玛。京津——哈尔滨——黑河——呼玛——白银纳。
- 中期推介重点：区内停留4~6夜，主要考察和体验鄂伦春族风情、游览界江风光等。
- 呼中原始森林度假旅游：京津——哈尔滨——加格达奇——呼中——呼中自然保护区。
- 近期推介重点：主要接纳少量的生态旅游者，以徒步旅游者为主，观赏野生动植物。

③ 区级线路

- 加格达奇——西林吉——漠河口岸——俄罗斯加林达——腾达边境游。
- 近期推介重点：境外停留3~5夜，主要领略异国风情和购物。
- 加格达奇——漠河北极城——胭脂沟——北极村——漠河口岸。
- 加格达奇——白银纳——金山母树林公园——呼玛。
- 加格达奇——呼中——呼中自然保护区——蘑菇山景区。
- 加格达奇——漠河北极城——洛古河——北极村——漠河口岸——呼玛界江游。

④ 县级线路

- 加格达奇——鄂伦春自治旗——鄂伦春民族博物馆——嘎仙洞。
- 西林吉——胭脂沟——北极村。
  西林吉——漠河口岸——古城岛（雅克萨战争遗址）。
  西林吉——胭脂沟——洛古河。
  西林吉——洛古河——北极村——漠河口岸——古城岛界江游。
- 呼玛——画山——三合站——白银纳——金山母树林公园——呼玛水陆环线游。

- 呼中——呼中自然保护区——苍山蘑菇山景区游览。

  呼中——呼中自然保护区度假旅游。

(3) 主题与季节产品系列

① 季节旅游产品

表 4-25 季节旅游产品

季节	产品类型	特色
春、夏季	边境风光游；漂流探险游；北极观光游；森林、江河湖泊度假疗养产品	繁花似锦，以兴安杜鹃为特色；观赏飞禽走兽 六月山野菜 夏至前后一个月左右北极村的"白夜"现象与六月的北极光节
秋季	森林休闲观光游 生态农业观光游	天高气爽，野果成熟。观五花山。八月蘑菇生长旺盛。可收集蝴蝶，采集山野果 秋分大马哈鱼洄游呼玛河
冬季	冰雪游乐型产品	中国最北寒极地区冰雪，冰雪存留期最长

② 主题旅游产品

表 4-26 主题旅游产品

名称	停留时间	目标市场	旅游点/目的地	特殊需求/安排
大兴安岭鄂伦春民俗风情游	数小时至2天	国内远距离游客、外国游客	白银纳鄂伦春乡；鄂伦春自治旗	鄂伦春家访；鄂伦春民族博物馆；参观手工艺品的制作
漂流/垂钓游	数小时至一日	区内游客，国内近距离客，国内远距离漂流、垂钓爱好者，国外漂流、垂钓爱好者	甘河、呼玛河、额木尔河、多布库尔河等	注意有价值漂流河段的季节性（最佳季节为6月中旬到9月下旬）；游客可根据不同河流的不同可漂时间选择在不同的河流上漂流。可乘坐橡皮船边漂流、边垂钓冷水鱼。有些河流浅滩多，树木多，流速大，用橡皮船有危险，在旅游项目设计中可使用玻璃钢快艇

续表

名称	停留时间	目标市场	旅游点/目的地	特殊需求/安排
中国最北地区避暑、原始生态游	数小时至数周	中国大中城市,中国东南沿海发达地区,东南亚	呼中自然保护区、古里林场、漠河和呼玛	呼中国家级自然保护区旅游活动严格限制在实验区域,在实验区内设野生动物观赏台、夜游观赏区等。限制进入保护区的人数及其游览活动的路线,以保原始森林不受破坏 呼中可在南方最热季节开发各大城市避暑旅游市场 举办学生夏令营
中国北极冰雪游	数日	中国南方居民、东南亚居民,冬令营学生	漠河、呼玛等地	滑雪、溜冰、雪橇运动等 界江冰洞冷水鱼捕捞

(六)目标市场定位

从国家及黑龙江省的旅游发展规划来看,都将国际旅游的发展列在了优先位置,且国际旅游在创造外汇收入、扩大对外宣传方面具有十分重要的作用。但是,考虑到资源优劣势及国内旅游的巨大发展潜力,大兴安岭地区发展旅游业的主要目标市场仍应确定为国内旅游市场。首先发展国内市场对于在短期内和有限的资金条件下吸引大量旅游者是一个必然选择,而打开国际市场需要多年的营销准备及大量、长期的营销努力。在本规划期内,国外市场应作为辅助性市场推出。

1. 国内市场

确定大兴安岭地区的国内目标客源市场的主要影响因素应该是两个,即收入水平及客源地同旅游目的地的距离。

国内客源市场的其他影响因素还包括:闲暇时间、居民出游意愿、对目的地的了解及认知、进入时间和进出成本等。根据上述标准,规划组对几大客源市场进行了对比分析,并得出了以下结论:

(1)中国东南沿海经济发达地区城镇居民市场。这是大兴安岭的重点市场。与国内其他地区相比,该地区是我国最早对外开放的地区,浦东开发区、5

个经济特区及14个沿海开放城市均位于这一区域,是中国经济最为发达的地区。在珠江三角洲和长江三角洲已形成初具规模的城市带,人口规模大,居民收入水平高。该区域居民的文化层次相对较高,在国内具有较强的出游能力。由于市场开发较早,大多数居民已经去过传统的旅游目的地,兴趣正逐步转向新开发的旅游地以及境外市场。该地区(尤其是上海)与大兴安岭具有一定的地缘、人缘和经济联系(大兴安岭曾经接纳过大批上海知青)。此外,该地区都市化和城镇化倾向处于国内领先水平,而大兴安岭的优势恰好在于原始、自然、宁静的优美自然风光。这种资源反差可以使大兴安岭成为中国东南沿海经济发达地区客源市场的重要目的地。并且由于该地区经济水平发达且消费观念较为开放,不会因为距离原因(进入成本高)影响出游,因此,中国东南沿海经济发达区将是主要的客源市场之一。

(2)北京、天津等环渤海经济圈城市市场。与东南沿海经济发达地区市场一样,是待开发的重点市场。该地区具有人口规模大、居民收入水平高、文化层次高、出游能力强等特点,且属于成熟市场,正寻求新的目的地。

(3)东北内陆地区大中城市市场。该市场属于初步开发的市场区域,但自发的成分居多。其主要的旅游动力源在于作为一个在地缘上相对接近的行政区域,政治、经济、文化等方面交流密切,人员来往频繁。但是,由于该地区经济发展水平相对落后,旅游行为尚未大众化,并且彼此之间自然景观和文化背景大体一致,所以游客以会议、商务及探亲访友者居多,而观光、休闲娱乐及其他类别的旅游者则相对较少。但随着经济的发展,尤其是交通条件的改善,再加上地理位置的优势,该市场将成为大中城市城镇居民节假日观光、休闲及度假型客源市场的主体。在这一市场中,省内旅游市场必须放到一个相当的高度去认识,尽管本省的旅游者对于冰雪、森林等旅游资源认识程度要远远高于南方旅游者,但是大兴安岭的主要优势资源——"神州北极"对于省内游客仍具有较大的吸引力。根据黑龙江省旅游业发展"十五"计划和2015年、2020年远景目标纲要预测,黑龙江省内旅游市场旅游人数和旅游收入可以年均10%~15%的速度递增,到2005年可达到3500万~4000万人次。利用"黑龙江人游黑龙江"活动的开展,可以吸引大批省内客源到大兴安岭旅游。

2. 入境旅游市场

(1)中国香港、中国台湾、中国澳门市场。已得到初步开发,对祖国大好河山的热爱成为这些游客到大兴安岭的主要动力,由于这三个地区是我国入境旅游市场的主体,因此潜力较大。

(2) 俄罗斯边贸旅游市场。漠河口岸作为国家级口岸,尽管目前口岸的边境贸易还没有大规模开展起来。但是,随着两国间贸易量的逐渐增加,会带动以商贸为主要目的的俄罗斯旅游者进入大兴安岭地区,成为境外旅游者的重要来源。然而,由于口岸对面的俄罗斯城市规模较小,而较大城市均有黑龙江的其他口岸城市如黑河等与之联系,不大可能产生大量的客源,加上边贸旅游者对目的地的旅游景点及设施利用极少。因此,俄罗斯边境旅游市场对大兴安岭旅游业发展的作用受到较大的限制。

(3) 东亚市场(日韩)。本市场是最具潜力的待开发市场。日本是我国入境旅游第一大客源国。韩国也一直名列前茅,虽然近期的经济衰退影响了其国民的出游能力,但仍具有较强的市场潜力。

(4) 东南亚市场。这一市场是我国入境旅游市场中的重要部分,随着这一地区从金融危机中复苏,出境旅游市场也渐渐恢复。东北及大兴安岭的北国风光同客源产生地的自然环境、文化风俗有较大差异,可以成为激发游客产生游览动机的重要因素。

(5) 北美和西欧市场。属于待开发市场。它们是基于保护性开发所形成的高品质生态旅游产品的主要市场,或对某些产品有特殊兴趣的客源市场。

3. 目标市场层次划分

大兴安岭旅游业目标市场的总体定位应该是:近期和中期的重点放在国内市场上,入境旅游市场以中国香港地区、中国台湾地区和中国澳门地区为突破口,兼顾俄罗斯边贸旅游。远期再考虑启动东南亚、东亚的观光市场。在国内各个区域市场中确定的开发重点和顺序是:舍近求远。以京、津为代表环渤海经济圈市场,以上海、广州、深圳为代表的东南沿海经济发达地区城市市场及中国香港地区、中国澳门地区和中国台湾地区可以作为一级目标市场。从地域市场的角度说,之所以把中国东南市场和中国港、澳市场也列为第一市场层,是出于三点考虑:第一是目的地的"神州北极"、"原始森林中的冰雪"、"渔猎民俗"等旅游资源对第一市场层构成了难以替代的吸引力;第二是该客源地的经济发展水平、旅游意识和旅游消费支付能力都较高,容易接受不同于常规的、新进入市场的高品位旅游产品;三是由于在可以预见的未来一个时期里,进入大兴安岭地区的交通工具主要是民用航空,从华北、华南的客源地到达目的地的时间相差不多,考虑到第二个因素的作用,我们可以认为两者的旅游消费成本几乎不存在差别。二级市场以东北地区的大连、沈阳、长春、吉林、哈尔滨等大城市及黑龙江省内大中城市为主。三级市场以国内其他地区,尤以华东、华中经济发达的城市和地区市场为主。

近、中、远三个不同规划期内主要目标客源市场的重要性可能会由于旅游地可进入性改善、产品类型变化、客源地经济社会发展等因素发生变化,因此,远、中、近期,一级市场、二级市场和三级市场的顺序将作出一定的调整。但是,一级市场的定位将是长期不变的。

表4-27 大兴安岭地区主要目标客源市场的选择和分类(按地域划分)

客源市场类型	近期(2001—2005年)	中期(2002—2010年)	远期(2010—2020年)
一级市场	以上海、广州、深圳为代表的东南沿海经济发达地区城市市场,以京、津为代表的环渤海经济圈城市市场	环渤海经济圈城市市场、东南沿海经济发达地区城市市场及中国香港、中国澳门、中国台湾市场	环渤海经济圈市场,东南沿海经济发达地区城市市场及中国香港、中国澳门、中国台湾市场
二级市场	东北地区的大连、沈阳、长春、吉林、哈尔滨等大城市及黑龙江省内大中城市市场、中国香港、中国澳门、中国台湾市场	东北地区的大连、沈阳、长春、吉林、哈尔滨等大城市及黑龙江省内大中城市市场、东北亚和东南亚国家市场	东北地区的大连、沈阳、长春、吉林、哈尔滨等大城市及黑龙江省内大中城市市场、东北亚和东南亚国家市场
三级市场	国内其他地区,尤以华东、华中经济发达的城市和地区市场为主,东北亚国家市场、东南亚国家市场	国内其他地区,以华东、华中经济发达的城市和地区为主	国内其他地区,以华东、华中经济发达的城市和地区为主

根据大兴安岭地区旅游资源的特点及旅游产品的定位,我们认为:按动机细分的市场,近期和中期重点发展观光旅游市场,长期则一定要启动以原始森林、自然保护区等垄断性自然资源为依托的主题度假旅游市场。在规划期内,以特种旅游及边贸旅游为补充。理由如下:

在旅游规划的近期和中期,重点吸引观光旅游市场的旅游者,符合目前我国国民的旅游动机构成特点,即观光娱乐型动机的旅游者的比例在各类旅游者中最高;此外,观光旅游容易形成规模,有利于在短期内提高旅游接待人数和接待收入;大兴安岭的垄断性旅游资源及较高的知名度,容易吸引观光旅游者;最后,观光旅游者对接待设施及旅游条件的要求不如度假旅游者那样高。因此,近期和中期观光旅游市场是大兴安岭地区发展旅游业的主要市场类型。

在规划的中远期将度假旅游市场作为主要市场,符合我国度假旅游将从形成阶段逐渐进入发展阶段的趋势;同时,从保持大兴安岭这一旅游地产品生命周期不断升级的角度出发,也有必要推出新的主导产品;此外,度假旅游者停留时间长,消费水平较高,可以为旅游业带来更大的收益;最后,只有到了规划的中远期,各种基础设施条件得到极大改观,才可以吸引大量的度假旅游者。应该在规划的中期导入度假产品,到了规划远期应该使度假旅游市场成为主要的客源市场。

各种特种旅游市场则主要是根据本地的优势资源条件所开发的一些特殊的市场(如狩猎、垂钓、徒步、探险、漂流等),数量不会太大,主要对观光市场和度假市场起补充作用。边贸旅游作为一种特殊的旅游市场,对当地旅游业的作用不大,且其受市场营销策划的影响较小,因此将其放入三级目标市场中,但并非表明它不重要,而是由于其市场的特殊性所致。

表4-28 大兴安岭地区主要目标客源市场的选择和分类(按旅游动机划分)

客源市场类型	近期(2001—2005年)	中期(2005—2010年)	远期(2010年—2015年)
一级市场	观光旅游	观光旅游	度假旅游
二级市场	特种旅游	特种旅游	观光旅游、特种旅游
三级市场	边贸旅游	度假旅游、边贸旅游	边贸旅游

(七)旅游营销规划

1. 旅游形象定位及其市场推广

(1)形象定位及其内涵分析

大兴安岭位于伟大祖国的最北端,漠河县更被称为"神州北极",这对于长期以来一直认同"天南地北"文化意识的国内居民来说有非常强的吸引力;大兴安岭具有纯净的自然生态环境,野生动植物资源十分丰富,种类多,数量大。森林覆盖率达到70%以上,污染少,水体、大气、土地资源等环境因素非常接近自然本态。黑龙江是我国唯一没有受污染的大江,其源头——洛古河位于大兴安岭;大兴安岭还是一个冰雪世界,境内的江河冰冻期长、冰层厚,降雪量大,积雪期长,是真正的林海雪原,可以最好地表现"千里冰封,万里雪飘"的北国风光;大兴安岭的纬度高,游客可以体验中国极端最低气温,更可以观测到白昼、白夜等自然天文现象,运气好的话还可观测到北极光;大兴安岭地区的开发历史也较为悠久,清朝末期即开始了大规模的黄金生产,黄金之路、胭脂沟都具有较高的知名度。上述几个方面是在建立大兴安岭旅游地形象的时候主要考虑的形象内涵。

我们将大兴安岭旅游业发展的主要目标客源市场定位于东南沿海经济发达地区城市市场和环渤海经济圈城市市场,在旅游形象设计时要特别考虑到这两个市场中旅游者的旅游需求和口味。在这两个工业化水平已经很高的市场,自然、生态的旅游产品最具有吸引力,这和大兴安岭的资源条件十分吻合。

综合考虑以上因素,大兴安岭旅游地形象的定位应该是:"神州北极"。

①主体认知形象:神州北极。

②附属认知形象:大森林、大冰雪、大界江。

③内涵扩充及其延展:访问中国北极村,观赏神奇瑰丽的自然现象(北极光、白昼和白夜);感受自然生态的纯真和美丽,回归原始森林;看茫茫林海雪原,探寻古老黄金之路;游清幽呼玛河,了解古老渔猎民族。

(2)旅游形象的具体化

① 确定旅游主题口号(任选其一或其二,亦可公开向社会公众征集主题口号,选择其中能表述出大兴安岭认知形象的;而且,征集活动本身也是一种宣传)

- 神州北极、林海雪原。
- 多彩兴安岭、神州北极地。
- 体验一生中最长的一天。
- 林中山水、林中人生。
- 桂林山水甲天下、呼玛界江比桂林。
- 莽莽林海、无垠雪原。
- 中国最大的氧吧。
- 神奇北极光。
- 夏日清凉界、冬日冰雪天。
- 山风送爽、林莽飘香。
- 巍巍兴安岭、积翠大森林。
- 锦鳞在水,香菌在林;珍禽在天,奇兽在山。

• 中国最北的村落、人间最纯的净土。

• 清纯呼玛河、古老鄂伦春。

• 中国的富士山——兴安大白山。

• 这里是中国最大的森林。

② 制作标准旅游宣传图片：以极昼或极光映衬下的原始森林为背景，设计夏季和冬季两套大兴安岭地区的标准宣传图片。图片要有浓郁的北方少数民族风情特色和强烈的视觉冲击力。

③ 确定旅游宣传标准色：代表原始森林的绿色，代表东北黑土地的黑色及代表冰雪的白色。

④ 确定旅游标志物：以北极光或白桦林为旅游标志物，以某一特有的野生动物为旅游象征物和吉祥物，经过艺术处理后广泛使用在各类宣传材料上。

⑤ 制作多媒体宣传资料：大兴安岭风光激光压缩视盘（VCD）、基于互联网的多媒体系统、与大兴安岭有关的电影与电视剧。

⑥ 制作纪念品及其他：通过对标志、口号、主题歌曲等的设计，建立完整的旅游地视觉形象系统，作为旅游区的形象符号。另外，完善对旅游区各门票、车船票、导游图、画册、明信片、海报、直邮宣传品、风景邮票套册、老图片及游记书籍等印刷品的设计形象，使之统一协调，符合国际化旅游发展的潮流，共同组成大兴安岭旅游区的完美形象。

(3) 旅游形象的推广

以"神州北极"为核心定位，通过电视媒体、平面媒体（报纸、杂志等）和网络媒体进行形象传播。针对明确的受众（目标市场客源）和无明确受众的大众，采取不同的商业广告传播策略和大众传播策略。

可以选择的形象传播策略如下：

① 影片。以大兴安岭有代表性的旅游资源所在地为外景地，以民族风情、民族文化传说为剧情。也可以同中央电视台电影频道合作推出若干部与大兴安岭地区自然景观和历史传说有关的经典电影回顾展播，如《傲蕾一兰》《雅克萨之战》《紫日》等，从而通过软性广告途径强化目标市场公众和非明确化大众对该地区旅游目的地的形象感知。

② 电视剧。（要求同上）。

③ 形象广告。请国际或国内知名广告公司按国际精品广告的标准拍摄，并安排最佳时机、最佳媒体来播放。

④ 形象歌曲。由著名作曲家谱曲填词；由著名歌星演唱；具有红遍中国的各种条件，如李娜演唱的《青藏高原》。

⑤ 形象大使。由目标市场潜在旅游者认可的偶像人物如赵忠祥、周华健、刘欢等明星作为中国内地的第一个旅游区形象大使，在主要目标市场地区巡回演出和宣传，并配合地区政府或旅游局主办的其他一些旅游促销活动。

⑥ 公共关系推广。为传播信息，联络感情，同时提高知名度和美誉度，并激发目标市场的反响，大兴安岭地区在未来的一个时期内要广泛地举办公关活动，如中国漠河北极光节、保护天然林植树节、野生动物放生节、国际自然保护区研讨会、国际森林工业基地转型与发展研讨会等专项会议公关活动，以及适合大兴安岭林地、雪地的体育竞赛、新闻发布会、项目竞标招商活动等带有普遍意义的活动。也可以由大兴安岭牵头发起，在黑龙江、内蒙古、北京等地共同举办"关注大兴安岭的原始森林"为主题的环境保护活动等。总之，我们要利用"中国最北"这一最具有垄断性的旅游资源，创造公关效应，使公共关系策略成为大兴安岭形象推广过程中一种低投入、高产出的主要传播方式。

⑦ 间接推广。通过与旅游区无关或采取中立态度的信息发布，间接影响旅游者对大兴安岭的形象认知，如：邀请知名学者、作家进行学术著作、游记文学的编撰出版，口头文学（民间传说、神话故事）的整理流传，选择国内外城市（山岳型原始森林所在地、目标客源集中地、知名旅游城市），结为友好合作城市，进行长期的合作交流。通过结为友好城市，在其范围内间接推广旅游形象，吸引目标客源，也利用捆绑战略在目标市场上推广大兴安岭地区的整体形象。

2. 旅游目的地与旅游产品促销

大兴安岭地区应该具有主要的促销计划，即：大兴安岭旅游目的地与旅游产品促销方案表。详见表4-29。

表4-29 大兴安岭旅游目的地与旅游产品促销方案表

1.中国漠河北极光节促销	
时间安排	每年夏至节前后
活动主题	中国漠河北极光节
实施主体	大兴安岭地区及漠河县政府

续表

实施要点	近期要增加民俗风情表演、极昼狂欢夜等旅游者参与性项目；加格达奇、西林吉等主要旅游集散地要有步骤地营造浓厚节日氛围，做好美化、亮化工作；中远期往度假的概念方向走，通过度假旅游专列、北极度假村、江边丰富多彩的夜生活滞留旅游者
投放媒体	中央电视台、凤凰卫视、香港亚视等主流媒体，网上直播，学界访谈等软广告
备注	媒体投放可与其他专项活动结合起来做，以达到节约费用的目的

2."百强旅行社大兴安岭神奇之旅"促销

时间安排	2002或2003年7至8月份
活动主题	国内百强社"大兴安岭神奇之旅"
实施主体	地区旅游局或旅行社协会
实施要点	中国旅行社协会每年都要举办一次国内百强旅行社的联谊活动，费用由协会和各社负担；在此之前，大连、青海等地都有非常成功的先例。通过这次活动，也可以使本地区的旅行社、景区以及其他相关机构与各客源地的旅行社建立紧密的网络协作关系。通过活动的主办，把目的地形象宣传、旅行社产品开发、产品促销、跨区域合作结合起来。与旅交会相比，促销的针对性强、费用低，而且观光旅游产品在相当长的一个时期还主要是由旅行社运作，他们在产品创意、开发、销售等方面都具有专业化的运作能力与经验
投放媒体	中国旅游报、中国旅行社协会会刊《旅行社之友》、中国旅行社协会相关的通知、通讯等
备注	1.提前半年至一年与中国旅行社协会联系。 2.充分发挥省、区两级旅行社协会和区内各旅行社的作用

3.国内旅游交易会促销

时间安排	每年6月下旬
活动主题	国内旅游交易会
实施主体	地区旅游局
实施要点	旅交会促销的重点在于各旅行社，特别是目的地旅行社与接待地旅行社之间的会下交流。参展方要精心准备相关的多媒体资料，并做出人际公关工作。可以考虑让白银纳鄂伦春业余民族歌舞团直接到现场促销或作专场巡回演出，以此促其向半专业化和专业化少数民族演出团体方面转化

续表

投放媒体	互联网、音像资料、平面材料、民族风情展示等
备注	各景区、景点机构要重点参与

4. 公众长假促销

时间安排	"五一"节、"国庆节"、春节三大公众长假
活动主题	假日旅游产品促销
实施主体	旅行社,景区,景点机构,政府主管部门
实施要点	规划初期,可以与哈尔滨大旅行社合作,通过线路延伸做出人气,中长期要主打"南有三亚、北有漠河"的品牌,并重点推介北极村自然风光游览区、呼玛界江观光游览区、白银纳民族风情旅游区、呼中"林中山水"旅游度假区;春节期间的旅游促销以"冰天雪地过大年"、"最北一家人"、"少数民族春节习俗"、"到鄂伦春族人家里过年"为主打诉求点
投放媒体	与目的地旅行社合作的同时重点考虑与工会、党群组织的沟通与协作
备注	至少要有一个月的提前期

5. 为提升大兴安岭主题形象而举办的特殊节日的促销

时间安排	有纪念意义的节日
活动主题	主题旅游产品促销
实施主体	各旅行社
主要内容	紧扣法定公众节日的内涵,做好主题文章,有步骤、分阶段地预热市场。如"六一"节针对中国港澳台市场推出"手拉手捐资助学游"、"七一"节针对党组织推出"红旗飘飘兴安行"、"八一"节针对民兵和预备役官兵推出"白山黑水边防情"等项活动;另外在合适的公众节假日推出"认护一片林"的活动。 配合一些国产大片如《紫日》等放映活动,组织相应的拍摄地游览活动。也可借助一些畅销书如金庸的《鹿鼎记》《倚天屠龙记》等推出专题专项旅游线路。 在一些国际性节日期间开展主题促销活动,如国际环保日"我为兴安种棵树"等。 跳出旅游的小圈子,从更大、更广的范围策划一些大活动(可由地区或省政府牵头),如在加格达奇定期举办世界森林合作与发展峰会、世界民族大会、东北亚边境旅游发展论坛(界江、界河、界山与民族发展),以全球性的会议活动大幅度、超常规地提升大兴安岭的知名度,并以此带动森林旅游和边境旅游的大发展。会议组织与运作方面需要请省政府、林业部、民委等有关部门和领导出面做工作,具体实施方案请旅游会展方面的专业机构与人员另行制定

续表

投放媒体	中央电视台、目标市场电视台在活动前一个月密集投放，《南方周末》《中国旅游报》、中国旅游杂志社等平面媒体定期投放
备注	1. 与组团社联合促销，风险、费用与收益共担。在这方面，天津中新、北京星辰方舟等中外合资旅行社已有成功先例。 2. 南方的一些旅行社如广州永安有较为成熟的运作经验。 3. 地区及各县局旅行社要积极主动地做好外联工作

6. 各种专项旅游产品促销

时间安排	不定期
活动主题	专项旅游产品促销
实施主体	地区旅游局、旅游协会
国际森林工人节	举办全球首创的国际森林工人节。期间，可以广泛开展一些有趣的比赛活动，如伐木比赛（比赛时采用已经采伐的树木）、扔斧头比赛、劳动号子表演等，旨在增加观赏性
中俄狗拉雪橇对抗赛	每年春节期间定期举办中俄狗拉雪橇对抗赛，增强节日气氛和对南方客源地市场的软性资源吸引性
黑龙江凿冰捕鱼赛	用封闭内河段、开掘人工湖、放养成鱼等方法在冬季开展大范围旅游者参与性的黑龙江凿冰捕鱼赛。在此过程中让少数民族居民参与，成果归参与者所有，并设置相关的趣味奖项，以增加活动对旅游者特别是南方旅游者的吸引力
全国/国际汽车拉力赛	与专业组织或探险协会合作，在大兴安岭设置全国/国际汽车拉力赛林海雪原站。开发冬季冰上赛车、夏季林海穿行等专项赛事活动
"小猴子"冰雪拉力赛	针对广大农业人口，举办趣味性的"小猴子"（小型四轮拖拉机）冰雪拉力赛，以求达到丰富旅游产品、带动旅游增长、增加社会美誉度等多种目的
流动娱乐专列火车	由加格达奇开出到塔河、漠河方向的流动娱乐专列火车，让旅游者在休闲与娱乐中减少空间位移的长度感
投放媒体	通过新闻发布会等渠道让媒体主动跟进
备注	1. 大型项目需要政府出面协调，但是要遵循商业化运作思路，绝大多数参与者自费参加。 2. 所有项目开发与运作一定要体现出趣味性，特别是一些运动项目，可以让体委主导，但一定不要办成正式的运动会

续表

7.度假旅游产品促销	
时间安排	七八月份、一二月份
活动主题	度假旅游产品促销
实施主体	地区旅游局与度假地经营机构
实施要点	1.盯住中青年家庭度假和白领阶层的带薪度假目标市场,夏秋季以"最北部的自然保护区"、"林中山水、水边人生"、"原始狩猎体验"等口号为主打诉求点。 2.在解决交通制约的前提下,与热点观光产品联动发展。 3.与观光旅游产品不同,大兴安岭地区的度假旅游产品促销成功的重点和先决条件是投资机构的认可。为此,大型旅游度假区的开发与营业运作要在做好招商说明书、商业计划书、项目推广方案等准备工作的前提下,与境内外大型旅游企业集团合作发展。 4.在市场预热期,需要主题先行。为此,本规划的实施主体要有意识地通过学术界和政界的权威人士向投资主体渗透大兴安岭区域特有的度假主题,逐渐形成市场热点
投放媒体	有关时尚、休闲、投资等方面的专业媒体。要关注上市公司的投资动向
备注	近期主要做市场预热工作;中期启动;远期大发展。在这方面,相信主题旅游度假产品是中国旅游产业不可逆转的未来发展趋势之一

8.目的地区域内部营销	
时间安排	随时
活动主题	目的地营销
实施主体	社区居民
实施要点	主要着眼于"热情、好客、服装、民居"四个方面的改进与提高,随时随地使旅游者感受到大兴安岭地区特有的美好民俗与社会文化。关键是要让居民从旅游发展的进程中获得收益。真正地让老百姓参与到旅游发展的创新工作过程中来,在此基础上,政府部门做好市场的发育、规范与引导工作
投放媒体	路边宣传牌如"善待旅游者"等口号、入户宣传手册、广播电视、当地报纸、官员示范
备注	政府部门要做好宣传教育工作,把旅游与当地社会经济文化发展之间的关系向居民说明白

关于促销计划的具体建议：

（1）地区的旅游企业在大兴安岭以外的地方，主要是在该旅游企业确定的目标市场中，向最终消费者——旅游者出售产品，在客源市场建立自己的零售网点，或通过互联网（Internet）同消费者直接接触。在这方面，漠河县旅游局基于互联网进行旅游资源的宣传、旅游者的招徕与组织，到加格达奇接站后转入传统旅行社业务运作的做法值得在大兴安岭地区推广。

（2）由大兴安岭地区旅游局定期检查各个旅行社的促销能力和实际效果，对能力比较强的旅行社给予激励；对于违规操作和销售能力较差的旅行社予以警告，以保证旅行社营销渠道的市场信誉度。

（3）给予政策优惠，方便旅行社进行自发的推广宣传；采取措施，积极推广本地旅行社对于网络的使用，鼓励旅行社参与各类旅游交易会和推介会。另外，地区旅游局也应依据产品的特点，针对客源市场，定期举行具有一定规模和区域影响的推介会。

（4）对于组团旅行社而言，不仅应提供信息的沟通交流，经营的管理帮助，更应通过激励手段提高组团旅行社的忠诚度，如奖励佣金、产品知识培训、考察旅游、保证信息随时更新等。配合组团旅行社，大兴安岭旅游区还应经常采取多种形式的促销活动，如价格折扣、亏损招徕、季节折扣、销售量折扣、联合促销、节假日促销等，丰富的产品形式和产品组合营销形式，在减轻组团旅行社销售投入的同时，也大大提高大兴安岭在客源市场的知名度，间接增强组团旅行社的积极性和信心。

（5）随着国际旅游经济的发展，专业媒介者的介入，使旅游产品的营销出现了新的趋势。专业媒介者包括旅游经纪人，奖励旅游公司，会议计划者，体制内的政府、事业单位和国有大型企业的工会或老干部管理机构，体制外的大型企业及社会团体的旅游办公室，咨询型旅行社和专业旅游网站（如携程旅游网——中国第一家经营旅游产品组织、销售、接待的全过程网站）等，形成旅游营销的三级渠道。由于专业媒介者并非完全是经济实体，如会议计划者、公司旅游办公室等都是为其所代表的利益团体谋求旅行便利的内部机构，因而对于专业媒介者，可以根据其目的采取不同的手段。

（6）建立健全旅游营销渠道

对于观光游览型产品，采取多级渠道的形式销售，同时广泛参加旅游交易博览会、推介会等，极力拓宽营销渠道；而对于商务旅游和会议旅游产品，可主

要采取直接的营销形式,与国际国内大中型机构的会议执行人和公司建立直接合作关系,推进产品销售。具体可以采用下列形式:

①建立大兴安岭旅游信息网站;

②组织各种有利于推动大兴安岭旅游区整体形象的节庆活动;

③协助中间商进行有针对性的促销活动;

④在重点城市和重点市场设立旅游办事处,派驻人员上门促销;

⑤借助媒体宣传区域形象,进行考察旅游等。

(八)旅游服务设施规划

1. 服务设施规划原则

(1)市场供求相对均衡

旅游接待服务设施建设必须适应和满足旅游市场需求,保持供求相对均衡。因此,必须根据市场需求确定旅游接待服务设施的总体规模、档次、布局和经营方式。

(2)各种设施综合配套

旅游接待业是一个综合性产业,涉及行、住、食、游、购、娱各个方面。因此,旅游接待服务设施必须按综合配套思路统一规划,营造完善的旅游接待服务系统。

(3)突出重点

把旅游接待服务设施作为一个系统工程来规划,突出重点,兼顾一般。通过制定倾斜政策,集中人、财、物力保证重点项目顺利实施,并为一般项目的建设奠定基础。在社会、经济、政治、自然灾害等大环境发展变化的情况下,确保旅游接待服务主体结构不受或少受影响。

(4)适度超前

旅游接待服务设施尤其是旅游交通设施建设要适度超前,为旅游业的发展奠定基础。坚持高起点、高标准原则,按照国际旅游城镇的标准、规范、惯例配置旅游接待服务设施,同时要量力、有序地进行。

(5)地方特色与国际标准完美结合

旅游接待服务设施要突出地方特色,依据其传统建筑风格、地貌特征和景区(点)主题,设计、建设和装修旅游接待服务设施。同时,在内部设施、设备方面与国际标准、惯例接轨,尤其是管理和服务等软件更要向国际标准看齐。

2. 旅游服务设施规划

(1)旅游交通规划

① 旅游交通发展目标。交通是大兴安岭地区旅游业大发展与旅游规划实

施最主要的制约因素之一。目前,进出该地区的大交通体系存在严重的"瓶颈"问题,区内分流客源的小交通体系存在严重的"断路"问题。根据"旅短游长、旅速游慢、旅中有游、游旅结合"的旅游交通规划基本原则,本规划重点解决对外交通的"瓶颈"问题(即沟通主要客源地的快速交通体系)以及内部交通的"断路"问题(即旅游服务中心区与重点旅游区之间的大运量、全天候客运体系)。

规划期末,大兴安岭将建立以铁路为主、航空与高等级公路为辅的现代化、立体对外旅游交通系统;以高等级汽车专用公路为主、铁路与航空为辅的内部旅游交通系统。内部旅游公路将形成一级十字干线与二级支线有机衔接的便利路网,内部铁路将成为直抵漠河口岸的中俄边贸旅游动脉,内部航空将构成以加格达奇区为中心辐射漠河、呼玛、呼中的支线网络。

② 旅游交通分期规划

• 近期阶段(2001—2005 年)。建设加(加格达奇)漠(漠河)高等级汽车专用公路塔河至西林吉段。建设西林吉至漠河乡北极旅游公路,形成漠河旅游片区二级十字支线的纵向主轴,并与一级十字干线衔接。重点发展密封性好、适于山地、雪地和寒冷气候条件的豪华空调旅行车、越野车等车型,初期占车队总量的60%以上。

扩建漠河铁路客运站,达到二级客站标准。争取北京至加格达奇客运列车延伸至漠河车站,哈尔滨至漠河客运列车命名为北极旅游列车,往返不需中转。

购置皮划艇、气垫船等水上运输工具,开辟洛古河至北极村黑龙江源头漂流探险与观光活动。

利用森林消防机场,开辟短途客运航线和空中游览飞行,开辟加格达奇至哈尔滨,加格达奇至漠河临时客运航线。

表4-30 大兴安岭旅游交通近期规划一览表

起点/位置	终点	名称	性质	等级	里程
塔河	漠河	S207加漠线 塔漠段	一级干线	二级 白色路面	257公里
西林吉	北极村	西漠线	二级支线	三级 白色路面	87公里

续表

起点/位置	终点	名称	性质	等级	里程
西林吉		漠河铁路客运站	重点旅游区客运站	二级	
加格达奇	哈尔滨 漠河	加哈客运航线 加漠客运航线	支线 支线	支线机场 支线机场	

● 中期阶段(2006—2010年)

建设加漠高等级汽车专用公路加格达奇至塔河段。修建塔(塔河)呼(呼玛)、林(林海)呼(呼中)两条干线公路,形成一级干线横轴,完成一级十字干线路网建设。改建兴安镇至洛古河乡公路,达到三级标准,完成漠河片区十字支线路网建设。改建白银纳至三合站乡级公路,达三级标准,从而完成呼玛片区呼玛——呼白公路/呼玛河——白三公路——界江——呼玛环形支线路网建设。建设呼中——呼中森林自然保护区——呼源——呼中环形支线路网建设。豪华空调旅行车、越野车比重达到80%以上。

修建劲涛至漠河口岸铁路,为漠河口岸边贸与过境旅游开辟大流量客货通道。

开辟北极村——古城岛界江气垫船观光与客运线,呼玛——白银纳界江风光与鄂伦春族风情特种旅游线。

进行加格达奇4C级机场和漠河3C级机场扩建项目论证与报批工作。

表4-31 大兴安岭旅游交通中期规划一览表

起点位置	终点	名称	性质	等级	里程
加格达奇	塔河	S207加漠线加塔段	一级干线	二级白色路面	259公里
塔河	呼玛	塔呼线	一级干线	三级白色路面	140公里
林海	呼中	林呼线	一级干线	三级白色路面	106公里
兴安镇	洛古河	兴洛线	二级支线	三级白色路面	200公里
白银纳乡	三合站	白三	二级支线	三级白色路面	18公里

续表

起点位置	终点	名称	性质	等级	里程
呼中	呼中保护区至呼源至呼中	森林公路	二级支线	三级白色路面	205公里
劲涛	漠河口岸	口岸连接线	地方铁路	标准轨距	110公里

- 远期阶段(2011—2015年)

将加卧线改建为高等级汽车专用公路,沟通与省会及省内快速公路网的联系。豪华空调旅行车、沙漠越野车比重达95%以上。

在加格达奇和漠河森林消防机场基础上,分别扩建4C级和3C级机场,开辟加格达奇至哈尔滨、天津、北京等客源城市的B737、A320干、支线客运航班,开辟漠河至加格达奇、哈尔滨、齐齐哈尔定期支线航班。

表4-32 大兴安岭旅游交通远期规划一览表

起点位置	终点	名称	性质	等级	里程
加格达奇	卧都河大桥	加卧线	一级通省公路	二级白色路面	137公里
加格达奇	主要客源地	加格达奇机场	地方机场	4C级	
漠河	主要客源地	漠河机场	地方机场	3C级	

(2) 旅游饭店规划

① 旅游饭店发展目标。到规划期末,大兴安岭地区将建成布局合理、功能齐全、档次比例协调的旅游饭店网络。

星级旅游饭店的建设布局与规模受本规划框架内,其床位数占各规划期(近期除外)总需求量的40%。近期主要通过对现有饭店进行改造增加星级饭店。非星级饭店根据饭店床位需求预测值实行总量控制和规范化管理。星级旅游饭店布局与规模控制见表4-33。

星级饭店客房总量规划依据如下:

- 旅游者平均停留天数在近、中、远期分别达到2夜、2.5夜、3夜。
- 按全年可游览天数210天,床位利用率70%。

- 计算公式

$$\text{床位需求量} = \frac{\text{年旅游接待人数} \times \text{旅游者平均停留天数}}{\text{全年可游览天数} \times \text{床位平均利用率}}$$

- 规划指标。近期饭店床位需求量为 1 900 张;中期饭店床位需求量为 13 600 张;远期饭店床位需求量为 30 600 张。

表 4-33 大兴安岭旅游饭店建设布局与规模控制

规划期	档次	地理分布	床位数(张)	星级饭店比例(%)
近期	4~5 星级	1	300	15
	3 星级	1,2	600	32
	1~2 星级	1,2,3,4	1 000	53
	饭店总规模		1 900	
中期	4~5 星级	1,2	600	20
	3 星级	1,2,3,4	1 600	30
	1~2 星级	1,2,3,4	3 300	50
				星级与社会饭店(%)
	星级饭店控制规模	各区县	5 500	40
	社会旅馆控制规模	各区县	8 100	60
	饭店总规模		13 600	
远期	4~5 星级	1,2,3	1 200	10
	3 星级	1,2,3,4	2 500	20
	1~2 星级	1,2,3,4	7 400	60
				星级与社会饭店(%)
	星级饭店控制规模	1,2,3,4	12 300	40
	社会旅馆控制规模	1,2,3,4	18 300	60
	饭店总规模		30 600	

注:1 代表加格达奇,包括古里绿色度假区;2 代表漠河县;3 代表呼玛县;4 代表呼中区。

② 旅游饭店分期规划

• 近期阶段（2001—2005年）

本规划期，加格达奇改造1家四星级饭店，1家三星级饭店，以强化其旅游管理服务中心功能。西林吉改造1家三星级饭店，呼玛和呼中各规划1家二星级饭店。

漠河北极村作为大兴安岭旅游的招牌和龙头，必须对村落民居及其周边商业设施的建筑风格、色调和高度进行严格控制。村内及周边饭店和度假村应采取当地传统的木刻楞建筑或仿木刻楞建筑。

在硬件星级改造和星级饭店建设的同时，要积极引进先进的饭店管理模式，对星级饭店管理人员和员工进行系统培训，做到全员持证上岗，规范服务。

• 中期阶段（2006—2010年）

中期加格达奇建设五星级饭店1家，漠河建设四星级饭店1家，呼玛和呼中各建设或改造1家三星级饭店。塔河、林海等中转基地适当建设二星级饭店。北极村、白银纳、呼中森林保护区分别形成以木刻楞、撮罗子、圆木木屋为鲜明建筑风格的特色度假村。

• 远期阶段（2011—2015年）

重点营造呼中高品位生态度假地的氛围，建造五星级欧式别墅度假村1座。

(3) 旅行社规划

① 旅行社发展目标。旅行社是一个地方旅游业发展到一定水平后所必备的旅游供给部门，为了有效满足客源市场上的产品购买需要和当地居民的出游需要，大兴安岭必须强化其旅行社的资源—产品—市场纽带作用，并建立与各地其他旅行社的横向联系与合作，建议地点分别选在哈尔滨、黑河、北京等地。

根据旅行社的职能，旅行社应由外联部、接待部、组团部、财务部、办公室等部门共同组成。组团部负责当地居民的出游业务；接待部负责来自于客源市场的游客接待任务；外联部负责客源市场开发和对外联系，这是三个主要的业务部门，其他部门则为企业运营所必需的职能部门。

规划期末建立1家中外合资国际旅行社，4~5家国内旅行社，以及覆盖哈尔滨、沈阳、天津、北京、上海、广州等国内主要客源市场和俄罗斯的横向联合或联办旅行社，形成全面开展客源招徕、组织和接待等旅行社业务的能力。

② 旅行社分期规划

• 近期阶段（2001—2005年）

理顺现有旅行社的管理体制，把旅行社逐步推向市场，建立与哈尔滨、黑河、北京有关旅行社畅通的业务合作渠道。

　　● 中期阶段(2006—2010年)

　　旅行社完全实行市场化运作,通过资本纽带形成旅行社集团,拓宽与各主要客源市场有关旅行社的业务合作渠道。在巩固北方市场的同时,大力开拓东南沿海和西部客源市场,积极组织出境旅游。

　　● 远期阶段(2011—2015年)

　　创办大兴安岭合资旅行社,引进国外旅行社的先进经营管理模式,使旅行社经营管理达到国内先进水平。

　　(4)旅游餐饮规划

　　① 旅游餐饮发展目标。建立以大兴安岭山野绿色菜肴为主,中外著名菜系和快餐兼顾,既能满足旅游者品味山野健康佳肴,又能适合旅游者各种不同饮食习惯的旅游餐饮网点。

　　② 旅游餐饮分期规划

　　● 近期阶段(2001—2005年)

　　重点开发和提炼大兴安岭山野绿色风味菜肴,在加格达奇和西林吉建立山野健康食府,提供无污染蔬菜、真菌、药膳、野味等特色菜品,同时创造鄂伦春族敬酒、献茶、歌舞等文化氛围。

　　在加格达奇和其他旅游者集中地建立川、鲁、粤、淮扬等餐厅,引进名厨,为旅游者提供正宗的国内著名菜肴。

　　制定优惠政策,鼓励中外知名快餐企业到大兴安岭建立和经营快餐连锁店,如马兰拉面馆、麦当劳快餐厅和肯德基炸鸡店等。

　　对以旅游者为主要接待对象的大中型餐厅,实行旅游定点企业管理办法,促进餐饮服务和卫生质量尽快提高。

　　● 中期阶段(2006—2010年)

　　积极挖掘和提炼鄂伦春族食肉习俗资源,创立具有民族文化和地方特色的寒地野味及冷水鱼菜肴。发挥邻近俄罗斯的地缘优势,聘请俄罗斯名厨,为旅游者提供异域俄式大餐。

　　● 远期阶段(2011—2020年)

　　把加格达奇建成地方特色鲜明,集中外著名菜系和快餐于一地的旅游美食中心。针对客源市场和旅游者餐饮需求的变化,不断创造新菜品和调整餐饮供给结构,保持大兴安岭餐饮对旅游者的持久吸引力。

(5) 旅游购物品规划

① 旅游购物品发展目标。通过开发、设计和经营纪念性、工艺性、实用性旅游购物品,使旅游购物成为大兴安岭旅游业收入的重要渠道之一。规划期末,要形成比较完善的旅游购物品研发、生产和销售网络。

② 旅游购物品分期规划

• 近期阶段(2001—2005 年)

重点开发鄂伦春族民族服装服饰、桦树皮及兽皮工艺品、鄂伦春居民打猎所获兽肉制品、其他山野绿色食品及饮品、木制玩具及工艺品,不断提高产品质量,丰富产品品种,改进外包装,形成若干知名品牌。为此,要加强旅游购物品的研究、设计和开发能力,尽快设立旅游购物品专营店和连锁店。

• 中期阶段(2006—2010 年)

重点研制纪念性、工艺性旅游购物品,如北极村等著名景区(点)标志物、邮政纪念品、动植物标本、各种画册、音像制品、黄金首饰与工艺品等。为此,要设立大兴安岭旅游购物品开发公司,研制、设计、生产或订制纪念性、工艺性旅游购物品,供旅游者购买、馈赠亲友和收藏。

• 远期阶段(2011—2015 年)

在加格达奇设立中俄边贸精品市场、大兴安岭山野商品市场、大兴安岭北药批发市场等,使加格达奇成为中国最具北方山野和边贸特色的商品流通基地。

(6) 文化娱乐规划

① 文化娱乐发展目标。规划期末,大兴安岭将建立高雅文化、少数民族文化、大众休闲娱乐有机融合的文化娱乐体系,定期举办夏至北极光节、冬至雪原探险节、鄂伦春狩猎节等旅游文化节,营造出足以吸引大量旅游者过夜停留,并有助于树立大兴安岭旅游业形象的文娱氛围。

② 文化娱乐分期规划

• 近期阶段(2001—2005 年)

重点强化加格达奇在大兴安岭地区的文化娱乐中心功能。在加区改造并增加烘托城市高雅文化氛围的文化艺术场馆,扩建具有游览、集会等多种功能的城市广场,精心设计和塑造城市标志建筑物与街头雕塑小品。同时,开辟大众文化娱乐功能区,建设茶馆、咖啡馆、酒吧、夜总会、洗浴保健中心等各种娱乐场所,集中管理,规范服务,丰富旅游者的夜生活。

漠河、呼玛、呼中三大旅游片区应在城镇适当位置划定旅游文化娱乐功能区,并对建筑风格和经营项目进行统筹规划和管理。延长北极光节节期,丰富节庆活动的内容。

建立白银纳鄂伦春民族文化村,以乡文化馆为基础,扩建鄂伦春民族博物馆,集中展示鄂伦春族的民居、手工艺、歌舞、婚丧嫁娶等传统习俗,定期举办鄂伦春狩猎文化节,举办狩猎、雪地爬犁、越野滑雪、冰上捕捞等比赛项目,培育以白银纳为品牌的鄂伦春族民俗旅游精品。同时,组织鄂伦春族表演团赴加格达奇、漠河等地定期巡回演出,参加全国乃至国际性旅游交易会,树立大兴安岭奇特民俗旅游目的地的形象。

- 中期阶段(2006—2010 年)

维修、扩建漠河"五·六"火灾纪念馆,增添音像展示设备,不断补充火灾重建成果和森林生态科普知识展览内容,使其成为火灾教育和森林科普知识传播基地。

在兴安镇古城岛对岸建设雅克萨战役纪念馆,使之成为全国青少年爱国主义教育基地。

- 远期阶段(2011—2020 年)

在呼中森林保护区建立寒温带森林动植物博物馆,使之成为寒温带森林生态科研与科普基地,揭示并展示人类、动物、植物之间的奥秘与相互依存关系。

第五篇
铁岭市旅游发展总体规划

一、项目背景

《铁岭市旅游发展总体规划》是受铁岭市旅游局委托,主要由北京第二外国语学院旅游管理学院承担编制工作。项目组长由张辉教授和铁岭市旅游局局长吴敏担任,执行组长由杜学副教授担任,主要参加人有邹统钎、张文、秦宇、李宏等。

近年来,我国旅游业发展十分迅速,从中产生的相关效益十分明显,各地对旅游业发展的关注度也越来越高。铁岭市是红楼文化之乡、小品艺术之乡、体育冠军之乡、煤电能源之城,历史文化资源十分丰富,并兼有良好森林、山峦自然资源,发展旅游的资源基础比较优越,但某些历史文化旅游资源的实物载体欠缺,高等级单体旅游资源比例较小等问题也明显存在。在此背景下,对铁岭市旅游发展进行总体规划并付诸实践,可从整体上大幅度提升铁岭市的旅游发展水平。

二、项目分析

(一)旅游资源分析

1. 旅游资源类型分析

铁岭市系辽宁省14个省辖市之一,位于辽宁省北部,松辽平原中段。地处东经123°27′~125°06′,北纬41°59′~43°29′之间。南与沈阳市、抚顺市毗邻,北与吉林省四平市相连,东与抚顺市清原满族自治县、吉林省辽源市接壤,西与沈阳市法库县、康平县及内蒙古自治区科尔沁左翼后旗和通辽市为邻。全市东西最长134公里、南北端宽162公里,总面积1.3万平方公里。其中,市区面积638平方公里。地势大体是东高中低、北高南低、西部稍高。山地和丘陵分列东西两侧,中部为由北向南缓泻的辽河平原。

根据国家《旅游资源分类、调查与评价》标准(GB/T 2260)对铁岭市旅游资源进行分类,见表5-1。

表5-1 铁岭市旅游资源分类

编码	主类	编码	基本类型	旅游资源名称
A	地文景观	AAA	山丘型旅游地	龙山风景区 象牙山风景区 砬子山 帽峰山
		ABD	地层剖面	昌图东部山区地貌景观
		ACL	岩石洞与岩穴	狼洞山幽洞
B	水域风光	BAA	观光游憩河段	辽河(铁岭段)
		BBA	观光游憩湖区	鸳鹭湖
		BBB	沼泽与湿地	辽海湿地保护区
C	生物景观	CAA	林地	冰砬山森林公园 城子山森林公园 帽峰云树
E	遗址遗迹	EBC	废弃寺庙	龙潭寺 明月禅寺 开原老城清真寺 普觉寺 常泰寺
		EBF	废城与聚落遗迹	调兵山 城子山山城 开原老城 幽禁徽钦二帝的八面城 四面城——前黄龙府 兀术古城

续表

编码	主类	编码	基本类型	旅游资源名称
F	建筑与设施	FAB	康体游乐休闲度假地	龙泉山庄 凤舞山庄 老根山庄
		FAD	园林游憩区域	新湖公园 调兵山公园
		FAH	动植物展示地	盛京围场
		FBC	展示演示场馆	铁岭博物馆 调兵山蒸汽机车博物馆
		FCA	佛塔	圆通寺塔 崇寿寺塔
		FCB	塔形建筑物	开原老城钟鼓楼
		FCC	楼阁	观音阁
		FCF	城（堡）	调兵山兀术城
		FDD	名人故居与历史纪念建筑	曹雪芹关外祖居地——腰堡 李成梁故居——看花楼
		FDE	书院	银冈书院
		FEB	墓（群）	李成梁宗族墓地 吴俊升墓
		FGA	水库观光游憩区段	清河水库 柴河水库 南城子水库 榛子岭水库
G	旅游商品	GAA	菜品饮食	李记坛肉等风味菜肴 稻香村糕点等副食品
		GAB	农林畜产品与制品	梅花鹿等畜产品 铁岭大葱、开原大蒜等农产品 柞蚕丝等工业产品
		GAD	中草药材及制品	人参 鹿茸角 熊胆粉

续表

编码	主类	编码	基本类型	旅游资源名称
H	人文活动	HAA	人物	古代名人 文学界名人 艺术界名人 体育界名人
		HAB	事件	燕秦开破东胡等古战事
		HBA	文艺团体	铁岭市民间艺术团
		HCA	民间习俗	满族等少数民族的习俗和风气
		HCH	特色服饰	朝鲜族等少数民族的服装服饰
		HDB	文艺表演活动的节日	铁岭首届民间艺术节

2. 旅游资源优势分析

铁岭市优势资源是铁岭"四张名片"（红楼文化之乡、小品艺术之乡、体育冠军之乡、煤电能源之城）为代表的历史文化资源，并兼有良好森林、山峦自然资源。其中较为突出的诸如：

① 银冈书院、铁岭博物馆等历史文化场馆，具有极高的科教与游览价值，是铁岭市建设东北文化旅游名城的基础资源。

② 小品、喜剧、二人转等黑土地幽默文化及其代表人物中国小品王赵本山、笑星潘长江、范伟等具有巨大的市场吸引力、经济开发潜力和品牌价值。

③ 《红楼梦》作者曹雪芹祖居、祖墓、祖籍等曹家宗族遗址，《红楼梦》续作者高鹗和红学大家端木蕻良、顾秀清等所构成的关外红楼文化之乡是国内红学文化旅游的一道独特风景线，具有重要的红楼文化研究和红楼文化开发价值。

④ 调兵山、八面城、四面城、催阵堡、山城子等辽北战史文化遗址富含历史文化旅游价值和传奇色彩，具有开发薛仁贵征东、金兀术调兵伐宋、岳飞抗金、明清大战等旅游者喜闻乐见的战史主题旅游产品的良好前景。

⑤ 皇家鹿苑、皇家围场及冰砬山森林公园具有高品位皇家鹿文化、围猎文化和森林生态旅游价值，是开发以皇家鹿文化为主题的国际森林狩猎度假产品的理想场所。

⑥ 旅游资源数量众多，类型多样。在国家旅游局划分的8大主类155种基

本类型的旅游资源中,铁岭市拥有 7 大主类、30 种基本类型、近 60 个单体旅游资源,是一个旅游资源多样化的地区。

⑦旅游商品丰富多彩,出产多种具有地方特色的农作物、木材、水产品、畜牧产品以及山珍、野味和名贵药材。

3. 旅游资源劣势分析

某些历史文化旅游资源实物载体欠缺,如明清开原和铁岭大战的古战场及实物证据,宋钦、徽二帝坐井观天的地牢遗址,曹雪芹祖居、祖墓出土文物或考古实物发现等均十分匮乏。

高等级单体旅游资源比例较小,必须进行资源优化组合和特色设计,以获得一加一大于二的综合吸引力。

4. 旅游资源总体评价

综合专家评价,得出铁岭市旅游资源定量评价结论如表 5-2 所示。

表 5-2 铁岭市旅游资源评分

序号	旅游资源名称	①(30分)	②(25分)	③(15分)	④(10分)	⑤(5分)	⑥(10分)	⑦(5分)	⑧(-5~3)	总分	级别
1	银冈书院	27.5	23.5	13.5	8.0	4.0	8.5	4.5	3.0	92.5	五
2	艺术界名人	28.5	22.0	14.5	7.0	4.5	7.5	5.0	1.0	90.0	五
3	盛京围场	25.0	19.5	13.5	8.0	5.0	7.0	3.5	3.0	84.5	四
4	调兵山	25.0	19.0	12.0	8.0	4.5	8.0	3.5	1.0	81.0	四
5	铁岭民间艺术节	24.0	18.5	11.5	7.5	5.0	9.0	2.5	2.0	80.0	四
6	龙泉山庄、凤舞山庄	27.0	16.5	11.0	7.5	4.0	8.0	3.5	2.5	80.0	四
7	曹雪芹关外祖居地——腰堡	20.0	22.5	11.0	8.0	3.0	6.5	4.5	1.5	77.0	四
8	铁岭博物馆	22.5	23.0	10.0	6.5	4.5	4.5	4.0	1.5	76.5	四
9	冰砬山森林公园	21.5	20.0	9.0	7.5	4.0	6.5	3.5	3.0	75.0	四
10	铁岭市民间艺术团	22.5	18.0	8.5	7.5	4.5	5.5	5.0	1.0	72.5	三
11	调兵山蒸汽机车博物馆	22.5	17.5	10.0	7.5	4.0	6.5	4.5	-1.5	70.5	三
12	龙山风景区	23.0	16.5	9.5	7.0	3.0	6.5	4.5	-0.5	69.5	三
13	象牙山风景区	20.5	15.5	8.0	7.5	4.0	6.0	4.0	0.0	65.5	三

续表

序号	旅游资源名称	① (30分)	② (25分)	③ (15分)	④ (10分)	⑤ (5分)	⑥ (10分)	⑦ (5分)	⑧ (-5~3)	总分	级别
14	七鼎龙潭寺	20.0	15.0	8.0	6.0	4.0	5.5	3.5	2.5	64.5	三
15	兀术城	19.0	16.0	7.0	8.0	4.5	4.5	3.0	2.5	64.5	三
16	清河水库	19.5	16.0	7.5	8.0	5.0	4.5	3.0	-1.5	62.0	三
17	文学界名人	19.0	16.5	6.5	7.0	4.0	5.0	3.0	0.0	61.0	三
18	体育界名人	19.0	12.5	6.5	8.0	4.5	5.5	5.0	0.0	61.0	三
19	梅花鹿等畜产品	16.0	16.5	6.5	6.5	4.5	5.0	5.0	1.0	61.0	三
20	辽海湿地保护区	16.0	16.5	6.5	6.5	4.5	5.0	4.0	2.0	61.0	三
21	帽峰云树	18.0	14.5	6.5	5.0	4.5	4.5	3.5	3.0	59.5	三
22	城子山山城	17.0	16.0	6.5	4.0	4.0	3.5	3.0	3.0	57.5	二
23	老城钟鼓楼	16.0	15.0	7.5	5.0	3.5	5.0	4.5	1.0	57.5	二
24	四面城—前黄龙府	14.0	16.5	8.0	5.5	3.0	4.5	4.5	1.5	57.5	二
25	柴河水库	16.0	15.0	6.5	5.0	5.0	3.5	3.5	2.5	57.0	二
26	满族等少数民族习俗和风气	16.5	16.0	6.0	4.0	4.0	3.0	5.0	1.0	55.5	二
27	古代名人	15.5	17.5	6.5	4.0	4.5	4.0	3.0	0.5	55.5	二
28	老城清真寺	16.0	15.0	6.0	3.5	2.5	4.0	4.0	2.5	53.5	二
29	人参	15.0	12.5	6.5	6.5	4.5	4.5	5.0	-1.0	53.5	二
30	朝鲜族等少数民族服装服饰	13.5	14.0	6.0	3.5	4.0	4.0	5.0	0.0	50.0	二
31	熊胆粉	14.5	10.0	5.5	6.0	4.5	4.5	5.0	-1.0	49.0	二
32	明月禅寺	14.0	14.0	5.5	4.0	3.5	3.5	3.5	-0.5	47.5	二
33	调兵山公园	13.0	10.5	5.5	5.0	3.0	3.0	3.5	0.0	46.5	二
34	李记坛肉等风味菜肴	12.5	12.0	6.0	3.5	3.0	3.0	5.0	0.0	46.0	二
35	崇寿寺塔与崇寿寺	13.5	10.5	5.0	4.5	3.5	3.5	3.5	1.5	45.5	二
36	幽禁徽钦二帝的八面城	13.0	9.0	6.5	4.0	3.0	3.5	4.5	1.5	45.0	二

续表

序号	旅游资源名称	①(30分)	②(25分)	③(15分)	④(10分)	⑤(5分)	⑥(10分)	⑦(5分)	⑧(-5~3)	总分	级别
37	南城子水库	15.0	7.0	3.5	4.5	4.5	3.0	4.5	2.5	44.5	二
38	铁岭大葱、开原大蒜等农产品	14.5	10.0	4.0	3.5	4.5	2.0	4.0	1.5	44.0	二
39	狼洞山幽洞	11.5	9.5	7.0	3.5	4.5	3.0	3.5	1.5	44.0	二
40	砬子山	12.5	4.5	6.0	5.5	4.5	3.0	3.5	3.0	42.5	二
41	昌图东部山区地质景观	9.0	9.5	6.0	5.0	3.5	3.5	3.5	2.5	42.5	二
42	柞蚕丝等工业产品	12.5	9.0	3.5	3.5	4.5	3.5	5.0	0.0	41.5	二
43	燕秦开破东胡等古战事	10.0	12.0	5.5	2.5	1.5	4.5	4.0	1.5	41.5	二
44	开原老城	10.0	12.5	6.0	4.0	3.5	3.5	4.5	-3.0	40.0	二
45	稻香村糕点等副食品	10.0	9.0	3.5	3.5	3.5	4.5	5.0	1.0	40.0	二
46	常泰寺	9.5	11.5	5.0	3.0	3.5	3.0	3.5	0.5	39.5	二
47	普觉寺	11.5	9.0	5.0	3.0	3.0	3.0	3.5	0.5	39.0	二
48	兀术古城	8.5	10.5	5.5	3.0	3.5	4.5	3.5	-1.5	37.5	二
49	鸳鸯湖	11.5	8.5	3.0	3.0	3.0	3.0	4.5	-0.5	35.5	二
50	吴俊升墓	6.5	6.5	5.0	2.0	2.0	3.5	5.0	3.0	33.5	二
51	新湖公园	10.5	5.5	2.5	3.0	3.0	4.0	4.5	0.0	33.0	二
52	月亮湖	6.0	5.5	3.0	3.0	4.5	3.0	4.0	3.0	32.0	二
53	圆通寺与圆通寺塔	10.5	8.0	4.5	2.5	1.5	3.0	3.5	-2.5	31.0	二
54	李成梁宗族墓地	5.0	11.5	5.5	2.0	2.0	2.5	5.0	-2.5	31.0	二
55	催阵堡山城与观音阁	10.0	8.0	5.0	2.5	1.0	2.0	3.5	-1.5	30.5	二
56	老根山庄	9.5	4.0	4.0	3.0	4.5	5.5	3.5	-3.0	30.5	二
57	李成梁故居——看花楼	8.0	9.0	4.5	2.5	1.5	2.5	4.5	-2.5	30.0	二

注：①观赏游憩使用价值；②历史文化科学艺术价值；③珍稀奇特程度；④规模、丰度与几率；⑤完整性；⑥知名度和影响力；⑦适游期或使用范围；⑧环境保护与环境安全。

经规划专家组对旅游资源的分类与评价,共确定旅游单体资源57个,其中五级特品单体资源2个,四级、三级优良单体资源19个。

(二)生态环境分析

辽宁是一个工业大省,但铁岭市在本省的地位比较特殊,是这个工业大省中的农业大市,铁岭市是全国重点商品粮生产基地,素有"东北粮仓"之称。由于工业发展较慢,反而使铁岭市的生态环境得到了良好保护。

铁岭自然概貌大体上是"四山一水四分田,一分道路和庄园"。东部山区属长白山余脉,冰砬山、城子山、鸡冠山、龙首山重峦叠嶂,树木参天,野生动植物繁多,是铁岭市的主要林业基地。铁岭市在植被区划上位于暖温带落叶阔叶林区和温带针阔混交林区交汇处,森林植物种类比较丰富,约有1400余种。其中,乔灌木树种300余种。全市森林面积46万多公顷,森林覆盖率32.58%。野生动物68种,占辽宁省种类数的59%;鸟类220种,占辽宁省种类数的60%。铁岭水资源丰富,以辽河为主包括87条大小支流在内的辽河水系,水资源总量31.41亿立方米,可利用量21.15亿立方米。此外,铁岭市一共有大中型水库6个,总库容量21.9亿立方米,其中柴河水库、南城子水库、棒子岭水库等水库水质良好,是饮用水水源重点保护区。

尽管铁岭市的整体生态环境比较好,但是工业的发展也造成了各种工业废弃物的排放。2001年废水排放总量为6 145吨,工业废气排放总量为663.4亿立方米,烟尘排放量为7.3万吨,工业废弃物产生量为477万吨。

近年来,铁岭市积极推进区域环境和城市整体环境的整治,环境保护工作取得了明显的成效,上述各种废弃物的排放量与四五年前相比都有了很大的减少,生态环境恶化的趋势开始得到遏制,城乡环境质量初步得到改善。到2001年末,全市共有环保系统单位26个,其中环保监测站7个。全年完成污染治理项目36个,投资9 000万元。

(三)关于金兀术驻兵调兵山之辨考

调兵山是以宋金战史著名人物和事件为背景而命名的文化遗址,具有较高的宋金战史文化价值和旅游开发价值。关于调兵山最早的文字记载见于1908年由刘鸣复编纂的《法库乡土志》,而1937年由金毓黻补充纂辑的《奉天通志》将其记载收入书中,载:"调兵山,县城东南25里,形势险要,与兀术街北山毗连,金兀术曾驻兵于此。""山上有故垒遗迹,山南有兀术街"。《奉天通志》在引述《法库乡土志》时对其提出质疑,特加按语"宗弼由黎阳趋汴,是伐宋之役,兀术出自燕京行台,非由黄龙府也。进军黎阳趋汴,今县境内调兵山并不在其途次"。其结论是"兀术或曾驻兵于此,亦当在从宗望军伐宋之初,非天眷以后事。"此后,人们以《奉天通志》为据,或质疑或否认《法库乡土志》关于金兀术驻兵调兵山的记载。

规划组组织力量对调兵山遗址和有关历史记载进行了重新考察和考证,认为《法库乡土志》所述金兀术在调兵山驻兵一说具有合理的历史和地理逻辑性。现将主要考察和考证依据列示如下。

① 实地踏查发现调兵山遗址原始状态保存良好,特别是山顶点将台故垒符合《法库乡土志》所述特征。

② 经过对《铁法市志》1992版有关调兵山附近地区古迹和文物资料检索,认为该地大量辽金出土文物与该地曾有金人大量聚集和长期生活有关。特别是其中刻有"南京巡检院"铭刻和押记的"仿汉多乳神兽镜"为典型金代铜镜。由于金代实行严格的禁铜政策,金代铜镜重要特征之一是镜缘铭刻官府验记文字和押记,并且是社会身份的标志物。该实物证据表明,可能有来自宋金交战前线开封(金五京之一的南京)的高级将领,不排除金兀术本人,曾到调兵山调兵演军。

③ 元代脱脱等编纂的《金史》确实证明天眷三年(1140年)金兀术由燕京(今北京)经黎阳(今河南浚县)攻伐南宋,但这并不能排除其从黄龙府发兵的可能性。天眷元年(1138年)金国主和派挞懒等割地与南宋议和。第二年(1139年)金兀术自军中还朝(会宁府——今黑龙江阿城),请求金熙宗诛挞懒等,收复已归还南宋的河南等地。天眷三年(1140年)才伐宋收复河南。从金兀术觐见熙宗到伐宋,间隔一年。金兀术开赴前线有两项使命,一是诛挞懒,二是攻打南宋。为达到第一个目的,他有可能在从京师返回燕京途中,从黄龙府发兵,在调兵山点将调兵,以首先对付当时在燕京的挞懒。之后,才能从燕京经河南浚县攻打开封等地,完成其第二个使命。由此可见,《法库乡土志》所述金兀术在调兵山驻兵具有合理的历史和地理逻辑性。

三、项目核心思路

(一)指导思想与战略选择

1. 指导思想

党中央十六大和十六届三中全会强调提出振兴东北老工业基地。原总理温家宝把振兴东北提升到国策的高度,政府相关人士指出东北有望继珠三角、长三角、京津唐地区之后,成为中国经济第四个增长极。本规划在振兴东北老工业基地总体战略指导下,通过合理开发和永续利用铁岭市特色旅游资源,探索和建立新兴旅游产业,开辟历史、文化、服务等可再生资源利用新途径,促进该市经济产业结构优化调整和本地国民经济的可持续发展。

本规划实施政府组织协调、以市场需求为主导的大旅游发展战略,紧紧把握"第四增长极"历史机遇,依托"铁岭四张名片"优势旅游资源,致力于开发国内独有或特有的文化旅游和度假旅游产品,建立可持续旅游业发展体系,发挥旅游业的经济关联拉动功能。规划期内,将把铁岭市建设成为"黑土地幽默文化旅游中心、关外红楼文化旅游中心、辽北战史文化旅游中心和皇家鹿文化森林度假中心",使铁岭市最终发展成为东北文化旅游名城。

2. 战略选择

(1) 政府组织协调、市场主导战略

铁岭市旅游发展实施政府组织协调、以市场需求为主导的大旅游发展战略。为了充分发挥旅游业在该市国民经济发展中的关联拉动功能,促进本地区国民经济的协调发展,政府旅游主管部门要明确该市旅游发展的目标市场,并根据其需求结构和特点,通过旅游规划、旅游产业政策、法律手段和行政手段,强化对旅游业的统一规划、合理组织和有效协调,确保铁岭市旅游发展战略目标的实现。

(2) 跨越式发展战略

充分利用东北老工业基地振兴战略的机遇,铁岭市旅游发展实施跨越式发展战略。该市旅游发展虽然起步较晚,旅游资源开发程度较低,但在旅游基础设施、接待设施和标志性旅游景点建设方面均已取得可喜成绩,尤其是凭借赵本山等文化名人效应在全国享有较高的市场知名度。面对辽宁全省、乃至全国、全世界急剧膨胀的旅游客源市场,铁岭市具备实现跨越式发展的旅游客源条件。旅游资源开发程度较低,在客观上为该市根据目前及今后旅游市场需求变化趋势开发适销对路的旅游产品创造了条件,这为全市旅游业实现跨越式发展提供了旅游产品的保障;与此同时,该市具有一定规模的旅游接待能力,再通过统筹规划、有序开发、配套建设,为该市实现旅游业跨越式发展奠定了接待基础。

(3) 可持续发展战略

特色鲜明且良性循环的文化与自然生态系统是铁岭市旅游业赖以生存和发展的生命线。该市实施旅游业可持续发展战略，就是要通过对全市文化和自然生态系统的全面保护、多方位展示、局部开发利用和创新，使旅游业实现社会、经济、环境等各方面的综合效益，从而达到既有利于当代、更造福于后代的可持续发展目标。

(4) 精品带动战略

铁岭市拥有东北幽默文化、关外红楼文化、金宋明清战史文化、前清皇家围场和皇家鹿苑等富含经济开发价值与市场品牌价值的特色旅游资源。因此，规划提出"炒名人、探红楼、挖金矿、放鹿归山"的旅游精品开发理念。"炒名人"是指借助六届小品王赵本山等铁岭名人效应，整合和提炼东北幽默文化资源，把铁岭市搭建成黑土地幽默文化的大舞台；"探红楼"是指充分挖掘《红楼梦》作者曹雪芹关外祖籍和续作者高鹗故乡这一红楼文化历史资源，全面展示端木蕻良、顾太清等铁岭红学家的研究成果，把铁岭市建成关外红楼文化之乡；"挖金矿"是指借助铁岭以金文化为代表并极具传奇色彩的金宋明清辽北边塞战史遗址、文献记载和民间传说，系统挖掘唐薛仁贵征东、金宋鏖兵、明李成梁计杀叶赫二王、明清辽北大战等战史文化资源，把铁岭市开辟为系统展示辽北战史起源、线索、过程、事件、名人等史实和传说的历史窗口；"放鹿归山"是指借助"鹿城"西丰县曾为前清皇家围场和皇家鹿苑的高端资源品位，把铁岭市建设成集养鹿、驯鹿、观鹿、放鹿、猎鹿、品鹿和鹿产品加工等于一体的全国著名的皇家鹿文化主题森林旅游度假胜地。

(三) 旅游空间布局

1. 旅游功能分区

根据铁岭市旅游资源的地域结构、类型结构和开发利用方向，铁岭市旅游总体布局采取"一个中心、三个分区"的格局，即将银州区、铁岭经济开发区和铁岭县发展成为城市文化休闲旅游中心，将清河区和开原市发展成为黑土地幽默文化旅游区，把调兵山市、昌图县和零散分布于其他市（区、县）的相关历史文化景点发展成为辽北战史文化旅游区，把西丰县发展成为皇家鹿文化森林度假区。铁岭市旅游功能区划如图 5-1 所示。

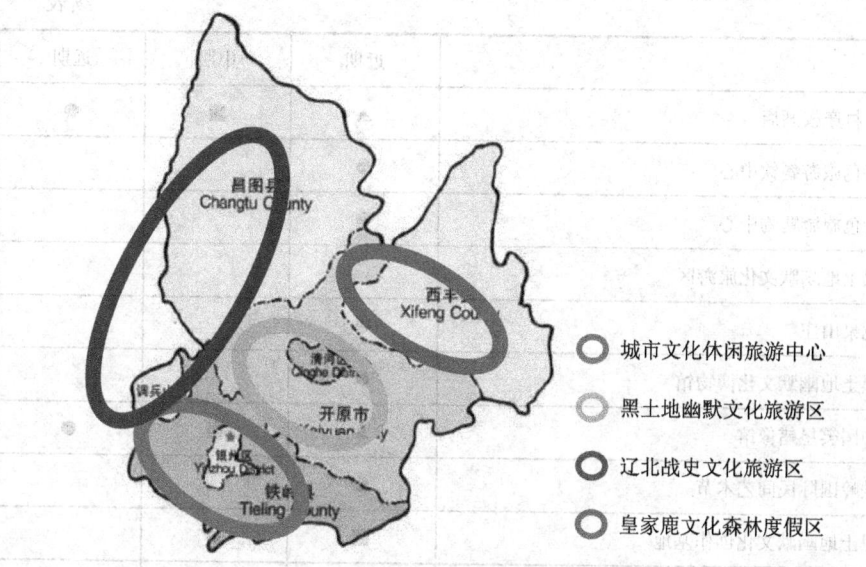

图 5-1 铁岭市旅游功能区划示意图

2. 旅游开发时序

根据各旅游功能区现有开发程度及开发潜力、市场需求程度、资源价值,以及空间联系的紧密程度,确定各景区开发时序如下。

表 5-3 旅游景区与项目开发时序及重点安排

	近期	中期	远期
1. 城市文化休闲旅游中心			
①沈阳旅游圈后花园	●		
②特色历史文化场馆	●		
③大龙首山"铁岭八景"	■	●	
④曹雪芹关外祖籍纪念地	■	●	
⑤明清十五堡之役古战场遗址	▲	■	●
⑥枫林休闲度假区		●	
⑦高科技农牧业教育区	■	●	

续表

	近期	中期	远期
⑧乡村产权酒店	▲	■	●
⑨特色旅游餐饮中心	●		
⑩特色旅游购物中心	●		
2. 黑土地幽默文化旅游区			
①龙泉山庄	●		
②黑土地幽默文化博物馆	●		
③中国笑星蜡像馆	▲	■	●
④铁岭国际民间艺术节	●		
⑤黑土地幽默文化创作基地	■	●	
⑥清河东北商务休闲度假区			
⑦象牙山森林公园	■	●	
⑧砬子山森林公园滑雪场	■		
⑨七鼎龙潭寺			
⑩开原古城	▲	■	●
3. 辽北战史文化旅游区			
①兀术城续建项目	●		
②金宋文化博物馆	●		
③调兵山遗址公园	●		
④金兀术大营	■	●	
⑤岳飞大营	▲	■	●
⑥宋二帝坐井观天微缩景观	■		
⑦夫余古城遗址公园	▲	■	●
⑧铁煤集团蒸汽机车流动博物馆			
⑨"煤电能源之城"工业旅游	●		

续表

	近期	中期	远期
⑩豁鹅之乡农业旅游示范区	●		
4. 皇家鹿文化森林度假区			
①冰砬山森林公园	●		
②城子山风景名胜区	●		
③冰砬山滑雪场	●		
④冰砬山森林度假区	■	●	
⑤冰砬山皇家猎鹿场	●		
⑥西丰皇家鹿苑	●		
⑦皇家鹿文化一条街	▲	■	●
⑧西丰皇家狩猎节	▲	■	●
⑨西丰鹿产品交易中心	■	●	
⑩特种绿色食品体验区	●		

注：●在本规划期内优先规划,重点开发；■在本规划期内组织规划,进行前期基础设施开发或局部开发；▲在本规划期内进行开发论证,预留并保护资源。

（四）旅游景区与重点项目

1. 设计原则

（1）统筹安排,均衡发展

在以资源为基础、以市场为导向的基本原则下,并兼顾铁岭各区县(市)发展旅游的积极性,统筹考虑政策支持、资源利用、市场开发和资金投入等多方因素,力求通过合理设计旅游建设开发项目,带动促进旅游经济的均衡发展。

（2）重点突出,带动发展

在全面均衡配置项目的同时,根据投入产出状况、市场拉动效应等方面的研究,优先安排具有铁岭旅游特色、能够形成良好的市场反应,从而能够带动其他旅游相关项目招商引资与开发建设的项目,通过这些近期核心(吸引力)项目的规划,有效带动铁岭旅游经济的发展。

(3) 整治提高,精致发展

铁岭旅游已有一定的发展,但是作为旅游发展的核心依托,有些旅游景区(点)管理、服务以及产品供给等方面都还比较粗糙,为了能够获得更好的旅游者满意度,在与其他旅游目的地竞争中获得优势,将铁岭发展成为一个真正的目的地型旅游地,需要对这些景区(点)进行外围环境以及内部各项功能布局方面的整治改善,从而进一步提高精致化程度。

(4) 有序安排,持续发展

铁岭旅游项目的设计是一个系统工程,要综合考虑经济、社会和生态等多方面的要素,不仅要考虑到旅游经济和地方国民经济的可持续发展,还要考虑到项目对当地社区以及项目所在地生态的影响,考虑项目开发建设的社会可持续性和生态可持续性。

2. 城市文化休闲旅游中心

城市文化休闲旅游中心规划为近期重点开发区,将发挥旅游管理、旅游集散、旅游综合服务、城市整体旅游形象展示、红楼文化传播、城市休闲等旅游发展导向功能。

(1) 重点开发项目

① 沈阳旅游圈后花园

- 机遇。加强辽宁中部城市群经济合作,构建沈阳经济区是省委、省政府做出的战略决策。2005年4月7日,辽宁中部城市群(沈阳经济区)各市委书记、市长联席会议正式签署了《辽宁中部城市群(沈阳经济区)合作协议》。该《协议》包括交通运输、产业发展、金融服务、贸易流通、对外招商、人力资源、科教文化、旅游开发、生态环境等10个领域19项内容,标志着以沈阳为中心、辐射百公里半径的沈阳经济区建设全面起步。这为铁岭旅游业描绘并实施沈阳旅游圈后花园宏伟蓝图提供了历史性机遇。

- 基础。辽宁中部城市群包括以沈阳为中心、半径在100公里的鞍山、抚顺、本溪、营口、辽阳、铁岭等7座旅游资源高度关联、优势互补的大中城市及所辖地区,总面积占辽宁省的44%,人口占全省的48.3%,财政收入占50%,国内生产总值占全省57.3%。铁岭市加强和推进沈阳旅游圈合作,构建沈阳旅游圈后花园,具有广阔的旅游资源和旅游市场合作基础。

- 优势。区位优越。铁岭市距沈阳旅游圈中心城市沈阳仅45公里,又是吉林、黑龙江出关和出海的重要通道。京哈公路纵贯全市,高速公路连接沈阳、鞍山、四平、长春等大中城市。这为铁岭构建沈阳旅游圈后花园形成了良好的交通条件。

农业发达。拥有 4 个全国商品粮基地县,是辽宁省畜牧业生产基地和蔬菜种植基地,素称沈阳经济区的"米袋子"和"菜篮子"。在沈阳旅游圈内,唯有铁岭在区域分工上是以农业、畜牧业为主。这为铁岭构建成为沈阳旅游圈后花园提供了良好的农业生态环境和绿色生态景观。

能源充沛。煤炭储量占辽宁省储量的 1/3 以上,铁法煤业集团是全国八大煤炭基地之一。铁岭、清河两大发电厂,装机容量达 250 万千瓦,年发电量 113 亿千瓦,是东北电网的骨干电厂,在全国居第三位。这为铁岭构建成为沈阳旅游圈后花园提供了良好的能源基础和工业、商务旅游吸引力。

文化独特。铁岭黑土地幽默文化、金宋明清战史文化、关外红楼文化、皇家鹿文化等底蕴深厚、特色鲜明。龙首山、调兵山、冰砬山、城子山、清河水库等风景秀丽、名胜幽雅。这为铁岭构建成为沈阳旅游圈后花园提供了红花绿叶生长的沃土。

- 概念。铁岭市建设成为沈阳旅游圈后花园,是辽宁中部城市群(沈阳经济区)合作战略的具体实施措施。

铁岭市构建成为沈阳旅游圈后花园的核心内涵是,红花绿叶交相辉映。红花为面向旅游圈中心城市沈阳的旅游精品(包括特色旅游景区和线路);绿叶为通过旅游圈中心城市沈阳与其他辐射城市主题串联的旅游精品(包括特色旅游景区和线路)。以面向沈阳的旅游精品为核心,以与旅游圈其他成员城市主题串联的旅游精品为基础,把铁岭市构建成为红花绿叶交相辉映的沈阳旅游圈后花园。

铁岭市构建成为沈阳旅游圈后花园的空间范围,主要是铁岭城市文化休闲旅游中心。同时,根据与沈阳旅游圈成员城市旅游客源共享和旅游资源互补的原则,按特定主题整合、利用其他功能区的部分特色资源。

- 红花。这是沈阳旅游圈后花园中面向沈阳的旅游精品,包括特色旅游景区和线路。

面向沈阳的特色旅游景区如下:

城市文化休闲旅游中心龙首山。

城市文化休闲旅游中心铁岭市特色历史文化场馆(银冈书院、铁岭博物馆、黑土地幽默文化艺术中心和铁岭名人纪念馆)。

城市文化休闲旅游中心曹雪芹关外祖籍纪念地。

城市文化休闲旅游中心枫林休闲度假区。

城市文化休闲旅游中心乡村产权酒店。

城市文化休闲旅游中心高科技农牧业教育区。

城市文化休闲旅游中心特色旅游餐饮中心。

城市文化休闲旅游中心特色旅游购物中心。

面向沈阳的特色旅游线路如下：

铁岭特色历史文化之旅有龙首山、银冈书院、铁岭博物馆、黑土地幽默文化艺术中心和铁岭名人纪念馆、银州特色旅游餐饮中心、银州特色旅游购物中心。

关外红楼文化之旅有曹雪芹关外祖籍纪念地、明清十五堡之役古战场遗址、银州特色旅游餐饮中心、银州特色旅游购物中心。

休闲度假之旅有枫林休闲度假区、乡村产权酒店、高科技农牧业教育区、银州特色旅游餐饮中心、银州特色旅游购物中心。

●绿叶。这是沈阳旅游圈后花园中与旅游圈内其他成员城市主题串联的旅游精品，包括特色旅游景区和线路。

➢与沈阳旅游圈其他成员对接的特色主题旅游景区如下：

黑土地幽默文化旅游区龙泉山庄。

黑土地幽默文化旅游区清河东北商务休闲度假区。

辽北战史文化旅游区铁岭煤电能源之城。

辽北战史文化旅游区铁煤集团蒸汽机车流动博物馆。

皇家鹿文化森林度假区冰砬山国家森林公园。

皇家鹿文化森林度假区冰砬山皇家猎鹿场。

➢与沈阳旅游圈其他成员串联的特色主题旅游线路如下：

文化艺术之旅有皇家礼仪大游行、沈阳赵本山绿色二人转、铁岭清河旅游度假区龙泉山庄（铁岭开原市《马大帅》拍摄基地）、辽阳曹雪芹故居（王尔烈纪念馆、铁岭曹雪芹关外祖籍纪念地）。

"勿忘国耻"红色之旅有沈阳"九一八"历史博物馆、抗美援朝烈士陵园、周恩来少年读书旧址（铁岭银冈书院）、抚顺平顶山惨案遗址、张氏帅府、抚顺元帅林等。

森林之旅有沈阳棋盘山国际风景旅游开发区、国家森林公园（铁岭冰砬山国家森林公园）、本溪关门山、铁岭龙首山。

休闲度假之旅有沈阳盛京高尔夫球俱乐部、沈阳世博园、沈阳满族民俗村、(铁岭清河东北商务休闲度假区、冰砬山皇家猎鹿场)、辽阳汤河风景区、鞍山千山(鞍山汤岗子温泉)、营口望儿山。

工业基地之旅有沈阳航空博览园、沈阳老龙口酒博物馆、康平风力发电、法库陶瓷城、可口可乐(沈阳)生产线、康师傅方便面、铁岭煤电能源之城(铁法矿区、铁岭发电厂、清河发电有限责任公司、调兵山"中国国土整理与土地资源可持续利用"项目示范区)、鞍山鞍钢、抚顺西露天煤矿。

蒸汽机车之旅有调兵山车站——铁岭电厂——铁岭车站——沈阳蒸汽机车主题公园。

② 铁岭市特色历史文化场馆

● 银冈书院。书院是中国古代特有的一种教育组织形式,起源于唐代,发达于宋代,至清代达到顶峰。它与官学相辅相成,由私人创办于名山、清溪、竹林等幽邃佳境,广收门徒,讲学著书,为国家培育栋梁之材。中国古代书院遍及全国各地,数量达7 000余所。晚清(1901年)改制为学堂后,历时千年的书院教学体制、教育思想、建筑风格和楹联题匾等一直成为中国古代文化教育研究的重点。目前全国约有400余所书院以学校、图书馆、博物馆等形式留存下来,成为人文与自然完美结合的历史文化遗产,具有极高的历史文化保护价值。

银冈书院由清代御史郝浴于1658年所建,是清代五大著名书院之一和关东第一书院,保留着完整的东北古代书院建筑结构和珍贵的碑刻、匾额和藏书等历史文物。西院的周恩来少年读书旧址纪念馆,保存并真实记录了周总理少年读书、一生伟业和重返铁岭视察的珍贵文物与史料,从而为银冈书院注入了中国革命历史和爱国主义教育等文化内涵。

银冈书院应加大文物保护、收藏、展品设计和古建修复力度,创造条件申报国家重点文物保护单位。要对书院周围进行环境整治,广植高大树种进行视觉隔离,在现代繁华的街市中营造一种"大隐隐于市"的效果,保护并凸显其治学求问的古代书院氛围;加强对书院内现有展品的管理,努力收集散落民间或外地的有关该书院的历史文物,加强对该书院文化历史的研究和考证,进一步提升书院内的展品品位,完善解说系统;建议增加周总理及相关名人蜡像群,通过蜡像展现当年总理读书场景、有关国家领导人(如国务院原总理李鹏、全国人大原副委员长王任重和原国务委员兼国防部长张爱萍等)关怀、访问书院等历史场景,以及铁岭近现代革命先驱(如中国首位布尔什维克任辅臣、雨花台革命烈士石璞等)的风采,使其成为该市革命历史文化的标志性旅游景区。同时,辟出一定的空间展示中国书院/院校制度的历史,用丰富的图片和文字以及相关资料展示、介绍中国清代五大书院的历史。

铁岭博物馆。拥有建筑面积7 000平方米,馆藏品4 000余件,是一座全面展示辽北文明史、铁岭行政沿革史、地方风土民情和城市建设成就的综合性博物馆。应将其发展为铁岭市旅游窗口景点,突出其展示铁岭历史文化起源、发展和现状特点的窗口展示功能。建设重点是不断丰富馆藏文物,增加多媒体展示手段,配合铁岭市大型旅游节庆活动,组织专题展览和巡回展览,积极开展针对旅游团体市场的营销活动和接待活动。

● 黑土地幽默文化艺术中心。将银州区红旗剧场改造成为高标准的黑土地幽默文化艺术表演中心,作为铁岭国际民间艺术节暨"赵本山杯"小品大赛,以及其他大型旅游节庆活动开幕式、文艺演出和日常晚间娱乐的场所。该中心周围地区逐步改造成为黑土地幽默文化主题娱乐区,鼓励开办指头画、纸烙画等铁岭传统画画廊,开设满族枕顶刺绣、满族剪纸、画蛋、白泥雕塑、飞白书等铁岭民间艺术作坊,经营以小品、小戏、二人转等东北地方文艺表演为特色的梨园夜总会、酒吧和歌舞厅等。同时,利用铁岭市体育场和驻跸园音乐广场等大型公共活动场所开展广泛的群众性黑土地文艺活动,定期组织李千户伞灯秧歌、白旗寨达子秧歌、昌图八花八鞭秧歌等铁岭特色民间广场文艺表演活动。

● 铁岭名人纪念馆。适应城市形象塑造和名人效应经济转换的需要,在银州区铁岭博物馆或银岗书院内设立专门的铁岭名人纪念大厅,或就近建设独立的铁岭名人纪念馆,系统收藏铁岭名人(特别是当代名人)文物,展示名人图片、影像、蜡像等风采,记录并传播名人功绩、成就和传奇,包括当代名人中国载人航天工程总设计师王永志,中国小品王赵本山,笑星潘长江,童话大师吴梦起,发明家兰玉文,世界竞走冠军阎红、陈跃玲和刘宏宇,世界举重冠军吕刚和李卓,世界柔道冠军孙福明等;近现代名人文(红)学家端木蕻良,书法家魏燮均,同盟会员、全国政协副主席高崇民,黑龙江督军吴俊升,新疆督办盛世才等;古代名人《红楼梦》作者曹雪芹,《红楼梦》续作者高鹗,指画大师高其佩,辽东总兵李成梁,清御史郝浴,清兵部侍郎金玉和,火器奇才戴梓,努尔哈赤之孙、辅国公噶布喇,努尔哈赤之侄大尔差,英年才子纳兰性德等。

③ 大龙首山"铁岭八景"。龙首山是铁岭古老而文明的象征性景区,集自然景观、人造园林、历史胜迹、宗教文化、诗碑艺术于一身。通过深度发掘龙首

山历史名胜的内涵,整合龙首山周围山体水系资源,集中恢复古"铁岭八景",将其扩建成既能适应铁岭市居民游园休闲、又可满足旅游者观光旅游的大龙首山风景名胜区,远期争取建成国家级风景名胜区。

根据《铁岭市总体规划》,铁岭市中心城区将向东、南两个方向发展,把帽(峰)山风景区、龙珠山风景区和柴河纳入城区范围。确定以龙首山为中心、以柴河水系为纽带构建三山戏水(龙首山、帽山、龙珠山、柴河市内段)的大龙首山风景名胜区。该名胜区曾经是古代铁岭"八景"中七大景观的景源地或眺望点,分别是"龙首寻秋"(龙首山秋日红叶景观)、"山郭朝烟"(清晨由龙首山俯瞰铁岭城郭炊烟景观)、"柴河晚渡"(柴河夕阳泛舟摆渡景观)、"帽峰云树"(帽山树丛白云缭绕景观)、"鸳湖泛月"(龙首山西鸳鸯湖荡舟景观,现湖已废)、"白塔横云"(雨后由龙首山眺望城内圆通寺白塔景观)、"红崖积雪"(冬季由龙首山眺望城西红崖咀积雪景观)。在大龙首山风景名胜区内集中恢复和重塑"铁岭八景",一是保护和改善现存景观的视觉空间通道,开辟最佳景观观赏点和眺望点,配置远距离观景仪器设备和解说系统;二是开发柴河水上游览航道,恢复"柴河晚渡"景观;三是在本区内异地重建"鸳湖泛月"、"蓬渡风帆"、"红崖积雪"等已经绝迹或受城市高层建筑阻隔的景观,即在龙首山以北、柴河西岸异地重建鸳鸯湖公园,在龙珠山西南、柴河岸边修建仿古帆船码头,在龙珠山西坡陡峭处修建红色攀岩岩壁。

大龙首山风景名胜区的建立,有助于深度挖掘并提高龙首山风景名胜旅游资源的社会、生态和经济效益。首先,它为广大铁岭市民提供了环境更优美、活动范围更大的休闲游憩空间,并为铁岭城市形象增添了更加浓重的人文和生态色彩,社会效益显著;其次,它使整个景区在地貌、植被和人文景观方面更趋多样性,并通过游客的有效分流使景区的环境承载力大大提升,生态效益巨大;再次,景区资源和空间的扩大,有利于依托龙首山的市场知名度、根据市场需求开发多样化的旅游项目,带动新开发景点快速、低成本进入市场并迅速成长,经济效益可观。大龙首山风景名胜区分区功能定位如下:龙首山为中心景区,突出历史名胜、宗教文化、碑亭艺术和北方园林等文化特色;帽山为分景区,突出山形林相、田园牧场风光和休闲度假等生态特色;龙珠山为分景区,突出绿色植被、现代园林和主题游乐等郊野游憩特色;柴河市内段为分景区,突出水上游览、水上游乐和城市水景等水上游乐特色。

④ 曹雪芹关外祖籍纪念地。中国古典名著《红楼梦》是珍贵的世界文学遗

产，在国内外拥有大量读者、爱好者和研究者。而铁岭是《红楼梦》作者曹雪芹关外祖籍所在，又是《红楼梦》续作者高鹗的故乡，同时还涌现出《曹雪芹》作者端木蕻良和《红楼梦影》作者顾秀清等著名红学家。红学大师周汝昌指出："没有铁岭就没有红楼梦"。因此，铁岭成为红楼文化之乡，而红楼文化之乡也成为铁岭的四张名片之一。

在曹雪芹祖籍地铁岭县腰堡镇建立曹雪芹关外祖籍纪念地，包括腰堡曹雪芹祖居故里、关外红楼文化研究中心、范家屯曹氏祖茔地、十五堡之役古战场遗址和满族白旗故里等红楼文化景点，系统研究、保护、挖掘和展示红楼文化的关外历史渊源，如曹氏家族明朝迁居铁岭腰堡、曹氏先人戍边、曹氏家族被俘归旗、曹氏家族随清军入关、曹氏家族与清皇室的关系等史实、传说和遗迹。

腰堡村，据周汝昌等红学家最新考证，为曹雪芹关外祖籍。曹氏家族关东一支于明朝永乐年间由河北丰润迁居铁岭腰堡，1618年十五堡之役后被俘归入满清正白旗，1644年随清兵迁回关内。至今腰堡村仍有关东曹氏后裔聚居的曹家街，村口立有"曹雪芹祖居故里"巨型石碑。根据康熙十六年（1677年）《铁岭县志》关于"腰铺城，城西南四十五里，周围一里，南一门"的历史记载，应当按明清百户所规制，以曹家街为中轴线改造整个腰堡村，修建堡城围墙，配套建设关外红楼文化研究中心，系统展示关东曹氏家族发展变迁史和铁岭红学家的研究成果，使之成为关外红楼文化旅游中心的标志性景点。

范家屯村，为关外曹氏家族后裔另一聚居村落，村外小西山南面是曹氏家族明代祖茔地，现存墓葬近80座，现已设立"关东曹氏祖茔地"纪念碑。应当在此修建曹氏先祖墓志铭碑墙，描绘关东曹氏家族迁居铁岭、又随清军回迁关内的史实及迁徙线路图，记述曹俊（曹雪芹入关始祖、凡河千户所城守御）、曹世选（曹雪芹太高祖父、曹氏归旗第一世）和曹玺（曹雪芹曾祖父、第一任江宁织造）等曹氏重要人物生平事迹与史评。

⑤ 明清十五堡之役古战场遗址。十五堡之役是继抚顺之役以后，后金首领努尔哈赤试探性进攻明朝的第二大战役，此役中曹雪芹太高祖父曹世选被俘沦为正白旗包衣奴，此役后清军正式征明，依次攻占辽北、辽南和辽西等关外明土，后入主中原，统一全国，关东曹氏家族曹世选一支也随清军回迁关内，成为清皇室内务府世奴。十五堡之役的导火线是明朝禁止并驱逐在明边墙内柴河、三岔儿、抚安等地耕种的建州女真人，努尔哈赤在征明七大恨中说："柴河、三岔儿、抚安三路，我累世分守疆土之众，耕田艺谷，明不容刈获，遣兵驱逐，恨五

也"。据《清太祖实录》载,努尔哈赤于1618年5月17日统兵征明。19日进边(明朝边墙),克抚安堡、花豹冲、三岔堡等大小堡城11座。20日,招服崔三屯堡,攻克附近堡城4个。是役,攻克铁岭凡河流域堡城15座,招服1座,俘获明朝人口30万,其中包括曹雪芹太高祖父曹世选和高祖父曹振彦。应按史籍记载建立十五堡之役古战场遗址,保护古堡城遗址,恢复部分重要堡城遗址,如努尔哈赤伐明七大恨所涉及的抚安堡、花豹冲和三岔堡,曹氏家族曹世选一支被俘的腰堡,高句丽古城催阵堡,凡河流域重镇凡河堡,不战而屈的崔三屯堡等,开辟十五堡之役古战场游览线。

铁岭县东南白旗寨及周围68屯曾是满族正白旗居地,曹雪芹太高祖父被俘后据信在此归入正白旗包衣奴,在此生活并由此随正白旗征明入关。努尔哈赤于1601年在牛录制基础上创立黄、白、红、蓝四旗制,于1615年增设镶黄、镶白、镶红、镶蓝四旗后形成八旗制。正白旗由努尔哈赤八子、后来的清太宗皇太极统领,清军入主中原后被列为上三旗之一,负责侍卫皇帝,拱卫京城。由于明朝与后金在柴河堡、三岔堡、抚安堡一线存在严重的边土纷争,因而后金在该处附近部署了大量正白旗军队,形成满族正白旗居地,白旗寨因此得名。十五堡之役主要由该地正白旗发动,所获战俘也被遣送到白旗寨及周围白旗居地。应将白旗寨及周围68屯辟为满族正白旗故里,其中白旗寨乡昂邦河村为古昂邦城遗址,即正白旗总兵官驻地和大本营,拟按《铁岭县志》"昂邦城,即昂邦合屯,周围一里,南北两门"记载重修昂邦城。

⑥ 枫林休闲度假区。依托铁岭经济开发区的枫林沟红叶、圣水寺幽刹、凡河溪流、山野果林、铁岭挽马等风景、宗教及休闲旅游资源,营造"停车坐爱枫林晚"(唐·杜牧)、"禅房花木深"(唐·常建)、"羁马念旧林"(晋·陶渊明)、"雨中山果落"(唐·王维)等中国传统田园梦幻意境,构建"铁岭前庭院、沈阳后花园"休闲旅游度假区。建设橡胶坝休闲湖(包括水景瀑布、水幕电影、手划船、脚踏船、电瓶船、沙滩浴场、垂钓台等)、度假区(包括湖景别墅、山林木屋、村野草舍、野营帐篷等)、骑马乐园(湖岸马道、赛马场、种马厂、名马动物园等)、花果山(包括百果园、百花园、百鸟园、植物园等),并根据不同季节特点组织踏青节、奔马节、赏花节、采摘节、戏水节、佛事活动等主题旅游活动。

⑦ 高科技农牧业教育区。铁岭经济开发区是辽宁省唯一的农牧业高新技术开发区,区内铁岭市种畜场是国内外优良种畜、种禽繁育推广基地,拥有联合国教科文组织备案的铁岭挽马原种群,中国最大的安格斯、利木赞种牛群,辽宁

省规模较大的荷斯坦奶牛核心群和肉鸡产业化生产基地。需对铁岭种畜场进行环境整治，建设配套游览设施和高科技农牧业夏令营营地，将其建设成为城市青少年现代农牧业教育基地。

⑧ 乡村产权酒店。大沈阳经济区的发展潜力以及铁岭与沈阳之间的空间距离因素等都有利于产权酒店的成功，但是最终成功还需要依赖于强势管理力量的介入、大规模封闭型园林式山野旅游休闲区的整体建设力度以及营销的力度和能力。应在枫林休闲度假区外围建设面向沈阳商人及白领阶层的别墅形式和古堡形制产权酒店，要求建筑材料与生态环境相协调。

⑨ 银州旅游餐饮中心。在银州区设立旅游美食街和旅游定点餐饮单位，集中展示铁岭特色满族菜肴、鲜族菜肴、鹿茸与人参保健药膳、山野绿色餐饮系列、清河鱼宴和铁岭风味小吃等，从而使银州区发展成为铁岭少数民族、地方传统、绿色保健等特色美食中心。

⑩ 银州旅游购物中心。在银州区选择一处规模较大的集贸市场进行扩建和改造，并转换经营方式，集中展售铁岭特色旅游商品，形成具有现场制作演示、游客订制、游客参与制作、前店后场等游客体验特色的旅游购物中心。旅游购品和纪念品的开发重点为人参、鹿茸和熊胆粉等医药保健产品，蕨菜、蘑菇和木耳等山野蔬菜，山楂、山葡萄和榛子等鲜、干果品，豆类和坚果等农产品，梅花鹿标本等工艺品，绘画和刺绣等民间手工艺品，柞蚕丝等轻工业产品。

（2）近期项目效益评估

① 功能区容量。本功能区为铁岭市旅游管理与服务中心，也是该市旅游交通集散、餐饮、文娱和购物中心，同时兼具城市休闲度假功能，预计本区近期旅游接待量可达铁岭市同期旅游接待总量的30%，到2010年年接待量预计为151万人次。按每年240天可游览天数计算，日均接待量为6 292人次；按22%住宿游客比例、住宿游客平均停留2.2夜次、饭店住宿率75%计算，共需旅游住宿床位4 060张；除现有约1 000个床位，需在本区新设、改设旅游住宿床位3 060张；按每间客房住宿1.7人，本区需新建、改建旅游客房1 800间。

近期期末，年接待一日游游客118万人次，人均消费320元；过夜游客33万人次（占接待总数的22%），平均停留2.2夜，人均消费1 700元，人均日消费770元。

② 经济效益评估。城市文化休闲旅游中心区经济效益评估见表5-4。

表 5-4 城市休闲旅游服务中心区经济效益评估

建设时间	2005 年中至 2007 年中	建设周期(年)	2
建设用地面积 （公顷）	63	建设用地容量 （人/公顷）	100
新建星级饭店建筑 面积及造价	126 000 平方米 ×3 500 元 =44 100 万元	新建旅游配套设施 面积及造价	252 000 平方米 ×2 000 元 =50 400 万元
总投资匡算	94 500 万元		
年均经营收入	93 860 万元	其中住宿：1 700 元 ×33 万人次 =56 100 万元 其中非住宿：320 元 ×118 万人次 =37 760 万元	
年均经营成本 （万元）	93 860×0.6=56 316	折旧（万元）	94 500×0.05=4 725 万元
营业所得税（万元）	32 819×0.33=10 830	年均净利润（万元）	21 989
投资利润率(%)	28	投资利税率(%)	35
投资回收期（年）	6(含建设期)		

注：本表根据国家旅游局《旅游规划通则》所推荐的旅游规划指标，仅对近期新增旅游接待设施（星级饭店及其配套文化娱乐设施）投资经济效益进行评估，而不包括其他城市建设投资。

3. 黑土地幽默文化旅游区

应将黑土地幽默文化旅游度假区作为近期重点开发区，通过开发黑土地幽默文化展演、湖畔商务度假和黑土地农家乐等项目，发挥其旅游创业功能。

(1) 重点开发项目

① 龙泉山庄精致化工程。作为赵本山为回报家乡而有意在此设置的《刘老根 2》拍摄基地——龙泉山庄，随着电视剧的播放，在全国已经成为有一定知名度的旅游品牌，是铁岭旅游必不可少的景点。龙泉山庄依山而建以古色古香的木制建筑群，"四面青山三面水，一城山色半城湖"的优美景色，《刘老根 2》的拍摄场景，展现剧情内容和浓郁东北风情的大秧歌、惟妙惟肖的模仿秀为吸引点。但现在的龙泉山庄还不具有规模旅游的条件，要想像"刘老根"与丁香那样漫步在灯火掩映的山庄夜色里，暂时还无法实现，另外随着电视剧影响的减少，面临后续发展的问题，所以需要进一步扩充旅游项目，完善旅游设施，以形成更为完

整的刘老根生活体验基地。

龙泉山庄除要突出《刘老根》拍摄基地实景、服饰和主题音乐以外，还须增加深化游客感受和提升剧情意境的参与性活动，主要包括：

● 在主要剧情景点，由龙泉山庄小品或二人转演员定时表演经典片段，并进行幽默或夸张处理，以引发游人回归剧情环境。

● 同时，在空间较大的剧情景点开辟一定的空间，提供优质免费的影视设备，放映《刘老根》中与山庄关系密切的场景（串联）。游客可以根据剧情，穿着剧装即兴表演，现场模仿，由山庄为游客提供有偿拍摄服务，以提高旅游者在山庄观光时的兴奋度。

● 建设山庄的游客中心，中心内可提供山庄以及度假区内各项旅游活动的信息，开发成山庄纪念品销售中心或者度假区内纪念品销售的分中心；

● 在绿化方面，注意利用灌木等绿色植物作为景区与库区的视觉隔离，改进山庄背景林相，以增加层次感。

②黑土地幽默文化博物馆。以"快乐老家——不由你不笑"为独特卖点，建成以黑土地幽默文化为主题的特色文化博物馆。收集经典东北小品、喜剧、二人转、相声、笑话等幽默文化艺术作品，进行多样化展示和演播，使游客戴上耳机就可以点听，点击屏幕就可观看，甚至可以运用虚拟技术使旅游者与自己喜爱的笑星见面，众人笑声不断，成为"欢乐老家"。黑土地幽默文化博物馆集中展览二人转、铁岭幽默大师如赵本山、潘长江、范伟、李静等人的东北喜剧小品，包括作品的创作稿、道具、著名演员曾经使用的物品、图片、影像等资料。

③中国笑星蜡像馆。其主要汇聚从铁岭走出来的笑星，形成"星系列"真人蜡像，吸引特殊旅游群体。项目成功的关键在于"星系列"如何"摘星"以及蜡像制作方面的真正高质量、高标准，应以笑星最滑稽的艺术表演形象进行制作。是这片黑土地孕育了赵本山、潘长江、范伟、李静、李海、李忠堂、崔凯、张惠中、乔杰等知名艺术家，他们将自己艰苦的生活历程与感悟，演艺成杰出的小品，用幽默、诙谐的语言，给人们带来了无数的笑声，使中华民间文化得以传承和发展，开创了中华民间艺术文化新形式。

同时，建立"中国当代著名笑星真人蜡像馆"，以此纪念那些为全国观众带来欢声笑语、促进民族文化发展的笑星，如 牛振华 、冯巩、牛群、王谦祥、李金斗、 侯耀文 、巩汉林、杨蕾、黄宏、姜昆、大山、郭金宝、常贵田、唐杰忠等，同样蜡像制作方面必须高质量、高标准,应以笑星最滑稽的艺术表演形象进行制作。

④铁岭国际民间艺术节暨"赵本山杯"小品大赛。为了在中远期建成为黑土地幽默文化中心,应将每年一度的铁岭国际民间艺术节暨"赵本山杯"小品大赛的主要表演和赛事活动安排在黑土地幽默文化旅游区内。该大赛主要参赛演出、现场评比及其特约表演活动安排在区内,有助于为铁岭黑土地幽默文化品牌提供源源不断的新鲜"血液"和"原材料"。同时,也可引进全国各类相声小品获奖作品、年度获奖喜剧、"曲苑杂坛"专栏作品,甚至通过创建曹禺戏剧奖·小品喜剧奖来扩展项目资源库。

⑤黑土地幽默文化创作基地。东北将再次面临重大的历史变革,从而孕育着大量的创作素材,清河可以为文艺创作者提供舒适的创作空间,度假区的开发建设要考虑这些特殊人群的需要,可以结合建设作家村、画家村之类的专门区域和枫林休闲大道等设施,着力营造闲适的独立思考空间。

⑥清河东北商务休闲度假区。清河旅游度假区于2000年经辽宁省政府批准成为全省四大省级旅游度假之一,清河游览区的主要旅游观光项目是清河水库八大景,即青龙吐水、长蟒锁谷、仙桥引渡、浪拍龟蛇、平湖垂钓、回首群亭、碧波轻舟、夕阳渔归。在度假区的发展过程中,应从以下方面完善和发展:

● 建设期间,清河东北商务度假区应以《旅游区(点)质量等级的划分与评定》(国家标准)为建设的总依据,强化整体功能和效果,力争创建4A级景区。

● 将清河商务休闲度假区项目建设置于东北战略和"大沈阳"战略构想中加快发展。东北战略已被提到政府重要的战略举措,由沈阳、鞍山、抚顺、本溪、辽阳、铁岭六城市组成"沈阳经济区"加上营口所构成的北斗七星格局的"大沈阳",将被打造成中国经济增长"第四极",这些发展将为清河商务休闲度假提供广阔的潜在市场空间。

● 温泉与旅游房产开发。进一步加快温泉资源的勘探工作,在可行的前提下,结合已发现的地热资源,开发形成一些具有良好借景空间的大型露天温泉泳池,形成"泉在景中"的野趣意境;开发形成具有较强私密空间的小型高级温泉泳池,作为商务谈判休闲的场所;同时开发形成一些温泉别墅,以带动旅游房地产的开发;如果温泉资源有限,可以利用人工加热补充,但烟囱必须要依赖合适山体坡地上延,以避免其对视角以及旅游者心理的影响。

● 运动休闲设施建设。在水源补给地以外的合适区块修建高尔夫球场,修建其他相关运动休闲设施,营造商务休闲环境。

- 环水库游步道。完成环水库道路的建设,除修建具有良好绿化效果的环水库主干交通道外,还需要延伸出一些游步道,满足游客的休闲需要,并便于游客到达划定垂钓区和野营区,以及根据库水回流形成的"小港湾"自然分区开发的主题旅游区域。
- 改善现有娱乐设备。使游客白天可开展赛艇、滑水、水上跳伞、参与捕鱼(网鱼)、冲浪滑梯、碧湖浴场游泳、乘坐游船和水上摩托艇、碧湖射击场、钓鱼等活动;晚间进行灯光表演、夜泊、放灯、歌舞厅跳舞、室内游泳馆、电影城活动。
- 在饮食方面,除了现有满族风味的八大碗和独特风味的用清河水库鲜鱼做的全鱼宴,还应充分挖掘清河丰富的山野菜绿色食品,如榛蘑、灰蘑、趟子蘑、羊肚蘑等多种野生蘑菇;刺嫩芽、蕨菜、毛广菜、大叶芹、柳蒿、猴腿、猫爪子等多种野生山菜。

⑦象牙山森林公园。象牙山是目前辽北唯一的山岳型风景区,其中"嵩山象笏"为历史上著名的开原八景之一。象牙山曲径通幽,峰回路转,景观主要在环游步道沿线分布。但现在其市场影响力较小,应考虑景区通过资源的进一步整合,加强基础设施建设,以"铁岭象牙,辽北嵩山"进行市场宣传,形成在辽北较有影响力的名山。

- 象牙山在规划中期应力争发展成为省级风景名胜区,以提高知名度和影响力。
- 在建设过程中,较好地突出薛仁贵征东的历史、清诗屏和烽火台,提高景区的文化内涵。
- 同时,象牙山应以良好的生态环境为卖点,在发展建设中,应更多地体现原生性的自然本色,这是景区长远发展的基础。

⑧砬子山森林公园滑雪场。近期为了促进冬季旅游,可根据雪质、雪量等情况在李家台乡砬子山建设中型滑雪场,春季则可开展滑草项目;如果雪量等客观条件不理想,则可以考虑建成单一的滑草场。

⑨七鼎龙潭寺。该寺位于开原城北,是市级文物保护单位,周围环境较好,但还需要进一步改善。

- 整治周围环境。拆除寺庙周围不协调的建筑,包括房屋和电线杆;寺庙前池塘的杂草需要彻底清除,改变水质,重新种植荷花;四周的杂草也应清除,种植松柏或灌木。

- 完善寺庙设施。为满足市民烧香拜佛的需求,寺庙应有 2 个以上的住持诵经念佛,并为前来的游客提供斋饭。

⑩辽海湿地保护区。辽海本指辽河河套昌图通江口至铁岭一带,历史上为芦苇与柳毛的海洋,故称辽海。历史上土匪藏匿期间,有很多叹为观止的故事。保护区涉及业民镇、三家子乡、庆云镇、八宝镇四个乡镇,是一个集生态旅游、农业观光、民俗文化、爱国主义教育于一体的生态旅游的好去处,是辽北唯一一处自然保护区。

规划建设景点如下:

➢辽海自然保护区。距开原市区 12 公里,位于清河、辽河交汇处的辽河大拐弯处,为辽海故地,现为人造湿地。在辽河大堤、清河大堤堤坝以内河道淹没区内,退耕还草 500 亩,种植芦苇,形成一望无际的芦苇荡,再现昔日"辽海"景观。芦苇的直接经济价值超过玉米,而芦苇荡的再生又会成为水鸟、野兽的栖身之所。芦苇不影响辽河泄洪,成规模的芦苇荡又会形成一个完整的生态圈,人们可以观光,并适度狩猎。绿化辽河、清河的堤坝,扩大湿地面积,使芦苇、柳毛、水草丛生,鱼虾潜伏,水鸟翔集,还需进一步建设,计划投资 800 万元。

➢辽河古渡口。位于业民镇英守村,明清时期此渡口曾作为辽河航运运输的重要码头,传说有张作霖、杨雨霆等人的许多传奇故事,现予以恢复建设,需投资 180 万元。

➢草莓种植园与高科技草莓深加工项目。三家子是辽北著名的草莓之乡,前施堡村和关公台村更具规模,特别是反季节草莓,俏销关内外,可开辟为农业观光旅游项目。辽宁北绿集团投资 2 000 万元在此建设草莓深加工龙头企业,成为农业观光旅游项目。

➢新安关。在庆云镇的双楼台为明代新安关遗址,是明长城辽东边墙上的重要关口,西可通达内蒙古科尔沁大草原,历史上曾上演了诸多战役。庆云镇为辽代头下军州庆云县故地,有很多历史传说,应考虑复建新安关,计划投资 220 万元。

➢老虎头锡伯族民俗村。庆云镇的老虎头村是锡伯族聚居地,有锡伯族家庙,民风淳朴。规划建设锡伯族民俗村,再现特色民族风俗,计划投资 100 万元。

➢ 朝光朝鲜族民俗村。庆云镇朝鲜族村朝光村，以生产绿色稻米著称，有条件建设朝鲜族民俗村，计划投资100万元。

➢ 辽东马市。以古城堡集市为雏形，复建大门，既可以再现当年马市的外观，又可领略今日集市的繁华，计划投资120万元。

➢ 现代农村示范区。三家子乡董孤家子村，村落整齐，所有村路都实现了黑色路面，统一院墙，统一石砌边沟，统一绿化，在全省率先实现了户户通油路，国家交通部在该村召开了现场会，是全国城乡共建精神文明的示范村。

➢ 契丹湖。在开原城西十里有清河闸，为开西灌区主干渠的引水工程。工程气势宏伟，人工湖内另有小岛，景色宜人，计划开辟为水景观光区。

➢ 安业民纪念馆。位于业民镇业民村，是省级爱国主义教育基地。此馆建于2000年7月，馆内立有安业民的塑像，并多以照片的形式展示了安业民生前参加"炮击金门"战斗的真实场面，以及安业民牺牲后军地双方开展追悼和纪念活动的情况，馆内还珍藏着朱德等领导的题词。

➢ 大台山风景区。位于辽河南岸，上有寺院及传奇人物籍小唐出家修炼之所，风景秀丽，为旅游佳境。

⑪开原古城风貌复原工程。修整开原古城中的钟鼓楼、老城清真寺等景点，与崇寿寺塔共同构建开原旅游的重要旅游线。

• 崇寿寺塔周围环境整治工程。整治崇寿寺塔周围的旅游环境，加强对崇寿寺塔基附近的石碑进行保护，修缮崇寿寺要尽可能尊重历史，重现辽北第一塔的雄姿。

• 钟鼓楼的环境整治工程。为使周边环境和钟鼓楼协调一致，重现钟鼓楼当年老城十二景之一的景色，建设明清一条街、民族文化一条街，作为娱乐、购物的场地。

• 恢复开原传统的农历四月十八的娘娘庙会。

⑫白鹭洲自然保护区。该保护区可开展观鸟等生态旅游活动，确定若干最佳观测点，配备高倍望远镜和白鹭图鉴。

⑬地下电厂观光项目。审慎考虑目前度假区将地下电厂建成"阴曹地府"的发展思路，作为中国最大的地下电厂，本身就具备开展旅游的条件，可进行稍事修整，尽量维持原貌，开辟为观光景点。

(2) 近期项目效益评估

① 功能区容量。黑土地幽默文化旅游度假区是铁岭市旅游规划近期开发的重点功能区，集餐饮、住宿、度假休闲、商务、娱乐为一体的多功能旅游区。预计本区近期旅游接待量可达铁岭市同期旅游接待总量的25%，到2010年年接待量预计为126万人次。按每年240天可游览天数计算，日均接待量为5 250人；按22%住宿游客比例、住宿游客平均停留2.2夜、饭店住宿率75%计算，共需旅游住宿床位3 388张；除现有约800个床位，需在本区新设、改设旅游住宿床位2 588张；按每间客房住宿1.7人，本区需新建、改建旅游客房1 522间。

近期期末预测，年接待一日游游客98万人次，人均消费320元；过夜游客28万人次（占接待总数的22%），平均停留2.2夜，人均消费1 700元，人均日消费770元。

② 经济效益评估。黑土地幽默文化旅游度假区经济效益评估见表5-5。

表5-5 黑土地幽默文化旅游度假区经济效益评估

建设时间	2005年中至2007年中	建设周期（年）	2
建设用地面积（公顷）	53	建设用地容量（人/公顷）	100
新建星级饭店建筑面积及造价	106 540平方米×3 500元=37 289万元	新建旅游配套设施面积及造价	213 080平方米×2 000元=42 616万元
总投资匡算（万元）	79 905		
年均经营收入（万元）	78 960	其中住宿：28万人次×1 700元=47 600万元 其中非住宿：98万人次×320元=31 360万元	
年均经营成本（万元）	78 960×0.6=47 376万元	折旧（万元）	79 905×0.05=3 995万元
营业所得税（万元）	27 589×0.33=9 104	年均净利润（万元）	18 485
投资利润率（%）	28	投资利税率（%）	35
投资回收期（年）	6（含建设期）		

注：本表根据国家旅游局《旅游规划通则》所推荐的旅游规划指标，仅对近期新增旅游接待设施（星级饭店及其配套文化娱乐设施）投资经济效益进行评估，而不包括其他城市建设投资。

4. 宋金战史文化旅游区

宋金战史文化旅游探秘区规划为中期重点开发区,通过对金宋战史文化研究与展示、金兀术调兵伐宋史迹探秘、岳飞抗金史话传说、宋二帝坐井观天等铁岭历史文化资源的深度挖掘,发挥其旅游发展的中继拓展功能。同时,借助铁岭地区丰富的煤矿资源,联手铁岭电厂,开发"煤电能源之城"专项工业旅游项目;利用昌图县豁鹅资源开发"豁鹅之乡"特色养殖旅游项目。

(1) 重点开发项目

① 兀术城续建项目。兀术城是东北三省最大仿金建筑群,也是目前调兵山金文化旅游的标志性游览景点。目前的兀术城只有东、西两个城门,而且城南和城北两个方向缺口受到现代高层居民楼的视觉影响。为体现兀术城的完整性,同时尽量消除现代居民楼对"兀术城"的视觉影响,增建南北仿金建筑城门为宜。

对兀术城实施活动场景历史化,包括安排隆重的入城仪式,按金代风格规定酒肆、餐馆等的内部装饰和服务人员的仿古服饰,组织宋金时代传统的市井杂耍表演,等等。在城内活动场景历史化的过程中,要注意避免旅游者与表演者两张皮的情况,要真正给人以仿佛置身于宋金时代的感觉。

② 金宋文化博物馆。利用计划建设的兀术城南、北城门楼,建立全国资料最丰富,文物、书籍、图片、影像、多媒体、网络链接等展示形式新颖和多样化的金宋文化博物馆,南楼设立宋文化专题馆,北城楼设立金文化专题馆,组织接待各种金宋文化研讨会及交流活动,使这些博物馆和专题馆成为全国最重要的金宋文化研究基地和研究成果发布平台。

③ 调兵山遗址公园。改善调兵山登山道路,铺设石板游道。仿古重塑山顶处的调兵山纪念碑,正面请名书法家题字,背面记述调兵山史实考证与传说。规划在调兵山山背后近公路的山脚下配套建设调兵山遗址旅游解说中心。调兵山正面(点将台故垒)前方沟谷开辟为调兵演军谷,在该处进行交战前的调兵表演,以及金兀术和岳飞两军交战的历史场景"舞台化"再现(以整个调兵山地形为舞台而非一般意义上的室内舞台)。挖掘在调兵山遗址公园和"兀术城"进行影视剧拍摄的潜力,从而通过宋金题材影视剧的热播宣传调兵山的旅游,同时也为调兵山旅游的后续发展积累旅游资产。

④金兀术大营。该大营选址在调兵演军谷右侧山坡上,布置金兀术军营,包括中军大帐、骑兵营、步兵营、炮兵营(金军善使火炮、铁火炮、飞火枪等火器)、"铁浮图"阵和"拐子马"阵等景点。中军大帐用作游客接待站,各兵营可供游客宿营。景点之间以石板游道连接,沿途布置有关金兀术伐宋主题的碑刻和雕像,介绍金兀术的生平事迹。

中、远期建设金兀术伐宋微缩战场景观,将金兀术伐宋路线和开封之战、搜山检海之战、富平之战等金兀术指挥的经典战役景观以微缩形式直观再现。

搜山检海之战。金天会七年(1129年)宗弼率军南下,先后攻克扬州、建康(今南京)、杭州、越州(今绍兴)、明州(今宁波),迫使宋高宗赵构逃亡海上。这次金宗弼领兵追赵构,跨江河、越天险、破关隘、捣城池、搜山川、入大海,无坚不摧,无敌不克,金人称之为"搜山检海"捉赵构。

富平之战。天会八年(1130年),宗弼又同宗辅一起转战陕西,与宋军在富平(今陕西富平县北)展开决战。是役,南宋名将张浚、刘琦等率马步兵18万,将金兀术重重包围。此时,金将完颜娄室找到了宋军的薄弱处——赵哲统率的宋军,于是以其所率的所有精锐骑兵冲击赵军,赵军一触即溃,娄室与宗弼合兵掩杀,金军士气大振,致使南宋18万大军顷刻间土崩瓦解。富平战役,一方面由于张浚自恃强大,判断失误,贻误战机,另一方面也由于完颜宗弼的剽悍勇猛,牵制了宋军主力,最终以金朝大胜而结束,南宋尽失陕西五路大部分地区。

⑤岳飞大营。该大营选址在调兵演军谷左侧山坡上,布置岳家军军营,包括营门、中军大帐、步军营、马军营和麻札刀(即大刀、长斧)阵等景点。中军大帐用作说岳茶馆,供游客品江南名茶,欣赏《说岳全传》评书和二人转、地方戏曲等。各兵营可供游客宿营。景点之间以石板游道连接,沿途布置有关岳飞抗金主题的碑刻和雕像,介绍岳飞的生平事迹。

注:铁浮图和拐子马为金兀术亲兵。铁浮图又名铁塔兵,是人马皆披重铠的精锐。拐子马为三马相连、贯以韦索的铁骑,进攻时为铁浮图之左右翼,故称为两拐子或东西拐子。南宋绍兴十年(1140年),宋将岳飞率岳家军于郾城与兀术交战。兀术有拐子马一万五千骑,攻势凌厉,岳飞命步卒以麻札刀入阵,不可仰视,但斫马足,一马斫倒,二马不能行,于是金兵大溃。兀术大恸曰:"自海上起兵,皆以此马胜,而今已矣!"

中、远期建设岳飞抗金微缩战场景观，将岳飞抗金路线和开封保卫战、建康之战、洛阳之战、郾城之战等战役景观以微缩形式直观再现，展现金军"撼山易，撼岳家军难"之感叹以及岳飞"直捣黄龙府，与诸军痛饮耳"之抗金气魄。

开封保卫战。1126年金兵大举入侵中原，岳飞随副元帅宗泽前去救援宋都开封，屡败金军，受到宗泽赏识。同年，金军攻破开封，俘获了徽、钦二帝，北宋王朝灭亡。

建康之战。建炎三年（1129年），金兀术率金军再次南侵，发起搜山检海之战。岳飞率孤军坚持敌后作战，先在广德攻击金军后卫，六战六捷。又在金军进攻常州时，率部驰援，四战四胜。次年，岳飞在牛头山设伏，大破金兀术，收复建康，金军被迫北撤。从此，岳飞威名传遍大江南北，声震河朔。7月，岳飞升任通州镇抚使兼知泰州，拥有人马万余，建立起一支纪律严明、作战骁勇的抗金劲旅"岳家军"。

郾城之战。绍兴九年（1139年），高宗和秦桧与金议和，南宋向金称臣纳贡。次年，金兀术撕毁和约，再次大举南侵。岳飞奉命出兵反击。相继收复郑州、洛阳等地，在郾城大破金军精锐铁骑兵"铁浮图"和"拐子马"，乘胜进占朱仙镇，距开封仅四十五里。兀术被迫退守开封，金军士气沮丧，发出"撼山易，撼岳家军难"的哀叹。岳家军正待渡河之际，高宗、秦桧以十二道金牌急令班师。岳飞接到诏令，痛心疾首，悲愤万分，高呼："十年之功，毁于一旦；所得州郡，一朝全休；社稷江山，难以复兴。乾坤世界，无由再复。"岳飞回临安（今浙江杭州）后，被解除兵权，任枢密副使。不久，被诬入狱，于绍兴十一年十二月二十九日（即1142年1月27日），以"莫须有"罪名被杀害，时年三十九岁。

⑥宋二帝坐井观天微缩景观。规划在昌图县八面城故址建设宋二帝坐井观天微缩景观，再现宋徽、钦二帝自卞京（今开封）被俘后坐井观天并辗转北徙的线路、典故、传说与场景。

北宋的宋徽宗、宋钦宗被俘于宋靖康二年（1127年）。金太宗随即下诏，宣布废除宋太上皇徽宗、皇帝钦宗的皇帝身份，将宋皇室三千多人劫掠北去。宋二帝被掠后，先至燕京（今北京）。次年7月被迁至原辽国上京（今内蒙古巴林左旗南）。10月，又被徙至韩州（即今昌图县八面城一带）。宋二帝被羁押在韩州的时间较长，大约近一年时间。1130年7月，最终被徙至鹘里。鹘里又称五国城,在今黑龙江省依兰县附近。

根据女真旧俗,关押犯人时,皆穴地为牢,金初监狱仍沿用此法。金占领中原后,曾下令诸州县置地牢,深三丈,为上中下三层,死囚居下,徒、流刑犯人居中,笞、杖刑者居上,外起夹城,前以壕沟重围。宋徽宗、钦宗被金军俘房后,曾关入金人监狱,宋人称之为"二帝坐井观天"。

⑦夫余古城遗址公园。在四面城开辟夫余古城(前黄龙府)遗址公园,并与西丰城子山、开原碇子山等同类遗址胜迹串联成线,构成以唐朝东征为历史线索的专题游览线路。

四面城古城遗址位于昌图县四面城乡四面城村旁。城为土筑,城墙现平均存高3米左右,东、南两墙因近民宅而损毁较重,西、北两面城墙保存尚好。城有南北二门,均有瓮城痕迹;城址为不规则菱形,经实测,北墙长366米,东墙长441米,南墙长307.5米,西墙长490米,总面积为0.143平方公里。1982年此处遗址作为辽北地区整体轮廓比较完整的辽金时期遗址,被列为省级文物保护单位。

据《昌图县志》载,四面城辽金古城遗址,在辽金以前曾为古夫余国王城,后为渤海国夫余府。扶余王城从公元前128年建立,历经魏、晋、隋、唐、渤海和辽,虽然扶余国早已消失,而扶余城却一直留存下来,其间曾由扶余王城更名为扶余城、扶余府、扶余道等名称,直至辽初,扶余之名未改。辽以后,扶余城更名为龙州、通州,扶余这个名字从此消失。

一部分史家认为今四面城就是辽之通州,即古扶余城(《昌图县志》《奉天通志》和《东北通史》等)。还有一部分书刊著作认为通州不在四面城而在吉林省四平市傍的一面城(《辽东行部志注释》)。还有史料记载古扶余城为金代隆安城,即今吉林省农安市(《金史·地理志》)。这些莫衷一是的诸子百家之言,使四面城蒙上了一层扑朔迷离的色彩。

⑧铁煤集团蒸汽机车流动博物馆。

自1825年英国建设世界上第一条蒸汽机车铁路以来,蒸汽机车运输已有179年的历史。随着内燃和电力机车的普及,以及高速铁路电力机组和磁悬浮列车等新兴轨道运输方式的出现,蒸汽机车在世界范围内被迅速淘汰,消失在历史的长河之中。然而,蒸汽机车作为工业革命的象征,正日益引起世界上越来越多怀古旅游者的青睐,蒸汽机车专项旅游也成为当今工业旅游的热点之一。据不完全统计,世界上有蒸汽机车爱好者和摄影爱好者100余万之众,每年到中国旅游的至少在万人以上,其中相当部分以东北辽宁为旅游目的地。铁岭市作为辽宁省为数不多的仍然运行蒸汽机车的旅游城市,对国内外蒸汽机车爱好者和摄影爱好者有垄断性吸引力,仅2001年以来就接待英、美、法、日、俄等十余个国家的蒸汽机车爱好者1 000余人。规划对铁煤集团现有20辆蒸汽机车进行文物性保护和持续性运营,使其成为铁岭市旅游产品的王牌之一,得到长期利用和永久保留。

规划在调兵山市建立铁煤集团蒸汽机车流动博物馆,使其成为国内外第一个受到规划保护的运营性蒸汽机车博物馆,包括以下运营和游览内容:

- 铁煤集团运输部19辆上游型和1辆建设型蒸汽机车。
- 铁煤集团运输部蒸汽机车展品室、检修段和机务段。
- 王千站——晓南站蒸汽机车游览环线。
- 调兵山车站——三家子车站——大青火车站客运线路。
- 调兵山车站——铁岭电厂——清河电厂货运线路。
- 调兵山车站——铁岭电厂——铁岭车站——沈阳蒸汽机车主题公园蒸汽机车游览专线。
- 铁煤集团蒸汽机车摄影节。

⑨"煤电能源之城"工业旅游项目。铁岭市是东北老工业基地仅存的处于丰产期的煤炭工业基地,煤炭资源储量为22.61亿吨,境内有年产原煤1 500万吨的铁煤集团、总装机容量达240万千瓦的铁岭发电厂及我国自行设计并安装的第一座超百万千瓦的发电厂——清河发电厂,被誉为"煤电能源之城"。规划通过调兵山车站——铁岭电厂——清河电厂货运列车加挂客运游览车厢的方式,把调兵山市的煤炭工业旅游景点和铁岭电厂及清河电厂旅游景点串联起来,形成以传统蒸汽机车为游览线索的铁岭"煤电能源之城"旅游项目。游览内容包括:

- 全国特大型企业,国务院512户重点联系大企业之一,铁法矿区。
- 全国特大型企业,电力工业部"一流火力发电厂",铁岭发电厂。
- 全国特大型企业,国内自行设计并安装的第一座超百万千瓦火力发电厂,辽宁清河发电有限责任公司。
- 国土资源部土地整理中心确定的调兵山市UNDP(联合国开发计划)"中国国土整理与土地资源可持续利用"项目示范区。

⑩豁鹅之乡农业旅游示范区。昌图豁鹅属中国白色鹅种的著名小型鹅,具

有产蛋多、生长快、肉质好、耐粗饲等特点,其中产蛋量居全世界鹅中之最。1979年经辽宁省专家鉴定,正式命名为"昌图豁鹅",编入《辽宁省畜禽品种志》;1982年通过国家鉴定,编入《全国家禽品种志》;1984年在全国鹅种评比会上被誉为"王牌鹅种"和"国宝";1995年在全国首批百家特产之乡大会上,昌图县被命名为"中国豁鹅之乡";1998年荣获埃及"金字塔"奖牌,在国内外具有较高的知名度和影响力。

为了更好地发挥昌图县"中国豁鹅之乡"的品牌优势,规划在昌图县设立以豁鹅之乡为品牌的农业旅游示范区,主要景点和项目包括:
- 昌图豁鹅养殖基地观光园;
- 昌图黑猪养殖基地观光园;
- 农业种植基地农家乐度假村;
- 豁鹅全席、黑猪杀猪菜、有机食品、绿色蔬果等。

⑪其他项目。恢复鴜鹭湖的水景和林木生态,扩大水域面积,增加芦苇以及湖面周围的林木视觉隔离效果,将此湖建成具有一定影响的生态休闲景区。

积极研究论证将昌图东部山区的独特地质、地貌建成地质公园的可行性。

(2)近期项目效益评估

① 功能区容量。宋金战史文化旅游区规划为中期重点开发区,具有旅游发展的中继拓展功能。考虑到该功能区的建设期及目标市场的特点,预计该区近期旅游接待量可达铁岭市同期旅游接待总量的25%,到2010年年接待量估计为126万人次。按每年240天可游览天数计算,日均接待量为5 250人;按22%住宿游客比例、住宿游客平均停留2.2夜次、饭店住宿率75%计算,共需旅游住宿床位3 388个;除现有约700个床位,规划在该区新设、改设旅游住宿床位2 688个;按每间客房住宿1.7人,该区需新建、改建旅游客房1 580间。

近期期末预测,年接待一日游游客98万人次,人均消费320元;过夜游客28万人次(占接待总数的22%),平均停留2.2夜,人均消费1 700元,人均日消费770元。

② 经济效益评估。宋金战史文化旅游区经济效益评估见表5-6。

表 5-6　宋金战史文化旅游探秘区经济效益评估

建设时间	2005 年中至 2007 年中	建设周期(年)	2
建设用地面积 (公顷)	53	建设用地容量 (人/公顷)	100
新建星级饭店建筑 面积及造价	3 500 元×110 600 平方米 =38 710 万元	新建旅游配套设施 面积及造价	221 200 平方米×2 000 元 =44 240 万元
总投资匡算(万元)	82 950		
年均经营收入	78 960 万元	其中住宿：28 万人次×1 700 元=47 600 万元 其中非住宿：98 万人次×320 元=31 360 万元	
年均经营成本 (万元)	78 960×0.6=47 376	折旧(万元)	82 950×0.05=4 148 万元
营业所得税 (万元)	2 743×0.33=9 054	年均净利润(万元)	18 382
投资利润率(%)	27	投资利税率(%)	33
投资回收期(年)	6(含建设期)		

注：本表根据国家旅游局《旅游规划通则》所推荐的旅游规划指标，仅对近期新增旅游接待设施(星级饭店及其配套文化娱乐设施)投资经济效益进行评估，而不包括其他城市建设投资。

5. 皇家鹿文化森林度假区

皇家鹿文化森林度假区规划为近中期重点开发区。由于一个国际标准的度假区往往需要十年或更长时间才能逐步形成，所以该开发区从规划实施之日起就必须进行循序渐进的有序开发，包括皇家鹿文化观光项目、绿色生态度假设施项目和森林猎鹿场项目等，最终形成以皇家鹿文化为主题、以绿色生态度假设施为基础、以森林猎鹿为特色的国际标准度假区，从而发挥其旅游发展的后续升级功能。

(1) 重点开发项目

① 冰砬山森林公园。冰砬山 2002 年被批准为国家森林公园，更重要的是该处曾经是大清第一围场腹地和皇家鹿苑，具有悠久的历史和人文内涵，可以作为铁岭旅游经济的中远期核心吸引力项目。但由于公园到目前为止没有得到有效的开发和利用，所以在规划期应加大对公园的开发力度，增加旅游项目

和旅游度假设施等。

● 游客中心。公园入口选址建设游客中心,为游客提供咨询、接待和售票等服务。

该中心的设计要区别于其他森林公园,突出该公园皇家鹿苑历史文化与丰富的生态资源的特点,在公园入口处选四周树木茂密的地方建一个仿清古建筑式游客中心。游客中心应该有醒目标志。

● 路面建设要求。森林公园内在现有道路项目的建设中,为符合森林公园的自然特征,所有的道路都不应设置路沿(城市道路的马路牙子),项目完成后基本不再采用水泥材料进行建设,为了保持渗水性,尽量只进行硬化,必要的路段可以采用石板铺设,而且可以考虑为冰山湖集水的需要形成若干小溪流(山水相生,人文山水之意境成矣)。

● 生态化护坡工程。现有道路施工完成的同时在近期完成生态化护坡工程,可以采用如爬山虎之类的藤生植物下挂"遮盖"因道路施工而裸露的地层。

● 历史典故介绍。在有历史典故的景点,可以充分利用现有较为平整的倒石镌刻诗词歌赋,以及皇帝到西丰围场的历史记载等相关历史文献,也可根据需要搬运一定数量的石板用来镌刻。

● "一览众山小"观景塔。改建现有的防火瞭望塔,充分考虑该塔的旅游需要,减少该塔周围的城市化痕迹,增加塔内的观景设备以及相关的解说,通过精致化工作,建成为真正意义上的观景塔。

② 城子山风景名胜区。城子山山城位于西丰县凉泉镇南 7.5 公里的城子山上,始建于唐初,为高句丽时期的主要山城。山城围绕山脊用长方石块垒砌。城内现存蓄水池、瞭望台、点将台、马道、黄酒馆、山庙等古遗址数处。具有丰富的自然景观和人文景观,可将山城建成古城旅游景区。

对现存蓄水池、瞭望台、点将台、马道、黄酒馆、山庙等古遗址按原样进行修复,作为旅游景点,在原有这些遗址可安排表演人员再现当年的历史场面,游客也可参与其中,并为提供有偿游客摄像服务。

利用天然大石板铺设登山游道,路旁进行绿化,沿途及顶峰建设仿古亭台楼阁,供游客眺望山景、名胜并休憩。

对有特殊含义的古树挂牌介绍,如百年姊妹松、名夫妻树等,尽可能收集有关其寓意的历史来源、树龄、典故等相关知识。

除必要的基础设施外，在山城内不建现代的建筑和设施，以维持古山城的原貌。

③ 冰砬山滑雪场。在西丰县冰砬山建设中型滑雪场。当地年平均积雪日数为 86 天，最大积雪深度为 6 公分，可建天然滑雪场来补充景区冬季的卖点，平衡景区旅游淡旺季及全年各月的旅游收入。如遇到积雪量不足，可用造雪机来补充积雪。

考虑到冰砬山相对于东北其他地区降雪量少及积雪时间短的劣势，应在冰砬山的背阴面建滑雪场，建雪道全长 3 000 余米，落差 238 米，配套全长 1 200 米的观光缆车，2 条拖牵索道，高、中、初级雪道 8 条，另设儿童雪地摩托专用道。

建集雪具店、餐厅、客房等生活娱乐设施于一体的游客中心，为滑雪者提供优质便捷的服务。可包括中西式快餐厅及雪地酒吧。

除滑雪外，还应设有雪地摩托、狗拉雪橇、马拉雪橇、鹿拉雪橇、旱地雪橇、雪上飞碟、雪地射箭等多种娱乐项目，同时应配有十余名专业滑雪辅导教练。

冬季森林公园可开辟溜冰场，作为滑雪项目的补充。

④ 冰砬山森林度假区。按照皇家园林建设的格局，修建避暑山庄，使该景区成为夏季避暑的旅游胜地。修建当年皇家狩猎住宿的行宫别院等仿清建筑，建筑特色以清朝风格为主，可按照当年为皇家狩猎官员服务的形式和仪式，为在这里住宿的游客或狩猎者提供相应的服务。

建情侣木屋和木制马架。同时提供以满族风格、习俗的鹿产品为主体，各种土特风味食品为辅的餐饮服务，使游客在观光的同时，品尝具有地方风味的食品。

⑤ 冰砬山皇家猎鹿场。清咸丰年间，西丰县振兴镇高里木一带地区，就被圈定为皇家围场。当时，此地野生动物成群，尤其以梅花鹿群居多。清廷经常兴师动众，携百官前来打围（打猎）以展示清廷雄威。作为皇家鹿文化森林度假区，狩猎是皇家鹿文化的重要组成部分。现西丰县是全国和全世界最大的鹿茸集散地，依托皇家围场的历史渊源，有条件建立全国最大的仿皇家狩猎围场。狩猎围场的建立一定要依据当年的历史记载，不加现代建筑和装饰，营造和再现当年皇家狩猎场的景象和气派，用以吸引全国，甚至全世界对皇家文化和狩猎感兴趣的旅游者。

图5-2 [清]围场行围图

在森林公园的缓冲带建一个占地5 000亩的狩猎场,狩猎方式以弓弩射猎、陷阱捕猎为主,辅之以猎枪打猎,并收取不同的费用。猎区内放养兔子等适宜当地繁殖的动物,并以野化梅花鹿为主要特色,辅以狍子、山兔、山鸡等,可容纳300人同时狩猎。可满足不同层次游客的需求。

将狩猎场划分为三个区:天然猎区、封闭猎区、猎鹿专区,以两个山谷为界划定一个占地2 000亩的天然猎区,一年可放养一定数量的鹿和其他适宜繁殖的动物,让其自我繁殖,供游客狩猎;开辟一个占地面积为1 000亩的封闭猎区,每天放养一定数量的人工养殖的动物供游客狩猎;另开辟一个面积1 000亩的猎鹿专区,只在其中放养鹿供游客狩猎。但除举行特殊的活动外,三个猎区都要对游客的狩猎数量进行限制。

为便于狩猎者食宿,在公园内满足不同需求的狩猎区,分别建仿清古建筑式的猎人宿营地,建筑面积1 500平方米,可提供住宿、酒水及烧烤设施。

围场主要设计项目如下:

• 清朝皇家狩猎表演。选定相应区域,进行清朝皇家狩猎的"实战性"而非"舞台化"的再现。可以包括清朝皇帝行围演武、拜谒修葺神庙、联络蒙古王公贵族、整顿吏治、加官晋爵、赋诗歌舞、奖励文教等活动。

• 清朝军队演武活动。历史上围场不仅是皇家狩猎的地方,同时也是清朝军队演武的地点,所以可开辟一定的区域进行相关演武活动表演,游客可着表演服装加入其中,并以图片和文字的形式介绍清太祖及其部队在军事组织、军队训练、军事指挥、军事艺术等方面的成就。

• 国际狩猎文化展览。狩猎展览可以按照大洲分区展示主要狩猎区域的狩猎资源,展示各国主要的狩猎用具,介绍世界著名狩猎地区或民族的狩猎文化。

• 再造盛京大围场。以野化梅花鹿为主要特色,辅以狍子、山兔、山鸡等,形成盛京大围场,可以历史上存在于西丰的各围场作为其中小围的名称。可使用高档材料(如高档丝绸)印制盛京大围场地图,立于围场入口处,也可确立相关标准,选择一定数量的狩猎者,允其仿皇帝围猎盖印的仪式,在地图上签字或盖章,该地图的高档复制品作为纪念品由狩猎者收藏。

⑥ 西丰皇家鹿苑。在森林公园内历史故址重建皇家鹿苑,或在现鹿场位置对鹿场结合旅游需要进行精致化改进,使鹿场更便于参观,除了展示、出售鹿产品外,还可以兼营其他土特产品以及清代的一些仿制品,此外,还要设计和安排可展示鹿产品的加工过程,尤其要突出皇家鹿苑的历史掌故解说,体现皇家鹿苑的历史感。

森林公园内皇家鹿苑所有的工作人员和服务人员须着清朝时代的服装,以真实再现当年的皇家鹿苑。

在西丰县内选址建一个同上述的鹿场,可供满足在县内游览的游客的需求,同时也体现整个西丰县作为当年盛京围场的历史渊源。

远期建设东北特色动物园,选择适应地方成长的物种,尤其是东北地区特有的动物物种,在相对集中的若干个山间谷地散养,供游客观赏或用于其他用途。

⑦ 皇家鹿文化一条街。为了使整个西丰县成为皇家鹿文化的旅游地,应在县内修建皇家鹿文化一条街,把整条街分成两个区,即体现鹿文化主题的餐饮区和特色商品区。街区的商店最好能以仿清建筑的外表来装饰,整条街道最好设计成步行街。

• 体现清代皇家鹿文化餐饮保健风格的餐饮街区,推出梅花鹿系列饮食产品和药膳等特色饮食,辅以林蛙等当地山珍野味。

• 皇家鹿文化特色旅游商品街区,出售各种有关鹿的工艺品、保健品等,还可以兼营其他土特产品以及清代的一些仿制品。

⑧ 西丰皇家狩猎节。每年举办一次皇家狩猎节,包括各种再现皇家狩猎的仪式、狩猎表演及比赛等。结合当年的历史典故进行宣传。可依据皇家骑马狩猎比赛的形式和场景,举行马上狩猎比赛,让会骑马的游客参与其中,并予以评比和奖励。在此活动期间狩猎数量将不受限制,并降低收费标准,以扩大市场宣传效应。

⑨ 西丰鹿产品交易中心。现西丰县是全国和全世界最大的鹿茸集散地,但没有建成大规模的鹿产品交易的商贸中心。有必要建一个全国最大的鹿产品交易商贸中心,进一步推动西丰县鹿产品交易的发展和规范化。且贸易越来越与旅游、休闲、娱乐、餐饮、健身、服务等融为一体,通过商贸中心的建设可促进西丰县旅游的发展。

• 建设多功能、现代化、特大型鹿产品的国际商贸中心。这既是增强中心城市凝聚力、提高城市整体功能、促进人流、物流、资金流、信息流在西丰县高度聚集和高效流通的重要载体,又是西丰县向全国乃至世界展示该县特点的重要窗口和基础条件。

• 该商贸区建四星级宾馆和商务办公区,商务区集购物、餐饮、娱乐、休闲、商务等服务功能为一体。

• 可每年举办一次鹿产品交易的商务商贸节,以此为契机,扩大西丰县的知名度,带动西丰县旅游经济的发展。

⑩ 特种绿色食品体验区。西丰县是辽宁省著名的特种绿色食品基地,盛产柞蚕、梅花鹿、林蛙等特种绿色食品原料,柞蚕年产6 000吨,梅花鹿存栏3万头,林蛙养殖3 000万只。目前,该县已开发出具有很高药用、保健价值的柞蚕、鹿、林蛙等系列保健食品,享誉国内外。全县绿色食品环评监测面积已达261万亩,占全县总面积的60%,确立了肉牛、梅花鹿、林蛙、柞蚕、蛋鸡、玉米、水稻、水果、蔬菜、中草药、山野菜和山榛子等12个绿色食品产业项目,拥有和隆乡林蛙养殖加工示范区、振兴镇肉牛养殖加工示范区、金星乡柞蚕放养加工示范区等9个功能示范区。

以西丰县丰富而独特的绿色保健食品生产基地为依托,开发集特种绿色产品观光、品尝与购物为一体的特种绿色食品体验区,包括柞蚕、梅花鹿、林蛙养殖示范区,山野菜和野山菌采摘区,绿色保健餐饮区等。

(2)近期项目效益评估

① 功能区容量。皇家鹿文化森林度假区规划为远期重点开发区。近期该

功能区的一些项目也将逐步启动，近、中、远期进行循序渐进的开发。预计本区近期旅游接待量可达铁岭市同期旅游接待总量的20%，到2010年年接待量估计为100万人次。按每年240天可游览天数计算，日均接待量为4 167人；按22%住宿游客比例、住宿游客平均停留2.2夜、饭店住宿率75%计算，共需旅游住宿床位2 689个；除现有约600个床位，规划在本区新设、改设旅游住宿床位2 089个；按每间客房住宿1.9人，本区需新建、改建旅游客房1 100间。

近期期末预测，年接待一日游游客78万人次，人均消费320元；过夜游客22万人次（占接待总数的22%），平均停留2.2夜，人均消费1 700元，人均日消费500元。

② 经济效益评估。

皇家鹿文化森林度假区经济效益评估见表5-7。

表5-7 皇家鹿文化森林度假区经济效益评估

建设时间	2005年中至2007年中	建设周期（年）	2
建设用地面积（公顷）	42	建设用地容量（人/公顷）	100
新建星级饭店建筑面积及造价	77 000平方米×3 500元=26 950万元	新建旅游配套设施面积及造价	154 000平方米×2 000元=30 800万元
总投资匡算（万元）	57 750		
年均经营收入	62 360万元	其中住宿：22万人次×1 700=37 400万元 其中非住宿：78万人次×320元=24 960万元	
年均经营成本（万元）	62 360×0.5=31 180	折旧（万元）	57 750×0.05=2 888
营业所得税（万元）	28 292×0.33=9 336	年均净利润（万元）	18 956
投资利润率（%）	38	投资利税率（%）	49
投资回收期（年）	5（含建设期）		

注：本表根据国家旅游局《旅游规划通则》所推荐的旅游规划指标，仅对近期新增旅游接待设施（星级饭店及其配套文化娱乐设施）投资经济效益进行评估，而不包括其他城市建设投资。

6. 特色旅游线路

（1）铁岭"四张名片"精品线路

① 红楼文化之乡旅游线路。具体为：城市文化休闲旅游中心—铁岭博物馆—银冈书院—铁岭名人纪念馆—曹雪芹关外祖籍纪念地—十五堡之役古战场遗址—鸳鸯湖—城市文化休闲旅游中心。

② 小品艺术之乡旅游线路。具体为：城市文化休闲旅游中心（铁岭博物馆、黑土地幽默文化艺术中心、铁岭名人纪念馆）—黑土地幽默文化旅游度假区（龙泉山庄、马大帅拍摄基地、黑土地幽默文化博物馆、中国笑星蜡像馆、铁岭国际民间艺术节暨"赵本山杯"小品大赛主赛场、黑土地幽默文化创作基地）—城市文化休闲旅游中心。

③ 体育冠军之乡旅游线路。具体为：城市文化休闲旅游中心—铁岭博物馆—银冈书院—大龙首山"铁岭八景"—铁岭名人纪念馆—城市文化休闲旅游中心。

④ 煤电能源之城旅游线路。具体为：城市文化休闲旅游中心—铁煤集团蒸汽机车流动博物馆—"煤电能源之城"工业旅游项目—城市文化休闲旅游中心。

（2）铁岭特色主题旅游线路

① 铁岭风景名胜之旅。具体为：城市休闲旅游服务中心（银冈书院、大龙首山"铁岭八景"）—开原古城（七鼎龙潭寺、象牙山森林公园、碇子山森林公园）—西丰盛京围场（冰砬山国家森林公园、皇家鹿苑、城子山风景名胜区）—调兵山遗址公园—昌图四面城夫余古城遗址公园—城市休闲旅游服务中心。

② 沈阳后花园休闲度假。具体为：沈阳—枫林休闲度假区—乡村产权酒店—高科技农牧业教育区—银州特色餐饮中心—城市文化休闲旅游中心。

③ 金文化探秘之旅。具体为：城市文化休闲旅游中心—兀术城—调兵山遗址公园—金兀术大营—岳飞大营—宋二帝坐井观天微缩景观—城市文化休闲旅游中心。

④ "豁鹅之乡"农家乐。具体为：城市休闲旅游服务中心—昌图豁鹅养殖基地观光园—昌图黑猪养殖基地观光园—农业种植基地农家乐度假村—绿色餐饮（豁鹅全席、黑猪杀猪菜、有机食品、绿色蔬果等）—城市休闲旅游服务中心。

⑤ 薛礼征东传奇之旅。具体为：城市文化休闲旅游中心—高句丽夫余古遗址公园—城子山高句丽山城遗址—象牙山薛仁贵东征壁画及传说—城市文

化休闲旅游中心。

⑥皇家鹿文化森林度假。具体为：城市文化休闲旅游中心—冰砬山国家森林公园—冰砬山森林度假区—冰砬山皇家猎鹿场—西丰皇家鹿苑—皇家鹿文化一条街—西丰鹿产品交易中心—冰砬山滑雪场—城市文化休闲旅游中心。

(五)旅游发展定位与目标

1. 旅游业在本市经济发展中的定位

(1)旅游业是铁岭市城市发展的形象产业，承担提高城市知名度和完善城市形象的任务。

(2)旅游业是铁岭市第三产业的龙头产业，关联拉动交通、金融、商业等服务行业的发展。

(3)旅游业是铁岭市农业发展的增值产业之一。一方面农业为旅游接待提供原材料和良好的生态环境，另一方面农业旅游是一种新兴的旅游产品，因此，特色农业将作为增值旅游资源得到深度开发。

2. 铁岭在区域旅游业中的定位

(1)铁岭市是"沈阳旅游圈"中的后花园，以文化娱乐、田园风光为特色，吸引区域内的旅游者前来休闲、度假和观光。

(2)铁岭市是"大辽宁旅游圈"的成员之一，其特色在于文化名人、黑土地幽默文化、生态农业和高科技农牧业。

(3)铁岭市是"东北旅游圈"的成员之一，其特色在于黑土地幽默文化、关外红楼文化、辽北边塞战史文化和满族文化。

3. 铁岭在中国旅游业中的定位

(1)铁岭市力争发展成为中国重要的东北文化旅游名城，其特色是黑土地幽默文化、关外红楼文化、辽北战史文化和皇家鹿文化。

(2)铁岭市力争创建国家级旅游度假区，其特色是皇家鹿文化森林狩猎度假。

(3)铁岭市力争创建全国优秀旅游城市，使该市成为中国优秀旅游城市整体形象的组成部分之一。

4. 铁岭市旅游发展战略目标

(1)定性目标

①近期，到2010年初步建成黑土地幽默文化中心和皇家鹿文化森林度假中心。

②中期,到 2015 年初步建成辽北边塞战史文化旅游中心和关外红楼文化旅游中心。

③远期,到 2020 年建成以四大中心为特色的东北文化旅游名城。

(2)定量目标

①近期,到 2010 年计划实现旅游收入 31 亿元,相当于铁岭市国内生产总值(510 亿元)的 6%,成为地方国民经济的先导产业。

②中期,到 2015 年计划实现旅游收入 69 亿元,相当于本市国内生产总值(950 亿元)的 7.3%,由地方国民经济先导产业向支柱产业过渡。

③远期,到 2020 年计划实现旅游收入 122 亿元,相当于本市国内生产总值(1600 亿元)的 8%,成为地方国民经济支柱产业之一。

(3)各规划期旅游接待人数和收入指标

根据对铁岭市旅游业"八五"、"九五"期间旅游接待与收入历史统计数据的分析,应用时间序列预测法计算,并依据该市旅游资源与市场匹配程度作适当调整,预计铁岭市旅游业各规划期旅游接待人数和旅游收入指标如表 5-8 和表 5-9。

表 5-8 各规划期旅游接待人数和旅游收入

(单位:万人次,¥亿元)

年份	旅游接待人数			平均增长	旅游收入			平均增长
	国内	海外	总数		国内	海外($百万元)	总收入	
2004	142	0.5	143	基期	7.7	0.2	7.9	基期
2010	500	2.0	502	23%	25.0	1.2	31.0	26%
2015	1 000	5.0	1 005	15%	66.0	35.0	69.0	17%
2020	1 500	10.0	1 510	9%	115.0	80.0	122.0	12%

(4)规划指标说明

2004 年,铁岭市年接待一日游游客 114 万人次,人均消费 310 元;过夜游客 29 万人次(占接待总数的 20%),平均停留 2 夜,人均消费 1 500 元,人均日消费 750 元。

近期期末预测,年接待一日游游客 390 万人次,人均消费 320 元;过夜游客 110 万人次(占接待总数的 22%),平均停留 2.2 夜,人均消费 1 700 元,人均日消费 770 元。

中期期末预测,年接待一日游游客 764 万人次,人均消费 340 元;过夜游客 241 万人次(占接待总数的 24%),平均停留 2.3 夜,人均消费 1 800 元,人均日消费 780 元。

远期期末预测,年接待一日游游客 1 133 万人次,人均消费 380 元;过夜游客 378 万人次(占接待总数的 25%),平均停留 2.5 夜,人均消费 2 100 元,人均日消费 800 元。

表 5-9 各规划期旅游接待人数和旅游收入说明

(单位:万人次,¥亿元)

年份	旅游接待人数				旅游收入								
	国内	海外	总数	平均增长	国内	人均	住宿(%)	非住宿(%)	海外(百万美元)	人均	住宿(%)	非住宿(%)	总收入	平均增长
2004	142	0.5	143	基期	7.7	542 元	20	80	2.3	460 $	99	1	7.9	基期
2010	500	2.0	502	23%	30.0	600 元	22	78	12.0	600 $	99	1	31.0	26%
2015	1 000	5.0	1 005	15%	66.0	660 元	24	76	35.0	700 $	99	1	69.0	17%
2020	1 500	10.0	1 510	9%	115.0	767 元	25	75	80.0	800 $	99	1	122.0	12%

(六)旅游营销策划

1. 旅游市场定位

(1)辽宁省旅游发展情况

2004 年,辽宁省旅游业保持了较高发展速度,全年接待国内外旅游人数达 8 127.5 万人次,比 2003 年增长 27.4%。其中,接待国内旅游人数 8 019.4 万人次,增长 27.2%;接待入境旅游人数 108.1 万人次,增长 38.8%。在入境旅游人数中,外国人 93.8 万人次,中国港澳台同胞 14.3 万人次,分别比 2003 年增长 40.4% 和 29.1%。全年旅游总收入 570.0 亿元,比 2003 年增长 28.1%,其中,国内旅游收入 519.4 亿元,增长 27.5%;旅游外汇收入 6.1 亿美元,增长

35.0%。

(2)铁岭市旅游发展情况

2004年,铁岭市实现全市旅游总收入7.9亿元,其中接待入境旅游者4 800人次,比2003年增长137.6%;旅游外汇收入230万美元,同比增长152%;接待国内旅游者142万人次,同比增长24%;国内旅游收入7.7亿元,同比增长26.2%。居全省第12位。

(3)辽宁省旅游市场分析

近几年,辽宁省国内旅游市场的特点表现为"四多":即本省游客多、市镇游客多、邻近省(市、区)游客多、经济发达地区游客多。2002年,该省旅游者占旅游者接待总数的46.6%,外省旅游者约占53.4%。在外省旅游者接待总数中,北京、天津、河北、内蒙古、吉林、黑龙江等邻近省(市、自治区)旅游者占总数的49.8%;上海、山东、广东、江苏等经济发达省(市)旅游者占总数的28.2%;其他省(市、区)旅游者仅占22%。

抽样调查结果显示,辽宁省接待旅游者的旅游目的依次为休闲、观光、度假(36.9%)、商务(18.4%)、探亲访友(14.3%)、会议(11.07%)、文化、科技、体育交流(4.3%)、健康疗养(3.8%),其他为10.2%。其中辽宁省游客中,旅游目的为休闲、观光、度假的占43.4%、探亲访友13.5%、商务占12.3%、会议10.6%、文体科交流3.6%、健康疗养3.4%,其他占11.9%。外省游客中,旅游目的为休闲、观光、度假的占31.1%、商务占23.8%、探亲访友占15.0%、会议占11.5%、文体科交流占4.8%、健康疗养占4.2%,其他占8.6%。

国内游客人均花费630元,其中购物172元、餐饮102元、长途交通101元、住宿95元、游览50元、旅行社服务25元、娱乐23元、市内交通16元,其他46元。

过夜游客人均花费825元,人均日花费301元;一日游游客人均花费162元。

国内游客最感兴趣的旅游活动依次为欣赏自然风光(23.5%)、浏览名胜古迹(17.8%)、领略城市风光(17.7%)、享受特色餐饮(12.8%)、了解民俗风情(7.5%)、购物(7.4%)、观赏人造景观(5.6%)、参加节庆活动(4.7%)、参与文体活动(2.9%)。

据省旅游局预测,辽宁未来市场仍以省内为主,外省市场依然是以北京为核心的华北市场占据主导地位;经济发达的华东四省市(上海、山东、江苏、浙江)市场份额将会快速增长；东北由于地缘关系，旅辽游客也将持续增加；由广东、福建为核心构成的华南市场由于南北产品的差异性，市场也具有较大潜力。

(4) 铁岭市旅游市场分析

① 旅游客源增长特征。由于旅游业还处于初始发展阶段，即目的地生命周期的介绍期，铁岭市2004年接待国内旅游者142万人次，比2003年增长24%；接待海外旅游者仅4 800人次，同比增长137.6%；旅游总收入7.9亿元，相当于当地当年国内生产总值约210亿元的4%。由于旅游者接待人数基数较小，随着城市文化休闲旅游中心、黑土地幽默文化中心、宋金战史文化旅游中心和皇家鹿文化森林度假中心等四大主题旅游中心的形成，在客源增长层面将会表现为数量急速扩张的增长特征。

② 旅游市场分布特征。铁岭市主体旅游市场为国内市场，入境旅游市场为补充市场，但随着该市外向型经济和高品位旅游资源的开发，在中远期海外商务、文化交流、狩猎度假等入境旅游者数量预计将有较大增长，特别是华侨市场，将会是铁岭市旅游客源市场的重要组成部分，但国内旅游客源在未来铁岭市旅游发展中将长期处于主导地位。

铁岭市国内旅游客源构成中，目前以本省旅游者为主，以外省旅游者为辅。主要客源地依次为铁岭、沈阳，市场半径在2个小时车程以内。外省旅游者主要来自北京、吉林和天津，但市场规模较小。综合分析可见，铁岭市国内旅游主导市场处于初期发育阶段，市场半径较小，市场规模不大，外省市场分布过于分散。

在境外旅游客源构成中，以外国人为主，其中韩、日近距离国家占主要份额，美、德等欧美经济发达国家旅游者也占有一定份额，其他主要客源国包括俄罗斯、澳大利亚、加拿大和新加坡；中国香港、中国澳门、中国台湾地区的旅游者占境外总接待量的20%，占较大份额。综合分析可见，境外客源总量较小，地缘、血缘关系成为铁岭市海外客源的主要纽带，经济发达国家旅游者市场潜力尚待挖掘。

铁岭市未来旅游市场开发重点：一是将沈阳旅游圈确定为铁岭市一级旅游客源市场，确保该市场得到充分挖掘；二是扩大辽宁本省旅游市场范围，将本省除沈阳旅游圈之外的大、中城市与吉林、黑龙江两省的主要客源城市纳入铁岭重点开发的二级东北市场；三是明确以北京为中心的三级华北市场；四是选择以上海、广州为中心的四级东南沿海市场；五是确定境外分级市场，明确中国香港、中国澳门、中国台湾地区，以及日、韩等国家或地区为境外市场促销重点目标。

(5) 铁岭市旅游市场定位

依据铁岭市建设东北文化旅游名城的发展目标和"快乐老家,东北铁岭"的旅游形象定位,结合国内外旅游市场需求的容量、特点与发展趋势,并基于铁岭市独特的东北文化和生态度假旅游资源,铁岭市旅游发展的主要客源市场应该按照沈阳旅游圈、东北地区、华北地区、东南沿海地区、日韩、中国香港、中国澳门、中国台湾、欧美等市场顺序依次延伸。

① 国内主导市场

一级市场:沈阳旅游圈。

该市场包括以沈阳为中心,半径在 100 公里的鞍山、抚顺、本溪、营口、辽阳、铁岭等 7 座旅游联合体城市群,人口占全省的 48.3%,财政收入占 50%,国内生产总值占全省的 57.3%。铁岭市作为沈阳旅游圈的后花园,在该市场拥有独特的客源吸引力。

该市场的主要旅游群体可细分为:城市居民节假日和周末休闲度假旅游群体,工矿企业奖励旅游群体,工矿企业会议旅游群体,政府和企业的公务与商务旅游群体,学生修学旅游群体,红色旅游群体,宗教文化旅游群体等。

二级市场:东北地区。

该市场以大连、长春、哈尔滨为客流枢纽中心,覆盖包括辽宁省沈阳旅游圈之外的其他 7 个地级市,以及四平、白城、吉林、大庆、牡丹江、齐齐哈尔、佳木斯等客源城市。二级国内市场是中国传统的重工业基地,三省居民收入水平近几年提高很快,其人均国内生产总值均排在全国前 15 位。铁岭市开发东北地区旅游市场的有利因素是距离近,交通方便,交通费用较低,大众化市场基数较大。其不利因素是存在文化相似现象,铁岭市东北地区市场的关键是,突出自身旅游产品的特色,提高产品质量。

该市场的主要旅游群体可细分为:城市居民节假日和周末休闲度假旅游群体,企、事业单位商务与公务旅游群体、红色旅游群体、宗教文化旅游群体等。

三级市场:华北地区。

北京是辽宁最大的省外单体客源市场,占旅辽外省游客总数近 17%,加上天津、河北环渤海城市,占外省客源的近 30%。铁岭对华北市场的开发以北京、天津为客流枢纽中心,覆盖京津唐大都市经济圈。该经济圈已经形成以高新技术产业、电子、汽车、机械制造业为主导的产业集群,并对河北、山东、山西及内蒙古产生强大的向心引力和辐射力。

三级市场内具有大量现实和潜在的高素质文化、生态、度假等旅游者,可细分为:求知文化旅游群体,外资、合资和高新技术企业白领休闲度假旅游群体,自驾车家庭旅游群体,高等院校青年学生旅游群体,爱国主义教育红色旅游群体,都市居民节假日和周末休闲度假群体,中央部委和全国性行业组织的会议旅游群体,外国驻京使馆、领事馆和大公司办事处官员及商务代表旅游群体等。

四级市场:东南沿海地区。

该市场以上海、广州为客流枢纽中心,市场覆盖长三角经济圈和珠江三角洲经济圈。

长江三角洲包括:上海市、浙江省的杭州、嘉兴、湖州、绍兴、宁波、舟山6个城市;江苏省的南京、镇江、常州、无锡、苏州、扬州、南通、泰州8个城市,共计15个城市,合计人口7 446万。长江三角洲是全国城市化水平最高的地区,也是经济最活跃的地区,是国内最重要的旅游客源地之一。

珠三角是中国市场化及国际化程度最高的大都市经济圈。珠江东岸形成了以深圳、东莞、惠州为主的电子信息产业群;西岸形成了以广州、佛山、珠海为主的电器产业群,这里聚集有中国大量知名的高新技术企业和世界知名大企业。

以上四级市场是目前国内旅游需求最旺盛的地区,而铁岭市独特的东北文化旅游产品对这四级市场较为成熟的旅游者构成了较强的反差吸引力。这四级市场可细分为:企业家和高级管理人员休闲度假群体,高收入家庭避暑休闲度假群体、文化猎奇旅游群体、狩猎度假群体、企业奖励旅游群体、商务及会议旅游群体等。

② 海外重要市场。据国家统计局确认,2004年我国共接待入境旅游者1.09亿人次,比2003年增长18.96%。主要分布如表5-10所示。

表5-10 2004年我国入境游客组成结构表

来华游客	外国人	中国香港同胞	中国澳门同胞	中国台湾同胞
数量(万人次)	1 693.25	6 653.89	2 188.16	368.53
增长率(%)	48.49	13.22	16.66	34.90

数据来源:国家旅游局。

2004年,全国旅游外汇收入累计为257.39亿美元,比2003年增长47.87%;比2002年增长26.26%。其中:过夜旅游者在华花费为231.41亿美元,占全国旅游外汇收入的89.91%；一日游游客在华花费为25.97亿美元，占10.09%。

辽宁省国际客源市场可以划分为东北亚、中国香港、中国澳门、中国台湾、东南亚、北美、西欧和大洋洲等市场。在这些市场中，东北亚（日、韩、俄、朝）距离辽宁最近，交通便利，占旅辽国际游客总量的70%。其中以日、韩两国比重最大。目前日、韩在旅辽国际市场中分列第一位和第二位。

根据辽宁省海外客源市场构成和近年铁岭市接待入境游客的组成情况，铁岭市未来的入境市场定位如下：

一级市场：日本、韩国。

日本是世界经济强国，也是中国传统的第一大旅游客源大国。韩国是世界上经济发展速度最快的国家之一，近年来迅速崛起为中国第二大旅游客源大国。铁岭市距日、韩市场较近，并具有对该市场形成强烈吸引力的文化、生态、商务旅游资源，加之近年来中国辽宁省与日韩文化、经济与旅游交流活动不断增加，因而该市场具备开发成铁岭市一级海外市场的条件。该市场可细分为：文化体验与交流旅游群体，生态观光旅游群体，宗教文化旅游群体，商务旅游群体，以及狩猎度假群体等。

二级市场：中国香港、中国澳门、中国台湾地区。

中国香港、中国澳门、中国台湾是中国内地入境旅游具有血缘关系的重要客源市场。中国香港、中国澳门、中国台湾地处中国南部，在自然景观和气候等方面与具有北国自然环境特征的铁岭市存在巨大差异。该地区旅游者重视血缘联系和文化联系。该市场可以细分为：文化娱乐旅游群体，狩猎度假旅游群体，宗教文化旅游群体，商务考察与经贸会展旅游群体等。

三级市场：欧美国家。

欧美经济发达国家是中国重要的海外客源市场，近年来呈持续增长态势。经济发达国家的旅游者具有较高的消费能力和丰富的旅游经验，倾向于探索新的旅游目的地，追求差异性文化产品、自然生态产品和狩猎度假特种产品。其主要细分市场为民俗文化旅游群体，狩猎度假旅游群体，商务旅游群体等。

2. 旅游形象定位

（1）总体形象定位

铁岭是中国的小品艺术之乡，涌现出赵本山、潘长江等著名笑星。随着现代影视手段的运用，铁岭的小品和二人转已经被广大民众所熟知，给人们带来了无尽的快乐。另一方面,人们到异国他乡旅游的目的是体验异域风情和文化,寻求快乐。铁岭旅游资源中最有吸引力的就是铁岭是快乐之源——小品艺术的故乡,因此,铁岭旅游业总体形象定位为"快乐老家,中国铁岭"!

(2)附属认知形象

①铁岭:沈阳旅游圈的后花园。

②欢乐海洋、快乐老家:清河旅游度假区。

③铁岭调兵山,见证宋金战史。

④皇家鹿苑,帝王享受。

⑤大清第一围场,狩猎者的天堂。

⑥闹市外的恬静乡村:生态农业之旅。

⑦蒸汽机车之旅,工业发展的活化石。

⑧快乐大本营,铁岭民间艺术团。

3. 旅游形象塑造

(1)确定旅游主题口号

①人生夙愿,到较大城市铁岭旅游!

②没有铁岭就没有《红楼梦》!

③辽北明清大战,揭示曹雪芹家世之谜!

④调兵山,兀术伐宋由此调兵!

⑤昔日皇家鹿苑,今日度假天堂。

(2)制作标准旅游资料

①以二人转道具"扇子和手绢"为基本原形设计铁岭旅游标识物,其周围环绕以中英文的"快乐老家,铁岭旅游"字样。

②以绿色和淡黄色作为旅游宣传的标准色:绿色代表生机勃勃,象征铁岭旅游业的兴旺发达;淡黄色代表到铁岭旅游能够给游客带来的无尽欢乐。

③以梅花鹿为铁岭旅游吉祥物,可以继续使用铁岭市首届民间艺术节上那个身着歌服,耳戴人参花,手持彩扇和手绢在表演的梅花鹿作为铁岭旅游的吉祥物。

④聘请全国知名笑星赵本山为旅游形象大使和代言人。赵本山的小品为大家送去欢笑,他主演的电视剧《刘老根》和《马大帅》剧情与铁岭旅游密切相关,且为全国很多观众所熟悉和认可。

5. 旅游市场宣传促销

(1) 宣传促销方针

①铁岭市旅游宣传应整合该市旅游企业的力量,形成对外宣传的统一出口,充分利用各种信息传播渠道,广泛开辟公共关系途径,精心策划旅游形象推广活动,有效运用市场促销手段。

②政府主管部门的整体旅游形象宣传与各类旅游企业、旅游景区(点)的旅游产品营销实现合理分工,形成多层次、多渠道的宣传促销合力。

③借助现有名人效应进行宣传。中国运载火箭技术研究院第五任院长王永志,小品王赵本山、著名笑星潘长江等国内知名人士的影响来吸引国内游客。

④常年固定的、多方面的宣传促销手段与不定期的节庆活动相结合,保持持续性和轰动性的宣传效应。

⑤针对团队、散客等不同层面,采取有针对性的促销方式,形成立体促销方式。

(2) 宣传促销方式

旅游宣传促销方式多种多样,既可以单独使用,又可组合运用。铁岭市旅游宣传促销有以下方式可以选择,可针对不同的目标市场,采取灵活的促销组合方式。

①大众传媒促销。包括一切可利用的传播媒介,如报纸、电视、杂志、广播和网络。

表 5-11　大众传媒具体促销方式

电视、广播	利用中央和各地电视台、广播的不同覆盖面,推出对应的宣传广告,树立铁岭旅游地的良好形象
	加强与中央新闻媒体的联系,邀请中央电视台和主要客源地地方台拍摄旅游风光片、专题片
	在中央电视一频道和第四频道定期播放旅游专栏节目和旅游广告
报纸、杂志	充分利用覆盖面较广的中央主要报刊如《人民日报》《中国日报》《经济日报》等,以及主要客源地受欢迎的晚报、早报等,如《北京晚报》《北京晨报》,天津的《今晚报》、上海的《新民晚报》等
	国内旅游类报刊、杂志也可作为促销重点,如《中国旅游报》《华东旅游报》,根据铁岭举办的大型节庆活动情况,有针对性地开辟"铁岭旅游专版"
	在本地报纸上适时推出"周末游"等有针对性的旅游产品

续表

户外大型广告	旅游景区、景点的广告宣传牌
	北京、天津、上海、沈阳等主要客源地的公共场所布置宣传广告

②数字网络宣传。随着网络技术的广泛应用,网络已成为都市人不可缺少的工具,所以尽快建立高质量的、内容丰富的"铁岭旅游网站"(现网上已有相关的介绍,但不全面),全面、动态地介绍铁岭的旅游资源、景点、产品、线路、节庆、企业,设置"局长信箱",处理投诉和其他问题。

③公共关系推广。邀请中央级新闻媒体采访铁岭,精品新闻报道,可以产生良好的口碑,对铁岭的旅游发展将起到重要作用。

选择固定客户,既包括旅行商,也包括旅行商和主要客户群的客户,定期寄送资料。

定期组织"全市旅游知识大赛",普及和增强全民旅游意识,加深社会对铁岭旅游业的认知和了解。

④举办大型活动。大型活动的开展能够在短时间内在一定范围形成轰动效应,提高地方的文化品位和知名度。

继续定期举办"铁岭国际民间艺术节"暨"赵本山杯"小品大赛。

继续定期举办铁煤集团蒸汽机车摄影节,中期升级为市场针对面更广泛的"铁岭蒸汽机车旅游节"。

为了推动铁岭关外红楼文化研究的进一步深化,并为加速开发这些宝贵的旅游资源,有必要在近期筹办一年一度的"关外红学研讨会",总结关外红学的最新研究成果,迅速提高铁岭关外红楼之乡的市场知名度。

中、远期,随着调兵山金宋战史文化旅游产品和西丰皇家鹿文化森林度假产品的日臻成熟,可配套举办"调兵山金文化旅游节"和"西丰皇家狩猎节"。

责任编辑:刘彦会

图书在版编目(CIP)数据

旅游规划经典案例:北京第二外国语学院旅游管理学院旅游规划成果选集.下／邹统钎主编. -- 北京：旅游教育出版社,2014.12
 ISBN 978-7-5637-3035-3

Ⅰ.①旅… Ⅱ.①邹… Ⅲ.①旅游规划—案例—汇编 Ⅳ.①F590.1

中国版本图书馆 CIP 数据核字(2014)第 214824 号

旅游规划经典案例(下)
——北京第二外国语学院旅游管理学院旅游规划成果选集

邹统钎　主编

王欣　执行主编

出版单位	旅游教育出版社
地　　址	北京市朝阳区定福庄南里1号
邮　　编	100024
发行电话	(010)65778403 65728372 65767462(传真)
本社网址	www.tepcb.com
E - mail	tepfx@163.com
印刷单位	北京京华虎彩印刷有限公司
经销单位	新华书店
开　　本	787 毫米×960 毫米　1/16
印　　张	25.25
字　　数	345 千字
版　　次	2014 年 12 月第 1 版
印　　次	2014 年 12 月第 1 次印刷
定　　价	49.00 元

(图书如有装订差错请与发行部联系)